KB251449

안양대HK+
동서교류문헌총서
19

성교감략 언해본 역주

안양대학교 신학연구소
안양대HK+ 동서교류문헌총서 19
성고감략 언해본 역주

초판인쇄 2026년 1월 25일
초판발행 2026년 2월 5일

지은이   Louis-Gabriel Delaplace (田類斯)
엮은이   Marie J. G. Blanc (白圭三)
번역 및 주해   김홍일

펴낸곳   동문연
등 록   제2107-000039호
전 화   02-705-1602
팩 스   02-705-1603
이메일   sukjookim182@gmail.com
주 소   서울시 용산구 청파로 40, 1602호 (한강로3가, 삼구빌딩)
제 작   (사)동서지행포럼

값 40,000원 (＊파본은 바꾸어 드립니다.)

ISBN   979-11-24374-01-6 (94230)
ISBN   979-11-974166-0-6 (세트)

• 이 저서는 2019년 대한민국 교육부와 한국연구재단의 HK+사업의 지원을 받아 수행된 연구임
(NRF-2019S1A6A3A03058791).

안양대HK+
동서교류문헌총서
19

聖敎鑑畧
성교감략 언해본 역주

Louis-Gabriel Delaplace (田類斯) 한문본 지음

Marie J. G. Blanc (白圭三) 언해본 엮음

김흥일 번역 및 주해

동문연

　　안양대학교 신학연구소의 인문한국플러스(HK+) 사업단은 소외·보호 분야의 동서교류문헌 연구를 2019년 5월 1일부터 수행하고 있다. 다시 말하여 그동안 소외되었던 연구 분야인 동서교류문헌을 집중적으로 연구하면서, 동시에 연구자들의 개별 전공 영역을 뛰어넘어 문학·역사·철학·종교·언어를 아우르는 공동연구를 진행하고 있다. 서양 고대의 그리스어, 라틴어 문헌이 중세 시대에 시리아어, 중세 페르시아어, 아랍어 등으로 어떻게 번역되었고, 이 번역이 한자문화권으로 어떻게 수용되었는지를 추적 조사하고 있다.

　　또한 체계적으로 연구하기 위해서 동서교류문헌을 고대의 실크로드 시대(Sino Helenica), 중세의 몽골제국 시대(Pax Mongolica), 근대의 동아시아와 유럽(Sina Corea Europa)에서 활동한 예수회 전교 시대(Sinacopa Jesuitica)로 나누어서, 각각의 원천 문헌으로 실크로드 여행기, 몽골제국 역사서, 명청 시대 예수회 신부들의 저작과 번역들을 연구하고 있다. 이제 고전문헌학의 엄밀한 방법론에 기초하여 비판 정본을 확립하고 이를 바탕으로 번역·주해하는 등등의 연구 성과물을 순차적으로 그리고 지속적으로 총서로 출간하고자 한다.

　　본 사업단의 연구 성과물인 총서는 크게 네 가지 범위로 나누어 출간될 것이다. 첫째는 "동서교류문헌총서"이다. 이 총서는 동서교류에 관련된 원전을 선정한 후 연구자들의 공동 강독회와 콜로키움 등의 발표를 거친 다음 번역하고 주해한다. 그 과정에서 선정된 원전 및 사본들의 차이점을 비교 혹은 교감하고 지금까지의 연구에 있어서 잘못 이해된 것을 바로잡으면서 번역 작업을 진행하여 비판 정본과 번역본을 확립한다. 그런 다음 최종적으로 그 연구 성과물을 원문 대역 역주본으로 출간하는 것이다.

둘째는 "동서교류문헌언어총서"이다. 안양대 인문한국플러스 사업단은 그 년에 두 차례 여름과 겨울 동안 소수언어학당을 집중적으로 운영하고 있다. 이 소수언어학당에서는 고대 서양 언어로 헬라어와 라틴어, 중동아시아 언어로 시리아어와 페르시아어, 코카서스 언어로 아르메니아어와 아제르바이잔어와 조지아어, 중앙아시아 및 동아시아 언어로 차가타이어와 만주어와 몽골어를 강의하고 있는데, 이러한 소수언어 가운데 우리나라에 문법이나 강독논이 제대로 소개되어 있지 않은 언어들의 경우에는 강의하고 강독한 내용을 중점 정리하여 동서교류문헌언어총서로 출간할 것이다.

셋째는 "동서교류문헌연구총서"이다. 이 총서는 동서교류문헌을 번역 몇 주해하여 원문 역주본으로 출간하는 과정과 우리나라에 잘 소개되지 않는 소수언어의 문법 체계나 배경 문화를 소개하는 과정에서 깊이 연구된 개별 저술들이나 논문들을 엮어 출간하려는 것이다. 이 본연의 연구 성과물을 통해서 동서교류의 과거·현재·미래를 가늠해 볼 수 있고 궁극적으로 '그들'과 '우리'를 상호 교차적으로 비교해 볼 수 있을 것이다.

넷째는 "동서교류문헌고중세총서"이다. 이 총서는 서양의 고대 및 중세 원전 자료를 번역하고 주해하여 출간하는 데 목적이 있다. 주요 자료는 본 사업단이 주관하고 지원한 강독회를 통해 연구된 문헌들로, 그리스어와 라틴어로 기록된 서양 고전과 중세 문헌이 중심을 이룬다. 우선 헬레니즘 시대의 종교, 철학, 과학 등과 관련된 주요 저작들을 선정하여 출판할 예정이며, 이는 동서교류문헌 연구의 기초 자료로서 중요한 역할을 할 것이다. 이 총서는 향후 동서 문명의 사상적, 과학적, 문화적 교류를 심층적으로 이해하기 위한 토대를 제공하며, 고중세 서양 사상의 수용과 변용 과정을 조망할 수 있는 소중한 기회를 마련할 것이다.

안양대학교 신학연구소 인문한국플러스 사업단
곽 문 석

차례

발간에 즈음하여 4

일러두기 10

제1부 성교감략 언해본 해제

루이 가브리엘 들라플라스의 『성교감략』(聖敎鑑略)과
마리 블랑의 언해본 『셩교감략』 13

제2부 언해본 『셩교감략』의 번역

성교감략 자서 76

성교감략 상권 목록 82

성교감략 상권

제1장. 천주(天主)께서 천지(天地)와 신인(神人)과 만물(萬物)을 조성(造成)하심을
　　　 의론함이라. 88

제2장. 원조(元祖)를 지당(地堂)에 평안히 두어 살게 하심을 의론함이라. 94

제3장. 원조 두 사람이 범명(犯命)함을 의론함이라. 98

제4장. 원조가 벌을 받아 지당에서 내침을 의론함이라. 102

제5장. 가인이 아벨을 미워하여 죽임을 의론함이라. 106

제6장. 노아가 궤(櫃) 지음을 의론함이라. 110

제7장. 홍수(洪水)가 천하를 덮음을 의론함이라. 114

제8장. 노아가 궤에서 나와 육지에 오름을 의론함이라. 120

제9장. 의론함이라. 노아가 함의 자손을 벌함을 의론함이라. 124

제10장. 바벨이라는 탑을 모으다가 말이 서로 달라지고 서로 땅을 나눈 것을
　　　　 의론함이라. 128

제11장. 천주(天主)께서 아브라함을 선택하사 성조(聖祖) 삼으심을 의론함이라. 132

제12장. 아브람이 천주께 제사드림을 의론함이라. 136

제13장. 이삭이 혼인하여 두 아들 낳음을 의론함이라. 140

제14장. 이삭이 야곱을 미워하여 한(恨)함을 의론함이라. 144

제15장. 아홉 형이 그 동생 요셉을 팖을 의론함이라. 146

제16장. 요셉의 정결한 덕을 의론함이라. 148

제17장. 요셉이 옥에 있어 해몽(解夢)함을 의론함이라. 150

제18장. 요셉이 정승(政丞) 위(位)에 오름을 의론함이라. 152

제19장. 요셉의 모든 형이 이집트 나라로 가서 양식을 빌림을 의론학이라. 154

제20장. 요셉의 아홉 형이 집에 돌아옴을 의론함이라. 156

제21장. 요셉의 형과 아우가 다시 이집트로 감을 의론함이라. 158

제22장. 요셉의 열한 형제가 길에서 돌아오며 근심하고 걱정함을 의론함이라. 160

제23장. 왕이 예물을 요셉의 부친에게 보냄을 의론함이라. 162

제24장. 야곱의 식구가 이집트로 이사함을 의론함이라. 166

제25장. 모세를 살려 기름을 의론함이라. 170

제26장. 모세가 열 가지 성적(聖迹)을 연속해서 행함을 의론함이라. 176

제27장. 파스카 고양(羔羊) 먹는 예를 의론함이라. 180

제28장. 옛 성인(聖人) 욥을 의론함이라. 184

제29장. 천주께서 십계(十誡) 주심을 의론함이라. 188

제30장. 발람 외교(外敎) 술사(術士)를 의론함이라. 192

제31장. 모세 세상을 버린 후에 여호수아가 위(位)를 대신함을 의돈함이라. 196

제32장. 심관(審官)이 총리(總理)함을 의론함이라. 200

제33장. 사울이 임금 됨을 의론함이라. 204

제34장. 다윗 성왕(聖王)을 의론함이라. 208

제35장. 솔로몬 현왕(賢王)을 의론함이라. 212

제36장. 사마리아의 나라가 나뉨을 의론함이라. 216

제37장. 사마리아 열교(裂敎)를 의론함이라. 220

제38장. 토비트 부자(父子) 두 성인을 의론함이라. 224

제39장. 유대 나라와 백성이 사로잡힘을 입고, 서울에 있는 성당(聖堂)이
　　　　다 헐리고 멸함을 의론함이라. 230

차 | 례

제40장. 다니엘과 그 동무 아이의 담박(淡泊)함을 의론함이라. 234

제41장. 다니엘이 해몽(解夢)함을 의론함이라. 238

제42장. 세 거룩한 아이를 불가마에 넣어도 상하지 않음을 의론함이라. 244

제43장. 다니엘을 사자 우리에 넣어도 상하지 않음을 의론함이라. 248

제44장. 다니엘이 미리 구세주(救世主)께서 나실 때를 말함을 의론함이라. 254

제45장. 고레스 국왕이 유대아 백성이 본국에 돌아가 성당 짓기를 허락함을
       의론함이라. 260

제46장. 안디오쿠스 악왕을 의론함이라. 264

제47장. 모자 여덟 사람이 순교함을 의론함이라. 268

제48장. 마따디아와 및 그 모든 아들 마카베오를 의론함이라. 272

제49장. 마카베오가 나라를 잃음을 의론함이라. 276

제50장. 고(古) 성인(聖人) 선지자를 의론함이라. 280

성교감략 하권 목록 286

성교감략 하권

제1장. 성모께서 영보(領報)하심을 의론함이라. 290

제2장. 성모께서 엘리사벳을 가서 보심을 의론함이라. 294

제3장. 예수께서 거룩히 탄생하심을 의론함이라. 298

제4장. 우리 주 예수께서 할손례(割損禮)받으심과 이름 세우심을 의론함이라. 304

제5장. 삼왕이 내조함을 의론함이라. 308

제6장. 성모께서 예수를 주당(主堂)에 드리심을 의론함이라. 312

제7장. 예수께서 이집트 나라로 피하심을 의론함이라. 316

제8장 예수께서 열두 살에 도리 강론하심을 의론함이라. 320

제9장. 예수께서 요한에게 세례 받으심을 의론함이라. 324

제10장. 예수의 엄재(嚴齋)하심과 유감(誘感)함을 의론함이라. 328

제11장. 예수께서 열두 사도를 택하심을 의론함이라.　332

제12장. 예수께서 도리를 강론하심과 권화하심을 의론함이라.　336

제13장. 예수께서 베드로 선택하사 수종도(首宗徒)를 삼으심을 의론함이라.　340

제14장. 예수께서 거룩하신 얼굴을 나타내심을 의론함이라.　344

제15장. 예수께서 나귀를 타고, 예루살렘으로 나아가심을 의론함이라.　348

제16장. 악인이 예수를 모해(謀害)함을 의론함이라.　352

제17장 파스카 먹는 예를 의론함이라.　356

제18장. 유다가 예수를 팖을 의론함이라.　360

제19장. 예수께서 못 박혀 죽으심을 의론함이라.　364

제20장. 예수께서 부활하심을 의론함이라.　370

제21장. 예수께서 승천하심을 의론함이라.　374

제22장. 성령이 강림하심을 의론함이라.　378

제23장. 예루살렘에 성교가 일어나 시작함을 의론함이라.　382

제24장. 예루살렘 성교(聖敎)가 처음으로 간난(艱難) 풍파 받음을 의론함이라.　386

제25장. 바울 사도가 귀화하심을 의론함이라.　390

제26장. 사마리아 백성과 및 외교인이 귀화함을 의론함이라.　394

제27장. 사도들이 천하에 나뉘어, 행하여 교를 전하심을 의론함이라.　398

제28장. 콘스탄티누스 황제 봉교함을 의론함이라.　404

제29장. 성교가 처음으로 당(唐)나라에 전함을 의론함이라.　410

제30장. 원(元)나라 때 성교를 의론함이라.　418

제31장. 명(明)나라 성교를 의론함이라.　426

제32장. 청(淸)나라 성교를 의론함이라.　434

찾아보기　450

1. 루이 가브리엘 들라플라스의 1866년 『聖敎鑑畧』을 마리 장 귀스타브 블랑이 역준한 언해본 1883년 『성교감략』을 저본으로 삼고, 홍콩 납잡륵정원(香港納匝助靜院 印版)의 1903년 『聖敎鑑畧』과 민아오스딩(Mutel, Gustave Charles Marie)이 감준한 1931년의 『성교감략』을 참고하여 교감하였다. 각각 [1866], [1903], [1883], [1931]로 표시하였으며, 한국교회사연구소(소장 조한건)에 소장되어 있는 것을 사용하였다. 한국교회사연구소에 감사드린다.

2. 인명, 지명 등 주요 용어의 번역은 신구약성서 66권(개신교)의 내용일 때는 개역개정판을, 외경 등 중간기 문헌일 때는 공동번역을, 교회사 내용일 때는 한글 맞춤법 규정을 따랐다.

3. 책의 각 장에 해당하는 성경 구절은 제목의 각주로 달았다.

4. 성경의 주요 사본 약자는 다음과 같다.

   LXX: 헬라어 70인역 성경
   MT: 마소라 사본(Masoretic Text)
   VUL: 불가타 성경(Vulgata)
   NA28: 네스틀레 알란트(Nestle–Aland) 28판.

5. 단어와 문장에 대한 각주는 다음의 예와 같다.

   - 단어 예: "빅테(百體): 各肢體, 몸 전체." (빅테: 1883년 언해본, 百體: 언해본 단어에 대한 한자, 各肢體: 1866년 한문본, 몸 전체: 빅테의 의미)

   - 문장 예: "이후에 흔 녀인이 나셔 네 머리룰 부으리라: 後有一女, 將踏爾 (장차 너를 밟을 것이다.), [1866]에는 '머리'가 없다." (이후에 흔 녀인이 나셔 네 머리룰 볿으리라: 1883년 언해본 문장, 後有一女, 將踏爾: 1866년 한문본, [1866]에는 '머리'가 없다: 두 판본의 차이).

6. 원문은 띄어쓰기가 되어 있지 않으나, 가독성을 위해 현대어에 맞추어 띄어쓰기하였다.

7. 번역은 본문 비교를 위해 최대한 언해본의 단어와 말투를 살렸으나, 문답의 말투는 현대어로 바꾸었다.

8. 찾아보기는 제2부 본문 번역에 나타난 어휘를 대상으로 작성되었으며, 제1부 해제의 용어는 포함하지 않았다. 수록된 어휘는 언해본 원문의 표기를 원칙으로 하되, 연구의 편의를 위해 현대어 대응어를 병기하였다.

제1부

─────────

성교감략 언해본 해제

루이 가브리엘 들라플라스의『성교감략』(聖敎鑑略)과 마리 블랑의 언해본『성교감략』[1]

Ⅰ. 들어가는 말

루이 가브리엘 들라플라스(Louis-Gabriel Delaplace, 1820-1884)는 19세기 후반 중국에서 활동한 선교수도회(나자로회, Congregatio Missionis) 소속 선교사로, 격동의 정치·사회적 상황 속에서도 다양한 한문 서학서를 간행하였다. 그는 성경 요약, 교리 교육, 신심 생활, 그리고 교회사의 전개를 담은 총 17권의 저술을 통해 중국 교회의 신앙을 보존하고자 했다. 그 가운데 1866년 간행된『성교감략(聖敎鑑略)』은 신·구약 성경의 핵심 대목을 요약하고 해석하며, 나아가 당·원·명·청 시대의 교회사를 소개한 독창적인 저작이다.

그럼에도 불구하고 지금까지『성교감략』은 단순히 "한문 교리서" 가운데 하나로만 언급되는 경우가 많았고, 저자의 선교 전략, 해석학적 방법, 판본 간 전승 구조에 대한 심층 연구는 미비한 실정이다. 따라서『성교감략』을 단순한 교리문답집이 아닌, 19세기 동아시아 가톨릭 교회의 신학적·역사적 대응을 담은 종합 문헌으로 재조명할 필요가 있다.

---

1   이글은 김홍일, "루이 가브리엘 들라플라스의『성교감략』연구-선교 전략을 중심으로"(안양대학교 박사, 2024)를 발췌, 요약한 것과 'Ⅶ. 언해본『성교감략』의 번역 전략과 특징'을 더한 것이다.

본 연구는 『성교감략』을 중심으로 다음과 같은 목적을 가진다. 첫째, 들라플라스의 생애와 저술 활동을 고찰하여, 『성교감략』의 저술 배경을 규명한다. 둘째, 『성교감략』의 구조와 내용을 분석하여, 성경 요약과 문답 형식의 교육적 특징을 밝힌다. 셋째, 모형론적 성경 해석을 검토하여, 들라플라스가 구약 사건과 신약 구속 사건을 어떻게 연결했는지 분석한다. 넷째, 『성교감략』에 포함된 중국 교회사 서술을 통해, 선교적 의도와 교회의 정체성 강조 방식을 파악한다. 다섯째, 한문본(1866)과 한글본(1883)의 판본을 비교하여, 조선 교회의 신앙 교육과의 연계성을 규명한다. 여섯째, 언해본의 번역 전략과 특징을 검토하여, 단순한 직역을 넘어선 재구성과 주석·어휘 선택을 통해 당시 조선 교회가 처한 상황과 필요를 어떻게 반영했는지 분석한다.

연구 방법은 다음과 같다. Ⅰ. 들라플라스의 생애와 저술 분석: 그의 생애와 『성교감략』을 포함한 주요 저작과 간행 연대를 정리한다. Ⅱ. 구조와 내용 분석: 『성교감략』 상·하권의 장별 구성을 검토하고, 성경 요약 및 문답 형식을 체계적으로 정리한다. Ⅲ. 해석 방법 연구: 『성교감략』에 나타난 모형론적 해석을 유형별(인물·사건·제도·사물)로 분류하여 의미를 분석한다. Ⅳ. 교회사 서술 검토: 당·원·명·청의 교회사 부분을 분석하여, 역사 서술이 선교 전략으로서 갖는 기능을 밝힌다. Ⅴ. 판본 비교 연구: 한문본과 한글본의 서지사항, 어휘 차이, 번역 방식을 비교하여 조선 교회와의 연결점을 고찰한다. Ⅵ. 번역 전략 분석: 거시적으로 언해본의 생략·수정·삽입·주석과 같은 편집 전략, 그리고 미시적으로 음역·한자어 차용·순우리말 변용의 어휘 전략을 종합적으로 검토한다.

본 연구는 『성교감략』을 문헌학적·신학적으로 종합 분석함으로써, 19세기 동아시아 가톨릭 교회의 신학적 대응과 교육 전략을 재조명한다. 이를 통해 『성교감략』이 단순한 교리 요약서가 아니라, 성경 해석과 교회사 서술을 결합한 종합 교리서이자 선교 전략 문헌임을 드러낼 수 있다. 또한 한문본과 한글본의 비교, 그리고 언해본 번역 전략 분석은 중국과 조선 교회 사이의 교리 전승과 상호 영향을 구체적으로 보여주는 사례가 될 것이며, 이는 동아시아 교회사 연구와 성서 수용사 연구에 새로운 시각을 제공할 것이다.

II. 루이 가브리엘 들라플라스의 생애(生涯)와 주요 저서

1. 루이 가브리엘 들라플라스의 생애(生涯)

1) 출생과 중국 선교를 떠나기 전의 들라플라스(1820–1845)

루이 가브리엘 들라플라스(Louis-Gabriel Delaplace, 田類斯/田類思/田嘉壁, 1820–1884)는 1820년 1월 21일 프랑스의 생테티엔(Saint-Étienne) 교구 안에 있는 센(Sens) 관구 욘(l'Yonne) 주의 오세르(Auxerre)에서 출생했다. 그는 아버지 프랑수아 조제프 들라플라스(François-Joseph Delaplace)와 어머니 제르맨 프레보스트(Germaine Prévost) 사이에서 태어났고 형제는 오귀스트(Auguste) 형이 있었다. 들라플라스는 태어난 지 열흘만인 2월 1일에 자신의 교구 교회인 오세르(Auxerre)의 이전 주교좌성당에서 두 번째 부제(副祭) 콜리노(Collinot) 신부에게 영세를 받았으며 1832년 7월 18일에 12살에 첫 영성체(領聖體)[2]를 했다. 이듬해 9월에 그는 집으로 돌아와서, 10월 1일에 오세르 여비신학교(Petit Séminaire)에 입학했다. 1832년 10월 2일 가브리엘 들라플라스는 오세르의 예비신학교에서 공부를 계속하기 위해 거의 열세 살 때 다시 한번 부모님을 떠났다.[3] 뛰어난 라틴 학자이자 헬라 학자인 그는 신학교 시기

---

2 성찬식을 행할 때 빵(성체)과 포도주(성혈)를 모두 영(領)하는 방식을 일컫는 말로써 성체성사(The Sacrament of the Eucharist)라고도 한다.

3 OCTAVE CHAMBON(ed.), *VIE ET APOSTOLAT DE MONSEIGNEUR LOUIS-GABRIEL DELAPLACE* (Auxerre: Octave Chambon, 1892), 2-19.

에 헬라 교부와 라틴 교부의 글을 유창하게 읽었다.[4] 이후 들라플라스는 1837년에 대신학교(Grand Séminaire)에 입학했다.[5] 들라플라스는 1832년 7월 18일에 생 뱅상 드 폴(Vincent de Paul)의 축일을 시작하는 날 처음으로 하나님이 그의 마음을 사로잡았다고 느꼈다. 들라플라스가 이러한 마음의 상태였을 때 페르부아(Jean-Gabriel Perboyre, 董文學, 1802-1840)의 순교 소식이 중국에서 전해졌다. 이 소식은 들라플라스가 중국 선교를 확정 짓는 결정적인 사건이 되었다.[6]

들라플라스는 1838년에 라 트리니티(la Trinité)에서 체발식(tonsure)[7]을 행했고 1939년에 센 대성당의 라 트리니티에서 드 코스낙(de Cosnac)의 손에서 작은 명령을 받았다. 1840년에는 그는 석사 과정의 대리 교사로 임명되었고 1년 동안 그 일을 수행하다가 1841년 라 트리니티에서 차부제(sous-diacre)로 임명되었다. 들라플라스는 생 쉴피스 교회(l'église Saint-Sulpice)에서 1843년 삼위일체(Trinité) 축일에 파리의 대주교 아프(Affre)에게서 사제 서품을 받았다. 들라플라스는 1844년 8월 10일에 수도원장(supérieur général)으로 임명된 스테파노(M. Etienne) 신부의 미사에서 자신의 서약을 선언했다.[8]

2) 베이징으로 가기 전 들라플라스의 중국 선교(1845–1870)

들라플라스는 버나드 페쇼(Etienne-Bernard Peschaud, 謝, 1820– 1901)와 함께 중국으로 출발했다. 버나드 페쇼는 장시의 위험한 선교에서 몇 년 전에 죽었던 그의 형제 피에르 페쇼(Pierre Peschaud, 謝, 1813-1844)를 대신하고자

---

4 Ibid., 27. 들라플라스는 헬라 교부와 라틴 교부 중에서도 요하네스 크리소스토모스(Ἰωάννης ὁ Χρυσόστομος, c.347-407)와 키프리아누스(Thaschus Caecilius Cyprianus, c.210-258)의 글을 특히 좋아했다.
5 Ibid., 16-27. 대혁명 당시, 라자리스트들(des Lazaristes)이 1675년부터 지도해 오던 센의 대신학교에서 나와야 했던 라자리스트들은 1839년 9월에 센 교구로 돌아왔다. 대신학교에서 존경할 만한 선배들을 만난 것은 들라플라스에게 있어서 하나님의 섭리였다. 얼마 동안 그의 모든 생각은 뱅상에게로 향했다(Ibid., 30-39).
6 Ibid., 42-45.
7 '체발식'(tonsure)은 성직에 들어가는 것, 출가(出家)를 의미한다.
8 Ibid, 57-63.

하는 열망을 나타냈다. 그들은 1845년 4월 12일에 보르도(Bordeaux)를 떠나 1846년 3월 13일까지도 마카오(澳門)에 도착하지 못했지만, 8개월의 횡단 후 1846년 3월 13일에 두 선교사는 마카오에 상륙했다. 마카오에서 일 년 동안 체류하면서 그는 중국 내에서 그리스도 신앙을 전파하는 데 가장 큰 장애물 중 하나인 어려운 중국어를 배울 수 있는 기회를 얻었다.[9] 들라플라스는 1847년 3월 12일에 선교를 위해서 저장과 안후이(安徽) 두 지방을 가로질렀다. 1847년 7월 16일 카르멜산의 성모 축일에 그는 난양(南陽)부의 진자강(晉家崗)[10]에서 앙리 발두스(Henri Baldus, 安若望, 1811–1869)[11]를 만났다. 가는 길에 그는 허난(河南)의 남부지역과 후베이(湖北)의 많은 지역에 복음을 전했다. 들라플라스가 자기 삶과 힘을 쏟았던 사도의 대리직은 1844년으로부터 시작된다.

1844년 3월 2일, 교황 그레고리우스 16세(Gregorius XVI, 1765–1846)는 포교성성(布敎聖省)의 요청에 따라 허난을 대목구(vicariat apostolique) 관할 구역으로 세웠고 발두스에게 조아레(Zoare)의 파트리부(partîbus)[12] 주교 직책과 함께 행정권을 넘겼다. 이 관할 구역은 난양부, 창더(彰德)부, 와강(瓦崗), 광저우(廣州), 루이현(鹿邑) 지역으로 나뉘었다. 1844년 허난의 남부지역에 있는 광저우는 완전히 이교도의 나라였다. 하지만 1848년에 200명이 넘는 세례자가 있었고 이미 교육을 잘 받은 800명의 예비 신자가 있었으며, 머지않아 신자가 10,000명을 넘길 것으로 보였다.[13]

---

9 Ibid., 66-71. 들라플라스는 당시 중국 선교부의 회계 사무실 소재지이자 신학교의 소재였던 마카오에 1년 내내 머물렀다. 다양한 이유가 그를 강제적인 휴식을 취하게 하였다. 무엇보다도, 그리스도인과 선교사에 대한 박해가 중국(Céleste-Empire) 거의 모든 지역에서 격렬하게 맹위를 떨치고 있었다. 그리고 내륙 선교를 시도하기 전에 위기가 끝나기를 기다릴 필요가 있었다. 더욱이 그의 건강이 횡단의 피로와 특히 그가 마닐라(Maynila)로 가는 동안 첫 번째 공격을 느낀 이질로 인해서 약간의 치료가 필요했다(Ibid., 70-71).

10 진자강(金家崗, Jinjiagang)의 예전 이름은 "Kin-kia-kang"(김씨 가족의 언덕)이었다. Sergio Ticozzi, Mission in Central China, a short history of P.I.M.E. Institute in Henan and Shaanxi(Hong Kong: Pontifical Institute for Foreign Missions, 2014), 2.

11 참고, Ibid., 11-14.

12 '파트리부'(partîbus)는 (주교가) 비그리스도 국가에 위치한 교구를 담당하는 것을 의미한다.

13 OCTAVE CHAMBON(ed.), 71-91. 마카오의 신학교가 해산된 후, 발두스 주교가 선교사들이 사역을 위해 상의해야 할 때 만나도록 만든 난양 근처의 임시 거처를 제외하고는 조직된 것이 아무것도 없었다. 이러한

함풍(咸豊)[14]이 왕좌에 오른 후, 통치 첫해에 그 젊은 황제는 비밀 칙령을 발표하여 전에 프랑스에 허용되었던 조차지(租借地)를 간접적으로 그리고 은밀하게 폐지했다. 그 박해는 광저우 지역에만 국한된 것이 아니었다. 그것은 엄청난 규모를 차지하는데, 허난 전 지역이 5일 동안 불탔다. 다섯 개 지역 중 네 지역은 전복되었고 난양의 신학교는 해산되었다. 1851년 4월에 푸수(M. Poussou)는 특별위원 자격과 중국 선교의 필요를 정확하게 파악하기 위한 목적을 가지고 선교위원회의 수석 조수로(premier assistant) 저장의 닝보(寧波)에 도착했다. 그는 이 목적을 위해 모든 선교 책임자들을 소집했다. 푸수는 중국 선교 조직에 관한 그의 관점을 공유해달라고 편지를 썼다. 이 공식적인 요청은 들라플라스가 중국에서 선교에 관한 일반적이고 특별한 모든 요구사항을 포괄하는 것이었다.[15]

허난성 주우커시(周口市) 루이현(鹿邑) 펑차오(馮喬)에서 생 쟈크(Saint-Jacques)[16] 대제의 축일인 1852년 7월 25일에 발두스 주교는 들라플라스에게 주교 서품을 주었다. 들라플라스는 허난에서 장시까지 '양쯔강'에서 배로 10일, 도보로 11일, 맨발로 2일, 총 23일 동안 백육십 리의 거리를 여행했다. 들라플라스는 1852년 9월 24일 쥐저우(涿州)의 산조(San-kio)에 있는 신학교에 도착했다.[17] 그 관구(管區)가 재조직되자, 신학교는 본연의 임무로 돌아왔고 다양한 평신도회의 기능이 규정에 따라 보장되었으며, 주교는 각 선교사

조건 아래에서도 들라플라스는 허난과 후베이 북부에서 그의 열정을 쏟았다. 아누이(Jean-Baptiste Anouilh, 董若翰, 1819-1869)는 1848년에 베이징(北京)에서 본부로 서신을 보냈다. 들라플라스는 즈리(直隸) 접경, 허난 북부에서 선교를 수행하고 있다. 들라플라스는 생 뱅상의 방식으로 선교를 했다. 1848년 이래로 허난은 상대적으로 평화를 누렸다. 박해는 공개적으로 만연하지 않았다. 그리스도인들은 언행에 주의하여 고위 관료들의 독재적인 분노를 일으키지 않았다(Ibid., 74-83).

14 '함풍'(咸豊)은 청나라의 제9대 황제 문종 함풍제(文宗 咸豊帝, 1831-1861)이다.

15 Ibid., 94-104.

16 '생 쟈크'(Saint-Jacques)는 '성 야고보'를 의미한다.

17 Ibid., 105-113. 그가 산조에 도착했을 때, 장시의 그리스도교 공동체가 원래의 경건함에서 상당히 타락했음을 발견했다. 신학교의 학생들을 돌보는 동안에도 들라플라스는 자신의 사제직 일을 게을리하지 않았다. 어린이 전교회의 사업은 병든 아이들을 치료하는 것도 있었지만, 주된 목적은 죽어가는 이교도 어린아이들에게 세례를 주고 부모가 내버렸거나 가난하고 불행한 가정이 돌보아 달라고 선교사들에게 데려온 남녀 어린아이들을 작은 고아원에 수용하는 것이었다(Ibid., 115-117).

가 일할 지역을 배정했다. 주교는 신도회(l'archiconfrérie)의 도움을 받아 이 선교에 성공할 수 있었다. 바로 첫날부터 그는 선교의 후원자로서 성모회(La sainte Vierge)를 임명했다.[18] 들라플라스는 "저장의 주교 직위를 대니쿠우(Danicourt) 주교에서 장시의 주교인 들라플라스 주교로 전보한다."라고 하는 포교성성에서 발행된 칙령을 통보받았다. 전보 칙령이 1852년 11월 7일로 지정되었지만 들라플라스는 1853년 3월 12일까지 그것을 받지 못했다. 들라플라스 주교는 장시에 단지 2년밖에 머물지 않았으나, 이 2년 동안 그 지역의 국면은 크게 바뀌었다.[19] 저장으로 온 들라플라스 주교는 모든 면에서 상황을 연구하고 가능한 그것을 개선할 수 있도록 군도의 수도인 딩하이(定海)에 거주지를 정했다.[20] 들라플라스 주교가 닝보에 도착한 것은 저장에서 완전히 새로운 선교 시스템을 시작하기 위한 것이었다. 30여 경의 그리스도인이 있는 북문에 그는 매우 수수한 모양의 작은 예배당을 지었고 학교를 설립했다. 장둥(江東)에 그는 작은 예배당, 학교, 세례소, 보육원, 탑, 애덕 수녀회가 운영하는 치료실을 세웠다. 그는 성 미카엘 대천사장을 기념하기 위해 저우산(舟山) 섬에 새로운 교회를 세웠다. 그곳은 곧 회심의 중심지이자 희망으로 가득한 교리 학교가 되었다. 그는 닝보에서 20리 떨어진 지급시(地级市) 자싱(嘉興)에 150명의 아이로 구성된 작업장을 설립했다.[21]

---

18 Ibid., 120-122. 12일 동안, 그는 그리스도인들을 모아 매일 '죄인들의 피난처'(Refugium peccatorum)를 불렀다. 마침내 사순절 네 번째 주일에 그는 신도회를 세웠고 첫 번째 시도에서 170명의 그리스도인 가운데서 2/5가 남자로 구성된 113명의 신자가 등록했다. 들라플라스는 아노(Antoine Anot. 羅安當, 1814-1893)를 산조의 신학교의 수장으로 남겨두고 선교부 직원으로 구성된 중국인 동료 10명과 주도(九都)로 출발했다. 거기에서 그는 그들에게 교훈적인 교리, 성례전 시행, 우리의 거룩한 규칙과 사제의 덕목들을 매일 강의하면서 두 번째 신학교를 다니게 하였다. 그는 동료들에게 선교회의 정신이 더 잘 형성되도록 교리와 규칙, 덕목을 라틴어로 번역하여 사용할 것을 제안했지만, 이러한 프로젝트는 실현되지 않았다(Ibid., 122-124).

19 Ibid., 105-127.

20 Ibid., 132. 푸소(M. Poussou)가 1851년 닝보에서 총회를 개최한 이후에, 선교, 회계 사무실, 자선 수녀회(des sœurs de la Charité) 기관이 마카오에서 닝보로 이전했다. 어린이 전교회가 설립되었고 혹은 적어도, 그 군도에서 싹이 트고 있었다. 닝보에서 애덕 수녀회(des filles de la Charité)의 설립 시 받아들이고 양육된 14세 혹은 15세 나이의 소녀들을 지도할 수 있는 한 농가(ferme)를 저우산에 세우는 사역은 성공적이었고 1885년 7월 22일 저장에 도착한 지 1년 만에 들라플라스 주교는 수도원장(Supérieur général)에게 위의 보고서를 보냈다(Ibid., 133-135).

21 Ibid., 129-146.

1861년 봄에 그들의 고향에서 기원한 광서(廣西)인, 장모(長毛) 혹은 장발인(長髮人)으로 알려진 반란군은 파괴에 대한 자신들의 분노를 만족시키기 위해 저장을 침략했다.[22] 반란군은 광서, 후베이, 허난 지방을 점령하고 약탈하면서 베이징(北京)으로 직접 진군했다. 그러나 황하강에서 침략의 행군을 멈춘 반란군은 회군하여 거대한 불구덩이가 된 장시로 돌아갔고 폐허만 남겨둔 장시에서 1861년 봄에 그들은 저장을 침공했다. 도시가 함락되자 약탈이 시작되었고 약탈 후에는 살해와 방화가 이어졌다. 12월 30일 반란군은 교회를 침입해 "돈 아니면 죽음을"이라는 반복된 외침으로 교회 문을 부수었다. 두 선교사가 체포되었다. 유럽인들의 재산 침략에 반대하는 피에 굶주린 군인들의 고함 속에 몽타뉴(Protais Montagneux, 馮伯德, 1825–1877) 신부는 잡혔고 도시의 길거리에 끌려다녔다. 반란군의 지도자는 주교에게 유럽인의 구역은 존중하겠다고 공식적으로 약속했다. 그러나 1862년 봄 어떠한 도발도 없이 그들의 말을 무시하고 창마오는 갑자기 유럽인에게 적대적이고 위협적인 태도를 취했다. 들라플라스 주교는 수석 군종 신부로 원정에 참여했다. 1863년 봄에 시작된 이 작전은 용감한 작은 군대의 호전적인 열정에 불을 지피기에 충분한 성공을 거두었다. 영국–프랑스–중국 연합군은 광시에서 다양한 재산과 때때로 상당한 손실을 안고 몇 개월 동안 토벌 작전을 계속해야 했는데, 특히 심장에 총을 맞아 치명상을 입은 용감한 프로테(Protet) 제독[23]을 잃었다. 피비린내 나는 전투 끝에 마카오, 상하이와 광저우 도시들에서 반란군을 몰아냈다. 마침내 영국–프랑스–중국 연합군은 1864년 7월 10일에 반란군이 방어하고 있던 난징(南京)시를 습격했다. 포로들 사이에서 지도자를 찾기를 바랐지만, 홍수전은 사라졌다. 그렇게 반란은 끝났다. 한편, 1863

---

22 중국 청나라 말기에 홍수전(洪秀全, 1814-1864)이 세운 그리스도적인 이념의 신정(神政)을 표방한 태평천국(太平天國, 1851-1864)의 난을 말한다(Ibid., 147).

23 프로테(Auguste-Léopold Protet, 1808-1862)는 프랑스 해군 장교, 식민 행정가, 후방 제독, 세네갈 항구 도시 다카르의 설립자이다. 난차오(Nanqiao, 南橋) 요새 도시에 대한 공격 중 중상을 입은 그는 상하이에서 사망했다.

년 들라플라스는 11월 첫날에 겨우 닝보로 돌아와서 그의 모든 선교사와 함께 퇴각을 시작했다.[24]

들라플라스가 1868년 이 관구(管區)를 떠났을 때, 저장의 관구 상태는 다음과 같았다. 첫째, 닝보, 자싱, 취저우(衢州), 항저우(杭州), 저우산(舟山), 타이저우(台州)의 6개 교구가 있었다. 둘째, 51개 제단(station)[25]과 23개 기숙사가 있었는데, 각 기숙사에는 예배당, 학교 그리고 사제관 하나씩이 있었다. 셋째, 3개의 아름다운 교회가 있었는데, 하나는 닝보에 있는 아이오닉(Io--ique) 양식, 다른 하나는 군도의 딩하이에 있는 고딕 스타일, 그리고 1730년 그리스도인들이 빼앗겼다가 1861년 들라플라스가 되찾은 저장의 수도 항저우에 있는 오래된 교회가 그것이다. 넷째, 15명의 학생으로 구성된 세미나, 50명인 아이들을 둔 3개의 기숙학교, 8개의 고아원과 농장, 565명의 어린이를 위한 직원, 세례자와 의사를 양성하는 학교, 6개의 약국 등 다양한 시설이 있었다. 다섯째, 3,623명의 실천하는 천주교인이 있었다.[26] 이 모든 임무를 완수한 후, 들라플라스 주교는 1869년 12월 8일에 열릴 공의회[27]에 참석하기 위해 바티칸으로 갔다. 다음 8월 21일에 들라플라스 주교는 다시 중국으로 떠났고 11월 1일 중국의 수도에 도착했다.[28]

3) 들라플라스의 베이징[29] 선교(1870–1884)

물리(Joseph–Martial Mouly, 孟振生, 1807–1868) 주교의 서거로 공석이 된 중요한 직책에 들라플라스 신부가 임명되자 선교사들과 즈리(直隸)의 애덕

---

24 Ibid., 148-177.
25 (행진 중에 기도하기 위해 멈춰 서는) 제단, (순례 중 기도를 드리는) 예배당을 말한다.
26 Ibid., 176.
27 1869년부터 1870년까지 교황 비오 9세가 즈관한 제1차 바티칸 공의회이다.
28 Ibid., 176-194.
29 베이징의 예전 이름은 북즈리(北直隸)이다.

수녀회는 만장일치로 환영했다.[30] 사회 재생의 한 요소로서 매우 중요한 일인 어린이 교육은 선에 대한 높은 수준의 지성을 소유한 이 복음 사역자의 열정에 불을 태웠다. 들라플라스는 남당(南堂) 성당 근처에 있는 부유한 가정에 속한 아이들의 교육을 위한 대학을 설립했다. 그곳에서 경건하고 박학다식한 스승의 능숙한 지도하에 아이들은 자연과학과 참된 종교를 배울 수 있었으며, 이교도 학교의 부패에 노출되지 않고 문학 학위를 준비할 수 있었다. 들라플라스는 작은 수단을 항상 최고로 쳤다. 작은 수단에 대한 자신감으로 가득 찬 그는 북당(北堂)에 소박한 인쇄소를 설립했고 사업은 그의 기대만큼 성공적이었다. 책은 어디든 갈 수 있고 선교사가 떠나도 책은 남아서 계속 가르치고 교정하고 지도할 수 있다. 더욱이, 들라플라스 주교는 이러한 유형의 선교 방식에 적합한 사람이다. 외부 사역과 그의 교구 행정으로 남은 시간은 공부를 위해 사용했는데, 신학책과 성서 그리고 중국 책들을 그는 시간이 날 때마다 연구했다. 중국어가 지방마다 발음이 상당히 다르다는 것은 잘 알려져 있는데, 50세의 나이에도 불구하고 그는 이 일에 열정적으로 임했고 베이징 방언을 아주 짧은 시간 안에 정확하게 말할 수 있게 되었다. 그는 그리스도인들이 사용할 수 있도록 많은 그리스도교 서적을 집필하고 번역했다. 그리고 곧 그리스도인의 신앙을 유지하고 강화하기 위한 경건한 책, 이교도들을 우리의 거룩한 종교로 개종시키기 위한 변증의 책 등이 북당의 인쇄소에서 출판되었다.[31] 장티푸스에 걸린 들라플라스는 1884년 5월 24일 65세에 영원한 안식에 들어갔다.[32]

---

30 Ibid., 196.

31 Ibid., 222-227.

32 Ibid., 280. 들라플라스는 전교회(傳敎會)를 세우고 도시에서 예배를 조직하고 전국에 교구를 조직했다. 교황 비오 9세가 비준한 결정에 따라 1879년 4월 27일 교황 레오 13세는 각 지역에서 교구회의(synode)를 소집할 것을 명했고 베이징에서도 들라플라스 주교가 의장직을 맡아 교구회의를 소집하여 의회를 열었다. 의회는 4월 18일에 시작하여 5월 9일까지 계속되었다. 다음 세 가지 주요 조항 "제1조. 원주민 성직자에 대하여(De Clero indigenâ), 제2조. 그리스도교의 신자들에 대한 통치에 대하여(De Regimine Christi Fidelium), 제3조. 전교(propagandam Fidem)를 위한 수단으로서의 일치에 관하여"를 의결했다. 그는 허난(河南)에서 6년, 장시에서 2년, 저장에서 16년, 베이징[北直隷]에서 14년을 포함하여 중국에서 38년을 주교로 머물렀다(Ibid., 229-280).

2. 루이 가브리엘 들라플라스의 저서

들라플라스는 총 17권의 한문 서학서를 간행했는데, 먼저 한국에 현즌
하고 사전 등에서 들라플라스를 저자 혹은 간행자로 소개하는 11권, 작자 디
상으로 알려졌으나 들라플라스가 간행한 2권, 그리고 아직까지 그의 저술딤
이 밝혀지지 않은 책 4권이 있다.

1) 들라플라스의 주요 저서

들라플라스는 베이징에서 총 17권의 한문 서학서를 간행한 것으로 크
인다〈표 1〉. 그중에서 『성교감략』(聖敎鑑略), 『성교통고』(聖敎通考), 『피정신
공』(避靜神功), 『성 요셉 성월』(聖若瑟聖月), 『열심신사』(熱心神士), 『회장규조』
(會長規條), 『준주성범』(遵主聖範), 『회사소원』(會赦溯源), 『성모성심회요』(聖母
聖心會要), 『발원요리』(發願要理), 『예수성심회요』(耶穌聖心會要), 이상 11권
은 『한국가톨릭대사전』에서 소개하고 하고 있거나 한국교회사연구소에 스
장되어 있고 들라플라스를 저자로 기록한다.

『간언요리』(揀言要理)는 한국에는 작자미상으로 알려져 있으나 들라플
라스의 저작임을 알 수 있다. 『간언요리』에 대해서 『한국가톨릭용어사전』데
는 『성교요리문답』(聖敎要理問答)을 줄여서 낸 책이며 저자 미상이고 1873
년 중국 구세당(救世堂)에서 펴냈다고 설명한다.[33] 그러나 '돈황문헌고수자드
서관'(敦煌文献库数字圖書館)[34]은 저자 법국[프랑스]의 전류사(法國, 田類斯)ㅏ
청 동치 12년(1873년)에 판각(淸同治十二年刻本)했음을 밝힌다.[35] 『성교천셜』
(聖敎淺說)은 『한국가톨릭대사전』에서 저자(著者) 미상의 한역서학서(漢譯

33 허종진, 『한국가톨릭용어사전』 상, "간언요리"(창원: 한국학자료원, 2021), 58.
34 "돈황문헌고수자도서관," 2023년 6월 7일 확인, http://dunhuang.hanjilibrary.com/index.aspx.
35 "성교요리문답," 2023년 6월 7일 확인, http://www.hanjilibrary.com/resource/re-sult2?res=3101108&page=3801.

學書)로 모두 4권 4편으로 구성되어 있다고 하였으나, 'Catalogue SUDOC'에서는 저자를 전류사(田類斯, Delaplace, Louis–Gabriel)로 밝힌다.[36] 하지만, 알바로 베나벤테(Alvaro Benavente, 白萬樂, 1646–1737)가 1715년에 처음 저술하고 들라플라스는 1873년에 중간(reprint)한 것으로 보인다.[37]

　　국내에는 소개되지 않았지만 들라플라스가 간행한 책으로는 『진교요리』(眞敎要理), 『성모매괴회요』(聖母玫瑰會要), 『성모성의회규략』(聖母聖衣會規畧), 『성요셉회직지』(聖若瑟會直指), 이상 4권의 책이 있다. 『진교요리』는 법국의 전류사(法國, 田類斯)가 청 광서 5년(1879년)에 판각(淸光緒五年刻本)했고[38] 『성모매괴회요』는 법국의 전류사(法國, 田類斯)가 청 광서 4년(1878년)에 판각(淸光緒五年刻本)했고[39] 『성모성의회규략』는 법국의 전류사(法國, 田類斯)가 청 동치12년(1871년)에 판각(淸同治十二年刻本)했고[40] 『성요셉회직지』는 법국의 전류사(法國, 田類斯)가 선택해서 분류한 것을 청 광서 28년(1902년)에 (淸光緒二十八年) 북경 구세당에서 활판(北京救世堂鉛印本)했음을[41] 돈황문헌 고수자도서관은 밝힌다. 책의 발행지와 발행처가 '북경: 구세당(北京: 救世堂)'으로 되어 있지 않은 책들도 들라플라스의 선교 상황을 고려하면 모두 같은 곳이었을 것으로 생각된다.

36　"성교천설," 2023년 6월 7일 확인, https://www.sudoc.fr/171358031.

37　"聖教淺說," 2023년 6월 9일 확인, https://libis.be/pa_cct/index.php/Detail/objects/1843.

38　"진교요리," 2023년 6월 7일 확인, http://www.hanjilibrary.com/resource/result2?res=3101108&page=3801.

39　"성모매괴회요," 2023년 6월 7일 확인, http://www.hanjilibrary.com/resource/result2?res=3101108&page=3805.

40　"성모성의회규략," 2023년 6월 7일 확인, http://www.hanjilibrary.com/resource/result2?res=3101108&page=3806.

41　"성요셉회직지," 2023년 6월 7일 확인, http://www.hanjilibrary.com/resource/result2?res=3101108&page=3806.

NO	한문 서학서	간행 연도	발행처	형태
1	간언요리(揀言要理)	1873		1책 20장
2	발원요리(發願要理)	1871		1책 15장
3	성교감략(聖敎鑑略)	1866	北京	2권 1책
4	성교천설(聖敎淺說)	1894		1권
5	성교통고(聖敎通考)	1873		2권 2책
6	성모매괴회요(聖母玫瑰會要)	1878		
7	성모성심회요(聖母聖心會要)	1878		1책 19장
8	성모성의회규략(聖母聖衣會規畧)	1871		
9	성요셉성월(聖若瑟聖月)	1872	京都: 救世堂	1책 121장
10	성요셉회직지(聖若瑟會直指)	1902	北京: 救世堂	
11	열심신사(熱心神師)	1883	北京: 救世堂	2권 1책
12	예수성심회요(耶穌聖心會要)	1878		1책 20장
13	준주성범(遵主聖範)	1874	北京: 救世堂	1-4권 1책
14	진교요리(眞敎要理)	1879	北京: 救世堂	1권 29장
15	피정신공(避靜神功)	1873		2권 2책
16	회사소원(會赦溯源)	1879		1책 76장
17	회장규조(會長規條)	1873	北京: 救世堂	

2) 들라플라스 저서의 내용상 분류

들라플라스의 저서는 내용상 성경(聖經), 교리서(敎理書), 수신서(修身書) 혹은 신심서(信心書)로 분류할 수 있는데, 수신서에는 이론적인 내용을 서술한 책과 수신하기 위해 조직한 회(會)에 대한 책으로 분류할 수 있다. 들라플라스의 책 중에서 성경에 대해 다루고 있는 책은 『성교감략』과 『성교통고』를 들 수 있다. 들라플라스의 저술 중에서 교리서로는 『간언요리』, 『진교

요리』, 『발원요리』, 『성교천설』이 있다. 들라플라스의 저술 중 수신서 혹은
신심서로는 이론적인 책인 『성 요셉 성월』, 『피정신공』, 『열심신사』, 『준주성
범』, 『피정신공』과 수신하기 위한 회를 위한 책인 『회사소원』, 『성모성심회
요』, 『예수성심회요』, 『성모매괴회요』, 『성모성의회규략』, 『성요셉회직지』가
있다.

Ⅲ. 『성교감략』 구조와 내용

1. 『성교감략』의 자서(自序)에 나타난 저술 동기

들라플라스가 중국에서 선교하던 시기는 중국은 외적으로 영국과의
제1차 아편전쟁(1840–1842), 영국, 프랑스와의 제2차 아편전쟁(1856–1860)에
서 패배했으며, 내적으로는 홍수전(Hong Xiuquan, 洪秀全, 1814–1864)이 세운
그리스도교적인 이념의 신정(神政)을 표방한 태평천국(太平天国, 1851–1864)
의 난을 일으켜 혼란했을 뿐 아니라 그리스도교에 대한 적대적인 감정이 폭
발했던 시기다. 공교롭게도 두 개의 큰 사건은 들라플라스의 선교 지역과도
상당 부분이 겹친 곳이었다. 들라플라스 선교 지역의 그리스도교인들은 핍
박의 시간을 보내야 했다.[42] 이러한 상황은 『성교감략』에도 간접적으로 드러
난 것으로 보인다. 『성교감략』의 내용 중 많은 부분은 고난과 핍박 속에서도
신앙을 지킨 인물들에 대해 다루고 있다.

『성교감략』의 저술에 영향을 미친 다른 요인은 들라플라스의 선교 전
략이다. 이그나티우스(Ignatius Loyola, 1491–1556)에 의해 개창된 예수회의 동

---

42 OCTAVE CHAMBON, (ed.), 147-176. 들라플라스의 생애를 다룬 이 책은 저장(浙江)에서의 선교를 다루면
서 당시 그리스도교가 처한 상황을 자세히 다루고 있다.

방 선교 정책은 '적응주의'(適應主義)다. 예수회의 뒤를 이어 중국의 선교를 맡았던 선교수도회도 같은 기조를 유지했는데, 선교수도회 회원이었던 들라플라스도 그의 한문 서학서들을 보면 예수회의 선교 정책을 계승한 것으로 보인다. 들라플라스는 『성교감략』의 저술 동기를 자서(自序)를 통해 몇 가지로 밝히고 있다.

첫째, 하나님께서 천지를 창조하시고 섭리하신다는 사실을 알게 하는 것이다.

이제 성교감략은 또한 크고 높은 것이다. 세상 사람으로 하여금 천지를 처음으로 조성(造成)하신 참 주께서 때때로 사람과 만물과 임금과 백성을 장악하시는 줄을 알게 함을 요구함이라.

둘째, 구원의 법을 예정하셨기 때문에, 교우들이 익혀서 주를 공경해야 한다는 것이다. 성교(聖敎)의 진실(眞實)을 보존하여 사람으로 하여금 구령(救靈)하는 선한 법을 예정(豫定)하였기 때문이다. 교우(敎友)는 오로지 정성으로 보아 익히면 반드시 우리가 주를 공경하고 성교를 받들어 큰 다행과 큰 복이 되는 것이 명백하다.

셋째, 이 책을 익혀서 성교의 다른 책, 특히 성서와 성교의 모든 도리를 깨달을 수 있게 하기 위함이다. 또 사람마다 각자 즐겨 힘쓰고 부지런히 보아 무르익게 익히어 날이 오래도록 힘써 행하면 그 교우는 성교의 다른 책을 장차 보아도 즉 능히 성서(聖書)의 오묘한 이치를 더욱 알기 쉬울 것이고 성교의 모든 도리(道理) 강론(講論)을 들어도 역시 거룩한 말과 뜻의 의미를 맛보아 깨달아 알기 쉬울 것이다.

넷째, 문자를 모르는 교우라도 다른 사람이 읽는 소리를 듣고서 그 뜻을 알 수 있도록 했다. 이 글의 구절 문리(文理)를 특별히 쉽게 한 연유는 사람마다 그것을 보고자 할 때 일목요연하고 문자를 모르는 교우라도 다른 사람이 그것을 읽는 소리를 듣기만 해도 또한 대략을 알 수 있도록 함이오.

다섯째, 어려서부터 책을 통해 반복 학습을 하여 장성한 후에 믿음과 사랑이 넘쳐서 계명을 지키며 영혼이 구원을 얻고 영원 복락을 누리게 함이다. 그리하여 성교 가운데 소년이 나이가 들수록 듣기를 반복하여 연습하고 장차 듣고 기억하는 바를 마음에 품고 쌓아두면, 그 장성한 사람이 된 후에 이르러 바라건대 믿음의 빛이 견고하게 있어 넘치도록 나타나고 사랑의 불이 항상 불꽃을 더하여 활활 타오르게 되어 생각과 말이 삼구(三仇)에게 미혹되지 않을 것이며, 일을 행함이 계명(誡命)과 규구(規矩)를 넘지 않을 것이며, 주를 공경하여 영혼(靈魂)을 구원(救援)하여 천당 영복(永福)을 얻고 누리게 되어 바야흐로 천주께서 만물을 지으시고 사람을 구속(救贖)하신 깊은 뜻을 가득 만족시키게 될 것이다.

2. 『성교감략』 상권의 구조와 내용

『성교감략』 상권 50장 중 제1장–제24장은 창세기, 그리고 제25장–제50장은 출애굽에서 중간기까지의 내용을 장별로 성경의 내용을 요약하고 해석한 후에 그 내용에 관해 문답을 한다.

1) 천지창조 ~ 요셉의 이야기(상권 제1장 –제24장)

『성교감략』은 상권의 반에 창세기의 설명에 할애하여 창세기를 거의 다 다루고 있다. 구체적으로 보면, 제1장에서 제10장까지는 창세기 1장에서 11장에 해당하는 천지창조와 원시역사, 제11장에서 제14장까지는 창세기 12장에서 35장에 해당하는 이스라엘의 족장들, 즉 아브라함, 이삭, 야곱을 각각 다룬다. 마지막 제15장부터 제24장까지는 창세기 37장에서 50장에 해당하는 요셉의 이야기를 통해 이스라엘 민족이 이집트에 살게 된 배경을 자세히 설명하고 있다.

장	한문본 목록	한글본 목록	성경
1	천주(天主)께서 천지(天地)와 신인(神人)과 만물(萬物)을 조성(造成)하시다.[44]	텬쥬ㅣ 텬디와 신인과 만물을 조셩ᄒᆞ심을 의론홈이라 一	창 1 – 2장
2	원조(元朝)를 지당(地堂)에 평안히 두어 살게 하시다.	원조를 디당에 평안이 두어 살게 ᄒᆞ심을 의론홈이라 四	창 2장
3	원조 두 사람이 계명을 어기다.	원조 두 사름이 범명홈을 의론홈이라 七	창 3장
4	원조가 벌을 받아 지당에서 내쫓기다.	원조ㅣ 벌을 밧아 디당에셔 내침을 의론홈이라 九	창 3장
5	가인이 아벨을 미워하여 죽이다.	가인이 아벨을 뮈워ᄒᆞ야 죽임을 의론홈이라 十三	창 4장
6	노아가 궤(櫃) 만들다.	노에가 궤 지음을 의론홈이라 十五	창 5–6장
7	홍수가 천하를 덮다.	홍슈가 텬하를 덥흠을 의론홈이라 十八	창 6–7장
8	노아가 궤에서 나와 육지에 오르다.	노에가 궤에셔 나아와 륙디에 오름을 의론홈이라 二二	창 8–9장
9	노아가 가나안의 자손을 벌하다.	노에가 감의 ᄌᆞ손을 벌홈을 의론홈이라 二五	창 9장
10	바벨탑.	바벨탑을 모흐다가 말이 서로 달나지고 서로 따흘 논혼 거슬 의론홈이라 二七	창 10–11장
11	천주께서 아브라함을 선택하셔서 거룩한 조상으로 삼다.	텬쥬ㅣ 아바람을 ᄲᅡ샤 셩조를 삼으심을 의론홈이라 二九	창 11–21장
12	아브라함이 천주께 제사를 드리다.	아바람이 텬쥬끠 졔스드림을 의론홈이라 三一	창 22장
13	이삭이 혼인하여 두 아들을 낳다.	이사악이 혼인ᄒᆞ야 두 아돌 나흠을 의론홈이라 三三	창 24–25장
14	에서가 야곱을 시기하여 미워하다.	에사오ㅣ 야곱을 뮈워ᄒᆞ야 흔흠을 의론홈이라 三五	창 27–35장

---

43 〈표 5〉에 기록한 해당 성경은 원문에는 없으나 논자가 수록한 것이다.

44 "第一章天主造天地神人萬物 見一張", '견일장'(見一張)은 책의 해당 쪽수 '1쪽을 보라'는 의미다. 번역에서는 생략하기로 한다.

15	아홉 명의 형이 요셉을 팔다.	구형이 그 동싱 요셉을 풀믈 의론홈이라 三六	창 37장
16	요셉의 정결한 덕.	요셉의 조츨흔 덕을 의론홈이라 三八	창 39장
17	요셉이 감옥에 있으면서 해몽하다.	요셉이 옥에 잇서 히몽홈을 의론홈이라 三九	창 39–40장
18	요셉이 총리의 자리에 오르다.	요셉이 정승 위에 오롬을 의론홈이라 四十	창 41장
19	요셉의 모든 형이 이집트에 가서 양식 팔기를 청하다.	요셉의 모든 형이 에집도국으로 가셔 량식을 빌믈 의론홈이라 四一	창 42:1–23
20	요셉의 아홉 형이 집에 돌아오다.	요셉의 아홉 형이 집에 도라옴을 의론홈이라 四三	창 42:25–38
21	요셉의 형과 아우가 다시 이집트로 가다.	요셉의 형과 아오ㅣ 다시 에집도국에 감을 의론홈이라 四四	창 43:1–44:13
22	요셉의 열한 형제가 돌아오는 길에 근심하고 걱정하다.	요셉의 열흔 형뎨가 길희셔 도라오며 근심흐고 걱졍홈을 의론홈이라 四六	창 44:14–34
23	왕이 예물을 요셉의 아버지 집에 보내다.	왕이 례물을 요셉의 부친의게 보냄을 의론홈이라 四七	창 45:1–24
24	야곱의 식구가 이집트로 이사(移徙) 가다.	야곱의 식구가 에집도로 이스홈을 의론홈이라 四九	창 45:25–49:33

2) 출애굽 ~ 포로기 전 (상권 제25장–39장)

『성교감략』의 제25장에서부터 제31장까지는 야곱의 후손이 이집트에 거주하게 된 후 세월이 흘러 노예로 살 때 이스라엘 백성을 구원하기 위해 하나님께서 모세를 태어나게 하심, 그가 이스라엘을 이집트에서 구원하며 열가지 기적을 행한 것, 유월절 어린양 먹는 예식, 십계명을 주심, 제31장의 모세가 죽은 후 여호수아가 대신 자리를 이어받은 역사를 다루면서, 제28장 욥의 이야기를 넣었다. 제32장에서 제39장은 가나안에서 사사들이 다스린 이야기, 사울 왕을 시작으로 다윗, 솔로몬 왕정 시대, 북이스라엘과 유다로 분열되어 결국 멸망 당한 이야기를 끝나는데, 제38장은 토빗 부자(父子)의 이야기가 있다.

〈표 3〉 상권 제25장-39장 목록

장	한문본 목록	한글본 목록	성경
25	모세를 낳아서 기르다.	모이스를 살녀 기룹을 의론홈이라 五一	출 1장–2:10
26	모세가 열 가지 거룩한 이적을 연속해서 행하다.	모이스ㅣ 열 가지 셩젹을 련ᄒ야 ᄒᆡᆼ홈을 의론홈이라 五五	출 2:11–11장
27	파스카 어린양의 예식.	바스과 고양 먹ᄂᆞᆫ 례롤 의론홈이라 五八	출 12장–14장
28	옛 성인 욥.	고셩 요버롤 의론홈이라 六一	욥기
29	천주께서 십계(十誡)를 주시다.	텬쥬ㅣ 십계 주심을 의론홈이라 六五	출 16장–40장
30	다른 종교의 발람 술사(術士)	발나암 외교 슐ᄉᆞ롤 의론홈이라 六七	민 22장–24장
31	모세가 세상을 떠난 후 여호수아가 위(位)를 대신하다.	모이스ㅣ 셰샹을 ᄇᆞ린 후에 요슈에가 위롤 ᄃᆡ신홈을 의론홈이라 七十	출–수
32	사사가 다스리다.	심관이 거ᄂᆞ려 다ᄉᆞ림을 의논홈이라 七四	수–삿
33	사울이 왕(王)이 되다.	사울이 님금됨을 의론홈이라 七六	삼상 1장–삼하 2장
34	다윗 성왕(聖王).	다위 셩왕을 의론홈이라 七九	삼하 5장–왕상 2:11
35	솔로몬 현왕(賢王).	사로몬 어진 님금을 의론홈이라 八二	왕상 2:12–11:13
36	사마리아 갈라진 나라.	사마리아의 나라히 ᄂᆞ호여됨을 의론홈이라 八五	왕상 11:41–12:21
37	사마리아 열교(裂敎)가 포로 되고 나라는 멸망(滅亡)하다.	사마리아의 렬교롤 의론홈이라 八八	왕상 12:25–왕하 17:41
38	토비아 부자(父子) 두 성인(聖人).	도비아 부ᄌᆞ 두 셩인을 의론홈이라 九十	토빗 1장–14장
39	유다 나라와 백성이 포로가 되고 서울의 성전이 헐리고 멸하다.	유다 나라와 ᄇᆡᆨ셩이 사로잡힘을 닙고 셔울 잇ᄂᆞᆫ 셩당이 다 헐니고 멸홈을 의론홈이라 九五	왕하 18:1–25:23

3) 포로기(상권 제40장-45장)

느브갓네살 왕이 유다를 함락하고 유대인을 포로로 잡아갔는데, 그중에 다니엘과 세친구도 있었다. 『성교감략』 제40장은 바벨론으로 잡혀간 다니엘과 세 친구가 왕이 정한 음식을 먹지 않고 나물을 먹고 하나님의 은총으로 인품과 총명과 학식이 뛰어나 왕의 총애를 받게 된 이야기, 제41장은 느브갓네살 왕이 꾼 꿈을 말하고 해석하여 높은 직책을 받게 된 이야기, 제42장은 왕이 만든 금 신상에 절하지 않는 다니엘의 세친구가 불가마 속에 던져졌으나 신앙을 지키고 하나님을 찬양하자 하나님께서 천사를 보내 보호하신 이야기, 제43장은 벨사살 왕 때 다니엘이 궁궐 벽에 써진 글을 읽고 해석하고 다리오 왕 때 총리가 되었고 신앙을 지키다가 사자굴에 던져졌으나 하나님의 보호로 상하지 않은 이야기, 제44장은 바벨론 포로 70년 후 페르시아왕 고레스가 스룹바벨에게 예루살렘 성을 다시 쌓도록 허락한 이야기를 요약하며 해석하고 있다.

〈표 4〉 상권 제40장-45장 목록

장	한문본 목록	한글본 목록	성경
40	다니엘과 그 동무 아이들의 담박(淡泊)한 모든 덕(德).	다니엘과 그 동모 ㅇ히들의 담박훈 모든 덕을 의론훔이라 九九	단 1장
41	다니엘의 해몽(解夢).	다니엘이 히몽훔을 의론훔이라 百一	단 2장
42	세 거룩한 아이를 불가마에 넣어도 상(傷)하지 않다.	세 셩동을 불가마에 너허도 샹ᄒ지 아님을 의론훔이라 百五	단 3장
43	다니엘을 사자 굴에 넣어도 상하지 않다.	다니엘을 ᄉᄌ 우리에 너허도 샹ᄒ지 아님을 의론훔이라 百八	단 5-6장
44	다니엘이 구세주(救世主)께서 강림(降臨)하실 때를 예언하다.	다니엘이 미리 구셰쥬ㅣ 나실 때룰 말훔을 의론훔이라 百十二	단 9-12장
45	고레스 국왕(國王)이 유대 백성이 나라에 돌아가 성전(聖殿)을 건설하게 허락하다.	시루 국왕이 유더아 빅셩이 본국에 도라가 셩당 짓기롤 허락훔을 의론훔이라 百十五	에스라-느헤미야

4) 중간기(상권 제46장–50장)

『성교감략』은 마소라 텍스트(MT)에는 없지만, 칠십인역(LXX)과 불가타 (Vulgata) 성경에는 포함된 중간기에 대해서도 다루고 있다. 제46장은 셀레우코스 제국의 왕 안디오코스 4세[45]의 폭정과 그에 항거한 90세가 넘은 엘르아살의 덕, 제47장은 안디오코스의 종교 탄압에 대항한 어머니와 일곱 아들의 순교, 제48장은 마타티아스와 그 아들들 마카베오가 안디오코스의 종교 탄압에 대해 항거하여 예루살렘 성을 회복하고 성전 정화함, 제49장은 유대의 독립을 주도했던 하스몬 왕가의 이야기와 헤롯 대왕 때 유다 나라가 없어진 것과 로마의 등장에 대해 다루고 있다. 마지막 제50장은 이사야를 비롯한 선지자들이 구세주 탄생, 죽음, 부활, 승천, 사도들의 선교, 심판하심에 대해 예언한 내용을 요약하고 있다.

〈표 5〉 상권 제46장-50장 목록

장	한문본 목록	한글본 목록	성경 혹은 시기
46	안디오코스 악(惡)한 왕(王).	안듸오쿠스 악왕을 의론홈이라 百十八	마카베오상 1:16–2:14, 마카베오하 1:11–27, 2:16–31
47	모자(母子) 여덟 사람의 순교(殉敎).	모즈 여덟 사름이 치명홈을 의론홈이라 百二十	마카베오하 7
48	마타티아스와 그 모든 아들 마카베오.	마다디아와 밋 그 모든 아들 마가베롤 의론홈이라 百二十三	마카베오상 2–14
49	마카베오가 나라를 잃다.	마가베 나라 일흠을 의론홈이라 百二六	하스몬왕조–로마 통치
50	옛 성인(聖人) 선지자(先知者).	고성인 션지쟈롤 의론홈이라 百二八	선지자들의 예언

---

45 안티오코스 4세 에피파네스(Ἀντίοχος ὁ Ἐπιφανής, 기원전 215년경-164)는 기원전 175년부터 사망한 164년까지 셀레우코스 제국을 다스린 바실레우스이다.

IV.『성교감략』의 성경해석 방법: 모형론

들라플라스는『성교감략』에서 구약의 인물, 사건, 제도, 사물을 통해서 모형론적 해석을 한다. 이는 그의 선교 전략으로 성경 해석에서 모형론을 택한 것이다.

1. 모형론의 의의

"표상하는"(typical) 혹은 "모형론의"(typological) 단어는 "모델", "패턴"의 의미를 가진 그리스어 "유형"(τυπος)으로부터 유래했다. 학술적인 논의에서 사용되는 이 단어는 미래의 일을 예견하는 사건, 제도 혹은 사람을 말하는데, 앞의 것은 "모형"(type)이라 하고 그에 상응하는 뒤의 것은 "원형"(anti-type)이라 한다.[46] 모형론적 해석은 초기 유대교에서 사용되었고 초기 그리스도교에서는 성경을 이해하는 기본적인 열쇠가 되었다. 신약의 용법에서 그것은 동시대에서 하나님의 행위와 다가올 시대를 연 예수의 인성과 사역의 일치에 대한 확신에 근거한다. 과거 구약의 사건과 제도에서 현재 구원의 의미를 도출하고 현재의 사건을 미래의 완성에 대한 모형론적 예언으로 해석했다.[47] 고펠트(Leonhard Goppelt, 1911–1973)는 "오직 역사적 사실들 — 인물들, 행동들, 사건들, 그리고 제도들 — 만이 모형론적 해석의 자료가 된다."라고 모형론의 개념을 정의했다.[48] 그레고리 빌(Gregory K. Beale)은 고펠트보다

---

46 Walter C. Kaiser Jr., et al., *Three Views on the New Testament Use of the Old Testament* (Grand Rapids: Zondervan, 2008), 18-19.

47 E. Earle Ellis, *The Old Testament in Early Christianity : Canon and Interpretation in the light of Modern Research*, Wissenschaftliche Untersuchungen zum Neuen Testament; 54(Tübingen: Mohr, 1991), 105-106.

48 Leonhard Goppelt, *Typos. Die typologische Deutung des Alten Testaments im Neuen*, 최종택(역),『모형론: 신약의 구약해석』(서울: 새순출판사, 1991), 62; 모형론에 관한 논문에는 다음과 같은 것이 있다. W. Edward Glenny, *Typology: A Summary Of The Present Evangelical Discussion*, Journal of the

더 넓은 의미로 모형론을 정의하는데, 구약과 신약의 유비 관계와 미래를 바라보는 또는 전조가 되는 요소, 즉 예언적인 요소를 모두 포함한다. 그에 따르면 모형론이란 "회고적 관점에서 보면 예언적 본질에 속하며 그 의미가 단계적으로 확대되는, 하나님의 특별 계시의 역사적 골격 안에 있는 인물, 사건, 제도, 그 밖의 것들에 대한 계시된 진리 속에서의 일치점에 대한 연구"이다. 이에 의하면 모형의 본질적인 특징은 유비적 일치, 역사성, 미래를 가리킴, 확대, 회고다.[49] 시드니 그레이다누스는 모형론적 해석을 다루기 위한 몇 가지 규칙들을 공식화했다.[50] 모형론은 알레고리적 해석과는 상당히 다른데, 알레고리적 해석은 어떤 본문에서든 해석자가 해석하고 싶은 대로 무엇이든지 말할 수 있기 때문이다. 모형론은 대조적으로 성경에 드러난 대로 구속사에서 하나님의 행위들의 축을 따라 구체적인 유추들을 발견하는 것으로 제한된다.[51]

Evangelical Theological Society 40:4(Scottsdale: Evangelical Theological Society, 1997), 627-633; J.H. Stek, 『성서 모형론의 어제와 오늘』, 류호준 역, (천안: 기독신학저널, 1998), 339-364; H.D. Hummel, *The Old Testament Basis of Typological Interpretation*, Biblical Research 9 (Overland Park: Bulletin for Biblical Research, 1964), 37-50; R. Smith, *Exodus Typology in the Fourth Gospel*, JBL 81(Atlanta: SBL, 1962), 329-342; E. P. Clowney, "Interpreting the Biblical Models of the Church: A Hermeneutical Deepening of Ecclesiology," *Biblical Interpretation and the Church: The Problem of Contextualization*, D. A. Carson(ed.) (Nashville: Thomas Nelson, 1984), 83-95, 등.

49 Gregory K. Beale, 『신약의 구약 사용 핸드북』(서울: 부흥과개혁사, 2013), 38-39.

50 모형론적 해석을 다루기 위한 몇 가지 규칙들을 공식화할 수 있다. 첫째, 모형론적 해석은 항상 문예(문법적 해석을 포함하는) — 역사적 해석을 전제하라. 둘째, 모형을 세부 사항에서 찾지 말고 자기 백성을 구속하시는 하나님의 활동과 관련된 본문의 중심 메시지에서 찾아라. 셋째, 구약 시대에 인물, 제도 혹은 사건의 상징적 의미를 결정하라. 넷째, 구약의 모형과 신약의 대형 사이의 대조점들을 기록하라. 다섯째, 구약의 상징/모형에서 그리스도께 옮겨 갈 때, 그 의미가 점진적으로 확대되는 만큼 상징적 의미를 진전시켜라. 여섯째, 단순히 그리스도께 모형론적인 계열을 그리지 말고, 그리스도 자체를 설교하라. Sidney Greidanus, 『구약의 그리스도, 어떻게 설교할 것인가: 하나의 현대적 해석학 방법론』, 김진섭·류호영·류호준 역, (서울: 이레서원, 2003), 376-379.

51 Ibid., 365-366. 이에 반해, 황철암은 모형론과 알레고리 사이의 차이점이 명확하지 않아서 표면적인 판단이나 문학적인 장르로 판단하지 않는다면 주어진 해석의 범위 안에서 둘의 분리는 거의 불가능하다고 말한다. 황철암, 「성서 모형론 연구(3)」, 『한국교육논총』제31권 제2호(청주: 충북대학교 교육계발연구소, 2010), 87-88쪽.

2. 『성교감략』의 모형론

성경 번역에 대한 교황청의 금령에도 불구하고 바쎄는 사복음서와 바울서신 그리고 히브리서 1장을 중국어로 번역해 『바쎄역본』을 남겼고, 뿌와로는 구약 15권과 신약 27권 전체를 번역해서 『고신성경』을 남겼는데, 이들은 성경 자체에 대한 번역이 주를 이룬다. 이에 반해 『성교감략』은 신·구약성경의 내용을 요약하면서 해석했는데, 명·청대 천주교의 모형론적 성경 해석을 보여주는 대표적인 문헌이다. 『성교감략』은 구약의 인물, 사건, 제도, 사물이라는 모형을 통해 원형인 신약의 예수 그리스도와 교회를 해석하고 있다.

1) 인물(人物)을 통한 모형론적 해석

들라플라스는 『성교감략』 상권에서 '아담의 영혼은 삼위일체(三位一體) 하나님, 하와는 성교회(聖敎會), 가인은 유대인과 아벨은 내 주(예수 그리스도), 요셉은 예수 그리스도를 예표(豫表)하고 다윗은 선지자(先知者)로서 시편을 통해 구세주의 죽음과 부활(復活)을 예언했다.'라고 모형론적 해석을 한다.

상권 제1장에서 '아담의 영혼은 삼위일체(三位一體) 하나님의 모상(摸象)'이라고 한 것은 아우구스티누스(Sanctus Aurelius Augustinus Hipponensis, 354–430)의 삼위일체론의 영향으로 보인다. 『성교감략』 상권 제1장은 "천지만물을 정비(整備)하신 후에, 천주께서 진흙을 사용하여 첫 사람을 지으시고 남자를 아담이라 이름하셨다. 한 영혼(靈魂)을 주셨는데, 명오(明悟)와 기함(記含), 애욕(愛欲), 즉 삼사(三司)가 있다. 실제로 천주(天主) 삼위일체(三位一體)의 모상(摸象)이다."라고 한다. 이재하는 "어거스틴은 인간의 영혼에 있는 삼위일체의 모상(模像; image of the Trinity)에 대하여 말한다. 마음 그 자체[mensa], 사랑[amor], 그리고 그 사랑에 대한 지식[notitia], 이 세 가지는 하나이다. 그리고 이 셋이 완벽할 때 이 셋은 동등하다. 마음이 자기 자신을 알고 사랑이 자기 자신을 알 때, 거기에 삼위일체가 존재한다: 마음, 사랑, 지식, 이 세 가지는 혼동 될 수도, 혼합될 수도 없다."라고 함으로써 아우구스티누스의 삼위일체론에서 삼위일체의 모형으로 인간의 영혼이 있다고 주장한다.[52]

2) 사건(事件)을 통한 모형론적 해석

들라플라스는 '노아의 홍수(洪水)는 성세성사(聖洗聖事), 아브라함의 게사(祭祀)는 예수의 희생(犧牲) 제사, 북이스라엘(사마리아) 멸망은 참교회로부터 멀어진 이단(異端)의 멸망, 다니엘의 69주일 예언은 1주일은 7년으로 계산 한 483년 후에 있을 그리스도의 고난, 학개와 스가랴의 "구세주께서 스룹바벨 성전에서 축성" 예언은 예수께서 성전에서 기도하시고 강론하심을 예표(豫表)한다.'라고 해석했다.

3) 제도(制度)를 통한 모형론적 해석

들라플라스는 제27장에서 유월절 어린양 먹는 예식이 예수의 보배로운 피가 인류를 구속함을 예표(豫表)하는 해석을 했다.

4) 사물(事物)을 통한 모형론적 해석

들라플라스는 '노아의 방주(方舟)와 무지개가 성교회(聖敎會), 언약(言約)의 궤(櫃) 안에 있는 만나가 성체(聖體), 발람의 말에서 큰 별이 예수 탄생 때 나타난 별, 임금으로 다스릴 분이 예수 그리스도, 한 개의 성전(聖殿)이 천주(天主)께서 한 분과 성교(聲敎)의 예(禮)도 하나임, 다니엘의 환상에서 돌이

---

52 이재하, "어거스틴의『삼위일체론(De trinitate)』에 나타난 사랑의 개념,"『대학과 선교』, 제15권(한국대학선교학회, 2008), 190.

성교(聖敎)와 베드로를 예표(豫表)한다.'라고 해석했다. 제7장은 노아의 홍수 사건을 성세성사로 해석하지만, 또 한편으로는 노아의 방주(궤)가 성교회(聖敎會)를 예표하는 것으로 해석하기도 한다.

〈표 6〉『성교감략』의 모형론적 해석

분류	상권의 장	모형론(模型論)의 내용	
		모형(模型)	원형(元型)
인물	제1장	명오(明悟), 기함(記含), 애욕(愛欲)이라는 삼사(三司)	삼위일체(三位一體)
	제2장	하와	성교회(聖敎會)
	제4장	여인의 아들	예수 그리스도
	제5장	가인	유대인
		아벨	내 주[吾主][53]
	제23장	요셉	예수 그리스도
사건	제7장	노아의 홍수(洪水)	성세성사(聖洗聖事)[54]
	제12장	아브라함의 제사(祭祀)	예수의 희생(犧牲) 제사
	제37장	북이스라엘(사마리아) 멸망	이단(異端)의 멸망
	제44장	다니엘의 69주일 예언	483년(69×7년) 후 그리스도의 고난
	제45장	예언 "구세주께서 스룹바벨 성전에서 축성"	예수께서 성전에서 기도하시고 강론하심
제도	제27장	어린양 먹는 예식	예수의 보배로운 피로 구속
	제7장	노아의 방주(方舟)	성교회(聖敎會)
	제8장	무지개	성교회(聖敎會)
사물	제29장	언약(言約)의 궤(櫃) 안에 있는 만나	성체(聖體)
	제30장	큰 별	예수 탄생 때 나타난 별
		임금으로 다스릴 분	예수 그리스도
	제35장	한 개의 성전(聖殿)	천주(天主)께서 한 분, 성교(聖敎)의 예(禮)도 하나
	제41장	돌	성교(聖敎), 베드로

V. 『성교감략』의 중국교회사 소개

들라플라스는 중국의 선교를 위해 『성교감략』에서 마지막으로 중국의 역사 속에서 전파되고 수용되었던 그리스도교를 당(唐)의 경교(景敎), 원(元)·명(明)·청(淸)의 천주교를 요약하여 소개함으로써 선교하고자 했다. 다른 한문 서학서와 비교했을 때 『성고감략』의 선교 정책의 큰 특징이라 할 수 있다.

1. 당(唐)나라의 교회사

『성교감략』은 하권 제29장에서 1625년 섬서성(陝西省)의 서안부(西安府)에서 발견된 『대진경교유행중국비』(大秦景敎流行中國碑)[55]를 통해서 강생 후 635년 즉, 당(唐) 태종(太宗) 정관(貞觀) 9년에 대진국(大秦國) 전교사(傳敎士) 알로펜(Alopen, 阿羅本)이 장안(長安)에 와서 그리스도교를 전하였다고 서술하며, 『경교비』(景敎碑)의 일부를 인용함으로써, 당(唐)나라 때 그리스도교인 경교(景敎)가 이미 중국에 들어와서 수용되었음을 서술한다

1) 경교(景敎)의 중국 전래

알렉산드리아의 ㅋ릴로스(Κύριλλος Αλεξανδρείας, AD 376–444)와 안디옥의 네스토리우스(Nestorius, AD 385?–451)는 기독론에 대해 논쟁을 벌였다. ㅋ릴로스는 신성(神性)과 인성(人性)이 연합(聯合)되었으며, 그리스도의 신성(神性)을 강조한 결과 마리아에 대하여 '데오토코스'(Θεοτόκος, 하나님을 낳은 人

---

53 예수 그리스도를 의미한다.
54 세례(洗禮)를 의미한다.
55 『대진경교유행중국비』(大秦景敎流行中國碑)는 특별한 언급이 없으면 이후 『경교비』로 서술한다.

람)를 주장하였으나, 네스토리우스는 그리스도의 신성과 인성이 결합(結合)되어 있어서 두 본성(本性)이 구별(區別)되고 분리(分離)될 수 있음과 '크리스토코스'(Χριστοτόκος, 그리스도를 낳은 사람)를 주장하였다.[56] 콘스탄티노플의 감독 네스토리우스의 주장은 431년 에베소 공의회(Concilium Ephesinum)에서 이단으로 정죄되었다. 동로마 황제는 435년 네스토리우스파에 대한 대대적인 박해를 가했다.

네스토리우스 일파는 동쪽으로 이주하여 페르시아의 에뎃사(Comitatus Edessanus)에 정착하였다.[57] 페르시아 그리스도교 공동체는 셀루키아–크테시폰에서 갈대아교회(Chaldean Church) 또는 아시리아 동방교회(Assyrian Church of the East)로 명명되었다.[58] 이들은 동로마 황제 제노(Flavius Zeno, 425–491)가 489년에 에뎃사에서 추방하자, 니시비시(Nisibis)로 옮겨 신학교를 재건하고 서방교회와는 다른 신학을 정리해 나갔다. 674년에 페르시아가 아라비아에 의해 멸망되었으나, 할리파(Khalīfah)의 신임으로 교세를 확장 시켰고, 762년에는 본거지를 바그다드로 옮겨 발전했다. 네스토리우스파는 7세기 초반부터 본격적으로 외국에 선교사를 파송하기 시작했는데, 이때 경교(景敎)라는 명칭으로 중국에서 선교 활동을 전개했다.[59]

1625년에 『대진경교유행중국비』(大秦景敎流行中國碑)가 발견되면서 경교가 중국에 전래 된 사실이 역사적으로 확인되기 시작했다. 당 태종(太宗, 598–649)은 635년 네스토리우스파의 알로펜(Alopen, 阿羅本) 일행이 당(唐)에 도착했을 때 성대하게 환영했으며, 그들은 장안에 머물면서 경전을 한문으로 번역할 수 있었다. 네스토리우스파는 페르시아에 왔다고 하여 파사교(波斯敎), 로마에서 유래되었다 하여 대진교(大秦敎), 대진경교(大秦景敎)라고 불

56 이상준, "네스토리우스와 알렉산드리아의 시릴의 基督論 論爭 硏究"(칼빈大學校 박사학위 논문, 2014), 79-166.

57 박용규, 『한국기독교회사 1』(서울: 생명의말씀사, 2004), 74-76.

58 이수연, "중국 고대 기독교경교의 『성경』 번역," 『번역학연구』 제16권 2호(2015), 142.

59 박용규, 76-77.

렸다.[60] '경'(景)은 크고, 비추고, 빛나며 밝은 것이다. 비문에는 "변하지 않는 참된 도리이며 오묘하기 그지없다. 뭐라 이름하기 어렵지만, 그 효용은 뚜렷하다. 굳이 이름을 붙이자면 경교다."라고 기록하였다. 즉, 경교는 "크고 비추며 빛나고 밝은 종교"이다. 이는 경교가 그리스도교임을 알려주고 동시에 중국의 그리스도교가 당나라 때부터 시작되었음을 시사한다.[61]

경교의 선교 정책의 가장 큰 특징으로는 중국문화와의 융합을 시도하면서 예배 의식을 토착한 것으로 들 수 있는데, 그들은 예배 의식에 목종(목탁)이라는 불교 사찰의 방식을 수용했으며, 많은 신학 용어를 동양의 정서에 맞게 수정했다. 또한 대진사(예배당) 안에 다섯 성인 사진과 중국 황제 편액의 글씨를 걸어 두었으며, 동양 전통의 효를 강조하고 조상제도를 용납했으며, 중국 사회에 널리 퍼져 있던 일부다처제 묵인하기도 했다.[62] 한편, 경교는 두 가지 방법으로 선교 정책을 폈다. 하나는 의료선교이고, 다른 하나는 성경 번역을 통한 문서선교였다.[63] 1900년 돈황(燉煌) 석굴에서 5만 점의 고문서가 발견되었는데, 경교의 번역 문헌도 있었다. 그중 진품으로 인정된 것은 『대진경교유행중국비』(大秦景教流行中國碑)를 비롯하여, 『서청미시소경』(西廳迷詩所經), 『일신론』(一神論), 『존경』(尊經), 『대진경삼위몽도찬』(大秦景教三威蒙度讚), 『지현안락경』(志玄安樂經), 『대진경교선원본경』(大秦景教宣元本經)이다.[64]

경교 번역의 가장 큰 특징으로 '격의 번역'과 '신조어' 창제이다. 격의(格義)는 불교가 중국에 전래 된 동한(東漢) 시대에 유가와 도가의 철학적 용

---

60 Ibid., 77-79.
61 신현광, "경교의 당(唐) 전래와 토착화에 더한 고찰," 『신학과 실천』, 제77호(2021), 538. 이수연은 경교의 경문 명칭 중 네스토리안 분파를 의미하는 '네스토리아니즘'(Nestorianism)에 대해 그 정체성에 따르면 타당하지 않은 번역이고, '빛의 종교'를 뜻하는 'Luminous Religion'이 타당하다고 주장한다. 왜냐하면 중국에 전래 된 동방그리스도교 안에는 네스토리안 분파뿐 아니라 야곱 분파, 시리아그리스도교의 하나인 멜카이트 교파 등 여러 분파의 그리스도교가 공존했기 때문이다. 이수연, 141-142.
62 박용규, 79-81.
63 이수연, 145.
64 Christoph Baumer, *Church of the East : an illustrated history of Assyrian Christianity*, 안경덕 역, 『실크로드 기독교, 동방교회의 역사』(서울: 도서출판 일조각, 2016), 340-341.

어를 차용(借用)하여 불교 교리를 소개했던 방법이다. 하나님은 '천존'(天尊), '일신'(一神), '불'(佛), '법황'(法皇), '원존'(元尊) 등으로, 예수님은 '세존'(世尊), '도'(道), '대사'(大師), '무상일존'(無上一尊), '경통법왕'(景通法王), '대성법주'(大聖法主) 등으로 표현했다. 격의에서 용어를 일시적인 차용에 머무르지 않고 본래 어휘의 의미를 확장하기도 했다. '말씀'(Logos)을 도교 어휘 '도'(道)로 격의 번역을 했는데, 이후 점차 그리스도교 어휘로 자리 잡아 현 중역 성경으로 이어지고 있다. 경교 번역자들은 교리 전달을 위해 경교만의 독특한 어휘들을 음역, 의역, 음의역 합성과 모방 등의 방법으로 재창조하려는 노력을 기울였다. 인명과 지명, 그리고 그리스도교 고유의 개념 등을 고대 시리아어 성경의 발음 그대로 음역하였다. '십자가'(Tsurips)를 '자리파'(慈利波)로, '루아흐'(성령)을 '라계'(囉稽, Ruha), '로하영구사'(盧訶寧俱沙, Ruha da qadsa), '로하나'(盧何那, Ruhada)로 번역하였다. 한편 의미를 전달하는 번역어도 생겨났는데, '성령'을 '풍'(風), '양풍'(涼風), '정풍'(淨風)으로, 한 문장 안에 '수'(水)가 '부'(父), '자'(子), '정풍'(淨風) 등을 동반할 때 '수'(水)는 '세례를 주다'라는 뜻으로 썼다. 모방을 통한 신조어 생성 양상도 볼 수 있다. 도교의 지존자 '태상노군'(太上老君)의 '태'(太)를 하나님을 지칭하는 '알로하'(Aloha)의 음역어 '아로하'(阿羅訶)와 합성해 '지존하신 여호와'(太阿羅訶)로 번역했다.[65] 이외에도 기도를 '수공덕'(修功德), 교당을 '사'(寺), 수도사를 '승'(僧), 주교를 '대덕'(大德), 사도를 '승가'(僧伽), 죄악을 '악업'(惡業), 삼위를 '삼신'(三身) 혹은 '삼위'(三威)로 번역하여 사용했다.[66] 그런데 놀라운 교세를 보이며 성장하던 경교가 중국에서 쇠퇴하기 시작한 원인은 다음과 같다. 첫째, 오랫동안 황실의 비호와 보호를 받으며 확장했으나 845년 무종(武宗)이 회창멸법(會昌滅法)이라는 금교령을 내리면서 급격히 교세를 잃었다. 둘째, 경교가 중국문화와

---

65 Ibid., 156-159.
66 한국기독교역사연구소 (편), 『한국기독교의 역사 I』(서울: 기독교문사, 1994), 30.

의 동화를 추구하는 과정에서 그리스도교적인 색채를 잃어갔기 때문이다.[67]

2) 『성교감략』과 『대진경교유행중국비』 비교

『성교감략』은 『대진경교유행중국비』의 전문(全文)을 가져오지 않고 발췌(拔萃)해서 기록하고 있다. 『성교감략』은 『경교비』의 앞부분의 내용 '신에 대한 찬미,' '천지창조,' '인간의 타락,' '타락의 결과,' '메시아 탄생,' '메시아 행적,' '경교도들의 관습' 부분과 마지막 '신에 대한 찬양' 부분을 생략하였다. 그 이유는 아마도 『성교감략』이 '경교도들의 관습'을 제외하고는 구약과 신약성경의 내용을 요약하면서 다루고 있는 부분인 점과 하권 제29장부터는 중국의 교회사를 중점적으로 다루고자 했기 때문일 것이다. 또 하나 주목해야 할 점은 『성교감략』을 저술할 당시 중국의 상황이 그리스도교가 박해당하여 교를 전하기 어려운 시기였다는 것이다. 이에 『성교감략』은 중국의 그리스도교가 낯선 종교가 아닌 오래전 당나라 때부터 중국에 전래 되어 중국의 왕족들 뿐 아니라 백성들까지도 믿고 따랐다는 사실을 강조하려고 한 것으로 보인다. 『성교감략』의 또 하나의 특징은 박해 상황에서도 신앙을 지킨 인물들을 다루고 있다는 점인데, 특히 순교자를 기리며 칭송한다. 당나라 때 인물로는 승(僧) 이사(伊斯)를 예찬하면서 경교비의 앞부분에 있는 경교도들의 신앙생활을 발췌해서 마지막 부분으로 가져왔다. 『성교감략』은 당나라의 교회인 경교가 건중(建中) 2년, 강생 후 781년에 146년의 동안 유지되다가 쇠퇴하여 "후에 가히 상고(詳考)할 만한 증거(證據)가 없어" 맥이 끊긴 것으로 보는데, 그 이유는 황소의 난 이후 오대(五代)국의 난 때문이라고 서술하면서 당나라의 교회사를 마무리한다.

---

67 박용규, 80-81.

2. 원(元)나라의 교회사

1) 원(元)나라 그리스도교의 첫 전파

송(宋)나라 이종(理宗) 제23년 즉, 1247년에 원(元)나라에 그리스도교가 전파되었다. 이때는 몽골제국의 정종(定宗)이 통치하는 시기이다. 교종(敎宗) 인노첸시오 4세(Innocentius IV, 依諾生, ca.1195–1254)가 성 프란치스코회(Ordo Fratrum Minorum) 수사(修士)와 성 도미니코회(Ordo fratrum Praedicatorum, O.P.) 신부를 선택해서 원나라 병영(兵營) 안에 가서 교를 전하게 해서 두 장군이 주를 믿어 원나라에 그리스도교가 전파되었다.

2) 원(元)나라 세조(世祖)와 성종(成宗) 때 그리스도교

원(元) 제국이 된 이후 제1대 황제 세조(Хубилай хаан, 忽必烈 可汗, 1215–1294)[68]가 교황(敎皇) 그레고리 10세(Gregorius PP. X, 1210–1276)[69]와 사절 교환하고 미사에 참석한 일, 제2대 황제 성종(Өлзийт хаан, 完澤篤, 1265–1307)[70] 때 조반니 다 몬테코르비노(Giovanni da Montecorvino, 若望 孟德哥, 1247–1328)[71]의 서신, 교황 클레멘스 제5세(Clemens PP. V, 格肋孟德, 1264–1314)[72]의 반응으로 원나라에 그리스도교가 전파되었음을 들라플라스는 기록한다. 그는 몬테코르비노가 1305년 서력(西曆) 제1월 8일에 교황에게 보내는 서신에서 몽고어로 성경 전체를 번역하였다고 진술한다.

---

68 '세조'(世祖)는 쿠빌라이 카안(Хубилай хаан, 忽必烈 可汗, 1215-1294, 재위: 1260-1294)이다.

69 '그레고리 10세'는 교황 그레고리오 10세(Gregorius PP. X, 1210-1276)는 제184대 교황이다.

70 '성종'(成宗)은 올제이투 카안(Өлзийт хаан, 完澤篤, 1265-1307, 재위: 1294-1307)이다.

71 '조반니 다 몬테코르비노'(Giovanni da Montecorvino, 1247-1328, 이탈리아)는 한글 『성교감략』에서는 '요왕 몽데골'이라 칭한다.

72 교황 클레멘스 5세(Clemens PP. V, 格肋孟德, 1264-1314)는 제195대 교황(재위: 1305년 11월 14일-1314년 4월 20일)이다.

3) 원 혜종(惠宗) 이후의 그리스도교

원 혜종(惠宗, 1320–1370, 원 재위: 1333–1368, 북원의 초대 황제 재위: 1368–1370) 전후 시대에 교황 요한 22세(Ioannes PP. XXII, 1245–1334)가 니콜라스(Nicolas, 尼各老)[73]를 원나라에 파견한 일과 교황 베네딕토 12세(Benedictus PP. XII, 1280–1342)의 사신(使臣) 교환하며 서신을 주고받았다. 그러나 원나라 말년에 국가에 반란이 일어나 퇵로(北路)가 막히면서 원의 그리스도교는 몰락하고 말았다.

3. 명(明)나라의 교회사

1) 명(明)나라 초기 예수회의 선교

프란치스코 하비에르(Francisco Xavier, 沙勿略, 1506–1552)[74]가 인도(印度)와 일본(日本)에 선교하고 광동(廣東) 상촨도(山香島)에서 죽어 중국 내륙까지 전도하지 못했고, 이후 도미니코회 가스파르 다 크루스(Gaspar da Cruz, 加斯巴, 1520–1570)가 내륙에 들어가 선교했으나 효과는 거두지 못했다.

2) 마테오 리치의 선교

예수회 신부 마테오 리치(Matteo Ricci, 利瑪竇, 1552–1610)가 1581년에 명(明)나라에 건너와서 선교하고, 이후 1600년에 판토하(Diego de Pantoja, 龐迪我, 1571–1618)와 함께 외국(外國) 지도(地圖)와 상본(像本)과 자명종(自鳴鐘)

---

73 '니콜라스'(Nicolas, 尼各老), 1333년에 교황 요한 22세는 프란체스코회 수도사인 니콜라스를 베이징의 주교로 임명했으나, 도중에 사망하였다. 참고, 오동일 et al., 130.
74 성 프란치스코 하비에르는 나바라 왕국(지금의 스페인 바스크) 하비에르 출신의 가톨릭 선교사이자 로마 가톨릭교회 소속인 예수회의 공동 창설자이다

시표(時表) 등을 가지고 들어와 신종(神宗)[75] 황제(皇帝)의 환심을 사고 조정(朝廷) 관료들도 그리스도교에 입교(入敎)하게 된다.

3) 서각로(徐閣老)의 손녀(孫女)의 구제(救濟)와 선공(善功)

들라플라스는 『성교감략』 곳곳에 신앙을 지키기 위해 순교한 사람, 신앙생활의 모범을 보인 신앙인들을 소개하는데, 명나라 때 인물로는 서각로(徐閣老) 집안의 신앙생활, 특히 그의 손녀의 구제(救濟)와 선공(善功)을 기록한다.

4) 신종(神宗) 이후 명(明) 말(末)의 그리스도교

서양의 선교사들이 중국에 들어와 천문대(天文臺)의 직무를 수행하면서 동시에 선교하며 경서(經書)들을 번역하여 신종(神宗)[76] 광종(光宗)[77], 희종(熹宗)[78], 회종(懷宗)[79]에 이르기까지 그리스도교의 전파를 기록한다. 들라플라스는 이 시기의 특징으로 경서(經書)의 번역을 들고 있다.

4. 청(淸)나라 때 교회사

1) 명말(明末)·청초(淸初)의 그리스도교

명(明)의 숭정(崇禎)[80] 황제(皇帝) 때에 한 황자(皇子)가 영세(領洗)하였다.

---

75 명 신종 만력제(明神宗 萬曆帝, 1563-1620)는 명나라의 제13대 황제이다.
76 '신종'(神宗)은 만력제(萬曆帝, 1563-1620)로 명나라의 제13대 황제이다.
77 '광종'(光宗)은 태창제(泰昌帝, 1582-1620)로 중국 명나라의 14대 황제이다.
78 '희종'(熹宗)은 천계제(天啓帝, 1605-1627)로 중국 명나라의 15대 황제이다.
79 '회종'(懷宗)은 의종 숭정제(毅宗 崇禎帝, 1611-1644)로 중국 명나라의 제16대 황제이며, 청나라에서는 숭정제 사후에 명나라 황제의 예로 묘호를 '회종'(懷宗)으로 올렸다.
80 '숭정'(崇禎)은 명 의종 숭정제(明 毅宗 崇禎帝, 1611-1644)로 중국 명나라의 제16대 황제(재위: 1627-1644)이다.

명이 망하고 청(淸)이 들어서자, 황제가 그리스도교를 보호하는 영을 내리고 요한 아담 샬 폰 벨(Johann Adam Schall von Bell, 湯若望, 1591-1666) 신부(神父)를 명(命)하여 책력(冊曆)을 수정(修正)하여 천문(天文) 모든 일을 감독(監督)하고 관장(管掌)하게 하고 태자(太子)의 스승이 되게 하였다. 들라플라스는 명말(明末)·청초(淸初)의 그리스도교를 기술하면서 도미니코회 신부 페르난데스 데 카펠라스(Francis Ferdinand de Capillas, 物爾南德, 1607-1648)가 순교(殉敎)당한 사실과 알가라(亞爾加辣)가 그 시체(屍體)를 거두어 장사하고 순교한 호우(會友)의 머리털과 피 묻은 옷을 감춘 사실을 기록함으로써, 이 시기에 순교자와 신앙의 모범을 보인 사람으로 소개한다. '알가라'(亞爾加辣)는 '알토우'(나문조, 羅文藻, 1616-1691)라는 중국인으로 세례명은 '그레고리 로페즈'(Gregory Lopez, 額我略)이며 최초의 중국인 천주교 주교가 된 인물이다.[81]

2) 강희(康熙) 치하의 그리스도교

알가라(亞爾加辣)가 중국인 최초 천주교(天主敎) 주교(主敎)가 되었고, 어린 나이에 강희(康熙)는[82] 황제(皇帝)가 되었는데 섭정하는 대신(大臣)이 천주교를 박해하고 25명의 신부를 마카오로 돌려보냈다. 성 도미니코회(多明我會)의 도밍고 페르난데스 나바레테(Domingo Fernández Navarrete, 閔明我, 1618-1689)가 있어서 2년 반 동안 교우들을 돌보았고 로마 교황은 남경(南京) 주교(主敎)로 삼았다. 강희(康熙) 황제(皇帝)가 장성하자 페르디난트 페르비스트(Ferdinand Verbiest, 南懷仁, 1623-1688)과 로도비코 불리오(Lodovico Buglio, 利類思, 1606-1682) 같은 신부를 가까이 두어 책력(冊曆)을 수정하고 화포(火炮)를 만들게 하였다. 하지만 오히려 절강(浙江) 무대(撫臺)에 오히려 성교(聖敎)를 박해(迫害)하여서 프로스페로 인토르체타(Prospero Intorcetta, 殷鐸澤,

---

81 쉬쇼우훙(편), 오동일 et al. 역, 『중국기독교사』(서울: 장로회신학대학교 출판부, 2023), 181, 199.
82 '강희'(康熙)는 강희제(康熙帝, 1654-1722)로 청나라의 제3대 황제(재위: 1661-1722)이다.

1625-1696) 등 신부의 주청(奏請)으로 박해를 벗어났고, 제르비용(Jean-François Gerbillon, 張誠, 1654-1707)이 황상의 조서(詔書)를 받아 포교의 자유를 얻었다. 그리하여 각 성(省)에 다 주교(主敎)가 있고 성당(聖堂)이 300여 소(所)가 있었다. 러시아와 전쟁이 일어나자 필립 마리 그리말디(Philippe-Marie Grimaldi, 閔明我, 1639-1712)가 황제의 명을 받아 두 나라를 화친(和親)하게 하였다.

3) 옹정(雍正) 황제와 건륭(乾隆) 황제 때의 그리스도교

옹정(雍正)[83] 황제(皇帝)가 즉위(卽位)한 후에 그리스도교를 박해하였는데 신부(神父) 67위(位)를 마카오로 돌려보내고 황제의 친척 소아마라는 사람과 300여 인이 순교를 당하고 교중(敎中) 사람들은 깊은 산중으로 숨어들었는데, 후에 조제프 라베(Joseph Labbe, 1677-1745)가 선교하여 그곳을 교우곡(敎友谷)이라 하였다. 건륭(乾隆)[84] 황제 때는 더욱 박해가 심해져서 수많은 사람이 순교를 당하였고 각처(各處)의 성당(聖堂)을 철거당했으나 경성(京城)은 오히려 흠천감(欽天監) 신부의 보호함을 힘입어 평안(平安) 무사(無事)하였다.

4) 가경(嘉慶), 도광(道光), 함풍(咸豊), 동치(同治) 황제 때의 그리스도교

가경(嘉慶) 황제가 다스리던 1800년경에는 박해에도 불구하고 신부와 교우들이 성체(聖體) 첨례(瞻禮)하고 두어 명의 신부가 주를 위하여 순교 당하였다. 1820년에 빈첸시오회(味增爵會)[85] 프랑수아 레지 클렛(François-Régis

---

83 '옹정'(雍正)은 옹정제(雍正帝, 1678-1735)로 청나라의 제5대 황제(재위 1722-1735)이다.
84 '건륭'(乾隆)은 건륭제(乾隆帝, 1711-1799)로 청나라의 제6대 황제(재위 1735-1796)이다.
85 '빈첸시오회'는 '선교수도회,' 혹은 '라자로회'를 의미한다.

Clet, 劉格來/劉方濟, 1748–1820)와 1840년에 동회(同會) 신부 장 가브리엘 페르부아(Jean–Gabriel Perboyre, 董文學, 1802–1840)가 순교를 당했다. 그러나 도광(道光) 24년에 성교(聖敎) 금령(禁令) 그치고 함풍(咸豊)[86] 10년에 각 성(省)에 채워둔 천주당(天主堂)과 학방(學房)과 분묘(墳墓)와 전지(田地)를 다 본처(本處) 신부와 봉교인(奉敎人)에게 돌려보내라 명했다. 동치(同治)[87] 원년(元年)에 금령(禁令)을 혁파(革罷)하니 도처(到處)에 선교하기에 부족함이 없었다.

들라플라스는 청나라의 천주교사를 길게 서술하면서, 마지막으로 둔답을 통해서 요약한다. 여기서도 역시 성서(聖書)를 번역한 신부들에 대해 결문하고 답함으로써 경전의 번역과 저술의 중요성을 인식시켰으며, 핍박의 시기뿐만 아니라 평안의 시기에 대해서 질문함으로써 고난의 시기를 견뎌야 함과 또한 평안의 시기를 통해서 복음이 널리 전파되기를 바라는 심정으로 글을 맺는다.

VI. 『셩교감략』의 한문본과 한글본 판본 비교

1. 한문본 『성교감략』

한문 인쇄본 『성교감략』[88]은 베이징 교구장 루이 가브리엘 들라플라스가 베이징에서 목판본 상·하 2권 1책으로 1866년 신·구약성경의 주요 대목을 뽑아 요약하고 번역하고 해석하고 중국 교회사를 요약한 것이다. 『성교감략』은 세로로 쓰기를 했는데, '인물'과 '지명'의 오른편에 한 줄(-)로 표시했

---

86 '함풍'(咸豊)은 함풍제(咸豊帝, 1831-1861)로 청나라의 제9대 황제(재위 1850-1861) 문종(文宗)이다.

87 '동치'(同治)는 동치제(同治帝, 1856-1875)로 청나라의 제10대 황제(재위 1861-1875) 목종(穆宗)이다.

88 특별한 언급이 없으면 『성교감략』은 1866년 한문본, 『셩교감략』은 1883년 한글본을 의미한다.

고, 음역한 신학 용어[89]에도 오른편에 한 줄(-)로 표시했다〈그림 1〉.[90]

「목록」에는 "제1장 천주조천지신인만물"(第一章天主造天地神人萬物)로 기록하였으나, 본문의 제목에는 "논 제1장 천주조천지신인만물"(論第一章天主造天地神人萬物)로 기록했다. 「목록」에서는 해당 책엽(冊葉)을 장(張)으로 표현했는데, 1장 「목록」 뒤에 "견일장"(見一張)으로 기록했다. 본문의 제목[論天主造天地神人萬物]과 해당 연대는 장[第一章]과 본문 내용의 절반 정도의 크기와 단행(單行)으로 연대와 함께 기록했다. 연도(年度)는 제목과 같은 크기로 기록했다.[91] 『성교감략』은 상권의 제2장부터 사건에 해당 연대를 창조 후와 예수 그리스도의 강생 전의 연대를 기록했다. 이 책은 천지창조 시기를 기원전(紀元前) 사천 년으로 해석하고 있다. 상권의 제11장부터는 제목 다음에 창조 후 연대와 강생 전 연대와 더불어 중국 역사의 연대까지 기록하는데, 제11장은 천주(天主)께서 아브람을 택하신 때에 대한 시기이다. 제1장, 제14장, 제20장, 제21장, 제22장, 제23장, 제27장, 제28장, 제32장, 제50장은 해당 연대를 기록하지 않았다. 『성교감략』은 장별로 성경 내용을 번역 후에는 문답(問答)을 통해서 정리하고 해석했다. 모든 장에 걸쳐서 내용과 문답을 했는데, 상권의 일부분 제15장에서 제23장 즉, 요셉의 이야기 부분은 문답이 마지막 23장에만 있다.

2. 한글본 『셩교감략』

한글 인쇄본 『셩교감략』[92]은 한글로 번역되어 당시 조선교구의 부주교

---

89 음역한 신학 용어는 파스카(巴斯卦), 그리스도(基利斯督), 미사(彌撒) 등이 있다.

90 1903년 한문본 『성교감략』은 한글본과 반대로 '인물'의 오른편에 두 줄(-)로 표시했고, '지명'은 오른편에 한 줄(=)로 표시해서 지명과 인명을 구분했다〈그림 1〉.

91 "第二章論元祖安置在地堂 造後元年 降前四千年". 이후 논문에서는 제목과 시기에 관한 글자 크기는 동일하게 표기한다.

92 한국교회사연구소(편), 『마두복음, 말굴·누가복음』, 한국교회사연구자료 제20집(1986). 한국교회사연구소는 이 책에 『성교감략』해제를 실었다.

였던 마리 블랑(Marie Jean Gustave Blanc, 白圭三, 1844-1890) 신부에 의해 1883년 요코하마에서 순한글 활판본 상·하 두 권으로 간행되었다. 상권은 셔 4쪽,「목록」6쪽, 본문 131쪽의 ㅈ면에 수록되어 있고, 하권은「목록」4쪽과 본문 104쪽의 분량으로 되어 있다.[93] 한글본도 세로로 쓰기를 했는데, '인물' 의 오른편에 두 줄(=)로 표시했고, '지명'은 오른편에 한 줄(-)로 표시해서 지 명과 인명을 구분했으며〈그림 1〉, 바벨은 글자마다 오른쪽에 붓 점(,)을 찍어 서 표했다. 한글본의 '예수'도 한문본의 '야소'(耶穌)처럼 밑줄을 긋지 않았다 한문본에서는 다른 지명과는 다르게 중국의 명칭인 '당', '원', '명', '청'에 줄 을 긋지 않았지만, 한글본에는 한 줄을 그어 표했다. 이로 미뤄보건대, 밑줄 의 용도는 처음 그리스도교를 접하는 각 나라의 독자들에게 지명과 인명을

〈그림 1〉『성교감략』의 인명과 지명 표시

1866년『성교감략』	1902년『성교감략』	1883년『성교감략』

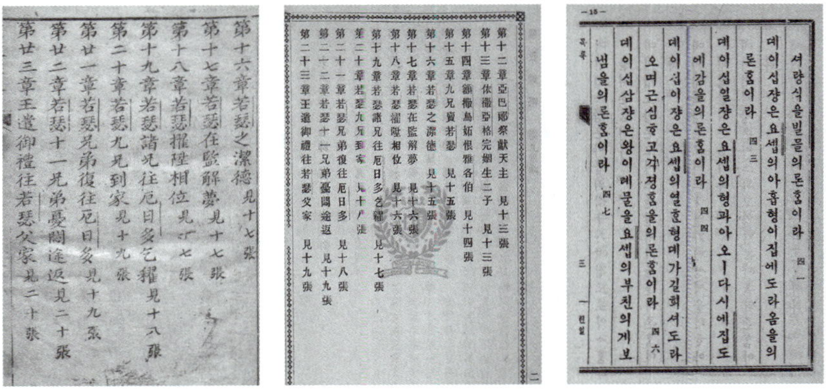

판본	내용
한문본 1866	第二廿一章若瑟兄弟復往厄日多 見十九張
한문본 1903	第二十一章若瑟兄弟復往厄日多 見十八張
한글본 1883	데이십일쟝은 요셉의 형과 아오ㅣ 다시 에집도국에 감을 의론홈이라 四四

93 정중호, 19-20. 조광 이냐시오, "그리스도인의 뿌리 캐기 ―성교 감략―,"『경향잡지』제85권 제2호 통권 1499호(1993), 77-78.

구별해서 읽을 수 있도록 해준 것임을 알 수 있다.

한글본은 「목록」 뒤에 특별한 언급 없이 해당 책엽(冊葉)만 표했는데, 1장의 경우 '一'을 기록하였다. 한문본은 제목 "논천주제천지신인만물"(論天主造天地神人萬物)의 크기가 "제1장"(第一章)의 절반 정도이며 단행(單行)으로 기록한 것에 반해, 상권 제1장 한글본은 장과 제목이 같은 크기의 글자로 기록한 것에 기록했다. 한글본 제2장부터는 제목 후에 본문 내용의 사건에 해당 연도(年度)를 소자쌍행(小字雙行)으로 기록했다.[94]

한글본 내에서 책의 서두에 기록된 「목록」과 본문 내용의 제목 사이에 약간 차이가 난다. 제6장 「목록」은 "노에가 궤"로 주격조사를 쓰고 목적격 조사를 생략한 데 반해, 내용에서는 "노에 궤를"로 주격조사는 생략하고 목적격 조사를 사용했다. 제10장 「목록」은 '바벨탑'을 내용에서는 "바벨이라 ᄒᆞᄂᆞᆫ 탑"으로 설명했다. 제32장 「목록」은 "거ᄂᆞ려 다ᄉᆞ림"을 내용에서는 "총리홈," 제35장 「목록」은 "어진 님금"을 내용에서는 "현왕"으로 「목록」은 우리말을 사용했으나, 내용에서는 한문 용어를 썼다. 반면에 45장 「목록」은 "본국"을 내용에서는 "본 나라"를 사용했다. 하권의 「목록」은 제30장 한 곳에서 차이가 있는데, 「목록」은 "원나라"를 본문의 제목은 "원나라 때"를 사용했다. 본문의 제목을 쓸 때 「목록」을 그대로 쓴 것이 아님을 알 수 있다. 한글본은 한문본에는 없는 『경교비문』을 제29장 문답 뒤에 한문 그대로 수록하였다. <표 7>는 『성교감략』의 「목록」의 제목과 내용상의 제목에서 차이가 나는 부분만 비교한 것이다.

3. 1866년 『성교감략』과 1883년 『성교감략』의 서지사항

한문본은 청판본으로 '북경: 구세당'에서 사주단변 반곽, 반엽 8행 21

---

94 "뎨이쟝은 원조롤 디당에 평안이 두어 살게 ᄒᆞ심을 의론홈이라 조셩 후 첫 ᄒᆡ오 강셩 젼 수천년이라". 이후 논문에서는 제목과 시기에 관한 글자 크기는 동일하게 표기한다.

<표 7> 한글 인쇄본 『성교감략』의 「목록」과 본문의 제목 차이

장	「목록」	본문의 제목
상권 제6장	노에가 궤 지음을 의론홈이라	노에 궤롤 지음을 의론홀이라
상권 제10장	바벨탑을 모호다가 말이 서로 달나지고 서로 따흘 느혼 거슬 의론홈이라	바벨이라 ᄒᄂ 탑을 모호다가 말이 서 로 달나지고 서로 따흘 느혼 거슬 의론 홈이라
상권 제32장	심관이 거ᄂ려 다ᄉ림을 의논홈이라	심관이 총리홈을 의논홈이라
상권 제35장	사로몬 어진 님금을 의론홈이라	사로몬 현왕을 의론홈이라
상권 제45장	시루 국왕이 유다아 빅셩이 본국에 도라 가 셩당 짓기룰 허락홈을 의론홈이라	시루 국왕이 유다아 빅셩이 본 나라흐 로 도라가 셩당 짓기룰 허락홈을 의론홈 이라
하권 제30장	원나라 셩교룰 의론홈이라	원나라 때 셩교룰 의론홈이라

<표 8> 한문본 『성교감략』과 한글본 『성교감략』의 서지사항

	한문본	한글본
서명	성교감략(聖敎鑑略)	성교감략
저자	전류사(田類思)	전류사
판사항	청판본	신식연활자본
발행지	북경: 구세당(北京: 救世堂)	요코하마: 레비
판식	사주단변(四周單邊) 반곽(半郭) 17.7 × 10.1 cm, 반엽(半葉) 8행 21자, 무계(無界) 상흑어미(上黑焦尾); 21.6 cm	광곽·계선, 19cm × 12.2cm, 반엽 9행19자
간행년도	1866	1883
형태	2卷 1冊	2권 2책
소장처	한국교회사연구소	한국교회사연구소
청구기호	000.1 성16	000.1 성16

자로 된 2권 1책으로 간행되었으나, 한글본은 신식연활자본으로 '요코하마: 레비'에서 광곽·계선, 반엽 9행 19자로 간행되었다. 한문본의 발행지는 책에 기록되지 않았고 한국교회사연구소에 소개된 상세 서지에도 '발행지 미상, 발행처 미상'으로 되어 있으나, 들라플라스가 베이징의 교구장으로 있을 때 간행한 것으로 미루어 발행지는 '북경: 구세당'임을 알 수 있다. 자세한 서지 사항은 〈표 8〉과 같다.

4. 1866년 『성교감략』과 1883년 『성교감략』의 관계

조광은 "블랑 주교가 역준한 「성교 감략」이 한문본을 번역한 것인지 아니면, 한문본을 지을 때 그 대본이 되었던 다른 책자를 블랑 주교가 직접 구하여 이를 저본으로 삼아 번역했는지 좀 더 검토해 보아야 한다."라고 하면서도 한글본에 중국 교회사에 관한 부분이 포함되어 있기 때문에 한글본은 한문본에서 번역되었을 가능성이 높다고 하였다.[95] 1883년 한글본 『성교감략』은 들라플라스(Delaplace)가 1866년에 저술한 한문본을 블랑 주교가 1876년에 보았고 한글본으로 번역했음을 알 수 있다. 블랑이 1866년 『성교감략』을 보고 1883년 한글본 『성교감략』으로 번역했음을 알 수 있는 첫 번째 증거는 『성교감략』에 있는 블랑의 사인이다.

1866년 『성교감략』의 자서 마지막 쪽에 "사교(司敎) 전류사(田類思) 제(題)" 옆에 붙어로 "Mgneur[96] Delaplace Louis, Evêque de la King"(몬시뇰 루이 들라플라스, 청의 주교) 쓰고, 위 여백에는 해당 연도 "1876"과 자신의 이름 "G. Blanc"(Gustave Blanc)과 직책으로 보이는 "mess apost de corée"(mess[97] apostolique de corée, 조선 대목구 부주교)를 기록했다〈그림 2〉.

---

95 조광, 78.
96 'Mgneur'은 'Monseigneur'의 약자이다.
97 'messieurs'는 'monsieur'의 복수형이다.

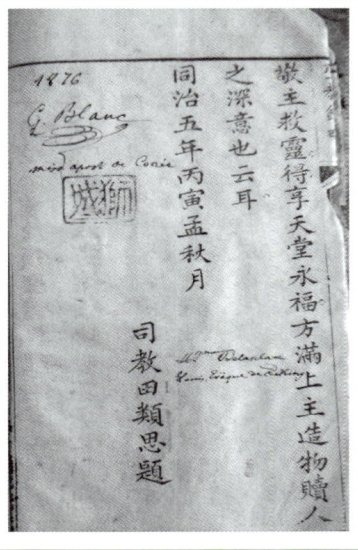

『성교감략』에 있는 블랑의 사인	해제

1876
G. Blanc
mess apost de corée

Mgneur Delaplace
Louis, Evêque de la King

블랑 주교가 1876년에 1866년 본을 보고 1883년 한글본을 번역했다는 두 번째 증거는 1866년 본에 성경의 내용이 잘못 해석되어 있어서 수정한 표시 "七年之主日,共六十有九,"가 있는데, 그 수정한 내용으로 한글본이 번역되었다는 점이다〈그림 3〉.

블랑 주교가 1876년에 1866년 본을 보고 1883년 한글본을 번역했다는 세 번째 증거는 1866년 본에 성경의 내용이 잘못 해석되어 있어서 수정한 표시 "역필인삼오국지시"(亦必因三(五)國之時)가 있는데, 그 수정한 내용으로 한글본이 번역되었다는 점이다<그림 4>.

블랑 주교가 1876년에 1866년 본을 보고 1883년 한글본을 번역했다는 네 번째 증거는 중요 용어의 차용(借用)에서 찾을 수 있다. 한문본『성교감략』에서 바벨탑 부분만 한글 「목록」에 설명이 더해졌다. 상권 「목록」 제10장의 한문본은 "파백이탑"(罷伯爾塔)인데, 한글본은 "바벨탑을 모호다가 말이

『성교감략』의 수정한 부분	『성교감략』의 해석

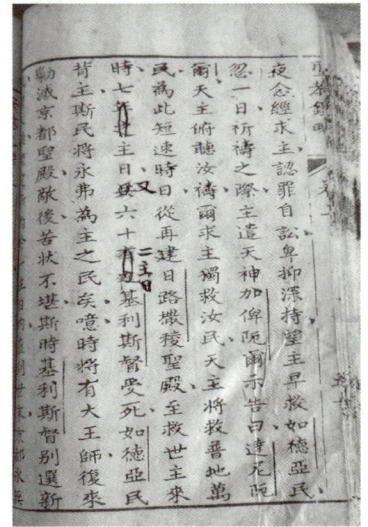 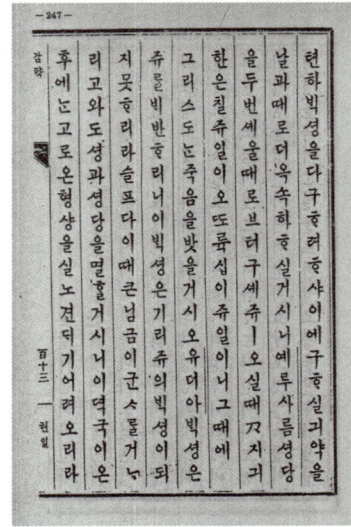

판본	내용
한문본 1866	七年之主日,共六十有九,(7년의 주일과 69주일)
블랑의 수정 1876	七年之主日,共六十有九,(七主日, 又六十二主日)
한문본 1903	七年之主日。共六十有九。
한글본 1883	긔한은 칠쥬일이오 또 륙십이쥬일이니 (기한은 7주일이요 또 62주일이니)

서로 달나지고 서로 따흘 ᄂᆞ혼 거ᄉᆞ 의론ᄒᆞ이라"로 창세기 11장의 바벨탑 사건을 설명했다. 이를 제외하고는 1883년 한글본의 「목록」은 1866년 한문 본 대부분 그대로 번역했다. 뿐만 아니라, 한문본의 단어 대부분을 한글본에 서 그대로 차용했다. 한문본 상권 제1장의 「목록」 "천주조천지신인만물"(天主 造天地神人萬物)인데, 한글본에서는 '텬쥬'(天主), '텬디'(天地), '신인'(神人)[98],

---

98 "신인"(神人)은 천사와 사람을 뜻한다.

<그림 4> 『성교감략』의 수정과 『성교감략』의 해석 2

『성교감략』의 수정한 부분	『성교감략』의 해석

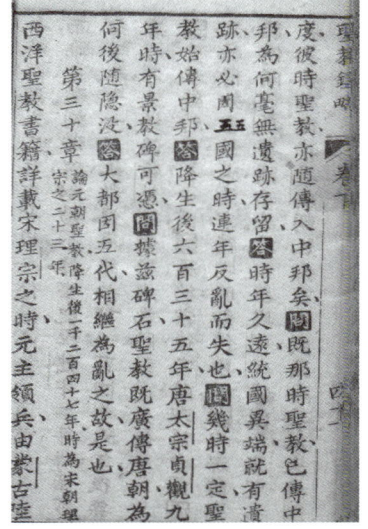

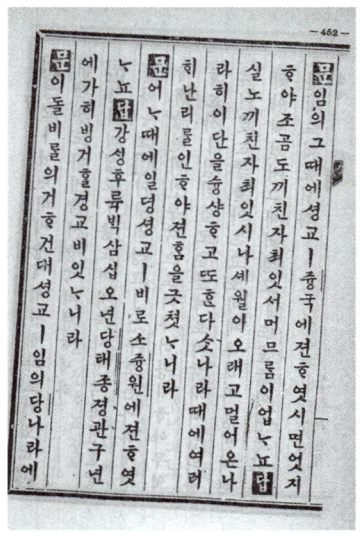

판본	내용
한문본 1866	亦必因三國之時(또한 세 나라 때에)
블랑의 수정 1876	亦必因三(五)國之時(亦必因五國之時)
한문본 1903	亦必因五國之時
한글본 1883	또한 다숫 나라 때에 (또한 다섯 나라 때에)

그리고 '만물'(萬物)을 그대로 수용해 번역하고 있음을 알 수 있다. 〈표 9〉에서 보는 바와 같이 한글본의 주요 신학 용어들이 한문본을 차용한 것으로 보인다. 이로 미뤄보건대, 한글본 『성교감략』은 한문본 『성교감략』을 저본으로 하여 번역한 것임을 알 수 있다. 이와는 별개로 한문본을 저술할 때 다른 언어로 된 저본을 참고했는지 여부는 연구가 더 필요한 부분이다.

장	『성교감략』	『성교감략』
상권 제1장	천주(天主), 천지(天地), 신인(神人), 만(萬物), 조성(造成)	텬쥬, 텬디, 신인, 만물, 조셩
상권 제2장	원조(元朝), 지당(地堂), 평안(平安)	원조, 디당, 평안
상권 제3장	원조(元朝), 범명(犯命)	원조, 범명
상권 제11장	천주(天主), 성조(聖祖)	텬쥬, 셩조
상권 제15장	구형(九兄)	구형
상권 제26장	성적(聖迹), 연(連), 행(行)	셩젹, 련ᄒᆞ야, 힝홈
상권 제27장	고양의 예(羊羔之禮).	고양 먹는 례
상권 제28장	고성(古聖)	고셩
상권 제30장	외교 술사(外教術士).	외교 술ᄉᆞ
상권 제32장	심관(審官)	심관
상권 제37장	열교(裂教)	렬교
상권 제40장	담박(淡薄) 제덕(諸德)	담박ᄒᆞᆫ 모든 덕
상권 제42장	세 성동(三聖童)	세 셩동
상권 제44장	구세주(救世主)	구셰쥬
상권 제47장	모자(母子), 치명(致命)	모조, 치명
상권 제50장	고성(古聖) 선지(先知)	고셩인 션지쟈
하권 제1장	성모(聖母), 영보(領報)	셩모, 령보
하권 제5장	삼왕(三王) 래조(來朝)	삼왕, 리죠
하권 제6장	성모(聖母), 주당(主堂)	셩모, 쥬당
하권 제12장	엄재(嚴齋)	엄지
하권 제11장	십이종도(十二宗徒)	십이종도
하권 제13장	종도수장(宗徒首長)	슈종도
하권 제20장	부활(復活)	부활
하권 제21장	승천(升天)	승텬
하권 제22장	성신강림(聖神降臨)	셩신, 강림
하권 제25장	성교(聖教), 간난풍파(艱難風波)	셩교, 간난풍파
하권 제26장	백성(百姓), 외교인(外教人), 귀화(歸化)	빅셩, 외교인, 귀화
하권 제28장	황제(皇帝), 봉교(奉教)	황뎨, 봉교

Ⅶ. 언해본 『셩교감략』의 번역 전략과 특징[99]

1883년 간행된 언해본 『셩교감략』은 1866년 『셩교감략』한문본의 단순한 언어적 대역(對譯)이 아님을 알 수 있다. 이 언해본은 조선의 신자라는 명확한 수용자층을 겨냥하여 내용과 형식을 의도적으로 재구성한 '선교적·목회적 재창조'의 산물이다. 번역자는 수동적인 언어 변환자를 넘어, 독자의 이해도와 신앙적 효용성을 극대화하기 위해 원전의 구조와 내용을 비평적으로 교열하고 재해석하는 편집자이자 교육자로서의 창조적 역할을 수행했다. 언해본은 거시적 차원에서는 원문의 내용을 의도적으로 생략, 수정, 삽입하고 주석을 추가하는 네 가지 핵심 편집 전략을 사용했으며, 또한 미시적 차원에서는 신학적 개념을 전달하기 위해 음역, 한자어 차용, 순우리말 변용 등 다층적 어휘 선택을 구사하였다.[100]

1. 거시적 구조분석

1883년 언해본의 번역자는 단순한 언어 변환의 역할을 초월하여, 텍스트의 구조와 내용을 적극적으로 재편하는 '편집자'로서의 정체성을 명확히 드러낸다. 그의 모든 편집적 개입 기저에는 한문 해독 능력이 없는 평신도들을 포함한 조선의 신자들이 교리를 더 쉽고 명확하게 이해하고 신앙생활에 실질적인 도움을 얻게 하려는 일관된 목회적 목표가 자리한다. 이러한 목표

---

99 Ⅶ장은 김홍일, "19세기 천주교 언허(諺解)의 특징: 『셩교감략』을 중심으로", 『ACTS 신학저널』 제66집 (2025), 의 일부이다.

100 번역에 있어 거시구조 분석과 미시구조 분석에 대해 참고할 만한 논문은 다음과 같은 것들이 있다. 유명두, "한국 번역사에서 본 조선조 언해(諺解) 번격", 『번역학연구』 5/2(2004): 69-91; 곽성희, "현대 번역학의 변화와 발전에 대한 고찰", 『성경원문연구』 제24호(2009): 157-179; 김수연, "19세기 후반 『과화존신』 언해의 표현 특성과 의미", 『도교문화연구』 51(2019): 177-207; 이준화, "근대 국어 시기의 번역 국문 소설과 언해서의 번역 양상과 문체의 이해", 『국제어문』 (2022): 7-34, 최계역, "『漢淸文鑑』의 사전학적 연구"(2016, 서울대학교 박사학위논문).

를 달성하기 위해 번역자는 생략, 수정, 삽입, 주석이라는 네 가지 핵심 전략을 유기적으로 구사했다.

1) 전략적 생략

번역자는 원문의 특정 부분을 의도적으로 삭제함으로써 서사의 경제성을 확보하고, 당시 조선 독자에게 불필요하거나 생소한 정보를 제거하여 내용의 핵심에 집중하도록 유도했다. 이는 단순한 누락이 아니라, 독자의 이해도와 몰입도를 최우선으로 고려한 정교한 편집적 판단의 결과였다.

첫째, '천주께서 벌을 내리신 후에(天主罰後)'라는 명시적 인과관계를 생략한 것은 독자의 추론을 신뢰하는 과감한 편집이다. 앞선 문맥을 통해 당연히 추론 가능한 정보를 제거함으로써 불필요한 반복을 피하고, 사건 전개의 긴박감과 속도감을 극대화하는 서사적 경제성의 원칙을 적용했다. 둘째, 당시 조선 독자에게는 추상적이고 부차적인 지리 정보인 '동쪽 바다와 잇닿고 서쪽 바다와 접해있습니다(連東洋接西洋)'를 삭제했다. 이는 이야기의 핵심 줄기인 성가정의 피난 여정에 독자의 집중력을 모으기 위한 목회적 판단으로, 정보의 양보다 전달의 효과를 우선시한 전략이다. 셋째, 바로 앞에 등장하는 유사 구절("오 쥬ㅣ 감심으로 힘써 지고")과의 의미상 중복을 피하기 위해 과감히 생략했다. 이는 텍스트 전체의 유기적 흐름을 면밀히 고려하여 문장의 간결성을 확보하고, 수사적 명료성을 높이려는 번역자의 세심함을 입증한다.

『성교감략』: 천주께서 벌을 내린 후에 즉시 남편과 아내 두 사람을 지당에서 내쫓으셨다.[101]

---

101 田類斯, 『聖教鑑略』上卷 [5a]-[5b]: 天主罰後, 卽將夫[5b]妻二人, 逐出地堂.

『셩교감략』: 이에 원조 뇌외 두 사롬을 즉시 디당에셔 내치셧ᄂ니라.[102]

『셩교감략』: 이집트 경계 인근어 있습니다. 동쪽 바다와 잇닿고 서쪽 바다와 접해있습니다.[103]

『셩교감략』: 에집도 디경에 갓가오니라.[104]

『셩교감략』: 우리 주께서 무리의 죄를 대속하기 위해서 기꺼이 못 박히시고 또 십자가 위에서 성부께 원수를 사하기 위해 우러러 구하시고.[105]

『셩교감략』: 또 십ᄌ가 샹에 계셔 셩부끠 원슈의 죄 샤ᄒ심을 우러러 구ᄒ고.[106]

2) 적극적 수정 및 변용

언해본은 원문을 단순히 전달하는 데 그치지 않고, 내용을 확장, 축으,
정정, 명료화하는 다양한 수정 및 변용 전략을 통해 독자의 이해를 돕고 신학
적 메시지를 한층 강화했다. 이는 번역자가 원전의 권위를 존중하면서도 내
용의 정확성과 교육적 효과를 극대화하려는 비평적 편집자로서의 역할을 스
행했음을 증명한다.

(1) 내용의 확장 및 구체화

첫째, 간결한 한문 질문에 "이렇게 좋은", "이상하다"와 같은 설득적 스

---

102 빅요왕, 『셩교감략』샹권 [11b].

103 田類斯, 『聖教鑑略』上卷 [27a]: 臨近厄日多界, 連東洋接西洋.

104 빅요왕, 『셩교감략』샹권 [61b].

105 田類斯, 『聖教鑑略』下卷 [24a]: 吾主為贖衆罪, 甘心受釘, 又於十字架上, 仰求聖父赦仇.

106 빅요왕, 『셩교감략』하권 [46b].

사를 덧붙여 뱀의 유혹을 생생하고 교활한 대화로 극화했다. 이는 서사의 현장감과 심리적 긴장감을 증폭시켜 독자의 감정적 몰입을 유도하는 탁월한 문학적 확장이다. 둘째, 모호한 대명사 '其二親'(그 부모)을 '셩모와 요셉'이라는 고유명사로 명확히 밝혀 문장의 주체를 확정했다. 이러한 구체화는 독자가 겪을 수 있는 모든 혼란의 가능성을 사전에 차단하는 친절하고 효과적인 편집 기법이다. 셋째, 노아의 후손들이 퍼져나간 지역을 설명하며 원문에는 없는 구체적인 국가명(이탈리아, 스페인 등)을 대거 추가했다. 이는 성경 속 고대사가 독자들이 인지하는 당대의 세계 질서와 직접 연결된 실제 역사임을 체감하게 하여, 교리의 현실성과 역사성을 강화하는 교육적 전략이다.

『셩교감략』: 하와야, 네가 왜 그 열매를 먹지 못하느냐?[107]

『셩교감략』: 에와야 너ㅣ 엇지ᄒ야 다른 실과는 다 먹어도 이러케 됴흔 이 나무 실과는 먹지 아니ᄒᄂ냐 이샹ᄒ다.[108]

『셩교감략』: 그 부모가 계명을 심히 삼가 지켜.[109]

『셩교감략』: 셩모와 요셉이 텬쥬를 공경ᄒ야 슈계ᄒ심을 심히 삼가는 고로 [110]

『셩교감략』: 셈의 후대는 아시아주에 사니, 즉 중화(中華) 등의 나라요, 함의 후예는 아프리카주에 사니, 즉 흑인(黑人) 등의 나라요, 야벳의 후사는 구라파주에서 사니, 즉 서양 등의 나라이다.[111]

『셩교감략』: 셤의 ᄌ손은 아시아에셔 사니 곳 유더아와 인두와 안남과 즁원

---

107 田類斯, 『聖教鑑略』上卷 [3b]: 厄娃, 汝何不食斯菓.
108 빅요왕, 『셩교감략』샹권 [7a].
109 田類斯, 『聖教鑑略』下卷 [9b]: 其二親守誡甚謹.
110 빅요왕, 『셩교감략』하권 [18b].
111 田類斯, 『聖教鑑略』上卷 [12b]: 剛之後裔, 亞弗利加洲, 即黑人等國, 亞弗德之後嗣, 居歐羅巴洲, 即西洋等國是也.

과 일본과 죠션 등 나라히오 갈의 ᄌ손은 아프리가에서 사니 에집도와 모든 흑인 등 나라히오 [28b] 야펫의 ᄌ손은 으로바에서 사니 이다리아와 이스바니아와 부랑시아와 앙글니아와 열마니아와 아라사 등 나라히니라[112]

(2) 내용의 정정 및 명료화

첫째, 3877년 연대 표기의 오류를 3872년으로 수정하여, 텍스트 전체의 서술과 일치하도록 논리적 정합성을 확보했다. 이는 번역자가 문장 단위가 아닌 책 전체의 통일성을 염두에 둔 교열자였음을 보여준다. 둘째, 동명이인인 야고보 사도를 '쟝'(長)과 '차'(次)로 구분하여 표기했다. 이는 '해설적 명료화' 기법의 전형으로, 독자의 혼란 가능성을 원천적으로 차단하려는 세심한 배려가 돋보인다. 셋째, 예수의 정체성을 '보내신 자'라는 기능적·사명적 표현에서 '참 아들'이라는 존재론적·본질적 규정으로 심화시켰다. 이는 예수의 신성(神性)이라는 핵심 교리를 더욱 직접적이고 강력하게 선포하려는 번역자의 명확한 신학적 입장이 반영된 중요한 재해석이다.

『성교감략』: 제5장 가인이 아벨을 투기하여 죽임을 의론함이라. 조성 후 1218년이오, 강생 전 3877년이라.[113]

『성교감략』: 데오쟝은 가인이 아벨을 뮈워ᄒ야 죽임을 [13a] 의론홈이라 조셩 후 일빅이십팔 년이오 강싱 전 삼쳔팔빅칠십 년이라.[114]

『성교감략』: 답 베드로, 안드레, 야고보, 요한, 도마, 야고보, 빌립, 바돌로매, 마태, 시몬, 다대오, 맛디아인데, 이는 즉 예수께서 승천하신 후에, 열한

---

112 빅요왕, 『성교감략』샹권 [28a]. 번역은 다음과 같다. "셈의 자손은 아시아에서 사니, 곧 유대아와 인도와 베트남과 중원과 일본과 조선 등의 나라요, 함의 자손은 아프리카에 사니, 이집트와 모든 흑인 등 나라요, [28b] 야벳의 자손은 구라파에서 사니 이탈리아와 에스파냐(스페인)와 프랑스와 잉글랜드와 독일과 러시아 등 나라이니라."

113 田類斯, 『聖教鑑略』上卷 [6a]: 第五章 論加音妬殺亞伯爾. 造後一百二廿八年, 降前三千八百七十七年.

114 빅요왕, 『성교감략』샹권 [12b]-[13a].

사도가 공평하게 선거하여 유다의 위를 대신한 자이다.[115]

『성교감략』: 답 베드루와 안드리아와 쟝 야고버와 요왕과 도마와 츠 야고버와 비리버와 발도로메오와 마두와 시몬과 다두와 마디아ㅣ니 마디아는 예수ㅣ승텬ᄒᆞ신 후에 열흔 종도ㅣ공번되이 간션ᄒᆞ야 유다스의 위ᄅᆞᆯ 디신ᄒᆞᆫ 쟈ㅣ니라.[116]

『성교감략』: 이에 또 영적(靈蹟)을 많이 나타내어서 자기가 진실로 천주께서 보내신 자이심을 증명하시되.[117]

『성교감략』: 이에 령적을 만히 나타내샤 써 ᄌᆞ긔가 텬쥬의 ᄎᆞᆷ 아ᄃᆞᆯ이심을 알게 ᄒᆞ실 ᄉᆞᆯ.[118]

3) 과감한 삽입

번역자는 원문에 없는 내용을 성경의 다른 부분이나 교회 전승에 근거하여 적극적으로 삽입했다. 이를 통해 『성교감략』을 단순한 요약본에서 벗어나, 그 자체로 완결성을 갖춘 교리 교육서로 '증보'(增補)하는 효과를 거두었다. 이러한 과감한 삽입은 독자의 신학적 이해를 심화하고 서사의 구체성을 강화하는 데 결정적인 역할을 했다. 첫째, 『성교감략』자서(自序)에서 원문의 '믿음'(信)과 '사랑'(愛)에 한문본에 빠진 '망덕'(望德, 소망)을 추가하여, 가톨릭의 핵심 덕목인 향주삼덕(신덕, 망덕, 애덕)을 온전히 제시했다. 이는 교리 교육의 신학적 완전성을 기하려는 번역자의 명확한 의도를 보여준다. 둘째, 원문에는 생략된 아브라함과 이삭의 대화를 성경에 근거하여 복원했다. 이

---

115 田類斯, 『聖教鑑略』下卷 [14a]: 答 伯多祿, 安德肋, 雅各伯, 若望, 多默, 雅各伯, 斐理伯, 巴爾多祿茂, 瑪竇, 西滿, 達陡, 瑪弟亞, 伊卽於耶穌昇天後, 為十一宗徒公選, 代茹答斯之位者.

116 빅요왕, 『셩교감략』하권 [28a].

117 田類斯, 『聖教鑑略』下卷 [14b]: 乃又多顯靈迹, 以證自己, 真為天主所遣者.

118 빅요왕, 『셩교감략』하권 [29a].

대화는 아브라함의 절대적 믿음을 극적으로 드러내는 핵심 부분이므로, 이를 삽입함으로써 서사의 감동과 신학적 깊이를 크게 증폭시켰다. 셋째, '동방의 외국 왕들'(東方外敎國王)로만 언급된 인물들에게 교회 전승의 이름(멜키오르, 가스파르, 발타자르)을 명시했다. 이는 성경 본문에 없는 정보를 보충하여 이야기의 구체성과 역사적 신빙성을 높임으로써 독자의 지적 호기심을 충족시키는 교육적 기능을 수행한다.

『성교감략』: 그 장성 한 사람이 된 후에 이르러 바라건대 믿음의 빛이 견고하게 있어 넘치도록 나타나고 사랑의 불이 항상 불꽃을 더하여 활활 타오르게 되어.[119]

『성교감략』: 그 쟝셩ᄒ기에 밋쳐 졀노 신덕의 빗과 망덕의 굿음과 이덕의 열심이 더옥 드러나리라.[120]

『성교감략』: 없음.

『성교감략』: 이사악이 뭇ᄌ오ᄃᆡ 부친이여 여긔 불과 셥히 잇소오나 제헌홀 희셩은 어ᄃᆡ 잇ᄉᆞ니잇가 아바람이 ᄃᆡ답ᄒᆞᄃᆡ 텬쥬ㅣ ᄌᆞ연이 희셩을 안비ᄒᆞ시리라 ᄒᆞ고.[121]

『성교감략』: 문 저 삼왕은 누구입니까? 답 천문에 정통한 동방 외국의 왕입니다.[122]

『성교감략』: 문 뎌 삼왕은 엇더ᄒᆞᆫ 사ᄅᆞᆷ이뇨 답 텬문을 졍통ᄒᆞᄂᆞᆫ 동방 외국 님금이니 일홈은 멜골과 가스발과 발다살이니라.[123]

---

119 田類斯, 『聖教鑑略』自序 [3a]: 迨其長成人後, 庶幾信光堅存益顯, 愛火恒焰益熾.
120 빅요왕, 『셩교감략』ᄌ셔 [4a].
121 빅요왕, 『셩교감략』샹권 [32b].
122 田類斯, 『聖教鑑略』下卷 [6b]: 問 那三王是誰. 答 精通天文, 東方外教國王.
123 빅요왕, 『셩교감략』하권 [12a].

4) 주석 활용

　언해본은 본문의 흐름을 방해하지 않으면서 작은 글씨 두 줄로 표기하는 '소자쌍행'(小字雙行) 주석을 적극적으로 활용했다. 이 장치는 생소한 용어나 복잡한 개념에 대한 보충 설명을 제공하여 독자의 이해를 돕는 세심한 교육적 장치였다. 주석은 번역자가 독자의 입장에서 텍스트를 읽으며 발생할 수 있는 의문점을 미리 예측하고 해소하려는 배려의 결과물이다. 첫째, 다니엘서의 상징적 예언이 구체적으로 어떤 시간 계산법에 근거하는지 명쾌하게 해설했다. 이를 통해 본문의 난해함을 해소하고, 복잡한 성경 예언에 대한 독자의 신학적 이해를 돕는 교사로서의 역할을 수행한다. 둘째, '밥디스다'(Baptista)라는 낯선 외국어 음차 단어의 의미가 '세례자'(洗者)임을 직접 풀이했다. 이를 통해 독자는 생소한 고유명사를 즉각적으로 이해하고, 텍스트의 장벽 없이 내용에 집중할 수 있게 된다.

　『성교감략』: 문 69주일은 무엇을 해설합니까? 답 483년을 해설합니다.[124]
　『성교감략』: 문 예순아홉 쥬일은 엇더케 풀어 말흠이뇨 답 스빅팔십삼 년이라 말이니라 이는 칠 년 스이에 흔 쥬일식 그른친 쯧.[125]

　『성교감략』: 문 누가 엘리사벳의 아들입니까? 답 세례자 요한입니다.[126]
　『성교감략』: 문 엘니사벳의 아들이 뉘시뇨 답 요안 밥디스다ㅣ니라 밥디스다는 세쟈ㅣ라 말.[127]

124　田類斯,『聖教鑑略』上卷 [51b]: 問 六十九主日, 有何解說. 答 解說四百八十三年.
125　빅요왕,『성교감략』상권 [114b].
126　田類斯,『聖教鑑略』下卷 [3a]: 問 誰是依撒伯爾之子. 答 若翰保弟斯大.
127　빅요왕,『성교감략』하권 [5b].

2. 미시적 구조분석

　이처럼 텍스트의 숲을 가꾼 거시적 편집자의 시선은 단어 하나하나를 고르는 미시적 번역가의 정교함 속에서도 일관된 철학으로 관철된다. 언허 본 『성교감략』의 가치는 거시적 편집뿐만 아니라, 단어 하나하나의 선택이 담긴 치밀한 미시적 전략에서도 드러난다. 번역자는 '신학적 권위 유지', '교 리적 일관성', 그리고 '대중적 접근성'이라는 세 가지 목표 사이에서 균형을 맞추기 위해, 원어 음역, 한자어 차용, 순우리말 변용이라는 다층적인 어휘 전략을 정교하게 구사했다. 이는 외래의 신앙 개념을 조선의 언어적 토양에 뿌리 내리게 하려는 신중하고 체계적인 노력의 결과였다.

1) 원어 음역(音譯)

　번역자는 새로운 신학 개념이나 고유명사를 의미로 풀 때 발생할 수 있 는 왜곡의 위험을 최소화하고자, 원어의 소리를 그대로 옮기는 '음역' 전략을 채택했다. 이 방식은 해당 용어가 지닌 고유성과 신학적 권위를 보존하고, 전 세계 보편 교회와의 용어적 통일성을 유지하려는 의도적인 선택이었다. 첫 째, 라틴어 '갈바리아'(Calvaria)를 음역하여 지명의 고유성과 원형을 보존했 다. 한자를 통한 간접 음차(音借)와 한글을 통한 직접 음차의 병치는 당대 표 기법의 변화와 함께, 원음 존중이라는 일관된 번역 원칙을 보여준다. 둘째, 히브리어/헬라어 '파스카'(Pascha)를 의역하지 않고 음역함으로써, 유월절이 자 부활 축제를 의미하는 이 핵심 절기명의 종교적 특수성과 역사적 무게를 온전히 보존했다. 셋째, 라틴어/헬라어 '밥티스타'(baptista)를 음역하면서도 '셰쟈ㅣ라 말'이라는 소자쌍행 주석을 덧붙였다. 이는 음역을 통한 용어의 보 편성 확보(권위)와 주석을 통한 토착적 이해(접근성)를 동시에 추구하는 정교 한 이중 전략으로, 번역자의 종합적 안목을 증명한다.

『성교감략』: 그때 힘이 떨어져 수차례 넘어지시며, 갈보리(加爾瓦略, 가이와략) 산에 도착하여 양쪽 강도 사이에서 못 박히셨다.[128]

『성교감략』: 이에 힘이 핍진ᄒᆞ야 수ᄎᆞ 업더지시며 갈와리아산에 니르샤 두 도적 가온대 못 박히시니.[129]

『성교감략』: 이것은 어린양을 먹는 예식이니 파스카(巴斯卦, 파사괘)라 칭하며, 번역하면 '지나가다' 라는 말이다.[130]

『성교감략』: 이거시 바스과 고양 먹는 례니 바스과는 번역ᄒᆞ야 닐ᄋᆞ면 지[59b]나가단 말이라.[131]

『성교감략』: 문 누가 엘리사벳의 아들입니까? 답 세례자 요한입니다.[132]

『성교감략』: 문 엘니사벳의 아들이 뉘시뇨. 답 : 요안 밥디스다ㅣ 니라 밥디스다는 셰쟈ㅣ라 말.

128 田類斯,『聖敎鑑略』下卷 [24a]: 時因力乏, 跌仆數次, 到加爾瓦略山, 釘於兩盜中.
129 빅요왕,『셩교감략』샹권 [46a].
130 田類斯,『聖敎鑑略』上卷 [26a]: 故食羊羔之禮, 稱巴斯卦, 譯言過也.
131 빅요왕,『셩교감략』샹권 [59a]-[59b].
132 田類斯,『聖敎鑑略』上卷 [3a]: 問 誰是依撒伯爾之子. 答 若翰保弟斯大.

2) 한자어 직접 차용(借用)

번역자는 대중적 가독성뿐만 아니라 신학적 정확성과 용어의 일관성을 매우 중요하게 여겼다. 이를 위해 기존 한문본에서 사용된 핵심 한자어를 한글 독음 그대로 차용하는 전략을 구사했다. 이는 교회 공동체 내에서 이미 정착된 중요 개념의 혼선을 방지하고, 기존 한문본에 익숙했던 신자들에게 지적 연속성을 제공하는 필수적인 장치였다. 첫째, '구세주'는 천주교의 핵심 교리를 압축하는 용어로, 이를 그대로 차용함으로써 가장 중요한 신학적 개념의 연속성과 안정성을 확보하고 교리적 혼란을 원천적으로 방지했다. 둘째, 예수의 제자를 지칭하는 '종도'는 당시 천주교회의 고유 용어였다. 이 어휘를 유지함으로써 교리적 맥락을 보존하고, 언어 사용을 통해 공동체 내부의 정체성을 강화하는 효과를 거두었다. 셋째, '성교'(聖教)와 '치명'(致命)처럼 한국 천주교 공동체의 정체성과 박해의 역사가 아로새겨진 어휘를 계승했다. 이는 단순한 정보 전달을 넘어, 공동체의 역사적 기억과 유대감을 공고히 하는 중요한 역할을 수행했다.

『성교감략』: 천주께서 영원 전에 정하시고, 옛 선지자가 예언하신 구세주(救世主)께서 강생하셔서 세상 사람을 불쌍히 여겨 건지실 때가 이미 이르렀다.[133]

『성교감략』: 텬쥬ㅣ 영원이 몬져 뎡ᄒ시고 녯 션지쟈ㅣ 미리 말ᄉᆞᆷᄒ신 구셰쥬ㅣ 강ᄉᆡᆼᄒ샤 셰샹 사ᄅᆞᆷ을 불샹이 넉여 건지실 때 임의 니르매.[134]

『성교감략』: 예수께서 또 모든 제자 중에서 특별히 열두 제자를 선택해서

---

133 田類斯, 『聖教鑑略』下卷 [1a]: 天主永遠前定, 及古聖先知預言, 救世主降生憐拯世人之時已至.
134 빅요왕, 『셩교감략』하권 [1a].

사도(宗徒, 종도)라 하여 여러 제자 중에서 뽑아 올리니.[135]

『셩교감략』: 예수ㅣ 모든 뎨즈 가온대 특별이 열두 사름을 간션ᄒᆞ야 종도를 삼으샤 모든 문도 우희 올니시니.[136]

『셩교감략』: 예수께서 교를 전하시고, 영적을 보이신 지 이미 이 년여가 경과 되어 장차 수난을 받으실 때가 가까워지니, 성교(聖教)의 위를 이를 사람을 세우고자 하셨다.[137]

주를 위하여 제일 먼저 순교(致命, 치명)하였는데 죽기 전에 원수들을 용서해 주기를 주께 간구했다.[138]

『셩교감략』: 예수ㅣ 교ᄅᆞᆯ 전ᄒᆞ시고 령젹을 나타내신 지 임의 두 ᄒᆡ가 지난지라 쟝ᄎᆞᆺ 슈난ᄒᆞ실 때 갓가오매 셩교의 권과 위ᄅᆞᆯ 니을 사름을 세우고져 ᄒᆞ시더니.[139]

예수ㅣ 승텬ᄒᆞ신 후 처음으로 쥬ᄅᆞᆯ 위ᄒᆞ야 치명ᄒᆞᆫ 쟈ㅣ라 림죵 젼에 텬쥬ᄭᅴ 원슈의 죄 관셔ᄒᆞ심을[140] 구ᄒᆞ니라.[141]

3. 순우리말 변용

언해본의 핵심적인 성취는 권위적이고 함축적인 한문 표현을 대중에게 친숙한 순우리말로 과감하게 변용한 데 있다. 이 전략은 한글 해독 능력을 가진 누구나 교리의 내용을 이해할 수 있도록 텍스트의 문턱을 극적으로 낮추었다. 이를 통해 교리의 내용이 광범위한 독자층에게 더욱 생생하고 직접

---

135 田類斯, 『聖教鑑略』下卷 [13b]: 耶穌又於諸徒中, 特選十二弟子為宗徒.
136 빅요왕, 『셩교감략』하권 [26b].
137 田類斯, 『聖教鑑略』下卷 [15a]: 耶穌傳教顯迹, 已經二年有餘, 將近受難之時, 欲立聖教接位之人.
138 田類斯, 『聖教鑑略』下卷 [32a]: 爲主首先致命, 臨終前, 求主寬恕仇衆.
139 빅요왕, 『셩교감략』하권 [30b].
140 관셔ᄒᆞ다: 寬恕, 용서하다.
141 빅요왕, 『셩교감략』하권 [62a].

적으로 전달될 수 있었다. 이러한 어휘 선택 전략은 언해본이 단순한 번역사가 아니라, 외래 신앙을 한국의 토양에 깊이 뿌리내리게 하려는 치밀한 '토착화' 기획의 산물임을 명백히 증거한다. 첫째, '감참관'이라는 전문적인 직책명을 '목 베는 일을 맡은 관리'라는 역할 중심의 설명으로 풀어냈다. 이를 통해 한자 지식이 부족한 독자라도 그 의미를 즉각 파악하게 하여, 내용 이해의 장벽을 제거하는 철저한 독자 중심적 번역 전략을 보여준다. 둘째, '원조'라는 다소 추상적인 한자어 대신 '으뜸가는 조상'이라는 의미가 명확한 고유어를 사용하여, 인류 최초의 조상이라는 개념을 독자에게 더욱 친숙하고 직관적으로 전달했다. 셋째, '뱀 따위가 몸을 똬리처럼 둥글게 감다'라는 구체적인 움직임을 묘사하는 동사 '서리다'를 채택하여, '반요'라는 문어체 한자어가 가진 모호함을 제거하고 생생한 시각적 이미지를 독자의 마음에 직접 그려주는 효과를 거두었다.

『성교감략』: 다니엘을 포함한 네 명도 그 수(數) 안에 있었는데 그 연고를 물으니, 베는 관원(監斬官, 감참관)이 자세히 알려주었다.[142]

『성교감략』: 다니엘과 그 세 동모ㅣ 또흔 이 즁에 잇눈지라 그 연고룰 무룬딕 버힘을 맛흔 관원이 굴ㅇ딕.[143]

『성교감략』: 천지만물을 정비하신 후에, 천주께서 진흙을 사용하여 첫 사람(元祖, 원조)을 지으시고, 남자를 아담이라 이름하셨다.[144]

『성교감략』: 텬쥬ㅣ 다시 젼능을 베푸샤 사룸의 흔 웃듬조샹을 내실 ᄉᆡ 진흙을 취ᄒᆞ야 흔 사룸을 내시니 일홈은 아담이라.[145]

---

142 田類斯, 『聖教鑑略』上卷 [45b]: 達尼阿爾四人, 亦在数內, 詢其故, 監斬官具以告.
143 빅요왕, 『셩교감략』상권 [102a].
144 田類斯, 『聖教鑑略』上卷 [1b]: 天主用泥土造人元祖, 男名亞當.
145 빅요왕, 『셩교감략』상권 [2a].

『성교감략』: 마귀가 투기하여 유혹하기 위해 뱀의 몸에 들어가 명한 과일 나무 위에 휘감고서(盤繞, 반요).[146]

『셩교감략』: 마귀 투심을 내여 유감을 베풀녀 홀 시 비얌의 모양으로 션악과 나무 우희 셜이여.[147]

VIII. 나가는 말

본 연구는 루이 가브리엘 들라플라스(1820–1884)의 『성교감략』(1866)과 그 언해본 마리 블랑의 『성교감략』(1883)을 분석하여, 19세기 동아시아 가톨릭 교회의 교리 전승과 선교 전략을 규명하고자 하였다. 이 과정에서 『성교감략』의 저자와 저작 배경, 구조와 내용, 해석 방법, 교회사 인식, 번역과 변용의 양상 등을 종합적으로 검토하였다.

제Ⅱ장에서는 들라플라스의 생애와 주요 저작을 살펴보았다. 프랑스 출신 나자로회 선교사였던 그는 청나라의 격동기 속에서 교리 교육과 신앙 보존을 위해 다양한 한문 저술을 남겼으며, 『성교감략』은 그 대표작으로 자리매김한다. 그의 생애는 곧 선교사의 헌신과 박해 속 신앙 공동체를 위한 교리 활동의 맥락을 보여준다.

제Ⅲ장에서는 『성교감략』의 구조와 내용을 분석하였다. 이 책은 성경의 주요 사건을 요약하면서 교리 문답 형식을 취해 신자들이 쉽게 이해할 수 있도록 했고, 성경 요약과 교리 교육, 교회사 서술을 아우르는 종합 교리 문헌으로 구성되어 있다.

제Ⅳ장은 『성교감략』의 성경 해석 방법으로서 모형론을 다루었다. 구

---

146 田類斯, 『聖教鑑略』上卷 [3b]: 魔鬼妬忌施誘, 投附蛇身, 盤繞命菓樹上.
147 빅요왕, 『셩교감략』샹권 [7a].

약의 인물·사건·제도가 신약의 예수 그리스도와 교회에 연결되며, 이를 통해 성경 전체를 구속사적 맥락에서 이해하도록 인도했다. 이는 당시 교우들에게 성경을 단편적 이야기로가 아니라 하나의 구원 역사로 파악하게 했다.

제V장에서는 중국 교회사 서술을 검토하였다. 당·원·명·청을 거치며 그리스도교가 이미 중국 역사 속에서 수용되었다는 점을 강조하여, 외래 종고라는 인식을 극복하고 신앙 공동체의 역사적 정체성을 강화하려는 의도가 드러났다. 이러한 교회사 인식은 조선 교회에도 동일한 효과를 가질 수 있었다.

제VI장은, 두 판본이 동일한 저작임을 보여주는 여러 증거를 제시하였다. 특히 블랑 주교가 1876년에 1866년본을 교정한 흔적이 언해본에 반영되었음이 확인된다. 또한 주요 신학 용어(천주, 천지, 성모 등)가 그대로 차용되었고, '바벨탑' 항목처럼 일부는 보충 설명이 덧붙여졌다. 이를 통해 한글본은 한문본을 충실히 저본으로 삼되, 조선 신자들의 이해를 고려하여 부분적으로 수정·보완했음을 알 수 있다.

제VII장은 언해본의 번역 전략과 특징을 분석하였다. 언해본의 번역 전략은 거시적 차원과 미시적 차원에서 일관된 목적의식을 가지고 구사되었다. 거시적 차원에서는 내용의 경제성을 위한 전략적 생략, 독자의 이해와 고리적 메시지 강화를 위한 적극적 수정 및 확장, 그리고 난해한 개념을 해소하는 소자쌍행 주석의 활용이 두드러졌다. 미시적 차원에서는 외래 신앙을 조선의 언어 토양에 정착시키기 위한 다층적 전략이 발견되었다. 신학적 권의를 유지하기 위한 원어 음역, 공동체 정체성을 보존하는 한자어 차용, 그리고 대중적 접근성을 극대화하기 위한 순우리말 변용이 체계적으로 적용되었다.

이상의 분석을 종합하면, 『성교감략』은 단순한 교리 요약서가 아니라 성경 요약, 교리 교육, 교회사 서술을 결합한 종합 교리 문헌이었다. 한문본과 언해본의 병존은 중국과 조선 교회의 상호 연관성을 보여주며, 번역과 변용을 통해 신앙 공동체가 자신들의 정체성과 선교 전략을 재구성한 사례를 제시한다. 따라서 『성교감략』 연구는 19세기 동아시아 가톨릭 교회의 교리 전승과 신학적 대응을 이해하는 데 중요한 단초를 제공할 뿐 아니라, 동서문명교류사·성서 수용사·번역학적 연구의 교차 지점에서도 귀중한 의미를 지닌다.

제2부

언해본 『셩교감략』의 번역 (상)

셩교감략

텬쥬강싱 일쳔팔빅팔십삼년 계미
부쥬교 빅요왕[1] 역쥰

[서1a] 셩교감략 ᄌᆞ셔

대개 나라희셔 스긔롤 젼ᄒᆞᄂ 거슨 훗 사ᄅᆞᆷ으로 ᄒᆞ여곰 그 맛당이 경계홀 것과 본밧을 거슬 알게 코져 홈이니 이제 이 셩교감략이라 ᄒᆞᄂ 칙도 또ᄒ 즁대ᄒ 도리롤 강론ᄒᆞ야 셰샹 사ᄅᆞᆷ으로써 그 일죽 텬디롤 조셩ᄒᆞ신 춤 쥬지 때때로 그 사ᄅᆞᆷ과 만물과 님금과 빅셩을 ᄎᆞ지ᄒᆞ야 다스리시ᄂ 줄을 알게 홈을 요구홈이라

그 샹고 때브터 지금ᄭᆞ지 다힝이 셩교의 진실됨을 보존ᄒᆞ야 미리 사ᄅᆞᆷ[서1b]으로 ᄒᆞ여곰 구령ᄒᆞᄂ 묘ᄒ 법을 뎡ᄒᆞ엿시니 이ᄂ 엇더ᄒ 슬긔와 강개ᄒ ᄆᆞ음으로 이러케 되엿ᄂ고 신통ᄒᆞ고 긔이ᄒᆞ다 우리 교우ᄂ 맛당이 졍셩으로써 이 칙을 보아 닉히면 졀노 우리 사ᄅᆞᆷ이 텬쥬롤 불가불 공경ᄒᆞ고 셩교롤 불가불 밧드러 힝ᄒᆞ여야 그 크게 다 힝홈이 되고 크게 복이 되ᄂ 줄을 붉이 ᄭᆡᄃᆞ라 밋고 ᄇᆞ라고 스랑ᄒᆞᄂ 세 가지 덕을 굿이 뎡ᄒᆞ고 근졀이 힘쓰리로다

아ᄅᆞᆷ답고 신통홈이여 젼능ᄒᆞ신 텬쥬ㅣ 고금 모든 셩인의[서2a]게 긔이ᄒ 령젹을 죵죵 힝ᄒᆞ게 ᄒᆞ시고 또 고셩 션지의게 쟝ᄎᆞᆺ 셰샹을 구ᄒᆞ실 대 은쥬ㅣ 강싱ᄒᆞ샤 우리의게 표양을 셰우심과 도롤 힝ᄒᆞ야 빅셩을 귀화ᄒᆞ게 ᄒᆞ심과 고난을 밧으샤 못박혀 죽으심과 부활 승텬ᄒᆞ실 모든 은미ᄒᆞ고 셰셰ᄒ 일을 능히 알게 ᄒᆞ샤 써 미리 고경[2]에 긔록게 ᄒᆞ야 후리에 낫낫치 부합ᄒᆞ야 털ᄭᅳᆺ만치도

---

1 빅요왕: 마리 쟝 귀스타브 블랑(Marie-Jean-Gustave Blanc, 1844-1890).
2 고경: 古經, 구약 셩경을 의미한다.

성교감략

천주강생 일천팔백팔십삼년 계미(癸未)
부주교 백요왕 역준

[서1a] 성교감략 자서

    대개 나라에서 사기(史記)를 전하는 것은 후대 사람으로 하여금 그 마땅히 경계할 것과 본받을 것을 알게 하고자 함이니, 이제 성교감략(聖敎鑑略)이라 하는 책도 또한 중대한 도리를 강론하여 세상 사람으로 하여금 그 일찍 천지를 조성하신 참 주재(主宰) 때대로 그 사람과 만물과 임금과 백성을 차지하여 다스리시는 줄을 알게 함을 요구함이라.

    그 상고 때부터 지금까지 다행히 성교의 진실됨을 보존하여 미리 사람 [서1b]으로 하여금 구령(救靈)하는 묘한 법을 정하였으니, 이는 어떠한 슬기와 강개한 마음으로 이렇게 되었는고, 신통하고 기이하다. 우리 교우는 마땅히 정성으로써 이 책을 보아 익히면 저절로 우리 사람이 천주를 불가불 공경하고 성교를 불가불 받들어 행하여야 그 크게 다 행함이 되고 크게 복이 되는 줄을 밝히 깨달아, 믿고 바라고 사랑하는 세 가지 덕을 굳이 정하고 간절히 힘쓰리로다.

    아름답고 신통함이여 전능하신 천주께서 고금 모든 성인에[서2a]게 기이한 영적을 종종 행하게 하시고 또 고성(古聖) 선지에게 장차 세상을 구하실 대 은주(恩主)가 강생하사 우리에게 표양을 세우심과 도를 행하여 백성을 귀화하게 하심과 고난을 받으사 못박혀 죽으심과 부활 승천하실 모든 은미(隱細)하고 세세한 일을 능히 알게 하사, 이로써 미리 고경(古經)에 기록커 하여 후래(後來)에 낱낱이 부합하여 털끝마치도 틀리지 아니하였으니, 이 으

틀니지 아니ᄒ엿시니 이 엇지 셩교의 진실됨을 붉이 나타냄이 아니며 또 엇지 텬쥬의 인ᄌ와 은혜 지극히 놉고 지[서2b]극히 두터워 갑기 어려옴을 뵈심이 아니리오

우리 셩교ㅣ 몃쳔빅 년 젼에 바른 도리의 굿은 긔업을 미리 뎡ᄒ엿기로 셩ᄌ 예수ㅣ 강셩 구속ᄒ샤 교를 셰우신 후에 밋쳐 여러 번 풍파의 군난이 아모리 힘써 치고 흔들녀 ᄒ여도 움죽이지 아니ᄒ엿도다 뎌 만민 가온대 특별이 우리를 간션ᄒ야 셩교에 나아오게 ᄒ샤 규계를 직희여 령혼을 닥게 ᄒ시니 아룹답고 긔이ᄒ다 이 은혜여 엇더케 크고 엇더케 다힝ᄒ고 가히 닐ᄋ뒤 텬쥬는 춤 영[서3a]원이 ᄉ랑ᄒ심으로써 우리를 ᄉ랑ᄒ심이로다 우리 사룸이 엇지 감히 경만이 보고 힘써 슬피지 아니ᄒ겟ᄂ냐 이러므로 나의 ᄇ라고 원ᄒ는 바는 오직 이 칙을 보는 여러 벗들은 ᄀᄇ얍케 넉이고 슬희여 ᄇ리지 말지어다 사룸마다 각각 즐겨 힘쓰고 부ᄌ런이 보아 닉히여 날이 오래도록 힝ᄒ면 셩교의 다른 글을 보아도 그 오묘ᄒ 묘리를 알기 더욱 쉬올 거시오 셩교 모든 도리 강론을 드를지라도 일족 그 거룩ᄒ 뜻의 아룸다온 맛슬 ᄭᆡ[서3b]ᄃ라 맛드리기 더옥 쉬오리라

이 글 귀졀의 문리를 알기 쉽게 홈은 사룸으로 ᄒ여곰 ᄒ 번 보매 붉이 알고 글ᄌ를 모로는 벗이라도 다른 이의 보는 소리만 듯고 또ᄒ 가히 그 대략을 알게 코져 홈이오 글 쟝마다 ᄭᆞᆺ히 뭇고 뒤답ᄒᆞ는 말 두어 귀졀을 둔 거슨 보고 듯는 사룸으로 ᄒ여곰 그 글 쟝에 잇는 말과 일을 긔억ᄒ기 쉽고 붉히기 쉽게 홈을 위홈이니 모든 교우의 ᄌ식들노 의론홀지라도 몬져 ᄎ례로 셩톄 요리문답을 비화 외온 후에 맛당[서4a]이 이 칙을 비화 닉히기를 힘썻다가 신부 오실 ᄯ를 기ᄃ리던지 혹 쥬일과 파공쳠례 날을 맛나거든 여러 ᄋ히들을 모도아 글쟝을 ᄯ라 셩교의 고금 ᄉ젹을 ᄎ례로 강을 밧고 풀어 닐ᄋ게 홀지어다

이러케 어려셔브터 듯고 보아 ᄆᆞᆷ에 긔억ᄒ고 속에 품어 두면 그 쟝셩ᄒ기에 밋쳐 졀노 신덕의 빗과 망덕의 굿음과 이덕의 열심이 더옥 드러나리라[3] 비유컨대 불을 보라 불꼿츤 니러날ᄉ록 더옥 셩ᄒᄂ니 이를 본밧아 힘써 힝ᄒ

찌 성교의 진실됨을 밝히 나타냄이 아니며, 또 어찌 천주의 인자와 은혜가 지[서2b]극히 높고 지극히 두터워 갚기 어려움을 뵈심이 아니리오.

우리 성교가 몇천백 년 전에 바른 도리의 굳은 기업을 미리 정하였기로, 성자 예수께서 강생(降生) 구속하사 교를 세우신 후에 미쳐 여러 번 풍파의 군난이 아무리 힘써 치고 흔들려 하여도 움직이지 아니하였도다. 저 만민 가운데 특별히 우리를 간선(揀選)하여 성교에 나오게 하서 규계를 지키어 영혼을 닦게 하시니 아름답고 기이하다 이 은혜여 어떻게 크고 어떻게 다행한고 가히 이르되 천주는 참 영[서3a]원히 사랑하심으로써 우리를 사랑하심이로다. 우리 사람이 어찌 감히 경만(輕慢)히 보고 힘써 살피지 아니하겠느냐? 이러므로 나의 바라고 원하는 바는 오직 이 책을 보는 여러 벗들이 가볍게 여기고 싫어 버리지 말지어다. 사람마다 각각 즐겨 힘쓰고 부지런히 보아 익혀서 날이 오래도록 행하면 성교의 다른 글을 보아도 그 오묘한 묘리를 알기 더욱 쉬울 것이오. 성교 모든 도리 강론을 들을지라도 일찍 그 거룩한 뜻의 아름다운 맛을 깨[서3b]달아 맛 들이기 더욱 쉬우리라.

이 글 구절의 문리를 알기 쉽게 함은 사람으로 하여금 한 번 보매 밝히 알고 글자를 모르는 벗이라도 다른 이의 보는 소리만 듣고 또한 가히 그 다략을 알게 하고자 함이오. 글 장(章)마다 끝에 묻고 대답하는 달 두어 구절을 둔 것은 보고 드는 사람으로 하여금 그 글 장에 있는 말과 일을 기억하기 쉽고 밝히기 쉽게 함을 위함이니, 므든 교유의 자식들로 의론할지라도 먼저 차례로 성체 요리문답(聖體 要理問答)을 배워 외운 후에 마땅[서4a]히 이 책을 배워 익히기를 힘썼다가 신부 오실 때를 기다리던지 혹 주일과 파공첨례(罷工瞻禮) 날을 만나거든 아이들을 모아 글 장을 따라 성교의 고금 사적을 차례로 강론을 받고 풀어 이르게 할지어다.

이렇게 어려서부터 듣고 보아 마음에 기억하고 속에 품어 두면 그 장성하게 미쳐 절로 신덕(信德)의 빛과 망덕(望德)의 굳음과 애덕(愛德)의 열심히 더욱 드러나리라. 비유컨대 불을 보라 불꽃은 일어날수록 더욱 성하니 더면 셩각과 [서4b] 말홈이 삼구의게 미혹ᄒ지 아니홀 거시오 ᄒᆡᆼ홈과 일홈이 규구에 넘지 아니ᄒᆞ야 쥬를 공경ᄒᆞ고 ᄌᆞ긔 령혼을 구ᄒᆞ야 텬당 영복을 누리게 ᄒᆞ여야 ᄇᆞ야흐로 텬쥬ㅣ 만물을 내시고 사ᄅᆞᆷ을 구쇽ᄒᆞ신 깁흔 본 뜻을 치올진뎌⁴

---

3 신덕, 망덕, 이덕: [1866]에는 '망덕'에 대한 내용이 없다.
4 'ᄌᆞ셔'의 마지막에 [1866]에 있는 "同治 五年 丙寅 孟秋月 司敎 田類思 題"가 [1883]에는 없다.

를 본받아 힘써 행하면 생각과 [시4b] 말함이 삼구(三仇)에게 미혹하지 아니할 것이요. 행함과 일함이 규구(規矩)를 넘지 아니하여 주를 공경하고 자기 영혼을 구하여 천당(天堂) 영복을 누리게 하여야 바야흐로 천주께서 만물을 내시고 사람을 구속하신 깊은 본뜻을 채울 것이다.

[목1a] **성교감략 샹권 목록**

데일쟝은 텬쥬ㅣ 텬디와 신인과 만물을 조셩ᄒ심을 의론홈이라 一

데이쟝은 원조를 디당에 평안이 두어 살게 ᄒ심을 의론홈이라 四

데삼쟝은 원조 두 사룸이 범명홈을 의론홈이라 七

데ᄉ쟝은 원조ㅣ 벌을 밧아 디당에서 내침을 의론홈이라 九

[목1b] 데오쟝은 **가인**이 **아벨**을 뮈워ᄒ야 죽임을 의론홈이라 十三

데륙쟝은 **노에**가 궤 지음을 의론홈이라 十五

데칠쟝은 홍슈가 텬하룰 덥흠을 의론홈이라 十八

데팔쟝은 **노에**가 궤에서 나아와 륙디에 오룸을 의론홈이라 十八

데구쟝은 **노에**가 **감**의 ᄌ손을 벌흠을 의론홈이라 二五

[목2a] 데십쟝은 바벨탑을 모호다가 말이 서로 달나지고 서로 따흘 눈혼 거술 의론홈이라 二七

데십일쟝은 텬쥬ㅣ **아바람**을 빠샤 셩조룰 삼으심을 의론홈이라 二九

데십이쟝은 **아바람**이 텬쥬ᄭᅴ 졔ᄉ 드림을 의론홈이라 三一

데십삼쟝은 **이사악**이 혼인ᄒ야 두 아돌 나흠을 의론홈이라 三三

데십ᄉ쟝은 **에사오**ㅣ **야곱**을 뮈워ᄒ야 ᄒ홈을 [목2b] 의론홈이라 三五

데십오쟝은 구형이 그 동싱 **요셉**을 풀믈 의론홈이라 三六

데십륙쟝은 **요셉**의 조츌ᄒᆫ 덕을 의론홈이라 三八

데십칠쟝은 **요셉**이 옥에 잇서 히몽홈을 의론홈이라 三九

데십팔쟝은 **요셉**이 졍승 위에 오롬을 의론홈이라 四十

데십구쟝은 **요셉**의 모든 형이 **에집도국**으로 가[목3a]셔 량식을 빌믈 의론홈이라 四一

데이십쟝은 **요셉**의 아홉 형이 집에 도라옴을 의론홈이라 四三

데이십일쟝은 **요셉**의 형과 아오ㅣ 다시 **에집도**에 감을 의론홈이라 四四

데이십이쟝은 **요셉**의 열ᄒᆫ 형뎨가 길희셔 도라오며 근심ᄒ고 걱졍홈을 의론홈이라 四六

[목1a] **성교감략 상권 목록**

제1장은 천주(天主)께서 천지(天地)와 신인(神人)과 만물(萬物)을 조성(造成)하심을 의론함이라. 一

제2장은 원조(元祖)를 지당(地堂)에 평안히 두어 살게 하심을 의론함이라. 四

제3장은 원조 두 사람이 범명(犯命)함을 의론함이라. 七

제4장은 원조가 벌을 받아 지당에서 내침을 의론함이라. 九

[목1b] 제5장은 가인이 아벨을 미워하여 죽임을 의론함이라. 十三

제6장은 노아가 궤(櫃) 지음을 의론함이라. 十五

제7장은 홍수가 천하를 덮음을 의론함이라. 十八

제8장은 노아가 궤에서 나와 육지에 오름을 의론함이라. 十八

제9장은 노아가 함의 자손을 벌함을 의론함이라. 二五

[목2a] 제10장은 바벨탑을 모으다가 말이 서로 달라지고 서로 땅을 나눈 것을 의론함이라. 二七

제11장은 천주(天主)께서 아브람을 택하사 성조(聖祖)를 삼으심을 의론함이라. 二九

제12장은 아브람이 천주께 제사드림을 의론함이라. 三一

제13장은 이삭이 혼인하여 두 아들 낳음을 의론함이라. 三三

제14장은 이삭이 야곱을 미워하여 한(恨)함을 [목2b] 의론함이라. 三五

제15장은 아홉 형이 그 동생 요셉을 팖을 의론함이라. 三六

제16장은 요셉의 정결한 덕을 의론함이라. 三八

제17장은 요셉이 옥에 있어 해몽(解夢)함을 의론함이라. 三九

제18장은 요셉이 정승(政丞) 위(位)에 오름을 의론함이라. 四十

제19장은 요셉의 모든 형이 이집트 나라로 가[목3a]서 양식을 킬림을 의론함이라. 四一

제20장은 요셉의 아홉 형이 집에 돌아옴을 의론함이라. 四三

제21장은 요셉의 형과 아우가 다시 이집트로 감을 의론함이라. 四四

데이십삼쟝은 왕이 례물을 <u>요셉</u>의 부친의게 보냄을 의론홈이라 四七

[목3b] 데이십ᄉ쟝은 <u>야곱</u>의 식구가 <u>에집</u>도로 이ᄉ홈을 의론홈이라 四九

데이십오쟝은 <u>모이스</u>를 살녀 기름을 의론홈이라 五一

데이십륙쟝은 <u>모이스</u>ㅣ 열 가지 셩젹을 련ᄒ야 힝홈을 의론홈이라 五五

데이십칠쟝은 바스과 고양 먹는 례롤 의론홈이라 五八

데이십팔쟝은 고셩 <u>요버</u>롤 의론홈이라 六一

[목4a] 데이십구쟝은 텬쥬ㅣ 십계 주심을 의론홈이라 六五

데삼십쟝은 외교 슐ᄉ 발나암을 의론홈이라 六七

데삼십일쟝은 <u>모이스</u>ㅣ 셰샹을 ᄇ린 후에 <u>요슈에</u>가 위롤 디신홈을 의론홈이라
　　七十

데삼십이쟝은 심관이 거ᄂ려 다ᄉ림을 의논홈이라 七四

데삼십삼쟝은 <u>사월</u>이 님금 됨을 의론홈이라 七六

데삼십ᄉ쟝은 <u>다위</u> 셩왕을 의론홈이라 七九

[목4b] 데삼십오쟝은 <u>사로몬</u> 어진 님금을 의론홈이라 八二

데삼십륙쟝은 <u>사마리아</u>에 나라히 ᄂ호여됨을 의론홈이라 八五

데삼십칠쟝은 <u>사마리아</u>의 렬교롤 의론홈이라 八八

데삼십팔쟝은 <u>도비아</u> 부ᄌ 두 셩인을 의론홈이라 九十

데삼십구쟝은 <u>유다</u> 나라와 빅셩이 사로잡힘을 [목5a] 닙고 셔울 잇는 셩당이
　　다 헐니고 멸홈을 의론홈이라 九五

데ᄉ십쟝은 <u>다니엘</u>과 그 동모 ᄋ희의 담박ᄒ 모든 덕을 의론홈이라 九九

데ᄉ십일쟝은 <u>다니엘</u>이 히몽홈을 의론홈이라 百一

데ᄉ십이쟝은 세 셩동을 불가마에 너허도 샹ᄒ지 아님을 의론홈이라 百五

데ᄉ십삼쟝은 <u>다니엘</u>을 ᄉᄌ 우리에 너허도 샹[목5b]ᄒ지 아님을 의론홈이라
　　百八

데ᄉ십ᄉ쟝은 <u>다니엘</u>이 미리 구셰쥬ㅣ 나실 때롤 말홈을 의론홈이라 百十二

데ᄉ십오쟝은 <u>시루</u> 국왕이 <u>유더아</u> 빅셩이 본국에 도라가 셩당 짓기롤 허락홈

제22장은 요셉의 열한 형제가 길에서 돌아오며 근심하고 걱정함을 의론함이라. 四六

제23장은 왕이 예물을 요셉의 부친에게 보냄을 의론함이라. 四七

[목3b] 제24장은 야곱의 식구가 이집트로 이사함을 의론함이라. 四九

제25장은 모세를 살려 기름을 의론함이라. 五一

제26장은 모세가 열 가지 성적(聖迹)을 연속해서 행함을 의론함이라. 五五

제27장은 파스카 고양(羔羊) 먹는 예를 의론함이라. 五八

제28장은 옛 성인(聖人) 욥을 의론함이라. 六一

[목4a] 제29장은 천주께서 십계(十誡) 주심을 의론함이라. 六五

제30장은 외교(外敎) 술사(術士) 발람을 의론함이라. 六七

제31장은 모세 세상을 버린 후에 여호수아가 위(位)를 대신함을 의론함이라. 七十

제32장은 심관(審官)이 거느려 다스림을 의론함이라. 七四

제33장은 사울이 임금 됨을 의론함이라. 七六

제34장은 다윗 성왕(聖王)을 의론함이라. 七九

[목4b] 제35장은 솔로몬 어진 임금을 의론함이라. 八二

제36장은 사마리아의 나라가 나뉨을 의론함이라. 八五

제37장은 사마리아 열교(裂敎)를 의론함이라. 八八

제38장은 토비트 부자(父子) 두 성인을 의론함이라. 九十

제39장은 유대 나라와 백성이 사로잡힘을 [목5a] 입고 서울에 있는 성당(聖堂)이 다 헐리고 멸함을 의론함이라. 九五

제40장은 다니엘과 그 동무 아이의 담박(淡泊)함을 의론함이라. 九九

제41장은 다니엘이 해몽(解夢)함을 의론함이라. 百一

제42장은 세 거룩한 아이를 불가마에 넣어도 상하지 않음을 의론함이라. 百五

제43장은 다니엘을 사자 우리에 넣어도 상[목5b]하지 않음을 의론함이라.

을 의론홈이라 百十五

뎨스십륙쟝은 <u>안듸오귀스</u> 악왕을 의론홈이라 百十八

뎨스십칠쟝은 모즈 여듧 사름이 치명홈을 의론[목6a]홈이라 百二十

뎨스십팔쟝은 <u>마다디아</u>와 그 모든 아들 <u>마가베</u>롤 의론홈이라 百二十三

뎨스십구쟝은 <u>마가베</u> 나라 일홈을 의론홈이라 百二六

뎨오십쟝은 고 성인 션지쟈롤 의론홈이라 百二八

　　百八

제44장은 다니엘이 미리 구세주(救世主)께서 나실 때를 말함을 의론함이라.

　　百十二

제45장은 고레스 국왕이 유대아 백성이 본국에 돌아가 성당 짓기를 허락함

　　을 의론함이라. 百十五

제46장은 안디오쿠스 악한 왕을 의론함이라. 百十八

제47장은 모자 여덟 사람이 치명함을 의론[목6a]함이라. 百二十

제48장은 마따디아와 그 모든 아들 마카베오를 의론함이라. 百二三

제49장은 마카베오가 나라를 잃음을 의론함이라. 百二六

제50장은 고 성인 선지자를 의론함이라. 百二八

성교감략 권지샹

데일쟝은 텬쥬ㅣ 텬디와 신인⁵과 만물을 조성ᄒ심을 의론홉이라⁶

　텬쥬ㅣ 당신 영광을 드러내시기롤⁷ 위ᄒ샤 업ᄂᆞᆫ 가온대로 조차 텬디와 신인과 만물을 조성ᄒ실 ᄉᆡ 당신 젼능ᄒ신 ᄌᆞ쥬쟝으로 륙일을 공부⁸ᄒ시니 첫재 날은 붉은 빗치 잇기롤 명ᄒ시매 곳 명을 응ᄒ야 붉아지고 놉고 놉흔 하ᄂᆞᆯ과 무수ᄒᆞᆫ 텬신⁹과 물과 따흘 내시고 둘재 날은 텬디 혼돈홉을 분[1b]별ᄒ신 후에 하ᄂᆞᆯ의 각 층을 다 마련ᄒ시고 셋재 날은 따 우희 놉흔 ᄃᆡᄂᆞᆫ 산이 되고 ᄂᆞ즌 ᄃᆡᄂᆞᆫ 바다히 되게 ᄒ시고 또 따흘 명ᄒ야 각식 초목과 오곡빅과롤 나게 ᄒ시고 넷재 날은 ᄒᆡ와 둘과 갓가지 별을 내샤 세샹을 빗최여 ᄡᅥ 년월과 졀후¹⁰롤 분별케 ᄒ시고 다ᄉᆞᆺ재 날은 물속에 잇ᄂᆞᆫ 갓가지 고기와 공즁에 나ᄂᆞᆫ 모든 새롤 내시고 여ᄉᆞᆺ재 날은 륙튝과 버러지와 빅가지 긔ᄂᆞᆫ 즘승을 내시니 텬디와 만물이 명ᄒ시ᄂᆞᆫ 대로 응ᄒ야 낫낫치 ᄀᆞ초인[2a]지라

　이에 텬쥬ㅣ 다시 젼능을 베푸샤 사롬의 ᄒᆞᆫ 웃듬조샹¹¹을 내실 ᄉᆡ 진흙을 취ᄒ야 ᄒᆞᆫ 사롬을 내시니 일홈은 <u>아담</u>¹²이라 ᄒᆞᆫ 령혼을 븟쳐 주시니 이에 명오¹³와 긔함¹⁴과 이욕¹⁵ 삼ᄉᆞ¹⁶ㅣ 잇ᄂᆞᆫ지라 이 삼ᄉᆞᄂᆞᆫ 실노 삼위일톄¹⁷의 모샹이오 또 만물 즁에 ᄀᆞ쟝 아롬답고 신령ᄒ야 만물의 님금이 되여 만물을 ᄡᅳ고 만물을 ᄃᆡ신ᄒ야 조성ᄒ신 춤 텬쥬롤 밧드러 공경케 ᄒ시니라

5　신인(神人): 천사와 인간.
6　창세기 1~2장.
7　드러내시기롤: 發顯, 발원.
8　공부: 工夫.
9　텬신: 天神, 천사.
10　졀후(節候): 時節.
11　웃듬조샹: 元祖.
12　아담: 亞當.
13　명오: 明悟.
14　긔함: 記含, 기함.
15　이욕: 愛欲, 애욕.
16　삼ᄉᆞ: 三司, 삼사.
17　삼위일톄: 三位一體, 삼위일체.

제1장은 천주(天主)께서 천지(天地)와 신인(神人)과 만물(萬物)을
조성(造成)하심을 의론함이라.

천주께서 당신의 영광을 드러내시기를 위해서 없는 가운데로부터 천지
와 신인과 만물을 조성하실 새, 당신의 전능하신 자주장(自主張)으로 육일
(六日)을 공부(工夫)하시니, 첫째 날은 밝은 빛이 있기를 명하시매 곧 명을
응하여 밝아지고 높고 높은 하늘과 무수한 천사와 물과 땅을 내시고, 둘째
날은 천지 혼돈함을 분[1b]별하신 후에 하늘의 각 층을 다 마련하시고, 셋째
날은 땅 위에 높은 곳은 산이 되고 낮은 곳은 바다가 되게 하시고 또 땅을 명
하여 각색 초목과 오곡백과를 나게 하시고, 넷째 날은 해와 달과 갖가지 별
을 내사 세상을 비추어 이로써 년월과 절후를 분별하게 하시고, 다섯째 날은
물속에 있는 갖가지 고기와 공중에 나는 모든 새를 내시고, 여섯째 날은 육
축과 벌레와 백 가지 기는 짐승을 내시니 천지와 만물이 명하시는 대로 응하
여 낱낱이 갖추인[2a]지라.

이에 천주께서 다시 전능을 베푸사 사람의 한 으뜸 조상을 내실 새 진흙
을 취하여 한 사람을 내시니, 이름은 아담이라. 한 영혼을 붙여 주시니, 이에
명오와 기함과 애욕 삼사가 있는지라. 이 삼사는 실로 삼위일체의 모상이오,
또 만물 중에 가장 아름답고 신령하여 만물의 임금이 되어 만물을 쓰고 만물
을 대신하여 조성하신 참 천주를 받들어 공경하게 하시니라.

문: 뉘 텬디를 조성ㅎ엿ㄴㅕ

답: 텬쥬ㅣ 조성ㅎ시[2b]니라

문: 텬쥬ㅣ 무어슬 위ㅎ야 텬디를 조성ㅎ셧ㄴㅕ

답: 당신 영광을 나타내시기를 위ㅎ심이니라

문: 텬쥬ㅣ 무어슬 가지시고 텬디를 조성ㅎ셧ㄴㅕ

답: 온전이 ᄌ긔 젼능을 가져 ᄒᆞᆫ 번 명ㅎ시매 업ᄂᆞᆫ 가온대로 조차 만물이 즉시
　　명을 응ㅎ야 잇섯ᄂᆞ니라

문: 몃칠 만에 텬디를 조성ㅎ셧ᄂᆞ냐

답: 륙 일을 공부ㅎ시니라

[3a] 문: 륙 일 공부를 ㅎ신 일이 혹 무슴 뜻이 잇ᄂᆞ냐

답: 우리 사ᄅᆞᆷ이 셰샹에셔 육신을 위ㅎ야 륙 일 동안에 힘써 일ㅎ다가 데칠 일
　　을 당ㅎ야 육신을 위ㅎ던 일은 다 파ㅎ고 오직 령혼의 일을 힘써 도라보
　　고 셩양 보존ㅎ신 은혜를 샤례홈을 위홈이니라

문: 엇더케 우리 사ᄅᆞᆷ의 웃듬 조샹을 내셧ᄂᆞᆫ

답: 텬쥬ㅣ 젼능으로 황토를 가져 사ᄅᆞᆷ의 육신을 일우시고 또ᄒᆞᆫ 텬쥬의 모샹[18]
　　을 가진 ᄒᆞᆫ 령혼을 틔와주셧ᄂᆞ니라[19]

[3b] 문: 이 령혼이 엇더케 텬쥬의 모샹을 가졋ᄂᆞ냐

답: ᄒᆞ나흔 텬쥬ㅣ 무형ㅎ샤 삼위일톄로 계시고 사ᄅᆞᆷ의 령혼[20]도 형샹이 업고
　　삼ᄉᆞ를 포함ㅎ엿시니 이에 ᄒᆞᆫ 모샹이오 둘흔 텬쥬ㅣ 계시지 아닌 곳이 업
　　스샤 곳곳이 계시고 령혼도 사ᄅᆞᆷ의 몸에 아니 잇ᄂᆞᆫ ᄃᆡ가 업서 ᄉᆞ지 빅톄[21]
　　에 다 ᄉᆞᄆᆺ[22]찻시니 또ᄒᆞᆫ 텬쥬의 무소부지ㅎ심을 모샹홈이 아니냐

문: 텬쥬ㅣ 무어슬 위ㅎ야 사ᄅᆞᆷ을 내셧ᄂᆞᆫ

18　모샹(模像): 像似.

19　틔와주다: 賦, 베풀다, 제공하다.

20　령혼: 靈魂.

21　빅톄(百體): 各肢體, 몸 전체.

22　ᄉᆞᄆᆺ: 꿰뚫어, 투철하게.

문: 누가 천지를 조성하셨습니까?

답: 천주께서 조성하셨[2b]습니다.

문: 천주께서 무엇을 위하여 천지를 조성하셨습니까?

답: 당신의 영광을 나타내시기를 위하심입니다.

문: 천주께서 무엇을 가지고 천지를 조성하셨습니까?

답: 온전히 자기 전능을 가져 한 번 명하시니, 없는 가운데로부터 만물이 즉시 명을 응하여 있었습니다.

문: 며칠 만에 천지를 조성하셨습니까?

답: 육 일을 공부하셨습니다.

[3a] 문: 육 일 공부를 하신 일이 무슨 뜻이 있습니까?

답: 우리 사람이 세상에서 육신을 위하여 육 일 동안에 힘써 일하다가 제칠 일을 당하여 육신을 위하던 일은 다 파하고 오직 영혼의 일을 힘써 돌아보고 생양(生養) 보존하신 은혜를 사례함을 위함입니다.

문: 어떻게 우리 사람의 으뜸 조상을 내셨습니까?

답: 천주께서 전능으로 황토를 가져 사람의 육신을 이루시고 또한 천주의 도상을 가진 한 영혼을 베푸셨습니다.

[3b] 문: 이 영혼이 어떻게 천주의 모상을 가졌습니까?

답: 하나는 천주께서 무형하사 삼위일체로 계시고 사람의 영혼도 형상이 없고 삼사를 포함하였으니, 이에 한 모상이오. 둘은 천주께서 계시지 않든 곳이 없으사 곳곳에 계시고 영혼도 사람의 몸에 아니 있는 데가 없어 사지 백체에 다 꿰뚫어 찼으니 또한 천주의 무소부재하심을 모상함이 아닙니까?

답: 사룸이 셰샹에 잇서 당신을 공경ᄒᆞ고 ᄉᆞ랑ᄒᆞ야 밧[4a]드러 셤기게 코져 ᄒᆞ심이니라

문: 천주께서 무엇을 위하여 사람을 내셨습니까?

답: 사람이 세상에 있어 당신을 공경하고 사랑하여 받[4a]들어 섬기게 하고
자 하심입니다.

데이쟝은 원조롤 디당[23]에 평안이 두어 살게 ᄒᆞ심을 의론홈이라[24]

조셩 후 쳣히오 강싱 젼 슈쳔 년이라[25]

　　텬디 만물을 다 완젼이 내신 후에 각각 금슈 등 물과 초목 등 류롤 사ᄅᆞᆷ의게 맛겨 다ᄉᆞ리게 ᄒᆞ시고 이 사ᄅᆞᆷ으로 ᄒᆞ여곰 평안이 디당에셔 복을 밧게 ᄒᆞ시니 이 디당은 텬쥬 | 친히 갓가지 복락을 ᄀᆞ초아 두신 곳이라 보는 바는 다 ᄆᆞᄋᆞᆷ에 즐겁고 아ᄅᆞᆷ다온 물건이오 먹는 바는 다 신통ᄒᆞ고 긔묘ᄒᆞᆫ [4b] 맛싀 실과 | 오 몸은 ᄒᆞᆼ샹 화평ᄒᆞ야 우환 질병의 고로옴과 근심과 두려옴과 걱졍과 치위와 더위 ᄀᆞᆺᄒᆞᆫ 지난이 도모지 업ᄂᆞᆫ지라 텬쥬 | 사ᄅᆞᆷ을 만복 즁에 잇게 ᄒᆞ엿신즉 뎌 | 혹 조셩ᄒᆞ신 진쥬롤 니져ᄇᆞ릴가 ᄒᆞ샤 디당 가온대 ᄒᆞᆫ 나무롤 두니 일홈이 션악슈 | 라

　　사ᄅᆞᆷ이 쥬의 명령을 듯고 아니 드롬과 은혜롤 감샤홀 줄을 알고 아니 알믈 시험코져 ᄒᆞ샤 분부ᄒᆞ야 ᄀᆞᆯᄋᆞ샤ᄃᆡ 이 디당의 모든 나무 실과롤 네 ᄆᆞᄋᆞᆷ대로 다 먹을지라도 오직 션악[5a]슈의 실과롤 따먹지 말나 만일 이 실과롤 먹으면 네가 반ᄃᆞ시 죽을 거시오 네 ᄌᆞ손ᄭᆞ지 또한 쟝ᄎᆞᆺ 이 벌을 면치 못ᄒᆞ리라 ᄒᆞ시고 그 후에 텬쥬 | 나는 새와 긔는 즘승과 물속에 잇는 모든 고기와 갓가지 물류롤 다 <u>아담</u>의 압흐로 보내니 <u>아담</u>이 다 각각 보아 그 일홈을 뎡ᄒᆞ나 이 즁에 사ᄅᆞᆷ ᄀᆞᆺ치 령명[26]ᄒᆞ야 가히 더부러 말홀 쟈 | 업더라

　　텬쥬 | <u>아담</u>으로 ᄒᆞ여곰 잠을 들게 ᄒᆞ시고 그 ᄒᆞᆫ 가리ᄃᆡ롤 ᄎᆔᄒᆞ샤 녀인 ᄒᆞ나흘 ᄆᆞᆫᄃᆞ시고 또한 령혼을 쥬[5b]시니 일홈이 <u>에와</u>[27] | 라 <u>아담</u>으로 더부러 부부 | 되게 ᄒᆞ시니라

---

23 디당: 地堂, 지당.

24 창세기 2장.

25 각장의 시기 표시는 제2장의 시기를 표시하는 "조셩 후 쳣히오 강싱 젼 슈쳔 년이라"처럼 본문 다른 문자 크기의 절반 정도 크기로 쌍행(雙行)으로 기록되어 있다.

26 령명: 靈明, 영명.

27 에와: 厄娃, 하와.

제2장은 원조(元祖)를 지당(地堂)에 평안히 두어 살게 하심을 의론함이라.
조성 후 첫해요, 강생(降生) 전 4천 년이라.

    천지 만물을 다 완전히 내신 후에 각각 금수(禽獸) 등 물과 초목 등 유(類)를 사람에게 맡겨 다스리게 하시고 이 사람으로 하여금 평안히 지당에서 복을 받게 하시니, 이 지당은 천주께서 친히 갖가지 복락을 갖추어 두신 곳이라. 보는 바는 다 마음에 즐겁고 아름다운 물건이요, 먹는 바는 다 신통하고 기묘(奇妙)한 [4b] 맛의 실과요, 몸은 항상 화평하여 우환 질병의 괴로움과 근심과 두려움과 걱정과 추위와 더위 같은 재난이 도무지 없는지라. 천주께서 사람을 만복 중에 있게 하셨으니, 저가 혹 조성하신 진주(眞主)를 잊어버릴까 하셔서 지당 가운데 한 나무를 두니 이름을 선악수(善惡樹)라.
    사람이 주의 명령을 듣고 아니 들음과 은혜를 감사할 줄을 알고 아니 앎을 시험하고자 하사 본부하여 가라사대, "이 지당의 모든 나무 실과를 네 마음대로 다 먹을지라도 오직 선악[5a]수의 실과를 따먹지 말라. 만일 이 실과를 먹으면 네가 반드시 죽을 것이요, 네 자손까지 또한 장차 이 벌을 면치 못하리라" 하시고, 그 후에 천주께서 나는 새와 기는 짐승과 물속에 있는 모든 고기와 갖가지 물류(物類)를 다 아담의 앞으로 보내니, 아담이 다 각각 보아 그 이름을 정하나, 이 중에 사람같이 영명(靈明)하여 가히 더불어 말할 자가 없더라.
    천주께서 아담으로 하여금 잠이 들게 하시고 그 한 갈빗대를 취하사 여인 하나를 만드시고 또한 영혼을 주[5b]시니, 이름이 하와라. 아담으로 더불어 부부가 되게 하시니라.

문: 텬쥬ㅣ 아담을 어느 곳에 두어 계시뇨

답: 디당 가온대 잇게 ᄒᆞ시니라

문: 디당은 이 엇던 곳이뇨

답: 극히 아롬답고 즐거옴이 ᄀᆞ득ᄒᆞᆫ 복된 ᄯᅡ히니라

문: 아담이 디당에셔 살매 혹 죽게 마련을 ᄒᆞ셧ᄂᆞ냐

답: 그러치 아니ᄒᆞ다 오래 살아 모든 복과 즐거옴을 누리다가 셩명의 긔약이 ᄎᆞ매 육신과 ᄒᆞᆫ가[6a]지로 승텬ᄒᆞ게 ᄒᆞ셧ᄂᆞ니라

문: 텬쥬ㅣ 무어슬 금ᄒᆞ신 일이 잇ᄂᆞ냐

답: 션악슈 실과를 먹지 말나 ᄒᆞ셧ᄂᆞ니라

문: 읏듬 조샹되ᄂᆞᆫ 녀인의 일홈은 무어시냐

답: 에와ㅣ 니라

문: 엇더케 에와를 내여 계시뇨

답: 텬쥬ㅣ 아담으로 ᄒᆞ여곰 잠잘 때에 ᄒᆞᆫ 가리듸 뼈를 취ᄒᆞ샤 에와의 몸을 ᄆᆞᆫ드라 계시니라

문: 텬쥬ㅣ 엇지ᄒᆞ야 아담을 잠들게 ᄒᆞ고 그 가리[6b]듸를 취ᄒᆞ샤 녀인의 몸을 ᄆᆞᆫ드라 계시뇨

답: ᄒᆞ나흔 아담으로 ᄒᆞ여곰 그 앓흠을 알지 못ᄒᆞ게 ᄒᆞ심이오 둘흔 에와로써 셩교회를 모샹ᄒᆞ게 ᄒᆞ시니라

문: 엇더케 에와로써 셩교회를 모샹ᄒᆞ게 ᄒᆞ시뇨

답: 아담이 잠잘 때에 그 가리듸를 취ᄒᆞ샤 ᄒᆞᆫ 읏듬조샹이 될 녀인을 ᄆᆞᆫ드심은 마치 예수ㅣ 십ᄌᆞ가 샹에 못 박혀 죽으샤 잠든 때와 ᄀᆞᆺᄒᆞᆫ 때에 ᄒᆞᆫ 군ᄉᆞㅣ 창으로 그 가리듸를 찌른 후에 ᄒᆞᆫ 셩교회를 일[7a]움과 ᄀᆞᆺᄒᆞ니라

문: 천주께서 아담을 어느 곳에 두어 계십니까?

답: 지당 가운데 있게 하셨습니다.

문: 지당은 어떤 곳입니까?

답: 극히 아름답고 즐거움이 가득한 복된 땅입니다.

문: 아담이 지당에서 살 때 혹 죽게 마련을 하셨습니까?

답: 그렇지 아니합니다. 오래 살아 모든 복과 즐거움을 누리다가 생명의 기약
이 차자 육신과 한가[6a]지로 승천(昇天)하게 하셨습니다.

문: 천주께서 무엇을 금하신 일이 있습니까?

답: 선악수 실과를 먹지 말라 하셨습니다.

문: 으뜸 조상되는 여인의 이름은 무엇입니까?

답: 하와입니다.

문: 어떻게 하와를 내어 계십니까?

답: 천주께서 아담으로 하여금 잠잘 때에 한 갈빗대 뼈를 취하사 하와의 몸을
만들어 계십니다.

문: 천주께서 어찌하여 아담을 잠들게 하고 그 갈빗[6b]대를 취하사 여인의
몸을 만들어 계십니까?

답: 하나는 아담으로 하여금 그 아픔을 알지 못하게 하심이요, 둘은 하와로써
성교회(聖敎會)를 모상(模像)하게 하심입니다.

문: 어떻게 하와로써 성교회를 모상하게 하십니까?

답: 아담이 잠잘 때에 그 갈빗대를 취하사 한 으뜸 조상이 될 여인을 만드심
은 마치 예수께서 십자가 상에 못 박혀 죽으사 잠든 때와 같은 때에 한
군사가 창으로 그 갈빗대를 찌른 후에 한 성교회를 이[7a]름과 같습니다.

뎨삼쟝은 원조 두 사룸이 범명[28]홈을 의론홈이라[29]
조성 후 첫히오 강성 젼 수쳔 년이라

    원조 두 사룸이 디당에셔 평안이 잇고 모든 복을 누리매 마귀[30] 투심을 내여 유감을 베풀녀 홀 시 비얌의 모양으로 션악과 나무 우희 셜이여[31] 비얌의 입을 빌어 에와드려 말ᄒᆞ디 에와야 너ㅣ 엇지ᄒᆞ야 다른 실과는 다 먹어도 이러케 됴흔 이 나무 실과는 먹지 아니ᄒᆞᄂᆞ냐 이샹ᄒᆞ다[32] 에와ㅣ 디답ᄒᆞ[7b]야 닐ᄋᆞ디 우리가 근본 모든 나무 실과를 다 먹어도 홀노 이 션악슈 실과는 먹지 아니ᄒᆞᄂᆞᆫ 거시 다룸이 아니라 텬쥬ㅣ 우리의게 엄히 명ᄒᆞ시기를 너희들이 만일 이 실과를 먹으면 반드시 죽는 벌을 당홀 거시오 다만 너희들뿐 아니라 너희 만디 주손ᄭᅡ지 이 벌이 밋ᄎᆞ리라 ᄒᆞ시기로 먹지 못ᄒᆞ노라 ᄒᆞ니 마귀 굴ᄋᆞ디 그러치 안타 속엇도다 텬쥬ㅣ 금ᄒᆞ신 바는 만일 너희가 ᄒᆞᆫ번 이 실과를 먹으면 텬쥬와 굿ᄒᆞ야 능히 션악 만 가지 스리를 [8a] 통달ᄒᆞ야 모를 거시 업겟기로 이러케 분부ᄒᆞ셧거눌 너희는 이런 줄을 모르고 지금ᄭᅡ지 먹지 아니ᄒᆞ엿도다 ᄒᆞ니 에와ㅣ 마귀의 이러투시 공교흔 말노 쐬옴을 밋고 션악슈 실과를 보니 모양이 빗나 곱기가 비샹흔지라 이에 먹을 ᄆᆞ음이 나매 잠간 쥬 명을 니져 드듸여 따 먹는지라 이에 실과 ᄒᆞ나흘 남편 아담의게 주어 먹으라 젼ᄒᆞ니 아담이 또흔 쥬의 명을 경만이 넉이고 안히의 뜻을 슌히 ᄯᅡ라 밧아 먹으니 슬푸고 슬푸다 원조 두 사룸[8b]의 범명홈을 인ᄒᆞ야 죽는 벌이 원죄[33]를 ᄯᅡ라 셰샹에 젼ᄒᆞ니라

---

28 범명: 犯命.

29 창세기 3장.

30 마귀: 魔鬼.

31 셔리다: 盤繞(반요). '서리다'는 '뱀 따위가 몸을 똬리처럼 둥그렇게 감다'라는 의미다.

32 에와야 너ㅣ 엇지ᄒᆞ야 다른 실과는 다 먹어도 이러케 됴흔 이 나무 실과는 먹지 아니ᄒᆞᄂᆞ냐 이샹ᄒᆞ다: 厄娃, 汝何不食斯菓(하와야, 네가 왜 그 열매를 먹지 못하느냐?).

33 원죄: 原罪.

제3장은 원조 두 사람이 범명(犯命)함을 의론함이라.
조성 후 첫해요, 강생 전 4천 년이라.

　　원조 두 사람이 평안히 있고 모든 복을 누리매 마귀 투심(妬心)을 내어
유감을 베풀려 할 새 뱀의 모양으로 선악과(善惡果) 나무 위에 서리어 뱀의
입을 빌려 하와에게 말하되, "하와야, 네가 어찌하여 다른 실과는 다 먹어도
이렇게 좋은 이 나무 실과는 먹지 아니하느냐? 이상하다." 하와가 대답하[7b]
여 이르되, "우리가 근본 모든 나무 실과를 다 먹어도 홀로 이 선악수 실과는
먹지 아니하는 것이 다름이 아니라, 천주께서 우리에게 엄히 명하시기를 '너
희들이 만일 이 실과를 먹으면 반드시 죽는 벌을 당할 것이요, 다만 너희들
뿐 아니라 너희 만대 자손까지 이 벌이 미치리라' 하시기로 먹지 못하노라."
하니, 마귀 가로되, "그렇지 않다. 속았도다, 천주께서 금하신 바는 만일 너희
가 이 실과를 먹으면 천주와 같아 능히 선악 만 가지 사리를 [8a] 통달하여
모를 것이 없겠기로 이렇게 분부하셨거늘 너희는 이런 줄을 모르고 지금까
지 먹지 아니하였도다." 하니, 하와가 마귀의 이렇듯이 공교한 말로 꾐을 믿
고 선악수 실과를 보니 모양이 빛나 곱기가 비상한지라. 이에 먹을 마음이
나매 잠깐 주의 명을 잊어 드디어 따 먹은지라. 이에 실과 하나를 남편 아담
에게 주어 먹으라 전하니, 아담이 또한 주의 명을 경만히 여기고 아내의 뜻
을 순히 따라 받아먹으니, 슬프고 슬프다 원조 두 사람[8b]의 명을 어김으로
인하여 죽는 벌이 원죄(原罪)를 따라 세상에 전하니라.

문: 원조 두 사롬이 엇지ᄒ야 디당의 복락을 일헛ᄂᆞ뇨

답: 금ᄒ신 실과ᄅᆞᆯ 먹음으로 일헛ᄂᆞ니라

문: 엇지ᄒ야 이 실과ᄅᆞᆯ 먹엇ᄂᆞ뇨

답: 마귀의 ᄭᅬ오ᄂᆞᆫ 말을 드롬이니라

문: 마귀ᄂᆞᆫ 무어시뇨

답: 이ᄂᆞᆫ 본ᄃᆡ 일품텬신³⁴이니 일홈은 루지뿔³⁵이라 극히 큰 총명과 능간이 잇시니 이에 스스로 오ᄒᆞᆫ 모ᄋᆞᆷ을 발ᄒ야 텬쥬와 ᄀᆞᆺ치 [9a] 감히 놉고져ᄒ야 일분 텬신을 유인ᄒ야 거ᄂᆞ리고 텬쥬의 위엄을 범람이 거스리매 텬쥬ㅣ 즉시 뎌들을 벌ᄒ샤 영고디옥³⁶으로 ᄂᆞ리치시니라

문: 이 마귀가 무슴 큰 능이 잇ᄂᆞ뇨

답: 능히 만단으로 셰샹 사롬을 유감ᄒ나 만일 텬쥬의 허락ᄒ시ᄂᆞᆫ 명령이 업ᄉᆞ면 능히 사롬을 샹해오지 못ᄒᆞᄂᆞ니라

문: 무어슬 위ᄒ야 텬쥬ㅣ 마귀로 ᄒ여곰 셰샹 사롬을 유감ᄒ게 두시뇨

답: ᄒ나흔 사롬으로 ᄒ여[9b]곰 능히 유감을 물니쳐 공을 셰우게 코져 ᄒ심이오 둘흔 마귀로 ᄒ여곰 사롬의게 패ᄒ야 물너가 붓그럽고 눌니게 ᄒ심이니라

문: 우리 무리 능히 마귀의 유감을 ᄒᆞᆼ샹 물니칠 수 잇ᄂᆞ냐

답: 잇ᄂᆞ니 텬쥬의 보호ᄒ시ᄂᆞᆫ 은혜ᄅᆞᆯ 의지ᄒ면 일뎡 ᄒᆞᆼ샹 이길 거시니 의심이 업ᄂᆞ니라

---

34 일품텬신(一品天神): 大天神, 일품천신.
35 루지뿔: 路濟弗爾, 루시퍼.
36 영고디옥: 永苦地獄, 영고지옥. 영원한 고통이 있는 지옥의 의미다.

100 | 성교감략 언해본 역주

문: 원조 두 사람이 어찌하여 지당의 복락을 잃었습니까?

답: 금하신 실과를 먹음으로 잃었습니다.

문: 어찌하여 이 실과를 먹었습니까?

답: 마귀의 꾀는 말을 들음입니다.

문: 마귀는 무엇입니까?

답: 이는 본디 일품천사(一品天師)이니, 이름은 루시퍼라. 극히 큰 총명(聰明) 과 능간(能幹)이 있으니, 이에 스스로 오만한 마음을 발하여 천주와 같이 [9a] 감히 높고자 하여 일분(一分) 천사를 유인하여 거느리고 천주의 위엄을 범람(氾濫)이 거스리자, 천주께서 즉시 저들을 벌하사 영고지옥(永 苦地獄)으로 내리치셨습니다.

문: 이 마귀 무슨 큰 능이 있습니까?

답: 능히 만단(萬端)으로 세상 사람을 유감하나, 만일 천주의 허락하시는 명 령이 없으면 능히 사람을 상하게 하지 못합니다.

문: 무엇을 위하여 천주께서 마귀로 하여금, 세상 사람을 유감하게 두셨습니 까?

답: 하나는 사람으로 하여[9b]금 능히 유감을 물리쳐 공을 세우게 하고자 하 심이요, 둘은 마귀로 하여금 사람에게 패하여 물러가 부끄럽고 눌리게 하심입니다.

문: 우리 무리 능히 마귀의 유감을 항상 물리칠 수 있습니까?

답: 있으니, 천주의 보호하시는 은혜를 의지하면 일정 항상 이길 것이니, 의 심이 없습니다.

데ᄉ쟝은 원조ㅣ 벌을 밧아 디당에셔 내침을 의론홈이라[37]
조셩 후 첫히오 강싱 젼 ᄉ쳔 년이라

　　원조 두 사ᄅᆞᆷ이 범명ᄒᆞᆫ 후에 즉시 챡ᄒᆞᆫ 덕과 바른 [10a] 량심이 감ᄒᆞ고 편벽된 ᄉᆞ졍이 무리 지어 니러남을 ᄭᆡᄃᆞ롤 뿐 아니라 아오로 제 몸이 젹신임을 비로소 보고 ᄎᆞᆷ아 붓그러옴을 이긔지 못ᄒᆞ야 나무닙흐로써 몸을 ᄀᆞ리우고 슈풀 아래 드러가 숨어 잇더니 쥬ㅣ <u>아담</u>을 불너 ᄭᅮ지져 무러 ᄀᆞᄅᆞ샤ᄃᆡ <u>아담</u>아 어ᄃᆡ 잇ᄂᆞ냐 숨는 일은 무슴 일이냐 <u>아담</u>이 ᄃᆡ답ᄒᆞᄃᆡ 즉금 몸이 버슴을 ᄭᆡᄃᆞ르매 ᄎᆞᆷ아 붓그러워 ᄂᆞᆺ츨 들고 나갈 길이 업ᄂᆞ이다 쥬ㅣ ᄀᆞᄅᆞ샤ᄃᆡ 네가 엇지 몸이 버슴을 ᄭᆡᄃᆞ라 붓그러온 줄[10b]을 아ᄂᆞ냐 나ㅣ 먹지 말나 ᄒᆞᄂᆞᆫ 실과롤 먹엇나 보다 ᄒᆞ시니 <u>아담</u>이 ᄀᆞᄅᆞᄃᆡ 과연 그리되엿ᄂᆞ이다 내가 먹으랴 ᄒᆞᆫ 거시 아니오라 쥬ᄭᅴ셔 동모로 뎡ᄒᆞ야 주신 녀인이 이 실과롤 몬져 먹고 또 나ᄃᆞ려 먹으라 권ᄒᆞ기에 먹엇ᄂᆞ이다 쥬ㅣ ᄭᅮ지져 ᄀᆞᄅᆞ샤ᄃᆡ 녀인아 엇지ᄒᆞ야 이런 일을 ᄒᆞ엿ᄂᆞ냐<u>에와</u>ㅣ ᄃᆡ답ᄒᆞ야 ᄀᆞᄅᆞᄃᆡ 비얌의 ᄭᅬ옴을 듯고 먹엇ᄂᆞ이다

　　쥬ㅣ 비얌을 벌ᄒᆞ야 ᄀᆞᄅᆞ샤ᄃᆡ 네가 사ᄅᆞᆷ을 유인ᄒᆞ야 내 명을 범케 ᄒᆞ엿시니 모든 즘승 즁에 [11a] ᄀᆞ쟝 괴악ᄒᆞ고 증그러온 즘승이 되여 이졔브터 녀인과 밋 그 ᄌᆞ손들노 더부러 영원이 셔로 원슈가 되야 ᄒᆞᆯ 거시오 또 이후에 ᄒᆞᆫ 녀인이 나셔 네 머리롤 붋으리라[38] ᄒᆞ시고 또 <u>에와</u>롤 벌ᄒᆞ야 ᄀᆞᄅᆞ샤ᄃᆡ 네가 사나희롤 잇그러 내 엄ᄒᆞᆫ 명을 어기게 ᄒᆞ엿시니 쟝ᄎᆞᆺ 네게 고로옴을 더ᄒᆞᄂᆞ니 싱산ᄒᆞᆯ 때에 앏흐고 앏흠을 견ᄃᆡ기 어려올 거시오 또ᄒᆞᆫ 흥샹 남ᄌᆞ의 아래 슈가 되리라[39] ᄒᆞ시고 또ᄒᆞᆫ <u>아담</u>을 벌ᄒᆞ야 ᄀᆞᄅᆞ샤ᄃᆡ 너는 안히 뜻만 슌히 듯고 나[11b]의 말나 ᄒᆞᄂᆞᆫ 명을 범ᄒᆞ엿시니 이졔브터 지앙과 근심이 니러나고 ᄯᆞ히

<hr>

37　창세기 3장.
38　이후에 ᄒᆞᆫ 녀인이 나셔 네 머리롤 붋으리라: 後有一女, 將踏爾(장차 너를 밟을 것이다). [1866]에는 '머리'가 없다.
39　흥샹 남ᄌᆞ의 아래 슈가 되리라: 爾永居男人下. '슈'는 한문 '居'(거)를 번역한 것으로, '隨'(수)로 추정된다.

제4장은 원조가 벌을 받아 지당에서 내침을 의론함이라.

조성 후 첫해요, 강생 전 4천 년이라.

　　원조 두 사람이 범명한 후에 즉시 착한 덕과 바른 [10a] 양심이 감(減)하고 편벽(偏僻)된 사정이 무리 지어 일어남을 깨달을 뿐 아니라, 아울러 제 몸이 적신임을 비로소 보고 차마 부끄러움을 이기지 못하여 나뭇잎으로써 몸을 가리고 수풀 아래 들어가 숨어 있더니, 주께서 아담을 불러 꾸짖어 물어 가라사대, "아담아 어디 있느냐? 숨는 일은 무슨 일이냐?" 아담이 대답하되, "지금 몸이 벗음을 깨달으매 차마 부끄러워 낯을 들고 나갈 길이 없나이다." 주께서 가라사대, "네가 어찌 몸이 벗음을 깨달아 부끄러운 줄[10b]을 아느냐? 내가 먹지 말라 하는 실과를 먹었나 보다" 하시니, 아담이 가로되, "과연 그리되었나이다. 내가 먹으려 한 것이 아니오라 주께서 동무로 정하여 주신 여인이 이 실과를 먼저 먹고 또 나에게 먹으라 권하기에 먹었나이다." 주께서 꾸짖어 가라사대, "여인아 어찌하여 이런 일을 하여느냐?" 하와가 대답하여 가로되, "뱀의 꾐을 듣고 먹었나이다."

　　주께서 뱀을 벌하여 가라사대, "네가 사람을 유인하여 내 명을 범하게 하였으니, 모든 짐승 중에 [11a] 가장 괴악하고 징그러운 짐승이 되어, 이제부터 여인과 및 그 자손들로 더불어 영원히 서로 원수가 되어 한할 것이요, 또 이후에 한 여인이 나서 네 머리를 밟으리라." 하시고, 또 하와를 벌하여 가라사대, "네가 사나이를 이끌어 내서 엄한 명을 어기게 하였으니, 장차 네게 괴로움을 더하나니 생산할 때에 아프고 아픔이 견디기 어려울 것이요, 또한 항상 남자의 아래 수(隨)가 되리라." 하시고, 또한 아담을 벌하여 가라사대, "너는 아내 뜻만 순히 듣고 나[11b]의 말라 하는 명을 범하였으니, 이제부터 재앙과 근심이 일어나고 땅이 박하여 오곡이 잘되지 않을 것이니, 마땅히 몹시 고생을 다하여 땀이 흐르고 손발에 굳은살이 박히도록 벌어야 바야흐로 먹을 것을 얻을 것이요, 또한 당초에 네가 흙에서 생겼으니 마침내 흙으로 박흐야 오곡이 잘되지 아닐 거시니 맛당이 신고[40]를 다흐야 똠이 흐르고 손발이 덕도록[41] 벌어야 부야흐로 먹을 거슬 엇을 거시오 또흔 당초에 네가 흙으로셔 셩기엿시니 못춤내 흙으로 도라가 죽음을 면치 못흐리라 흐시고 이에 원조 늬외 두 사름을 즉시 디당에셔 내치셧느니라[42]

문: 원조 두 사름이 쥬끠 무숨 벌을 밧앗느냐

답: 디[12a]당에셔 내친 후에 몸이 슈고롭고 아오로 그 주손들꼬지 저앙 질고와 편졍 스욕과 죽는 모든 벌을 밧게 흐시니라

문: 텬쥬ㅣ 뎌 두 사름을 벌흐실 시 혹 인주롤 베푸심이 잇느냐

답: 일뎡 인주흐심을 베푸셧느니라

문: 인주 베푸신 줄을 엇지 아느뇨

답: 텬쥬ㅣ 뎌들을 벌흐시뒤 혹 즉시 죽게 흐시거나 혹 죽은 후에 디옥[43]에 느리실 거시어눌 오히려 특별흐신 은혜로 너그러이 용셔흐샤 셰샹에셔 보쇽[44]흐기로 허[12b]락흐시고 또흔 후리에 구셰흐실 쟈롤 보내시기로 미리 말숨흐셧느니라

문: 어느 때에 구셰쥬롤 보내시기로 허락흐셧느냐[45]

답: 마귀롤 벌흐야 비얌을 엄칙흐실 때에 말숨흐시기롤 이후에 흔 녀인이 잇서 쟝춧 네 머리롤 볿으리라 흐시니라

문: 비얌의 머리롤 볿을 이 녀인의 아돌은 뉘시뇨

답: 예수 그리스도ㅣ시니라[46]

---

40 신고: 辛苦. 어려운 일을 당하여 몹시 애씀. 또는 그런 고생.

41 덕도록: 胼胝. 굳은살이 박히다.

42 이에 원조 늬외 두 사름을 즉시 디당에셔 내치셧느니라: 天主罰後, 卽將夫[5b]妻二人, 逐出地堂. "天主罰後"(천주께서 벌을 내린 후에)가 [1883]에는 없다.

43 디옥: 地獄, 지옥.

44 보쇽: 補贖, 보속.

45 어느 때에 구셰쥬롤 보내시기로 허락흐셧느냐: 幾時許下了. '구셰쥬'가 없지만, 앞의 답에서 '救世者'가 있으므로 목적어를 생략했다.

46 예수 그리스도: 耶穌基利斯督.

돌아가 죽음을 면치 못하리라." 하시고 이에 원조 내외 두 사람을 즉시 지당
에서 내치셨느니라.

문: 원조 두 사람이 주께 무슨 벌을 받았습니까?

답: 지[12a]당에서 내친 후에 몸이 수고롭고 아울러 그 자손들까지 재앙 질고
　　(疾苦)와 편정(偏情) 사욕(私慾)과 죽는 모든 벌을 닫게 하셨습니다.

문: 천주께서 저 두 사람을 벌하실 새 혹 인자(仁慈)를 베푸심이 있습니까?

답: 일정 인자하심을 베푸셨습니다.

문: 인자를 베푸신 줄을 어찌 압니까?

답: 천주께서 저들을 벌하시되, 혹 즉시 죽게 하시거나 혹 죽은 후에 지옥어
　　내리실 것이거늘 오히려 특별하신 은혜로 너그러이 용서하셔서 세상어
　　서 보속(補贖)하기로 허[12b]락하시고 또한 후래(後來)에 구세(救世)하실
　　자를 보내시기로 미리 말씀하셨습니다.

문: 어느 때에 구세주(救世主)를 보내시기로 허락하셨습니까?

답: 마귀를 벌하여 뱀을 엄책(嚴責)하실 때에 말씀하시기를 '이후에 한 여인
　　이 있어 장차 네 머리를 밟으리라' 하셨습니다.

문: 뱀의 머리를 밟을 이 여인의 아들은 누구십니까?

답: 예수 그리스도이십니다.

뎨오쟝은 가인이 아벨을 뮈워ᄒ야 죽임을 [13a] 의론홈이라[47]
조성 후 일빅이십팔 년이오 강성 전 삼쳔팔빅칠십이 년[48]이라

아담과 에와 두 사름이 디당에서 나아와 세샹에 드러오매 힘을 다ᄒ야 심을 때 심고 거둘 때 거둔 후에야 이에 먹을 거시 싱기더니 후에 아들 둘흘 나흐니 맛아들의 일홈은 가인[49]이라 심셩이 착ᄒ지 못ᄒ야 농ᄉ로 ᄌ성[50]ᄒ고 둘재 아들의 일홈은 아벨[51]이라 심셩이 착ᄒ고 슌량ᄒ야 양치기로 업을 삼더니 ᄒ로는 형뎨 두 사름이 ᄒ 가지로 물건을 드려 텬쥬끠 졔ᄉ홀 ᄉㅣ 쥬ㅣ 가인의 착지 아[13b]닌 ᄆᄋᆷ을 뮈워ᄒ샤 그 드리는 바 졔롤 밧지 아니시고 그 아오 아벨의 드리는 졔ᄂ ᄆᄋᆷ에 깃버ᄒ시니 가인이 심히 투긔ᄒ거늘 쥬ㅣ 가인ᄃ려 닐너 글ᄋ샤ᄃㅣ 너ㅣ 엇지ᄒ야 네 동셩을 뮈워ᄒ느냐 너도 만일 착ᄒ 노룻슬 ᄒ면 반ᄃ시 샹을 밧을 거시오 그러치 아니면 벌을 밧으리라 ᄒ시니 가인의 착지 못ᄒ ᄆᄋᆷ으로 이 말솜을 드르매 더옥 분을 내더라

ᄒ로는 동셩을 꾀와 밧흐로 ᄃ리고 가셔 아모도 모로게 뭇춤내 죽이고 뎌의 악ᄒ [14a] ᄆᄋᆷ은 오히려 풀니지 아니ᄒ엿시니 이에 비로소 살인ᄒ 뎨일 사름이 되나라 텬쥬ㅣ 이에 가인을 꾸지져 글ᄋ샤ᄃㅣ 네 동셩 아벨의 죄 업시 죽은 피가 내 압희 흘너 소ᄅㅣᄒ야 벌을 구ᄒᄂ도다 ᄌㅣ앙과 고로온 세샹에 네가 아모리 등에 ᄯᆷ이 흐르도록 슈고롤 ᄒ고 가족이 덕도록[52] 심어도 오히려 거두는 고로옴이 또 잇실 거시오 너ㅣ 또ᄒ 보텬하[53]에 류리ᄒ야 ᄃ니리라 ᄒ시니 가인이 이 벌을 당ᄒ 후에 쥬롤 떠나 감히 갓가이 못ᄒ매 몸이 ᄒ[14b]샹

---

47 창세기 5쟝.
48 강성 전 삼쳔 팔빅 칠십이 년: 降前三千八百七十七年(3877년). [1866]과 5년의 차이가 나는데, 4쟝에서 조성 첫해를 강성 전 4쳔으로 산정한 것과 5쟝이 조성 후 128년임을 감안하면, [1883] 언해본 강성 전 3872년이 맞다.
49 가인: 加音.
50 ᄌ성: 度生.
51 아벨: 亞伯爾.
52 덕도록: 胼胝, 굳은살이 박히다.
53 보텬하: 普地.

제5장은 가인이 아벨을 미워하여 죽임을 [13a] 의론함이라.
조성 후 128년이요, 강생 전 3872년이라.

　　아담과 하와 두 사람이 지당에서 나와 세상에 들어오매 힘을 다하여 심을 때 심고 거둘 때 거둔 후에야 이에 먹을 것이 생기더니, 후에 아들 둘을 낳으니 맏아들의 이름은 가인이라 심성이 착하지 못하여 농사로 살고, 둘째 아들의 이름은 아벨이라 심성이 착하고 순량하여 양치기로 업을 삼더니, 하루는 형제 두 사람이 한가지로 물건을 드려 천주께 제사할 새, 주께서 가인이 착하지 않[13b]은 마음을 미워하사 그 드리는 바 제를 받지 않으시고, 그 아우 아벨이 드리는 제는 마음에 기뻐하시니 가인이 심히 투기하거늘 주께서 가인에게 일러 가라사대, "네가 어찌하여 네 동생을 미워하느냐? 너도 만일 착한 노릇을 하면 반드시 상을 받을 것이요, 그렇지 않으면 벌을 받으리라." 하시니, 가인이 착하지 못한 마음으로 이 말씀을 들으매 더욱 분을 내더라.

　　하루는 동생을 꾀어 밭으로 데리고 가서 아무도 모르게 마침내 죽이고 저의 악한 [14a] 마음은 오히려 풀리지 아니하였으니, 이에 비로소 살인한 첫 번째 사람이 되니라. 천주께서 가인을 꾸짖어 가라사대, "네 동생 아벨의 죄 없이 죽은 피가 내 앞에 흘러 소리하여 벌을 구하는도다. 재앙과 괴로운 세상에 네가 아무리 등에 땀이 흐르도록 수고를 하고 가죽이 굳은살이 박히도록 심어도 오히려 거두는 괴로움이 또 있을 것이요, 네가 또한 보천하(普天下)에 유리하여 다니리라." 하시니, 가인이 벌을 당한 후에 주를 떠나 감히 가까이 못하매 몸이 항[14b]상 떨리어 무섭고 마음이 평안할 때가 없어 사방으로 돌아다니며 일평생을 괴롭게 살았으니, 이 벌은 처음 살인한 연고이러라.

떨니여 무섭고 무음이 평안홀 때가 업서 스방으로 도라든니며 일평싱을 고롭게 살앗시니 이 벌은 처음 살인혼 연고ㅣ러라

문: 이 원조의 몬져 나흔 아들이 뉘뇨

답: **가인**과 **아벨**이니라

문: 형뎨 두 사룸이 서로 화목ᄒ야 스랑ᄒ엿ᄂ냐

답: 서로 스랑ᄒ야 화목지 못ᄒ엿ᄂ니 연고로 **가인**이 **아벨**을 죽엿ᄂ니라

문: 엇지ᄒ야 형이 동싱을 죽엿ᄂ냐

답: 동싱의 덕[15a]을 투긔ᄒ야 죽엿ᄂ니라

문: **가인**이 살인혼 죄롤 범혼 후에 텬쥬끠 무슴 벌을 밧앗ᄂ냐

답: 젼신이 흥샹 떨니이고 무음이 조곰도 편혼 때가 업서 보텬하에 류리ᄒ야 일성을 고로이 지내엿ᄂ니라

문: 셩경에 엇지 다른 이의 살인혼 거슨 긔록지 아니ᄒ고 오직 홀노 이 살인혼 일만 긔록ᄒ엿ᄂ냐

답: 슌량혼 **아벨**이 죄업시 죽은 거슨 오 쥬[54]ㅣ 쟝춧 죄업시 죽음을 밧으실 줄을 표홈이오 흉악혼 [15b] **가인**은 쟝춧 **유더아** 사룸이 예수롤 투긔ᄒ야 죽이기롤 꾀홀 줄을 표홈이니라

문: **유더아** 사룸이 **가인**과 곳치 벌을 밧앗ᄂ냐

답: 곳치 벌을 밧앗ᄂ니 뎌들이 예수롤 죽인 후에 디디로 조손이 지금 니ᄅ히 나라도 업고 님금도 업서 보텬하에 훗치여 사ᄂ니라

---

54 오 쥬: 吾主. '내 주', 혹은 '우리 주'로 번역할 수 있다. 이후 '우리 주'로 번역한다.

문: 이 원조의 먼저 낳은 아들이 누구입니까?

답: 가인과 아벨입니다.

문: 형제 두 사람이 서로 화목하여 사랑하였습니까?

답: 서로 사랑하여 화목하지 못하였나니, 연고로 가인이 아벨을 죽였습니다.

문: 어찌하여 형이 동생을 죽였습니까?

답: 동생의 덕[15a]을 투기하여 죽였습니다.

문: 가인이 살인한 죄를 범한 후에 천주께 무슨 벌을 받았습니까?

답: 전신이 항상 떨리고 마음이 조금도 편한 때가 없어 온 천하에 유리하여
   일생을 괴롭게 지냈습니다.

문: 성경에 어찌 다른 이의 살인한 것은 기록하지 아니하고 오직 홀로 이 살
   인한 일만 기록하였습니까?

답: 순량(順良)한 아벨이 죄없이 죽은 것은 우리 주께서 장차 죄없이 죽음을
   받으실 줄을 표함이요, 흉악한 [15b] 가인은 장차 유대아 사람이 예수를
   투기하여 죽이기를 꾀할 줄을 표함입니다.

문: 유대아 사람이 가인과 같이 벌을 받았습니까?

답: 같이 벌을 받았나니, 저들이 예수를 죽인 후에 대대로 자손이 지금까지
   이르러서 나라도 없고 임금도 없어 보천하에 흩어져 삽니다.

데류쟝은 노에[55] 궤롤 지음을 의론홈이라[56]
조셩 후 일쳔오빅오십륙 년이오 강셩 젼 이쳔ᄉ빅ᄉ십ᄉ 년이라

　가인의 ᄌ손이 번셩ᄒ야 만흐나 악ᄒ기는 제 조[16a]샹과 굿ᄒ야 ᄎᄎ 텬하에 수가 날노 더 셩ᄒ매 죄악도 날노 더ᄒ더라 **아벨**이 죽임을 닙은 후에 **아ᄃᆞᆷ**이 또 아ᄃᆞᆯ ᄒ나흘 나흐니 일홈이 **셋**이라 그 ᄌ손이 착ᄒ고 슌량ᄒ야 열심으로 쥬롤 공경ᄒ니 닐ᄏ르되 텬쥬의 ᄌ손이오 텬쥬의 빅셩이라 ᄒ더니 후에 **가인**의 ᄌ손으로 더브러 셔로 혼인ᄒ야 혹 싀집가며 쟝가드러 졈졈 ᄒ 가지로 악에 무드니 뎌 악ᄒ 무리로 더브러 다룸이 업ᄂᆞᆫ지라 슬푸다 사ᄅᆞᆷ이 처음에 령혼 본셩을 인ᄒ야 귀ᄒ[16b]고 착ᄒ더니 이제 죄악에 무들매 ᄂ즌고 쳔ᄒ기가 측량홀 길이 업ᄂᆞᆫ지라

　텬쥬ㅣ 의노[57]롤 ᄎᆞᆷ지 못ᄒ샤 셰샹 사ᄅᆞᆷ과 만물을 다 굿치 멸ᄒ랴 ᄒ실 ᄉᆡ 다ᄒᆡᆼ이 **셋**의 ᄌ손 즁에 **노에**라 ᄒ는 이 잇ᄉ니 ᄒ 집 식구가 여ᄃᆞᆲ이라 ᄀ쟝 쥬의 ᄉᆞ랑ᄒ는 바ㅣ러니 인ᄌᄒ신 텬쥬의 ᄲᆡ이심[58]을 밧아 뎌로 ᄒ여곰 인류롤 젼코져 ᄒ샤 셰샹을 멸ᄒ실 은밀ᄒ 뜻을 **노에**의게 닐ᄋ시고 ᄒ 큰 궤롤 ᄆᆞᆫ들게 ᄒ실 ᄉᆡ 그 모양과 법을 비와 굿치 ᄒ라 ᄀᄅᆞ치시니 **노에** 이[17a]에 명을 듯고 궤롤 시작ᄒ 지 빅 년에 부야흐로 일운지라

　그ᄯᆡ 셰샹 사ᄅᆞᆷ들이 **노에**의 궤 지음을 보고 텬쥬ㅣ 셰샹 멸ᄒ시기로 뜻을 뎡ᄒ심을 붉이 아나 ᄆᆞ참내 악을 곳치는 쟈는 업더라 대개 셰샹 사ᄅᆞᆷ들이 의심ᄒ기롤 혹 그런 일이 잇실가 ᄒ는 이도 잇고 혹 셩각ᄒ되 이 벌이 잇실지라도 아즉 당치 아니ᄒ리라 ᄒ는 이도 잇ᄉ니 마치 지금 셰샹에 외교인[59]들이 악ᄒ 힝실을 곳치지 아니ᄒ고 셩각에 ᄒ 대 쥬ᄌᆡ[60] 계셔 션을 샹주시고 악을 벌

55　노에: 諾厄, 노아.
56　창세기 5-6장.
57　의노: 義怒, 의로운 분노.
58　ᄲᆡ이심: 選, 선택.
59　외교인: 外敎人, '이교도'(異敎徒)를 의미한다.
60　대쥬ᄌᆡ: 大主宰, 대주재.

제6장은 노아가 궤(櫃) 지음을 의론함이라.
조성 후 1556년이요, 강생 전 2444년이라.

　가인의 자손이 번성하여 많으나 악하기는 제 조[16a]상과 같아서 차차 천하에 수가 날로 더 성하매 죄악도 날로 더하더라. 아벨이 죽임을 입은 후에 아담이 또 아들 하나를 낳으니 이름은 셋이라. 그 자손이 착하고 순량하여 열심히 주를 공경하니, 일컬어서 '천주의 자손이요, 천주의 백성이라' 하더니, 후에 가인의 자손으로 더불어 서로 혼인하여 혹 시집가며 장가들어 점점 한 가지로 악에 물드니, 저 악한 무리로 더불어 다름이 없는지라. 슬프다! 사람이 처음에 영혼 본성으로 인하여 귀하[16b]고 착하더니, 이제 죄악에 물들매 낮고 천하기가 측량할 길이 없는지라.

　천주께서 의로운 분노를 참지 못하사 세상 사람과 만물을 다 같이 멸하려 하실 새, 다행히 셋의 자손 중에 노아라 하는 이 있느니, 한집 식구가 여덟이라. 가장 주의 사랑하는 바이러니, 인자하신 천주의 선택(選擇)하심을 받아 저로 하여금 인류를 보전(保全)하고자 하사, 세상을 멸하실 은밀한 뜻을 노아에게 이르시고, 한 큰 궤(櫃)를 만들게 하실 새, 그 모양과 법을 배와 같게 하라 가르치시니, 노아 이[17ㄱ]에 명을 듣고 궤를 시작한 지 백 년에 바야흐로 이룬지라.

　그때 세상 사람들이 노아의 궤 지음을 보고, 천주께서 세상 멸하시기도 뜻을 정하심을 밝히 아나, 마침내 악을 고치는 자는 없더라. 대개 세상 사람들이 의심하기를, 혹 그런 일이 있을까 하는 이도 있고, 혹 생각하되 이 벌이 있을지라도 아직 당치 아니하리라 하는 이도 있으니, 마치 지금 세상에 외교인(外敎人)들이 악한 행실을 고치지 아니하고 생각에 한 대주재(大主宰) 계셔 선을 상주시고, 악을 벌하[17b]시는 일이 분명히 있는가 없는가 의심하는 것과 같고, 또한 마치 고우라도 냉담하여 제 허물을 속히 고치지 아니하고, 혹 생각하되 자기 죽을 패가 쉽게 이를 줄을 깨닫지 못함과 같으니라.

호[17b]시는 일이 분명이 잇는가 업는가 의심ᄒᆞᄂᆞᆫ 것과 곳고 또ᄒᆞᆫ 마치 교우라도 링담ᄒᆞ야 제 허물은 속히 곳치지 아니ᄒᆞ고 혹 성각ᄒᆞ되 ᄌᆞ긔 죽을 때가 쉽게 니ᄅᆞᆯ 줄을 ᄭᆡᄃᆞᆺ지 못홈과 곳ᄒᆞ니라

문: 노에가 이 궤ᄅᆞᆯ 엇더케 지엇ᄂᆞ�뇨

답: ᄒᆞᆫ 큰 비와ᄀᆞᆺ치 ᄒᆞ엿시니 텬쥬의 붉이 ᄀᆞᄅᆞ치신 모양으로 지엇ᄂᆞ니라

문: 그 궤ᄅᆞᆯ 몃 ᄒᆡ 만에 지엇ᄂᆞ뇨

답: 일ᄇᆡᆨ 년 만에 지엇ᄂᆞ니라

[18a] 문: 엇지ᄒᆞ야 이러케 여러 ᄒᆡᄅᆞᆯ 지엇ᄂᆞ뇨

답: 세상 사ᄅᆞᆷ으로 ᄒᆞ여곰 이ᄅᆞᆯ 보아 악을 곳치고 션에 옴기게 코져 ᄒᆞ심이니라

문: 노에ᄂᆞᆫ 이 뉘 ᄌᆞ손이뇨

답: 셋의 ᄌᆞ손이니라

문: 셋의 ᄌᆞ손을 무어시라 닐ᄏᆞᆺᄂᆞ뇨

답: 텬쥬의 ᄌᆞ손이오 ᄇᆡᆨ셩이라 닐ᄏᆞᄅᆞ니라

문: 이 ᄌᆞ손이 엇지ᄒᆞ야 변ᄒᆞ야 악ᄒᆞᆫ 사ᄅᆞᆷ이 되엿ᄂᆞ냐

답: 가인의 ᄌᆞ손으로 더부러 혼인ᄒᆞ야 악ᄒᆞᆫ 되 무든 연고ㅣ니라

문: 노아가 궤를 어떻게 지었습니까?

답: 한 큰 배같이 하였으니, 천주의 밝히 가르치신 모양을 지었습니다.

문: 그 궤를 몇 해 만에 지었습니까?

답: 일백 년 만에 지었습니다.

[18a] 문: 어찌하여 이렇게 여러 허를 지었습니까?

답: 세상 사람으로 하여금 이를 보아 악을 고치고 선에 옮기게 하고자 하심입
　　니다.

문: 노아는 이 누구의 자손입니까?

답: 셋의 자손입니다.

문: 셋의 자손을 무엇이라 일컫습니까?

답: 천주의 자손이요, 백성이라 일컫습니다.

문: 이 자손이 어찌하여 변하여 악한 사람이 되었습니까?

답: 가인의 자손으로 더불어 혼인하여, 악한 데 물든 연고입니다.

[18b] 뎨칠쟝은 홍슈가 텬하롤 덥흠을 의론홈이라[61]

조성 후 일쳔육빅오십륙 년이오 강싱 젼 이쳔삼빅ᄉ십ᄉ 년이라

    셰샹 사룸이 여러 히 된 악을 곳칠 줄을 모로매 텬쥬ㅣ 노에룰 명ᄒ샤 세 아둘과 세 며ᄂ리와 아오로 그 안히 합 여둛 식구와 또혼 새와 즘승과 륙츅의 각 혼 쌍과 또혼 모든 만물의 씨룰 가지고 궤 안흐로 드러가게 ᄒ신 후에 벌홀 긔약이 임의 니ᄅ매 비가 오기룰 동의[62] 물을 붓ᄂ듯시 잠시도 긋치지 아니ᄒ야 밤놋으로 ᄉ십일을 련면[63]ᄒ니 강[19a]물과 바다물이 넘치고 넘치여 따희 뚤닌 구멍으로 곳곳이 물이 일시에 솟ᄂ지라 온 텬하에 물이 챵일[64]ᄒ니 아모리 놉고 놉흔 산꼭닥이 우히라도 물이 깁기가 열다ᄉ 자히 되니 보텬하 사룸이며 새와 즘승의 각 류가 무어슬 의론치 말고 ᄒ나토 남은 거시 업시 진멸ᄒ딕 오직 노에 궤 안희 잇는 사룸과 즘승과 각셕 물류의 씨는 샹홈이 업시 보존ᄒ야 낫더라

문: 홍슈는 무어시뇨

답: 텬쥬ㅣ 큰비룰 ᄂ리우시[19b]고 또혼 따 우희 뚤닌 궁그[65]로 물이 다 소사 텬하에 넘쳐 셰샹을 진멸혼 거시니라

문: 그즁에 다힝이 몃 사룸이나 살아낫ᄂ뇨

답: 노에의 혼집 식구 여둛 사룸뿐이니라

문: 노에의 궤는 무어슬 모샹ᄒᄂ뇨

답: 셩교회룰 모샹ᄒᄂ니라

문: 엇더케 셩교회룰 모샹ᄒᄂ뇨

---

61 창세기 6-7장(창세기 5장의 족보가 일곱째 문답에 있다).
62 동의: 盆(분), 동이.
63 련면: 連綿(연면), 끊이지 않고 계속하여 이어짐.
64 챵일: 漲溢.
65 궁그: 굵, 竅, 구멍.

[18b] 제7장은 홍수(洪水)가 천하를 덮음을 의론함이라.

조성 후 1656년이요, 강생 전 2344년이라.

세상 사람이 여러 해 된 악을 고칠 줄 모르매, 천주께서 노아를 명하사 세 아들과 세 며느리와 아울러 그 아내 합하여 여덟 식구와 또한 새와 짐승과 육축의 각 한 쌍과 또한 모든 만물의 씨를 가지고 궤 안으로 들어가게 하신 후에, 벌할 기약이 이미 이르매 비가 오기를 동이 물을 붓는 듯이 잠시도 그치지 아니하여, 밤낮으로 사십 일을 밤낮으로 연면(連綿)하니 강[19a]물과 바닷물이 넘치고 넘치며 땅이 뚫린 구멍으로 곳곳이 물이 일시에 솟는지라. 온 천하에 물이 창일(漲溢)하니 아무리 높고 높은 산꼭대기 위라도 물이 깊기가 열다섯 자가 되니, 보천하 사람이며 새와 짐승의 각 류가 무엇을 의론치 말고 하나도 남은 것이 없이 진멸하되, 오직 노아 궤 안에 있는 사람과 짐승과 각색 물류의 씨는 상함이 없이 보존하여 낫더라.

문: 홍수는 무엇입니까?

답: 천주께서 큰비를 내리시[19b]고, 또한 땅 위에 뚫린 구멍으로 물이 다 솟아 천하에 넘쳐 세상을 진멸한 것입니다.

문: 그중에 다행히 몇 사람이나 살아났습니까?

답: 노아의 한집 식구 여덟 사람뿐입니다.

문: 노아의 궤는 무엇을 모상합니까?

답: 성교회(聖敎會)를 모상합니다.

문: 어떻게 성교회를 모상합니까?

답: 하나는 노아의 궤가 홍수의 재난을 능히 이겼으니 이는 성교(聖敎)도 또한 세상 간난(艱難)과 풍파를 이겨 지남과 일[20a]양(一樣)이요, 둘은 노아 궤 속에 있는바 오직 한집 식구 여덟 사람만 죽지 아니하고 살아나니 이는 홀로 성교 안에 있는 사람이라야 능히 영혼을 구하여 죽지 않게 하

답: ᄒ나흔 <u>노에</u>의 궤가 홍슈의 진난을 능히 이긔엿시니 이는 셩교도 ᄯᅩᄒᆫ 셰
  샹 간난과 풍파를 이긔여 지남과 일[20a]양[66]이오 둘흔 <u>노에</u> 궤 속에 잇ᄂᆫ
  바 오직 ᄒᆫ집 식구 여ᄃᆞᆲ 사ᄅᆞᆷ만 죽지 아니ᄒ고 살아나니 이는 홀노 셩교
  안희 잇ᄂᆫ 사ᄅᆞᆷ이라야 능히 령혼을 구ᄒ야 죽지 아니케 흠과 일양이니라

문: 홍슈가 머어슬 모샹ᄒᄂ뇨

답: 셩셰 셩ᄉ[67]롤 모샹ᄒᄂ니라

문: 엇더케 셩셰 셩ᄉ롤 모샹ᄒᄂ뇨

답: 홍슈는 보텬하의 더러온 죄악을 다 멸ᄒ엿시니 셩셰 셩ᄉ도 ᄯᅩᄒᆫ 각 죄와
  아오로 그 밧을 벌ᄭ지 다 샤ᄒ야 [20b] 업시ᄒᄂ니라

문: <u>아담</u>으로브터 이 <u>노에</u>ᄭ지 몃 디나 되엿ᄂ뇨

답: 열 디가 되엿ᄂ니라

  셰샹 처음에는 사ᄅᆞᆷ의 명이 길게 살기로 마련ᄒᆫ 거시라 이제 십 디 사ᄅᆞᆷ
의 일홈과 난 히와 죽은 히와 몃 셜 산 수롤 이 뒤에 버려 ᄡᅥ 샹고ᄒ기에 편케
ᄒ노라

데일디 원조 <u>아담</u>은 텬쥬ㅣ 처음으로 진흙을 ᄎᆔᄒᆞ야 육신을 ᄆᆞᆫᄃᆞ시고 ᄒᆫ 령혼
  을 박아주샤 [21a] 살게 ᄒᆞ시고 조셩ᄒ신 후 구ᄇᆡᆨ삼십 년에 니ᄅᆞ러 죽으니
  그 슈는 구ᄇᆡᆨ삼십 셰러라

데이디 셋은 조셩 후 일ᄇᆡᆨ삼십 년에 나고 일쳔ᄉᆞ십이 년에 죽으니 슈는 구ᄇᆡᆨ
  십이 셰러라

데삼디 <u>에노스</u>[68]는 조셩 후 이ᄇᆡᆨ삼십오 년에 나고 일쳔일ᄇᆡᆨᄉᆞ십 년에 죽으니
  슈는 구ᄇᆡᆨ오 셰러라

---

66 일양: 一樣, 한결 같은 모양(模樣).

67 셩셰 셩ᄉ: 聖洗 聖事, '세례 성사'의 전 용어다.

68 에노스: 厄諾色.

과 일양입니다.

문: 홍수가 무엇을 모상합니까?

답: 성세(聖洗) 성사(聖事)를 모상합니다.

문: 어떻게 성세 성사를 모상합니까?

답: 홍수는 보천하의 더러운 죄악을 다 멸하였으니, 성세 성사도 또한 각 죄
　　와 아울러 그 받을 벌까지 다 사하여 [20b] 없이합니다.

문: 아담으로부터 이 노아까지 몇 대나 되었습니까?

답: 열 대가 되었습니다.

　　세상 처음에는 사람의 명이 길게 살기로 마련한 것이라. 이제 십 대 사람
의 이름과 난 해와 죽은 해와 몇 살 산 수(壽)를 이 뒤에 벌여 이로써 상고하
기에 편하게 합니다.

제1대 원조 아담은 천주께서 처음으로 진흙을 취하여 육신을 만드시고 한 영
　　혼을 박아주사 [21a] 살게 하시고 조성하신 후 930년에 이르러 죽으니,
　　그 수(壽)는 930세였습니다.

제2대 셋은 조성 후 130년에 나고, 1042년에 죽으니, 수는 912세였습니다.

제3대 에노스는 조성 후 235년에 나고, 1140년에 죽으니, 수는 905세였습니
　　다.

제4대 게난은 조성 후 325년에 나고, 1235년에 죽으니, 수명이 910[21b]세였
　　습니다.

제5대 마할랄렐은 조성 후 395년에 나고, 1290년에 죽으니, 수는 895세였습
　　니다.

제6대 야렛은 조성 후 460년에 나고, 1422년에 죽으니, 수는 962세였습니다.

제7대 에녹은 조성 후 622년에 나고, 987년에 이르러서 이끌려 가심을 받아
　　[22a] 세상 사람에게 보이지 아니하시니, 세상에서는 365년을 살고, 천주

뎨ᄉᄃ디 **가이난**[69]은 조셩 후 삼ᄇᆡᆨ이십오 년에 나고 일쳔이ᄇᆡᆨ삼십오 년에 죽으니 슈는 구ᄇᆡᆨ십 [21b]셰러라

뎨오디 **말나네엘**[70]은 조셩 후 삼ᄇᆡᆨ구십오 년에 나고 일쳔이ᄇᆡᆨ구십 년에 죽으니 슈는 팔ᄇᆡᆨ구십오 셰러라

뎨륙디 **야렛**[71]은 조셩 후 ᄉᆞᄇᆡᆨ륙십 년에 나고 일쳔ᄉᆞᄇᆡᆨ이십이 년에 죽으니 슈는 구ᄇᆡᆨ륙십이 셰러라

뎨칠디 **에녹**[72]은 조셩 후 륙ᄇᆡᆨ이십이 년에 나고 구ᄇᆡᆨ팔십칠 년에 니르러 잇그러 가심을 밧아 [22a] 셰샹 사ᄅᆞᆷ의게 뵈이지 아니시니 셰샹에셔는 삼ᄇᆡᆨ륙십오 년을 살고 텬쥬ㅣ 평안이 그 몸을 복된 곳에 두시니 지금ᄭᅵ지 죽지 아니ᄒᆞᆫ지라 텬디 죵궁[73] 때에 다시 사ᄅᆞᆷ의게 뵈여 셰샹을 권면ᄒᆞ리라

뎨팔디 **마두살넴**[74]은 조셩 후 륙ᄇᆡᆨ팔십칠 년에 나고 일쳔륙ᄇᆡᆨ오십륙 년에 죽으니 슈는 구ᄇᆡᆨ륙십구 셰러라

뎨구디 **라믹**[75]은 조셩 후 팔ᄇᆡᆨ칠십ᄉᆞ 년에 나고 [22b] 일쳔륙ᄇᆡᆨ오십일 년에 죽으니 슈는 칠ᄇᆡᆨ칠십칠 셰러라

뎨십디 **노에**는 조셩 후 일쳔오십칠 년에 나고 이쳔칠 년[76]에 죽으니 슈는 구ᄇᆡᆨ오십 셰러라

---

69 가이난: 蓋南, 게난.
70 말나네엘: 瑪辣肋爾, 마할랄렐.
71 야렛: 亞肋德, 야렛.
72 에녹: 厄諾格, 에녹.
73 죵궁: 終窮, 끝나다, 마치다.
74 마두살넴: 瑪都撒辣, 므두셀라.
75 라믹: 辣黙格, 라멕.
76 이쳔칠 년: 二千零六. 노아의 나이를 계산하여 수정한 것으로 보인다.

께서 평안히 그 몸을 복된 곳에 두시니, 지금까지 죽지 아니한지라. 천지 끝나는 때에 다시 사람에게 보여 세상을 권면할 것입니다.

제8대 므두셀라는 조성 후 687년에 나고, 1656년에 죽으니, 수는 969세였습니다.

제9대 라멕은 조성 후 874년에 나고, [22b] 1651년에 죽으니, 수는 777세였다.

제10대 노아는 조성 후 1057년에 나고, 2007년에 죽으니, 수명이 950세였습니다.

데팔쟝은 노에가 궤에서 나아와 륙디에 오롬을 의론홈이라[77]
조성 후 일쳔륙빅오십칠 년이오 강셩 젼 이쳔삼빅스십삼 년이라

홍슈가 텬하룰 덥허 줌긴 후 일빅오십일이 되매 텬쥬ㅣ 큰 바람을 니르혀 물을 물너가게 ᄒ실 시 [23a] 물이 졈졈 젹어지ᄂ지라 노에가 비로 알메니아[78] 산꼭닥이에 머믈너 다시 일빅이십일을 지내다가 물이 임의 업서지고 젼과 ᄀ치 평디가 된 줄노 셩각ᄒ야 몬져 가마귀와 비둙이 두 새룰 궤에서 노하 보내여 과연 물이 아조 업ᄂ가 시험ᄒ고져 ᄒ엿더니 가마귀ᄂ 못춥내 도라오지 아니ᄒ고 비둙이ᄂ 나아가 쥬졉홀 곳이 업ᄉ매 다시 도라왓거ᄂ 칠일이 지나매 다시 비둙이룰 내여 보내엿더니 믄득 푸른 나무가지 ᄒ나흘 입에 물고 드 [23b]러오거ᄂ 노에가 이 나무가지 물고 옴을 보고 셩각건대 물은 다 임의 업서지고 따히 ᄆ른 줄을 아나 오히려 쥬 명을 기ᄃ려 나아가고져 ᄒ야 쥬년[79]이 되도록 궤 속에 그져 잇더니

텬쥬ㅣ 노에룰 명ᄒ샤 안히와 ᄌ식들이며 새와 즘승이며 각식 물죵을 다 가지고 나아가라 ᄒ시니 이에 밧그로 나아와 륙디에 ᄂ려셔 례물을 ᄀ초아 텬쥬ᄭ 감샤ᄒᄂ 졔ᄉ룰 드리매 텬쥬ㅣ 그 졔ᄉ의 졍셩된 거동을 보시고 노에ᄂ외와 세 아들의게 강복[80]ᄒ야 [24a] 글ᄋ샤ᄃ 이제브터 후ᄂ 너희들이 다시 셰샹에 살아 인류룰 젼ᄒ야 ᄌ손이 우쥬에 츙만홀 거시오 또 너희ᄃ려 닐ᄋᄂ니 이후에ᄂ 다시 물노 셰샹을 멸치 아니ᄒ리라 이에 구름이 바람을 조차 ᄉ방으로 훗허지고 하ᄂ이 기이며 무지게 공즁에 드러남을 보면 이ᄂ 곳 내가 너희와 언약을 미즌 빙거[81]ㅣ라 ᄒ시더라

77 창세기 8-9장.
78 알메니아: 亞爾黙尼亞, 아르메니아. 성경의 아라랏산이 있는 나라이며, 현재는 소아시아와 카스피해 사이에 있는 공화국이다.
79 쥬년: 週年, 일 년을 단위로 돌아오는 돌을 세는 단위.
80 강복: 降福.
81 빙거(憑據): 憑.

제8장은 노아가 궤에서 나와 육지에 오름을 의론함이라.
조성 후 1657년이요, 강생 전 2343년이라.

　　홍수가 천하를 덮어 잠긴 후 150일이 되매, 천주께서 큰바람을 일으켜 물을 물러가게 하실 새 [23a] 물이 점점 적어지는지라. 노아가 배를 아르메니아 산꼭대기에 머물러 다시 120일을 지내다가 물이 이미 없어지고 전과 같이 평지가 된 줄로 생각하여 먼저 까마귀와 비둘기 두 새를 궤에서 놓아 보내어 과연 물이 아주 없는가 시험하고자 하였더니, 까마귀는 마침내 돌아오지 아니하고, 비둘기는 나아가 주접(住接)할 곳이 없으매 다시 돌아왔거늘, 7일이 지나매 다시 비둘기를 내어 보내었더니, 문득 푸른 나뭇가지 하나를 입에 물고 들[23b]어오거늘 노아가 이 나뭇가지 물고 옴을 보고 생각건대 물은 다 이미 없어지고 땅이 마른 줄을 아나, 오히려 주의 명을 기다려 나아가고자 하여 주년(週年)이 되도록 궤 속에 그저 있더라.

　　천주께서 노아를 명하사, 아녀와 자식들이며, 새와 짐승이며, 각색 물종(物種)을 다 가지고 나아가라 하시니, 이에 밖으로 나아와 육지에 내려서 예물을 갖추어 천주께 감사하는 제사를 드리매, 천주께서 그 제사의 정성된 거동을 보시고, 노아 내외와 세 아들에게 강복하여 [24a] 가라사대 "이제부터 후는 너희들이 다시 세상에 살아 인류를 전하여 자손이 우주에 충만할 것이요, 또 너희더러 이르노니 이후에는 다시 물로 세상을 멸치 아니하리라. 이에 구름이 바람을 좇아 사방으로 흩어지고, 하늘이 개며, 무지개가 공중에 드러남을 보면 이는 곧 내가 너희와 언약을 맺은 빙거(憑據)니라." 하시더라.

문: 노아가 궤 속에 얼마 동안 있었습니까?
답: 1년이 넉넉하게 있었습니다.
[24b] 문: 천주께서 노아에게 무엇을 허락하여 계십니까?
답: 이후로는 다시 홍수로 세상을 멸하지 않으실 줄로 허락하셨습니다.

문: 노에가 궤 속에 언마 동안을 잇섯느냐

답: 일 년이 넉넉ᄒ게 잇섯느니라

[24b] 문: 텬쥬ㅣ 노에의게 무어슬 허락ᄒ야 계시뇨

답: 이후로는 다시 홍슈로 세샹을 멸ᄒ지 아니실 줄노 허락ᄒ시니라

문: 무슴 징죠로써 언약의 빙거[82]룰 삼으셧느뇨

답: 공즁에 무지게로써 징죠룰 삼으셧느니라

문: 이 무지게는 무어슬 표ᄒ느뇨

답: 이 무지게는 본듸 각식 치식이 잇서 보기에 아룸다온지라 셩교도 또흔 모
  든 덕의 아룸답고 븕음이 잇ᄉ니 이 무지게는 셩교회룰 표흠이니라

---

82 언약의 빙거: 憑約.

문: 무슨 징조로써 언약(言約)의 빙거(憑據)를 삼으셨습니까?

답: 공중의 무지개로써 징조를 삼으셨습니다.

문: 이 무지개는 무엇을 표합니까?

답: 이 무지개는 본디 각색 채색이 있어서 보기에 아름다운지라. 성교도 또한 모든 덕의 아름답고 밝음이 있으니, 이 무지개는 성교회를 표합니다.

[25a] 뎨구쟝은 노에가 감의 ᄌ손을 벌홈을 의론홈이라[83]

조셩 후 일쳔륙빅오십팔 년이오 강셩 젼 이쳔삼빅ᄉ십이 년이라

노에가 세 아들이 잇ᄉ니 맛아들의 일홈은 셈[84]이오 둘재 아들의 일홈은 감[85]이오 셋재 아들의 일홈은 야펫[86]이라 그 둘재 아들 감이는 셩픔이 착지 못ᄒ야 미양 그 부모의게 효셩이 업더니 ᄒ로는 감이 담대ᄒᆫ 무음으로 그 부친의 잠간 실슈홈을 경만이 흉보앗더니 후에 노에가 그러홈을 알고 감이를 불너 그 아들을 꾸지져 ᄀᆞᆯᄋᄃᆡ 텬쥬ᅵ 쟝ᄎᆞᆺ [25b] 가나안을 벌ᄒ샤 ᄃᆡᄃᆡ로 노복이 되게 ᄒ리라 ᄒ시고 또ᄒᆫ 그 맛아들 셈이와 그 셋재 아들 야펫을 불너 압희 안치고 강복ᄒ야 ᄀᆞᆯᄋᄃᆡ 너는 쟝ᄎᆞᆺ 텬쥬의 강복ᄒ심을 밧아 감의 ᄌ손으로 ᄒ여곰 노복을 삼을 거시오 야펫은 셈의 집에 ᄒᆫ 가지로 잇서 ᄌ손이 번셩ᄒ고 또ᄒᆫ 감의 ᄌ손을 노복으로 부리리라 ᄒ니 노에가 그 아들을 꾸짓고 강복ᄒᄂᆫ 말이 그 후에 ᄂᆞᆺᄂᆞᆺ치 틀니지 아니ᄒ야 지금 감의 ᄌ손들이 ᄉ면으로 흣허져 대개 쳔역[87] ᄒᄂᆫ [26a] 죵이 되엿ᄂᆞ니라 노에가 그 후에 평안이 셰샹을 ᄇᆞ리니 나흔 구빅오십 셰러라

문: 노에가 무어ᄉᆞᆯ 위ᄒ야 감의 아들 가나안을 이ᄀᆞᆺ치 벌ᄒ엿ᄂᆞ냐
답: 이후 셰샹 사ᄅᆞᆷ이 맛당이 그 부모의게 착실이 효도케 홈을 알게 코져 홈이니라
문: 노에가 무ᄉᆞᆷ 일을 미리 말ᄒ야 그 아들들노 ᄒ여곰 알게 ᄒ엿ᄂᆞ뇨
답: 그 맛아들 셈을 강복ᄒᆞᆯ 때에 말ᄒ기를 너와 네 동ᄉᆡᆼ 야펫의 ᄌ손들은 번셩 [26b]ᄒ야 셰샹에 츙만ᄒᆞᆯ 거시오 감의 후딕 ᄌ손들은 텬쥬의 벌을 닙어

---

83 창세기 9장.
84 셈: 生, 셈.
85 감: 剛. [개역개정] 기준으로 노아의 세 아들, 셈, 함, 야벳 중에서 가나안의 아버지 '함'을 의미한다.
86 야펫: 亞弗德, 야벳.
87 쳔역(賤役): 服奴(복노, 노비의 옷을 입은), 천한 노동.

[25a] 제9장은 의론함이라. 노아가 함의 자손을 벌함을 의론함이라.
조성 후 1658년이요, 강생 전 2342년이라.

　　노아가 세 아들이 있으니, 맏아들의 이름은 샘이요, 둘째 아들의 이름은
함이요, 셋째 아들의 이름은 야벳이라. 그 둘째 아들 함은 성품이 착하지 못
하여 매양 그 부모에게 효성이 없더니, 하루는 함이 담대한 마음으로 그 부
친의 잠깐 실수함을 경만히 흉보았더니, 후에 노아가 그러함을 알고 함을 불
러 그 아들을 꾸짖어 가로되, "천주께서 장차 [25b] 가나안을 벌하사 대대로
노복(奴僕)이 되게 하리라." 하시고, 또한 그 맏아들 샘과 그 둘째 아들 야벳
을 불러 앞에 앉히고 강복하여 가로되, "너는 장차 천주의 강복하심을 받아
함의 자손으로 하여금 노복을 삼을 것이요, 야벳은 샘의 집에 한가지로 있어
자손이 번성하고, 또한 함의 자손을 노복으로 부리리라." 하니, 노아가 그 아
들을 꾸짖고 강복하는 말이 그 후에 낱낱이 틀리지 아니하여 지금 함의 자손
들이 사면으로 흩어져 대개 천역(賤役)하는 [26a] 종이 되었느니라. 노아가
그 후에 평안히 세상을 버리니, 나이 950세였다.

문: 노아가 무엇을 위하여 함의 아들 가나안을 이같이 벌하였습니까?
답: 이후 세상 사람이 마땅히 그 부모에게 착실히 효도하게 함을 알게 하고자
　　함입니다.
문: 노아가 무슨 일을 미리 말하여 그 아들들로 하여금 알게 하였습니까?
답: 그 맏아들 샘을 강복할 때에 말하기를 너와 네 동생 야벳의 자손들은 번
　　성[26b]하여 세상에 충만할 것이요, 함의 후대 자손들은 천주의 벌을 입
　　어 보천하에 흩어져 노복이 될 줄을 역력히 말씀하셨습니다.
문: 이 모든 말이 다 틀리지 아니하였습니까?
답: 하나도 틀림이 없으니, 과연 샘의 자손은 번성하고, 야벳의 자손은 널리
　　퍼져서 온 세상에 아니 사는 데가 없고, 함의 자손은 유리하여 도무지 남

보텬하에 훗허져 노복이 될 줄을 력력히 말솜ᄒᆞ니라

문: 이 모든 말이 다 틀니지 아니ᄒᆞ엿ᄂᆞ냐

답: ᄒᆞ나토 틀님이 업스니 과연 지금 셈의 ᄌᆞ손은 번셩ᄒᆞ고 야펫의 ᄌᆞ손은 널
니 펴이여 온 셰샹에 아니 사ᄂᆞᆫ 뒤가 업고 감의 ᄌᆞ손은 류리ᄒᆞ야 도모지
눔의 노복이 되엿시니 지금도 가히 볼너라

의 노복이 되었으니, 지금도 가히 볼 수 있습니다.

뎨십쟝은 바벨[88]이라 ᄒᄂᆞᆫ 탑을 모호다가 말[27a]이 서로 달나지고 서로 따흘 ᄂᆞᆫ혼 거슬 의론홈이라[89]

조셩 후 일쳔칠빅오십칠 년이오 강셩 젼 이쳔이빅ᄉᆞ십삼 년이라

노에의 ᄌᆞ손이 번셩ᄒᆞ야 수가 만흐매 사는 바 디방이 좁아 여러히 용납ᄒᆞ지 못ᄒᆞᆯ지라 이에 각각 훗허져 살냐 홀 ᄉᆡ 서로 ᄂᆞᆫ호이기 젼에 ᄒᆞᆫ 의론을 뎡ᄒᆞ야 굴ᄋᆞ되 우리가 ᄒᆞᆫ 가지로 살다가 이제 서로 떠날 때롤 당ᄒᆞ엿시니 맛당이 힘을 ᄒᆞᆫ 가지로 ᄒᆞ야 ᄒᆞᆫ 탑을 모흐되 이훗 셰샹 사ᄅᆞᆷ이 보고 엇지 인력으로 이러투시 놉게 ᄒᆞ엿ᄂᆞᆫ고 ᄒᆞ야 우리 지[27b]조롤 우러러 긔억ᄒᆞ게 ᄒᆞ여야 홀 터히니 놉기로 의론ᄒᆞ면 하ᄂᆞᆯ에다 하야쓸 거시오 혹 텬쥬가 만일 홍슈롤 두 번 주신다 ᄒᆞ여도 그 우희 올나가 피홀 경영을 ᄒᆞ겟다[90] ᄒᆞ니 슬프다 이 무리들이여 이왕 텬쥬의 말ᄉᆞᆷ이 다시는 홍슈로 셰샹을 멸ᄒᆞ지 아니리라 분명이 허락ᄒᆞ셧거늘 엇지 이러투시 밋지 아니ᄒᆞ고 감히 망녕된 싱각을 ᄒᆞ엿ᄂᆞᆫ고

텬쥬ㅣ 뎌들의 망녕된 싱각과 밋친 힝실을 보시고 이에 졸디에 그 말소리롤 서로 다르게 ᄒᆞ시니 [28a] 뜻밧긔 일이 서로 통홀 길이 업고 말을 ᄒᆞ나토 알아듯지 못ᄒᆞ매 아모리 힘을 쓰랴 ᄒᆞ여도 의향대로 일이 되지 못ᄒᆞ야 홀 길이 업ᄂᆞᆫ지라 이에 모호던 탑을 파ᄒᆞ고 각각 서로 말을 알아듯ᄂᆞᆫ 대로 따라가 디방을 ᄂᆞᆫ화 사니 처음에ᄂᆞᆫ ᄒᆞᆫ 부모의 ᄌᆞ식으로셔 갈니여 만방에 헤여지니라 셤의 ᄌᆞ손은 아시아[91]에셔 사니 곳 유더아와 인두와 안남[92]과 즁원과 일본과 죠

---

88 바벨: 罷伯爾, 바벨.

89 창세기 10-11장.

90 "혹 텬쥬가 만일 홍슈롤 두 번 주신다 ᄒᆞ여도 그 우희 올나가 피홀 경영을 ᄒᆞ겟다". 이 부분은 성경에 없는 내용이다. 이부분은 요세푸스의 해석 전통을 반영한 것으로 보인다. Flavius Josephus, *Antiquitates Iudaicae* 1.114, in *Flavii Iosephi Opera*, ed. Benedictus Niese, vol. 1 (Berlin: Weidmann, 1887), 27. 다음과 같이 기록한다: "ἀμυνεῖσθαί τε τὸν θεὸν πάλιν ἠπείλει τὴν γῆν ἐπικλύσαι θελήσαντα· πύργον γὰρ οἰκοδομήσειν ὑψηλότερον ἢ τὸ ὕδωρ ἀναβῆναι δυνηθείη, μετελεύσεσθαι δὲ καὶ τῆς τῶν προγόνων ἀπωλείας." (하나님이 다시 땅을 홍수로 덮으려 한다면 그에게 복수하겠다고 위협하며, 물이 올라갈 수 있는 것보다 더 높은 탑을 세우고 조상들의 멸망에 대해 보복하겠다고 하였다.)

91 아시아: 亞西亞, 아시아.

92 안남(安南): 베트남.

제10장은 바벨이라는 탑을 모으다가 말[27a]이 서로 달라지고 서로 땅을 나눈 것을 의론함이라.
조성 후 1757년이요, 강생 전 2243년이라.

　　노아의 자손이 번성하여 수가 많으매 사는 바 지방이 좁아 여럿이 용납하지 못할지라. 이에 각각 흩어져 살려 할 새 서로 나뉘기 전에 한 의론을 정하여 가로되, "우리가 한 가지로 하여 한 탑을 모으되, 이후 세상 사람이 보고 어찌 인력으로 이렇듯이 높게 하였는고 하여 우리 재[27b]주를 우러러 기억하게 하여야 할 터이니, 높기로 의론하면 하늘에다 하였을 것이요, 혹 천주가 만일 홍수를 두 번 주신다 하여도 그 위에 올라가 피할 경영을 하겠다." 하니, 슬프다 이 무리들이여 이왕 천주의 말씀이 다시는 홍수로 세상을 멸하지 아니할 것이라 분명히 허락하셨거늘, 어찌 이렇듯이 믿지 아니하고 감히 망령(妄靈)된 생각을 하였는가.
　　천주께서 저들의 망령된 생각과 미친 행실을 보시고 이에 졸지에 그 말소리를 서로 다르게 하시니 [28a] 뜻밖의 일이 서로 통할 길이 없고, 말을 하나도 알아듣지 못하여 할 길이 없는지라. 이에 모으던 탑을 파하고 각각 서로 말을 알아듣는 대로 따라가 지방을 나누어 사니, 처음에는 한 부모의 자식에서 갈리어, 만방에 헤어지니라. 샘의 자손은 아시아에서 사니, 곧 유대아와 인도와 베트남과 중원과 일본과 조선 등의 나라요, 함의 자손은 아프리카에 사니, 이집트와 모든 흑인 등 나라요, [28b] 야벳의 자손은 구라파에서 사니 이탈리아와 에스파냐(스페인)와 프랑스와 잉글랜드와 독일과 러시아 등 나라이니라.

문: 바벨탑은 어떠한 탑입니까?
답: 이는 노아의 자손이 서로 흩어지기 전에 힘을 한가지로 하여 일제히 지은 탑입니다.

션 등 나라히오 감의 ᄌ손은 아프리가에셔 사니 에집도와 모든 흑인 등 나라히오 [28b] 야펫의 ᄌ손은 으로바에셔 사니 이다리아와 이스바니아와 부랑시아와 앙글니아와 열마니아[93]와 아라사 등 나라히니라[94]

문: 바벨탑은 이 엇더ᄒᆞᆫ 탑이뇨

답: 이ᄂᆞᆫ 노에의 ᄌ손이 서로 훗허지기 전에 힘을 ᄒᆞᆫ가지로 ᄒᆞ야 일제히 지은 탑이니라

문: 이 탑을 일윗ᄂᆞ냐

답: 일우지 못ᄒᆞ엿ᄂᆞ니 이ᄂᆞᆫ 텬쥬ㅣ 사ᄅᆞᆷ의 망녕된 ᄉᆡᆼ각을 보시고 그 말을 어즈럽게 ᄒᆞ샤 서로 알아듯지 못ᄒᆞ게 ᄒᆞ시매 능히 [29a] 일우지 못ᄒᆞ엿ᄂᆞ니라

문: 텬쥬ㅣ 엇지ᄒᆞ야 그 말을 못 알아듯게 ᄒᆞ셧ᄂᆞ냐

답: 뎌들이 좁은 소견과 망녕된 ᄒᆡᆼ실노 탑을 지을 때에 말ᄒᆞ기를 텬쥬ㅣ 만일 두 번 홍슈의 ᄌᆡ앙을 주시면 그 우희 올나가 피ᄒᆞ자 ᄒᆞ니 이ᄂᆞᆫ 텬쥬의 허락ᄒᆞ신 말ᄉᆞᆷ을 밋지 아니홈으로 텬쥬ㅣ 벌ᄒᆞ셧ᄂᆞ니라

문: 뎌들이 훗허져 어ᄂᆞ 따희셔 살앗ᄂᆞ뇨

답: 셈의 후ᄃᆡ ᄌ손은 아시아에셔 살고 감의 ᄌ손은 아프[29b]리가에셔 살고 야펫의 ᄌ손은 으로바에셔 사니라

문: 보텬하 만민이 다 형뎨가 되ᄂᆞ냐

답: 이ᄂᆞᆫ 일뎡 의심이 업ᄂᆞᆫ 일이라 ᄉᆞ히에 잇ᄂᆞᆫ 사ᄅᆞᆷ들이 다 ᄒᆞᆫ 조샹의 ᄌ손인 고로 다 형뎨니라

---

93 열마니아: 라틴어 'Germania'(독일)를 음역한 것으로 보인다. [1931]에는 '젤마니아'로 음역했다.

94 [1866] 剛之後裔, 居亞弗利加洲, 即黑人等國, 亞弗德之後嗣, 居歐羅巴洲, 即西洋等國是也.(셈의 후대는 아시아주에 사니, 즉 중화(中華) 등의 나라요, 함의 후예는 아프리카주에 사니, 즉 흑인(黑人) 등의 나라요, 야벳의 후사는 구라파주에서 사니, 즉 서양 등의 나라이다.) [1883]은 인류가 흩어져 사는 나라들을 더 자세히 풀어서 설명한다. '구라파'는 '유럽'의 음역어이다.

문: 이 탑을 이루었습니까?

답: 이루지 못하였나니, 이는 천주께서 사람의 망령된 생각을 보시고 그 말을 어지럽게 하사 서로 알아듣지 못하게 하시매 능히 [29a] 이루지 못하였습니다.

문: 천주께서 어찌하여 그 말을 못 알아듣게 하셨습니까?

답: 저들이 좁은 소견과 망령된 행실로 탑을 지을 때에 말하기를 천주께서 만일 두 번 홍수의 재앙을 주시면 그 위에 올라가 피하자 하니, 이는 천주의 허락하신 말씀을 믿지 아니함으로 천주께서 벌하셨습니다.

문: 저들이 흩어져 어느 땅에서 살았습니까?

답: 샘의 후대 자손은 아시아에서 살고, 함의 자손은 아프[29b]리카에서 살고, 야벳의 자손은 구라파에서 살았습니다.

문: 보천하 만민이 다 형제가 됩니까?

답: 이는 일정 의심이 없는 일이라, 사해(四海)에 있는 사람들이 한 조상의 자손인 고로 다 형제입니다.

데십일쟝은 텬쥬ㅣ 아바람을 빠샤[95] 셩조롤 삼으심을 의론홈이라[96]
조셩 후 이쳔팔십삼 년이오 강성 젼 일쳔구빅십칠 년이니 때는 하나라 님금
경의 데오년이라

노에의 세 파 조손이 스방으로 훗허져 살매 뎌희 [30a] 서로 눈화 여러 나
라흘 문드라 잇더니 졈졈 스욕에 그리옴이 되야 진쥬롤 니져브리더라 오직 셥
의 조손 즁에 몃낫[97] 셩인이 잇서 본셩의 슌량홈을 인호야 규계롤 직희고 진쥬
롤 흠승홀 시 그 즁에 일홈 아바람이 잇스니 텬쥬ㅣ 뎌롤 빠 셩조롤 삼으려 호
샤 뎌로 더브러 언약[98]을 미즈시고 명호시되 집안 식구롤 다리고 고향을 떠나
라 네 조손이 번셩호야 수롤 헬 길이 업슬 거시오 또한 구셰쥬[99]ㅣ 쟝츳 네 조
손 즁에서 나리라 호시니 아바람이 [30b] 텬쥬의 말솜을 굿이 밋고 쥬의 명호
시는 바롤 드러 집안사롬을 거느리고 고향을 떠나 할손례[100]롤 밧아 언약 미즌
표롤 삼으니라 이때 아바람의 나히 늙어 빅 년이 갓가오되 조식이 업더니 텬
쥬의 젼능으로 뎌의게 조식 하나흘 주시매 일홈을 이사악이라 호니라

문: 보텬하 사롬들이 어느 때에 나라흘 눈홧느냐
답: 바벨탑을 지으랴 혼 후ㅣ니 조셩호신 후 일쳔구빅십칠 년이니라
[31a] 문: 셰상 사롬이 다 흥샹 진쥬롤 밧드러 공경호엿느냐
답: 과연 그러흔 이 드므러 몃치 못되야 그즁에 아바람이 잇섯느니라
문: 텬쥬ㅣ 어느 때에 뎌의게 은혜로 갑흐심을 말솜호셧느뇨
답: 뎌롤 빠 모든 밋는 사롬의 셩조롤 삼으실 때에 구셰쟈ㅣ 쟝츳 그 조손에서
　　　나실 줄을 허락호시니라

95　빠샤: 揀選, 선택.
96　창세기 11-21장.
97　몃 낫: 幾, 몇 낮.
98　언약(言約): 結納(결납).
99　구셰쥬(救世主): 救世者.
100　할손례: 割損之禮, 할례.

제11장은 천주(天主)께서 아브라함을 선택하사 성조(聖祖) 삼으심을 의론함이라.

조성 후 2083년이요, 강생 전 1917년이니, 때는 하(夏)나라 임금 경(扃)의 제5년이라.

노아는 세 파 자손이 사방으로 흩어져 살매 저희 [30a] 서로 나눠 여러 나라를 만들어 있더니, 점점 사욕에 가려져 진주(眞主)를 잊어버리더라. 오직 샘의 자손 중 몇 명의 성인이 있어 본성의 순량함을 인하여 규계를 지키고, 진주를 흠숭(欽崇)할 새 그중에 이름 아브라함이 있으니, 천주께서 저를 선택하여 성조를 삼으려 하사, 저로 더불어 언약을 맺으시고 명하시되, "집안 식구를 데리고 고향을 떠나라. 네 자손이 번성하여 수를 헤아릴 길이 없을 것이요, 또한 구세주께서 장차 네 자손 중에서 나리라." 하시니, 아브라함이 [30b] 천주의 말씀을 굳이 믿고 주의 명하시는 바를 들어 집안사람을 거느리고 고향을 떠나 할례를 받아 언약 맺을 표를 삼으니라. 이때 아브라함의 나이 늙어 백 년이 가까운데 자식이 없더니, 천주의 전능으로 저에게 자식 하나를 주시매 이름을 이삭이라 하니라.

문: 보천하 사람들이 어느 때에 나라를 나누었습니까?

답: 바벨탑을 짓자 한 후이니, 조성하신 후 1917년입니다.

[31a] 문: 세상 사람이 다 항상 진주를 받들어 공경하였습니까?

답: 과연 그러한 이 드물어 몇이 곳되어 그중에 아브라함이 있었습니다.

문: 천주께서 어느 때에 저에게 은혜로 갚으심을 말씀하셨습니까?

답: 저를 선택하사, 모든 믿는 사람의 성조를 삼으실 때에 구세주께서 장차 그 자손에서 나실 줄을 허락하셨습니다.

문: 천주께서 무슨 예를 명하사 그 언약의 빙거(憑據)와 기호(記號)를 삼으셨습니까?

문: 텬쥬ㅣ 무슴 례롤 명ᄒᆞ샤 그 언약의 빙거와 긔호롤 삼으셧ᄂᆞ뇨

답: 할손례니라

[31b] 문: 이 할손례ᄂᆞᆫ 무어시뇨

답: 텬쥬의 뎡ᄒᆞ신 례졀이니 곳 텬쥬롤 밧드러 셤기ᄂᆞᆫ 쟈ㅣ 외교인¹⁰¹으로 더브
러 분별이 잇ᄂᆞᆫ 긔호ㅣ 니라

---

101   외교인: 外教人, 이방인.

답: 할례입니다.

[31b] 문: 이 할례는 무엇입니까?

답: 천주께서 정하신 예절(禮節)이니, 곧 천주를 받들어 섬기는 자는 외교인
　　(外敎人)으로 더불어 분별이 있는 기호입니다.

뎨십이쟝은 아바람이 텬쥬끠 졔스드림을 의론홈이라[102]

조셩 후 이쳔일뵉스십오 년이오 강셩 젼 일쳔팔뵉오십오 년이니 때는 하나라 공갑[103] 뎨이십오 년이라

수년 후에 이사악이 졈졈 즈라매 텬쥬ㅣ 아바람의 신덕을 시험코져 ᄒ샤 뎌의 홀노 스랑ᄒ는 아돌을 다리고 아모산에 가 죽여 써 쥬끠 졔헌ᄒ라 [32a] ᄒ시니[104] 이 명령은 ᄀ장 듯기 어려온 일이라 아바람이 ᄆ음에 그윽히 싱각 ᄒ되 텬쥬ㅣ 특별ᄒ 은혜로 즈식 ᄒ나흘 내게 허락ᄒ시고 닐으샤되 이후에 네 즈손의 수가 강변의 모래와 굿치 만흐리라 ᄒ시더니 이제 내 외아돌을 죽이라 ᄒ시니 엇지ᄒ야 몬져 말슴ᄒ심과 이굿치 심히 다르신고 ᄒ련마는 츙셩이 지 극ᄒ고 신덕을 굿이 잡은 아바람이 호말도 의심ᄒ야 지쳬ᄒ지 아니ᄒ고 즉시 쥬 명을 의지ᄒ야 그 스랑ᄒ온 아돌 [32b] 이사악을 불너 셥흘 지우고 즈긔는 불을 가지고 홈끠 갈 시 이사악이 뭇즈오되 부친이여 여긔 불과 셥히 잇스오 나 졔헌홀 희성은 어듸 잇습ᄂ니잇가 아바람이 뒤답ᄒ되 텬쥬ㅣ 즈연이 희성 을 안비ᄒ시리라 ᄒ고[105]

믄득 갈와리아[106]산에 니르러 졔듸를 꾸며 셥흘 그 우희 노코 이에 스랑 ᄒ는 어린 아돌을 동혀미여 셥 우희 노코 칼을 ᄲ혀 손을 들어 죽이려 홀 시 손이 밋쳐 ᄂ리오기 젼에 뭇춤 텬신이 쥬명을 젼ᄒ야 급히 불너 글으되 말지 어[33a]다 아바람아 네 아돌을 샹해오지 말지어다 죡ᄒ도다 죡ᄒ도다 네 슌명 홈이 즈식을 살니도다 텬쥬의 ᄆ음을 심히 즐겁게 ᄒ엿도다 가히 양을 잡아 네 아돌 뒤신으로 드리라 ᄒ니 아바람이 놀나 급히 도라보니 이에 한 양이 잇

---

102 창세기 22장.

103 공갑: 孔甲, 하나라 14대 왕.

104 아모산: [1866]에는 '아모산'(모리야산)은 없다.

105 이스악이 … 아바람이 … 안비ᄒ시리라 ᄒ고: [1866]에는 없는 이삭의 질문과 아브라함의 대답 부분을 넣었 다.

106 갈와리아산: 加爾瓦略, [VUL] 창 22:2 in terram visionis(비젼의 땅), 라틴어로는 '칼바리아'(Calvaria). [MT] 모리아 땅. [1866], [1883] 모두 라틴어를 음차한 것으로 보인다.

제12장은 아브라함이 천주께 제사드림을 의론함이라.
조성 후 2145년이요, 강생 전 1855년이니, 때는 하나라
공갑(孔甲) 제25년이라.

　수년 후 이삭이 점점 자라매 천주께서 아브라함의 신덕(信德)을 시험하고자 하사 저의 홀로 사랑하는 아들을 데리고 모리아산에 가서 죽여 이로써 주께 제헌(祭獻)하라 [32a] 하시니, 이 명령은 가장 듣기 어려운 일이라. 아브라함이 마음에 그윽이 생각하되, '천주께서 특별한 은혜로 자식 하나를 내게 허락하시고 이르시되, 이후에 네 자손의 수가 강변의 모래와 같이 많으리라 하시더니, 이제 내 외아들을 죽이라 하시니, 어찌하여 먼저 말씀하심과 이같이 심히 다르신가.' 하련마는 충성이 지극하고 신덕을 굳이 잡은 아브라함이 호말(毫末)도 의심하여 지체하지 아니하고 즉시 주의 명을 의지하여 그 사랑하는 아들 [32b] 이삭을 불러 섶을 지우고 자기는 불을 가지고 함께 갈 새, 이삭이 묻자오되, "부친이여 여기 블과 섶은 있으나, 제헌할 희생(犧牲)은 어디 있습니까?" 아브라함이 대답하되, "천주께서 자연히 희생을 안배하시리라." 하니라.

　문득 갈보리산에 이르러 제대를 꾸미며 섶을 그 위에 놓고 칼을 빼서 손을 들어 죽이려 할 새 손이 미쳐 내려오기 전에 마침 천사가 주의 명을 전하여 급히 불러 가로되, "말지어[33a]다. 아브라함아 네 아들을 상하게 하지 말지어다. 족하도다, 족하도다, 네 순명함이 자식을 살리도다. 천주의 마음을 심히 즐겁게 하였도다. 가히 양을 잡아 네 아들 대신으로 들이라." 하니, 아브라함이 놀라 급히 돌아보니, 이에 한 양이 있어 뿔이 가시덤불 속에 얽혀 있거늘 끌어다가 죽여 천주께 정성으로 제헌하여 이로써 자기 아들을 대신하니라.

서 뿔이 가시덤불 속에 얽히여 잇거늘 끄으러다가 죽여 텬쥬끠 졍셩으로 제헌
ᄒᆞ야 써 ᄌᆞ긔 아들을 되신ᄒᆞ니라

문: 엇지ᄒᆞ야 텬쥬ㅣ 아바람의게 제 ᄌᆞ식을 죽여 제ᄉᆞ를 드리라 ᄒᆞ셧ᄂᆞ냐
답: 이ᄂᆞᆫ 그 슌명ᄒᆞᆷ의 엇[33b]더홈과 그 신덕의 엇더홈을 시험코져 ᄒᆞ심이니
라
문: 아바람의 제ᄉᆞ를 드림은 무어슬 표ᄒᆞᆷ이뇨
답: 이ᄂᆞᆫ 텬쥬 셩부ㅣ 당신 ᄉᆞ랑ᄒᆞ온 아들 예수를 가져 희ᄉᆡᆼ으로 제헌홈을 표
ᄒᆞ심이니라
문: 이 제헌ᄒᆞᆫ 산은 일홈이 무어시냐
답: 갈와리아 산이니라

문: 어찌하여 천주께서 아브라함에게 제 자식을 죽여 제사를 드리라 하였습니까?

답: 이는 순명함의 어[33b]떠함과 그 신덕의 어떠함을 시험하고자 하심입니다.

문: 아브라함의 제사를 드림은 무엇을 표합니까?

답: 이는 천주 성부께서 당신의 사랑하는 아들 예수를 가져 희생으로 제헌함을 표하심입니다.

문: 이 제헌한 산은 이름이 무엇입니까?

답: 갈보리산입니다.

뎨십삼쟝은 이사악이 혼인ᄒ야 두 아ᄃᆞᆯ을 나흠을 의론홈이라[107]
조셩 후 이쳔일ᄇᆞᆨ스십팔 년이오 강셩 젼 [34a] 일쳔팔ᄇᆞᆨ오십이 년이니
ᄲᅢᄂᆞᆫ 하나라 공갑 뎨이십팔 년이라

이사악이 쟝셩ᄒ매 레벡가의게 쟝가드러 ᄒᆞᆫ ᄐᆡ에 두 아ᄃᆞᆯ을 나흐니 몬져 난 ᄋᆞ히ᄂᆞᆫ 젼신이 모다 털이라 일홈을 에사오ㅣ라 ᄒᆞ니 근본 용밍과 힘이 만하 들노 ᄃᆞ니며 산양ᄒᆞ기ᄅᆞᆯ 됴화ᄒᆞ고 나죵에 난 ᄋᆞ히ᄂᆞᆫ 온몸에 광치 찬란ᄒᆞᆫ지라 일홈을 야곱이라 ᄒᆞ니 셩품이 슌량ᄒᆞ고 어질더라 ᄒᆞ로ᄂᆞᆫ 야곱이 집에 잇셔 국을 ᄭᅳ려 먹을 즈음에 그 형 에사오ㅣ 산양 갓다가 드러와 닐ᄋᆞᄃᆡ 내가 ᄇᆡ곱 [34b]흐니 동셩은 내게 국 ᄒᆞᆫ 그릇슬 주라 ᄒᆞ니 야곱이 ᄃᆡ답ᄒᆞᄃᆡ 만일 네 맛아ᄃᆞᆯ 위ᄅᆞᆯ 내게 풀면 나ㅣ 형의게 먹을 거슬 주리라 ᄒᆞ니 에사오ㅣ 그 말이 ᄯᅥ러지며 즉시 ᄃᆡ답ᄒᆞᄃᆡ 그리ᄒᆞ라 ᄒᆞ고 ᄒᆞᆫ 그릇슬 먹은 뒤에 다시 셩각ᄒᆞ니 근본 아바람의 맛아ᄃᆞᆯ은 후뒤 ᄌᆞ손ᄭᅵ지 강복ᄒᆞᄉᆞᆷ을 밧앗거ᄂᆞᆯ 엇지ᄒᆞ야 내가 이러케 허탄이 ᄒᆞ엿ᄂᆞᆫ고 ᄒᆞ야 깁히 뉘웃쳐ᄒᆞ더라 이ᄂᆞᆫ 맛치 지금 만흔 사ᄅᆞᆷ이 음식을 탐홈을 인ᄒᆞ야 텬당 영원ᄒᆞᆫ 복을 일흠과 ᄀᆞᆺᄒᆞ니라

[35a] 문: 에사오ㅣ 맛아ᄃᆞᆯ 위ᄅᆞᆯ 푼 일이 무어슬 경계ᄒᆞᄂᆞ냐
답: 이ᄂᆞᆫ 우리로 ᄒᆞ여곰 궁고[108]와 간난[109]을 맛날 ᄯᅢ에라도 맛당이 우리 신덕을 풀지 못홀 줄을 경계홈이니라
문: 신덕을 푼다 홈은 무어슬 닐음이뇨
답: 이ᄂᆞᆫ 곳 우리 사ᄅᆞᆷ이 ᄉᆞ욕 편졍[110]과 탐졍[111]의 일노 텬쥬ᄅᆞᆯ 비반홈을 닐음이니라

---

107 창세기 24-25장.
108 궁고: 窮苦.
109 간난: 艱難.
110 ᄉᆞ욕 편졍(邪慾偏情): 私慾.
111 탐졍: 貪情.

제13장은 이삭이 혼인하여 두 아들 낳음을 의론함이라.

조성 후 2148년이요, 강생 전 [34a] 1852년이니,

때는 하(夏)나라 공갑(孔甲) 제28년이라.

　　이삭이 장성하매 리브가에게 장가들어 한 태에 두 아들을 낳으니, 먼저 난 아이는 전신이 모두 털이라, 이름은 에서라 하니 근본 용맹과 힘이 많아 들로 다니며 사냥하기를 다니기를 좋아하고, 나중에 난 아이는 온몸에 광채 찬란한지라, 이름을 야곱이라 하니 성품이 순량하고 어질더라. 하루는 야곱이 집에 있어 국을 끓여 먹을 즈음에 그 형 에서가 사냥을 갔다가 들어와 이르되, “내 배고[34b]프니 동생은 내게 국 한 그릇을 주라.” 하니, 야곱이 대답하되, “만일 네 맏아들 위를 내게 팔면 내가 형에게 먹을 것을 즈리라.” 하니, 에서가 그 말이 떨어지며 즉시 대답하되, “그리하라” 하고, 한 그릇을 먹은 뒤에 다시 생각하니, ‘근본 아브라함의 맏아들은 후대 자손까지 강복하심을 받았거늘 어찌하여 내가 이렇게 허탄히 하였는고’ 하여 깊이 뉘우치더라. 이는 마치 지금 많은 사람이 음식을 탐함을 인하여 천당 영원한 복을 잃음과 같으니라.

[35a] 문: 에서가 맏아들 위를 판 일이 무엇을 경계합니까?

답: 이는 우리로 하여금 궁고(窮苦)와 간난(艱難)을 만날 때에라도 마땅히 우리 신덕(信德)을 팔지 못할 줄을 경계함입니다.

문: 신덕을 판단 함은 무엇을 이름입니까?

답: 이는 곧 우리 사람이 사욕 편정(邪慾偏情)과 탐정(貪情)의 일로 천주를 바반함을 이름입니다.

문: 야곱이 그 부친의 강복함을 받았으매 무슨 좋은 것을 얻었습니까?

답: 유대아 백성의 성조가 되고, [35b] 구세주께서 그 후 자손 중에서 나셨습니다.

문: 야곱이 그 부친의 강복홈을 밧앗시매 무슴 됴흔 거술 엇엇ᄂ냐

답: 유더아 빅셩의 셩조ㅣ 되고 [35b] 또 구셰쥬ㅣ 그 훗 ᄌ손 즁에셔 나셧ᄂ니
라

뎨십소쟝은 <u>에사오</u>ㅣ <u>야곱</u>을 뮈워ᄒ야 흔흠[112]을 의론홈이라[113]

<u>에사오</u>ㅣ 그 부친 <u>이사악</u>이 제 아오 <u>야곱</u>의게 강복ᄒ야 텬샹텬하[114]의 모든 복을 밧게 홈을 보고 ᄆᆞᆷ에 뮈워ᄒ고 투긔홈을 품어 아모조록 긔회ᄅᆞᆯ 초차 동싱 <u>야곱</u>을 죽이려 ᄒ니 <u>야곱</u>이 형의 ᄆᆞᆷ이 사오납고 독홈을 알고 피ᄒ야 집을 떠나 외삼촌 집에 가셔 은신ᄒ야 잇다가 쟝가드러 아들 열[36a]둘흘 나흐니 이에 열두 지파ㅣ 논호여 <u>유더아</u> 빅셩의 조샹이 되니라 이 열두 사ᄅᆞᆷ이 양을 치기로 업을 삼아 흥샹 들에 가 잇더라 그중에 잘난 사ᄅᆞᆷ이 넷시 잇ᄉᆞ니 ᄒ나흔 <u>레위</u>오 ᄒ나흔 <u>유다</u>오 ᄒ나흔 <u>요셉</u>이오 ᄒ나흔 <u>벤사민</u>이니 그중에도 <u>요셉</u>이 ᄀᆞ장 츌즁ᄒ니 이제 그 일을 아래 긔록ᄒ노라

문: <u>야곱</u>이 몃 아들을 나핫ᄂᆞ뇨
답: 열두 아들이니 다 양을 먹이기로 업을 삼다가 후에 열두 파에 논[36b]호여 <u>유더아</u> 빅셩의 조샹이 되엿ᄂᆞ니라
문: 그 여러 형뎨 즁에 뎨일 잘난 이ᄂᆞᆫ 뉘뇨
답: <u>요셉</u>이니라

---

112 한(恨)ᄒ다: 원망스럽게 생각하다, 미워하다.
113 창세기 27-35장.
114 텬샹텬하(天上天下): 天上地下.

제14장은 이삭이 야곱을 미워하여 한(恨)함을 의론함이라.

에서는 그 부친 이삭이 자기 아우 야곱에게 강복하여 천상천하의 모든 복을 받게 함을 보고, 마음에 미워하고 투기함을 품어 아무쪼록 기회를 좇아 동생 야곱을 죽이려 하니, 야곱이 형의 마음이 사납고 독함을 알고 피하여 집을 떠나 외삼촌 집에 가서 은신하여 있다가 장가들어 아들 열[36a]둘을 낳으니, 이에 열두 지파가 나뉘어, 유대아 백성의 조상이 되니라. 이 열두 사람이 양을 치기로 업을 삼아 항상 들에 가 있더라. 그중에 잘난 사람이 넷이 있으니, 하나는 레위요, 하나는 유다요, 하나는 요셉이요, 하나는 베냐민이니, 그중에서도 요셉이 가장 출중하니, 이제 그 일을 아래 기록하노라.

문: 야곱이 몇 아들을 낳았습니까?
답: 열두 아들이니, 다 양을 먹이는 업을 삼다가 후에 열두 파에 나[36b]뉘어, 유대아 백성의 조상이 되었습니다.
문: 그 여러 형제 중에 제일 잘난 이는 누구입니까?
답: 요셉입니다.

뎨십오쟝은 구형이 그 동싱 요셉을 풀믈 의론홈이라[115]
조성 후 이쳔이빅칠십륙 년이오 강싱 젼 일쳔칠빅이십ᄉ 년이니 째는 샹나라 태갑[116] 뎨삼십 년이라

야곱이 요셉의 효성과 순량한 덕이 잇ᄉᆞᆷ을 보고 ᄀᆞ쟝 ᄉᆞ랑ᄒᆞ야 다른 ᄌᆞ식에서 몃 ᄇᆡ를 더 즁히 넉여 고은 의복을 닙히니 그 졔 형이 투긔ᄒᆞ야 뮈워 [37a]홀 즈음에 ᄒᆞ로는 요셉이 그 부친과 여러 형들 압희셔 말ᄒᆞᄃᆡ 이샹ᄒᆞ다 내가 요ᄉᆞ이 ᄒᆞᆫ 꿈을 꾸엇다 ᄒᆞ고 ᄀᆞᆯᄋᆞᄃᆡ 우리 여러 형뎨 ᄒᆞᆫ가지로 밧희 가셔 곡식을 묵글 시 내가 묵근 뭇시 셔며 너희 묵근 뭇시 그 셔 잇ᄂᆞᆫ 내 뭇슬 둘너 졀ᄒᆞ더라 ᄒᆞ고 그 후에 또 ᄒᆞᆫ 꿈을 말ᄒᆞᄃᆡ 열ᄒᆞᆫ 별이 ᄒᆡ와 ᄃᆞᆯ노 더부러 내게 졀ᄒᆞ더라 ᄒᆞ니 여러 형이 듯고 분을 내여 ᄀᆞᆯᄋᆞᄃᆡ 그거시 엇지ᄒᆞᄂᆞᆫ 말이냐 우리 모든 형이 아오의게 졀을 ᄒᆞᆫ다 말이냐 ᄒᆞ고 이날노브터 요셉[37b]을 뮈워ᄒᆞ기를 젼버다 ᄇᆡ로 더ᄒᆞ야 ᄆᆞ음에 흥샹 ᄭᅳ려 투긔ᄒᆞ더니

ᄒᆞ로는 여러 형이 양을 먹이려 들노 나아가셔 오래 도라오지 아니ᄒᆞ니 그 부친이 요셉ᄃᆞ려 닐ᄋᆞᄃᆡ 네 형들이 그 ᄉᆞ이 잘 잇ᄉᆞ며 무ᄉᆞᆷ 일이나 업ᄂᆞᆫ지 네가 가셔 보아라 ᄒᆞ니 요셉이 그곳에 가매 졔 형이 요셉의 옴을 보고 ᄀᆞᆯᄋᆞᄃᆡ 뎌 꿈꾼 쟈ㅣ 오ᄂᆞᆫ고나 ᄒᆞ고 죽이기를 의론홀 즈음에 다ᄒᆡᆼ이 그 쟝형되는 루벤이 잇셔 뎌를 죽이지 말기로 말니니 모든 이 다 뜻을 곳쳐 달니 의론[38a]홀 때에 ᄆᆞᆺᄎᆞᆷ 에집도로 가는 약쟝ᄉᆞ의게 죵으로 풀녀 보내고 이에 ᄭᅬ를 내여 양 ᄒᆞ나흘 죽여 그 피로써 요셉의 닙던 옷시 뭇쳐 집으로 보내여 부친 압희 내여 노코 말ᄒᆞᄃᆡ 길가에셔 이 옷슬 엇엇시니 부친은 이거슬 보옵쇼셔 아마 우리 동싱의 옷신둣 ᄒᆞ오이다 ᄒᆞ니 그 부친이 이윽히 슬펴보다가 방성대곡ᄒᆞ야 ᄀᆞᆯᄋᆞᄃᆡ 이 옷ᄉᆞᆫ 뎡녕이 내 아들의 옷시니 필경 사오나온 즘승의게 샹홈이 되엿도다 ᄒᆞ고 이 날브터 슬허ᄒᆞ기를 마지아니ᄒᆞ더[38b]라

---

115 창세기 37장.
116 태갑: 太甲, 상나라 5대 군주.

제15장은 아홉 형이 그 동생 요셉을 팖을 의론함이라.
조성 후 2276년이요, 강생 전 1724년이니, 때는 상(商)나라
태갑(太甲) 제30년이라.

　야곱이 요셉의 효성과 순량한 덕이 있음을 보고, 가장 사랑하여 다른 자식보다 몇 배를 더 중히 여겨 고운 의복을 입히니, 그 제(諸) 형이 투기하여 미워[37a]할 즈음에 하루는 요셉이 그 부친과 여러 형들 앞에서 말하되, "이상하다. 내가 요사이 한 꿈을 꾸었다." 하고 가로되, "우리 여러 형제 한가지로 밭에 가서 곡식을 묶을 새 내가 묶은 뭇이 서며 너희 묶은 듯이 그 서 있는 내 뭇을 둘러 절하더라." 하고, 그 후에 또 한 꿈을 말하되, "열한 별이 해와 달과 더불어 내게 절하더라." 하니, 여러 형이 듣고 분을 내어 가로되, "그것이 어찌하는 말이냐? 우리 모든 형이 아우에게 절을 한단 말이냐?" 하고, 이날로부터 요셉[37b]을 미워하기를 전보다 배로 더하여 마음에 항상 끓여 투기하더라.
　하루는 여러 형이 양을 먹이려 들로 나아가서 오래 돌아오지 아니하니, 그 부친이 요셉에게 가로되, "네 형들이 그 상이 잘 있으며 무슨 일이나 없는지 네가 가서 보아라." 하니, 요셉이 그곳에 가매, 제(諸) 형이 요셉의 옴을 보고 가로되, "저 꿈꾼 자가 오는구나." 하고, 죽이기를 의론할 즈음에 다행히 그 장형(長兄)되는 르우벤이 있어 저를 죽이지 말기로 말리니, 모든 이 다 뜻을 고쳐 달리 의론[38a]할 때에 마침 이집트로 가는 약장사에게 종으로 팔려 보내고 이에 꾀를 내어 양 하나를 죽여 그 피로써 요셉의 입던 옷에 묻혀 집으로 보내어 부친 앞에 내어놓고 갈하되, "길가에서 이 옷을 얻었으니, 부친은 이것을 보옵소서. 아마 우리 동생의 옷인 듯 하오니다." 하니, 그 부친이 그윽이 살펴보다가 방성대곡하여 가로되, "이 옷은 정녕히 내 아들의 옷이니, 필경 사나운 짐승에게 상함이 되었도다." 하고, 이날부터 슬퍼하기를 마지아니하더[38b]라.

데십륙쟝은 요셉의 조출훈[117] 덕을 의론훔이라[118]

조성 후 이쳔이빅칠십륙 년이오 강싱 젼 일쳔칠빅이십수 년이라

약샹[119]이 요셉을 사셔 드리고 에집도국으로 가셔 환쟈[120] 븨듸팔의 집에 프
니 븨듸팔이 요셉을 부려 보매 미스가 민쳡ᄒᆞ고 진실ᄒᆞ니 집안의 크고 젹은 일
을 맛겨 보슬피게 ᄒᆞ더라 텬쥬ㅣ 요셉을 귀히 보샤 그 보슬피ᄂᆞᆫ 일을 도아주
시니 일마다 그릇됨이 업셔 가업이 날노 니러나매 쥬인이 요셉[39a]의 덕과
의에 바른 규모를 보고 더욱 밋고 깃버ᄒᆞᄂᆞᆫ지라 텬쥬ㅣ 뎌의 ᄆᆞ음을 시험코져
ᄒᆞ샤 ᄒᆞ로ᄂᆞᆫ 쥬인이 츌입훈 ᄢᅢ에 그 안히가 스스로 요셉을 유감ᄒᆞ야 갓가이ᄒᆞ
랴 ᄒᆞ다가 요셉의 굿이 ᄉᆞ양ᄒᆞ야 좃지 아니ᄒᆞ고 ᄃᆞ라남을 보고 붓그러옴을 이
긔지 못ᄒᆞ야 분을 품엇다가 그 지아비 도라오매 도로혀 요셉을 무함ᄒᆞ야 져를
욕뵈이랴 훈 줄노 고ᄒᆞ니 이 사룸이 졔 안히의 말을 굿이 밋어 크게 노여ᄒᆞ야
요셉을 잡아 옥에 가도ᄂᆞ라

---

117 조출ᄒᆞ다: 깨끗하다, 정결하다.
118 창세기 39장.
119 약샹(藥商): 香客.
120 환쟈(宦者): 宦官.

제16장은 요셉의 정결한 덕을 의론함이라.
조성 후 2276년이요, 강생 전 1724년이라.

    약상(藥商)이 요셉을 사서 데리고 이집트 나라로 가서 환관(宦官) 보디발의 집에 파니, 보디발이 요셉을 부려 보매 매사가 민첩하고 진실하니, 집안의 크고 작은 일을 맡겨 보살피게 하더라. 천주께서 요셉을 귀히 보사, 그 보살피는 일을 도와주시니, 일마다 그릇됨이 없어 가업이 날로 일어나매 주인이 요셉[39a]의 덕과 의에 바른 규모를 보고 더욱 믿고 기뻐하는지라. 천주께서 저의 마음을 시험하고자 하사, 하루는 주인이 출입한 때에 그 아내가 스스로 요셉을 유감하여 가까이하려 하다가, 요셉이 굳이 사양(辭讓)하여 좇지 아니하고 달아남을 보고 부끄러움을 이기지 못하여 분을 품었다가, 그 지아비 돌아오매 돌이켜 요셉을 모함하여 저를 욕보이라 한 줄로 고하니, 이 사람이 제 아내의 말을 굳이 믿어 크게 노여워하여 요셉을 잡아 옥에 가두니라.

[39b] 뎨십칠쟝은 요셉이 옥에 잇서 히몽홈을 의론홈이라[121]

조셩 후 이쳔이뵉팔십륙 년이오 강성 젼 일쳔칠뵉십수 년이니 째는 샹나라 옥뎡[122] 데 칠 년이라

　　요셉이 옥에 갓치여 그 원통홈을 춤아 밧고 ᄆᆞ음이 탄탄ᄒᆞ야 아모 걱정이 업시 잇스니 텬쥬ㅣ 그 옥 맛흔 아젼[123]의 ᄆᆞ음을 두루혀[124] 요셉을 관뒤ᄒᆞ고 옥 즁 일을 다 맛겨 죄인ᄭᆞ지 보솔피게 ᄒᆞ니라 이째에 두 관원은 왕의 ᄀᆞ장 고이ᄂᆞᆫ[125] 신하ㅣ라 ᄆᆞᆺ춤 죄를 엇어 갓치엿더니 ᄒᆞ로밤은 그 두 사ᄅᆞᆷ이 각[40a]각 꿈을 엇고 능히 히몽을 못ᄒᆞ야 근심이 얼골에 ᄀᆞ득ᄒᆞ거늘 요셉이 그 연고를 무르매 두 사ᄅᆞᆷ이 뒤답ᄒᆞ뒤 우리가 각각 꿈을 엇어 히몽을 못ᄒᆞ기로 근심이로라 ᄒᆞ며 꿈 니약이를 ᄒᆞ니 이째 텬쥬ㅣ 요셉의게 믁계[126]ᄒᆞ샤 그 꿈을 ᄌᆞ셰히 풀 시 ᄒᆞᆫ 사ᄅᆞᆷ은 죽겟다 말ᄒᆞ고 ᄒᆞᆫ 관원의게ᄂᆞᆫ 닐ᄋᆞ뒤 삼일 후에 다시 젼에 ᄒᆞ던 벼슬을 홀 거시니 쳥컨대 나를 닛지 말나 ᄒᆞ더니 과연 두 관원의 일이 요셉의 말ᄒᆞᆫ대로 틀니지 아니ᄒᆞ야 ᄒᆞ나흔 사흘 만에 벼[40b]슬을 다시 ᄒᆞ고 ᄒᆞ나흔 ᄆᆞᆺ춤내 버힘을 닙으니 그 복직ᄒᆞᆫ 관원이 옥에셔 나간 후에 다시 요셉을 ᄉᆡᆼ각지 아니ᄒᆞ야 이에 요셉이 이 년을 옥에 더 잇스니라

121　창세기 39-40장.
122　옥뎡: 沃丁, 상나라의 6대 군주.
123　아젼(衙前): 吏.
124　두루혀다: 돌이키다.
125　괴다: 특별히 귀여워하고 사랑하다.
126　믁계(默啓): 啟, 묵계, 계시.

[39b] 제17장은 요셉이 옥에 있어 해몽(解夢)함을 의론함이라.
조성 후 2286년, 강생 전 1714년이니, 때는 상(商)나라 옥정(沃丁)
제7년이라.

　요셉이 옥에 갇히어 그 원통함을 참아 받고, 마음이 탄탄하여 아무 걱정이 없이 있으니, 천주께서 그 옥 맡은 아전(衙前)의 마음을 돌이켜 요셉을 관대하고 옥중 일을 다 맡겨 죄인까지 보살피게 하니라. 이때 두 관원은 왕의 가장 사랑하는 신하라. 마침 죄를 얻어 갇혔더니 하룻밤은 그 두 사람이 각[40a]각 꿈을 얻고 능히 해몽을 못하여 근심이 얼굴에 가득하거늘 요셉이 그 연고를 물으매 두 사람이 대답하되, "우리가 각각 꿈을 얻어 해몽을 못하기로 근심이로다." 하며 꿈 이야기를 하니, 이때 천주께서 요셉에게 계시(啓示)하사 그 꿈을 자세히 풀 새, 한 사람은 죽겠다 말하고, 한 관원에게는 이르되, "삼 일 후에 다시 전에 하던 벼슬을 할 것이니, 청컨대 나를 잊지 말라." 하더니, 과연 두 관원의 일이 요셉의 말한 대로 틀리지 아니하여 하나는 사흘 만에 벼[40b]슬을 다시 하고, 하나는 마침내 베임을 입으니, 그 복직한 관원이 옥에서 나간 후에 다시 요셉을 생각지 아니하여, 이에 요셉이 이 년을 옥에 더 있으니라.

뎨십팔쟝은 요셉이 졍승 위에 오름을 의론홈이라[127]
조셩 후 이쳔이빅팔십칠 년이오 강셩 젼 일쳔칠빅십삼 년이라

이 년 후에 에집도 국왕 파라온이 두 꿈을 엇고 무옴에 심히 놀나와 밤을 셔오고 날이 붉으매 급히 온 나라희 관원과 슐스룰 다 불너드려 히몽ᄒ기 [41a]룰 쳥ᄒ나 ᄒ나토 아는 쟤 업거눌 때에 뭇춤 복직ᄒᆫ 관원이 겻히 잇다가 요셉의 이젼 히몽홈을 싱각ᄒ고 이에 님금의게 알외되 요셉을 불너 무르라 ᄒ니 님금이 즉시 옥에 잇는 요셉을 불너 꿈 니약이 홀 시 쳔쥬ㅣ 또한 요셉의게 묵시ᄒ샤 왕의 꿈을 붉이 풀어 글ᄋ되 이는 다른 뜻이 아니라 쟝촛 나라희 크게 관심 되는 일이라 칠 년은 큰 풍년이 들고 나죵에 또 칠 년은 큰 흉년이 들 거시니 왕은 쳥컨대 닐곱 히 풍년 들 때에 대신을 스방으[41b]로 보내여 량식을 만히 풀아 두엇다가 칠 년 흉년에 빅셩을 구ᄒ쇼셔 ᄒ니 왕이 이 말을 듯고 심히 깃거ᄒ야 요셉을 갓가이 안치고 손에 꼇던 가락지룰 버셔 끼우고 또 됴흔 옷슬 닙혀 이에 졍승 위에 올니니라 요셉이 옥에셔 나와 졍승이 되던 날 죵일토록 님금과 곳치 잇스니 이때 나히 삼십 셰러라

---

127 창세기 41장.

제18장은 요셉이 정승(政丞) 위(位)에 오름을 의론함이라.

조성 후 2287년이요, 강생 전 1713년이라.

　　이 년 후에 이집트 국왕 파라오가 두 꿈을 얻고, 마음에 심히 놀라 밤을 새우고 날이 밝으매, 급히 온 나라의 관원과 술사를 다 불러들여 해몽하기 [41a]를 청하나, 하나도 아는 자가 없거늘, 때에 마침 복직한 관원이 곁에 있다가, 요셉의 이전 해몽함을 생각하고 이에 임금에게 아뢰되, "요셉을 불러 물으라." 하니, 임금이 즉시 옥에 있는 요셉을 불러 꿈 이야기를 할 새 천주께서 또한 요셉에게 계시하사 왕의 꿈을 밝히 풀어 가로되, "이는 다른 뜻이 아니라 장차 나라에 크게 관심 되는 일이라. 칠 년은 큰 풍년이 들고, 나중에 또 칠 년은 큰 흉년이 들 것이니, 왕은 청컨대 일곱 해 풍년 들 때에 대신을 사방으[41b]로 보내어 양식을 많이 팔아 두었다가, 칠 년 흉년에 백성을 구하소서." 하니, 왕이 이 말을 듣고 심히 기뻐하여 요셉을 가까이 앉히고 손에 꼈던 가락지를 벗어 끼우고, 또 좋은 옷을 입혀 이에 정승 위에 올리니라. 요셉이 옥에서 나와 정승이 되던 날 종일토록 임금과 같이 있으니, 이때 나이 삼십 세라.

데십구쟝은 요셉의 모든 형이 에집도국으로 가셔 량식을 빌믈 의론홈이라[128]
조성 후 이쳔이[42a]빅구십륙 년이오 강셩 젼 일쳔칠빅스 년이니
쌔는 샹나라 옥뎡 뎨 십칠 년이라

　　요셉이 졍승 위에 오르매 즉시 나라 각 도 각 읍에 친히 가셔 큰 창을 만히
셰우고 닐곱 히 풍년에 곡식을 각 쳐에 수업시 풀아 산과 굿치 싸핫더니 과연
풍년이 지나매 흉년을 당ᄒ야 ᄉ방에셔 빅셩이 굴머 죽는다 ᄒ거ᄂ 왕이 요셉
의게 곡식을 맛겨 임의로 빅셩의게 훗허 고로게 ᄒ야 굴머 죽지 말게 ᄒ라 ᄒ
더라 이때에 니웃 나라에셔도 주림을 이긔지 못ᄒ야 에집도국 요셉의게 곡식
이 만[42b]히 싸힘을 듯고 풀아 가기를 빌더라

　　요셉의 형 열 사름도 또한 곡식을 풀너 와셔 머리를 굽혀 졀ᄒ며 이걸ᄒ니
요셉이 ᄒ번 보매 곳 제 형인 줄은 아나 이에 거즛 무러 골ᄋ듸 너희들은 어ᄂ
나라 사름이며 여긔 오기는 무슴 일이며 집안 식구는 몃치나 되ᄂ냐 듸답ᄒ듸
쇼비[129]들은 가나안 빅셩이러니 못촘 흉년을 당ᄒ와 주림을 견듸지 못ᄒ야 곡
식을 풀너 왓ᄉ오며 집에 늙은 부모ㅣ 잇ᅀᆞᆸ고 열두 형뎨러니 열ᄒᆞᆫ재 동셩은 불
힝ᄒ와 년젼[130]에 [43a]일헛ᄉᆞᆸ고 긋ᄎ히 동셩은 아비와 ᄒᆞᆫ가지로 집에 잇ᄉᆞᆸᄂ이다

　　요셉이 거즛 골ᄋ듸 너희 얼골을 보니 슈샹ᄒ다 너희들이 량식을 풀너 온
거시 아니라 아마 우리나라 동졍을 탐지ᄒ고져 ᄒ야 온 듯ᄒ도다 ᄒ니 모든
형이 듸답ᄒ듸 쇼비들은 실노 이런 일이 업ᄂ이다 ᄒ듸 요셉이 골ᄋ듸 너희들
말의 실 부실을 알 수 업ᄉ니 너희들 즁에 ᄒ나히 여긔 머믈너 잇셔 볼모가 되
고 너희 아홉 사름이 곡식을 가지고 집으로 도라가셔 네 긋ᄎ히 동셩을 두[43b]
리고 오라 내가 본 후에야 너희들의 말이 춤되고 거즛됨을 징험ᄒ리라 ᄒ니
뎌들이 엇지ᄒᆞᆯ 길이 업셔 오직 명을 ᄯ라 그대로 ᄒᆡᆼᄒ니라

128　창 42:1-23.
129　쇼비: 小輩, 소인.
130　년젼: 年前.

제19장은 요셉의 모든 형이 이집트 나라로 가서 양식을 빌림을 의론함이라.

조성 후 22[42a]96년이요, 강생 전 1704년이니,

때는 상(商)나라 옥정(沃丁) 제17년이라.

요셉이 정승 위에 오르매 즉시 나라, 각 도, 각 읍에 친히 가서 큰 창(倉)을 많이 세우고, 일곱 해 풍년에 곡식을 각 처에 수없이 팔아 산과 같이 쌓았더니, 과연 풍년이 지나매 흉년을 당하여 사방에서 백성이 굶어 죽는다 하거늘, 왕이 요셉에게 곡식을 맡겨 임의로 백성에게 흩어 고르게 하여 굶어 죽지 말게 하라 하더라. 이때 이웃 나라에서도 주림을 이기지 못하여 이집트 나라 요셉에게 곡식이 많[42b]이 쌓임을 듣고 팔아 가기를 빌더라.

요셉의 열 사람도 또한 곡식을 팔러 와서 머리를 굽혀 절하며 애걸하니 요셉이 한번 보매 곧 제 형인 줄은 아나, 이에 거짓 물어 가로되, "너희들은 어느 나라 사람이며, 여기 오기는 무슨 일이며, 집안 식구는 몇이나 되느냐?" 대답하되, "소인들은 가나안 백성이더니, 마침 흉년을 당하여 주림을 견디지 못하여 곡식을 팔러 왔사오며, 집에 늙은 부모가 있삽고 열두 형제러니, 열한째 동생은 불행히도 몇 해 전어 [43a] 잃었삽고, 끝에 동생은 아비와 한가지로 집에 있삽나이다."

요셉이 거짓으로 가로되, "너희 얼굴을 보니 수상하다. 너희들이 양식을 팔러 온 것이 아니라, 아마 우리나라 동정을 탐지하고자 하여 온 듯하도다." 하니, 모든 형이 대답하되, "소인들은 실로 이런 일이 없나이다." 한대, 요셉이 가로되, "너희들 말의 실, 부실을 알 수 없으니, 너희들 중에 하나는 여기 머물러 있어 볼모가 되고, 너희 아홉 사람이 곡식을 가지고 집으로 돌아가서 네 끝에 동생을 데[43b]리고 오라. 내가 본 후에야 너희들의 말이 참되고 거짓됨을 징험(徵驗)하리라." 하니, 저들이 어찌할 길이 없어 오직 명을 따라 그대로 행하니라.

뎨이십쟝은 요셉의 아홉 형이 집에 도라옴을 의론홈이라[131]

　　요셉이 일 보슬피눈 사룸의게 부탁ᄒ야 뎌들의 량식 풀너 온 돈을 뎌희 모로게 각각 ᄌ로 속에 너허 보내라 ᄒ엿더니 아홉 형이 집에 가셔 각각 ᄌ로 속에 돈 잇눈 거슬 보고 그 연고롤 아지 못ᄒ눈[44a]지라 그 부친 야곱이 골ᄋ되 이눈 필경 수에 틀닌 거시니 이 돈을 욕심내지 말고 이후에 도로 갓다가주어라 이에 아홉 사룸이 에집도국 정승의 말ᄒ던 일과 동싱 ᄒ나흔 볼모로 잡히고 또 말재 동싱을 ᄃ리고 오라 혼 ᄉ연을 낫낫치 고ᄒ니[132] 야곱이 이 말을 듯고 울며 골ᄋ되 너희들은 도모지 내가 ᄌ식 업눈 사룸을 ᄆ돌녀 ᄒᄂ냐 요셉은 즘승의게 샹ᄒ야 죽고 지금 시메온은 블모[133]로 잡히여 잇고 이제 또 네 열두재 동싱을 마자 ᄃ리고 가랴[44b] ᄒ니 이거시 무솜 심ᄉㅣ냐 이 ᄋ희눈 일뎡 밧긔 보내지 아니ᄒ리라

131　창 42:25-38.
132　이에 아홉 사룸이 ... 낫낫치 고ᄒ니: 九子將前[19b]事, 一一訴父知(아홉 아들이 또한 전의 일을 일일이 아버지께 아뢰어 알게 하니). [1883]은 '前事'(전의 일)을 풀어서 설명한다.
133　블모: '볼모'의 오기로 보인다.

제20장은 요셉의 아홉 형이 집에 돌아옴을 의론함이라.

요셉이 일 보살피는 사람에게 부탁하여 저들의 양식 팔러 온 돈을 저희 모르게 각각 자루 속에 넣어 보내라 하였더니, 아홉 형이 집에 가서 각각 자루 속에 돈 있는 것을 보고, 그 연그를 알지 못하는[44a]지라. 그 부친 야곱이 가로되, "이는 필경 수에 틀린 것이니, 이 돈을 욕심내지 말고 이후로 도로 갖다주어라." 이에 아홉 사람이 이집트 나라 정승의 말하던 일과 동생 하나를 볼모로 잡히고. 또 말째 동생을 데리고 오라 한 사연을 낱낱이 고하니, 야곱이 이 말을 듣고 울며 가로되, "너희들은 도무지 내가 자식 없는 사람을 만들려 하느냐? 요셉은 짐승에게 상하여 죽고, 지금 시몬은 볼모로 잡혀 있고, 이제 또 네 열두째 동생을 마저 데리고 가려[44b]하니, 이것이 무슨 심사냐? 이 아이는 일정(一定) 밖에 보내지 아니하리라."

뎨이십일쟝은 요셉의 형과 아오ㅣ 다시 에집도에 감을 의론홈이라[134]

얼마 아니 되여 가져온 량식이 다 진ᄒᆞ매[135] 야곱이 엇지홀 길이 업서 말재 아돌 벤사민을 보내여 아홉 형으로 더부러 혼가지로 에집도국 승샹부[136]에 니르러 요셉의게 보ᄒᆞ되 형뎨 아홉 사름이 그 ᄭᅳᆺ히 동셩과 혼가지로 와셔 량식을 풀냐 혼다 하니 [45a] 불너드려 볼 시 요셉이 이 모든 사름의 절을 밧으며 뎌와 동복[137] 되는 어린 동셩을 보고 ᄌᆞ연 무옴의 슬픈 졍이 감동ᄒᆞ야 아모리 츰으랴 ᄒᆞ나 졀노 무옴을 뎡홀 수 업ᄂᆞᆫ지라 이에 안흐로 드러가 슬피 눈물을 느리워 잠간 동안을 울고 다시 밧그로 나아와 명ᄒᆞ야 자리를 깔아 관곡히 되졉ᄒᆞ고 글ᄋᆞᄃᆡ 너희 여러 형뎨 ᄎᆞ례를 밧고지 말고 안ᄌᆞ라 ᄒᆞ니 이 사름들이 또 무슴 일이 잇실가 ᄒᆞ야 심히 놀나더라

이에 요셉이 좌우를 식여 이 사름들의 량[45b]식 갑슬 뎌의 견ᄃᆡ[138] 속에 도로 너허 보내게 ᄒᆞ고 또 ᄭᅳᆺ히 아오 ᄌᆞ로에ᄂᆞᆫ 은 술잔을 너허 보내라 ᄒᆞ니 뎌들은 이 일을 모로ᄂᆞᆫ지라 이에 하직ᄒᆞ고 도라갈 시 얼마 가지 못ᄒᆞ야 요셉이 하인을 보내여 뎌들을 거줏 꾸지져 글ᄋᆞᄃᆡ 너희들은 진실노 됴치 못혼 사름이로다 우리 승샹[139]이 너희게 되졉을 박히 아니ᄒᆞ엿거ᄂᆞᆯ 도로혀 우리 승샹의 술잔을 도젹ᄒᆞ야 가ᄂᆞ냐 너희 ᄀᆞᆺ혼 놈들은 다시 셰샹에 용납ᄒᆞ기 어렵도다 ᄒᆞ니 뎌들이 되답ᄒᆞᄃᆡ 실노 우[46a]리ᄂᆞᆫ 그리혼 일이 업노라 ᄒᆞ거ᄂᆞᆯ 하인이 이에 각 ᄉᆞ름의 ᄌᆞ로를 뒤여 보니 과연 벤사민의 ᄌᆞ로 속에 잇ᄂᆞᆫ지라 이에 초자가 지고 도라가니라

---

134 창 43:1-44:13.
135 진ᄒᆞ매: 盡.
136 승샹부(丞相府): 相府.
137 동복(同腹): 同母所生.
138 견ᄃᆡ(肩帶): 裝袋.
139 승샹: 主, [1833]은 구체적인 관직으로 표현했다.

제21장은 요셉의 형과 아우가 다시 이집트로 감을 의론함이라.

얼마 아니 되어 가져온 양식이 다 진(盡)하매, 야곱이 어찌할 길이 없어 말째 아들 베냐민을 보내어, 아홉 형으로 더불어 한가지로 이집트 나라 승상부(丞相府)에 이르러 요셉에게 보(報)하되, 형제 아홉 사람이 그 끝에 동생과 한가지로 와서 양식을 팔라고 한다 하니, [45a] 불러들여 볼 새, 요셉이 이 모든 사람의 절을 받으며 저와 동복(同腹) 되는 어린 동생을 보고 자연 마음의 슬픈 정이 감동하여, 아무리 참으려고 하나 절로 마음을 정할 수 없는지라. 이에 안으로 들어가 슬피 눈물을 흘려 잠깐 동안을 울고 다시 밖으로 나와 명하여 자리를 깔아 간곡히 대접하고 가로되, "너희 형제 차례를 바꾸지 말고 앉으라." 하니, 이 사람들이 무슨 일이 있을까 하여 심히 놀라더라.

이에 요셉이 좌우를 시켜 이 사람들의 양[45b]식 값을 저의 견대(肩帶) 속에 도로 넣어 보내게 하고, 또 끝에 아우 자루에는 은 술잔을 넣어 보내라 하니, 저들은 이 일을 모르는지라. 이에 하직(下直)하고 돌아갈 새 얼마 가지 못하여 요셉이 하인을 보내어 저들을 거짓 꾸짖어 가로되, "너희들은 진실로 좋지 못한 사람이로다. 우리 승상이 너희에게 대접을 박하게 아니하였거늘 도리어 우리 승상의 술잔을 도적하여 가느냐? 너희 같은 놈들은 다시 세상에 용납하기 어렵도다." 하니, 저들이 대답하되, "실로 우[46a]리는 그리한 일이 없노라." 하거늘 하인이 이에 각 사람의 자루를 뒤져 보니 과연 베냐민의 자루 속에 있는지라. 이에 찾아가지고 돌아가니라.

데이십이쟝은 요셉의 열흔 형뎨가 길희셔 도라오며 근심ᄒ고 걱정흠을 의론흠이라[140]

형뎨 열흔 사롬이 쟝물이 드러나 잡히이매 가히 변빅[141]ᄒ야 버셔날 길이 업ᄂ지라 답답ᄒ고 민망ᄒ야 도라와 승샹을 보고 업듸여 용셔ᄒ기를 이걸ᄒ니 요셉이 글ᄋ듸 너희 형뎨 즁 열 사롬은 가[46b]히 도라가려니와 오직 벤사민은 벌ᄒ야 죵으로 삼으리라 ᄒ니 유다ㅣ 나아와 따희 업듸여 슬피 고ᄒ야 글ᄋ듸 이 동셩은 나히 어려 셰샹 일을 알지 못ᄒ옵고 뜻밧긔 승샹ᄭ 죄를 엇엇시나 승샹은 특별흔 은혜를 널니 베프샤 이 어린 ᄋ희를 깁히 셩각ᄒ쇼셔 이 ᄋ희ᄂ 우리 열흔 재 동셩과 흔 어미 소셩이라 늙은 아비 ᄀ장 사랑ᄒᄂ 쟈ㅣ오 또 뎨 동복형 요셉은 원통이 죽엇ᄉ오매 늙은 아비 지금ᄭ지 그 슬허흠을 긋치지 아니ᄒ옵ᄂ고[47a]로 이 ᄋ희를 당초브터 밧긔 아니 내여보내기로 뎡흔 거슬 쇼인이 힘을 쓰고 극진이 말ᄉ믐ᄒ와 혹 즁로에 무ᄉ 해가 잇ᄉ오면 쇼인이 담당ᄒ겟노라 ᄒ오매 부득이ᄒ야 허락을 밧ᄌ와 ᄃ리고 왓ᄉ오니 출하리 그 ᄋ희 듸신으로 쇼인을 죵으로 삼으시고 감히 ᄇ라ᄂ니 승샹은 특별이 이 ᄋ희를 불샹이 넉이샤 뎌를 노하 집에 도라가셔 아비 얼골을 보게 ᄒ옵쇼셔 만일 그러치 못ᄒ와 이 ᄋ희 도라가지 못ᄒ오면 쇼인 등의 아비ᄂ 일뎡 살[47b]지 못ᄒ겟ᄂ이다 ᄒ더라

---

140 창 44:14-34.
141 변빅(辨白): 辨辯, 옳고 그름을 가려 사리를 밝힘.

제22장은 요셉의 열한 형제가 길에서 돌아오며 근심하고 걱정함을
의론함이라.

  형제 열한 사람이 장물이 드러나 잡히매 가히 변백(辨白)하여 벗어날 길
이 없는지라. 답답하고 민망하여 돌아와 승상을 보고 엎드려 용서하기를 애
걸하니, 요셉이 가로되, "너희 형제 중 열 사람은 가[46b]히 돌아가려니와 오
직 베냐민은 벌하여 종으로 삼으리라." 하니, 유다가 나아와 땅에 엎드려 슬
피 고하여 가로되, "이 동생은 나이 어려 세상 일을 알지 못하옵고, 뜻밖에
승상께 죄를 얻었으나 승상은 특별한 은혜를 널리 베프샤 이 어린 아이를 깊
이 생각하소서, 이 아이는 우리 열한 번째 동생과 한 어미 소생이라, 늙은 아
비 가장 사랑하는 자요, 또 제 동복형 요셉은 원통이 죽었사오매 늙은 아비
지금까지 그 슬퍼함을 그치지 아니하옵는 고[47a]로 이 아이를 당초부터 밖
에 아니 내어보내기로 정한 것을 소인이 힘을 쓰고 극진히 말씀하여, 혹 중
로(中路)에 무슨 해가 있사오면 소인이 담당하겠노라, 하오매 부득이하여 허
락을 받자와 데리고 왔사오니 차라리 그 아이 대신으로 소인을 종으로 삼으
시고, 감히 바라노니 승상은 특별히 이 아이를 불쌍히 여기사 저를 놓아 집
에 돌아가서 아비 얼굴을 보게 하옵소서. 만일 그렇지 못하여 이 아이 돌아
가지 못하오면 소인 등의 아비는 일정 살[47b]지 못하겠나이다." 하더라.

뎨이십삼쟝은 왕이 례물을 요셉의 부친의게 보냄을 의론홈이라[142]

요셉이 유다의 이걸ᄒᆞᄂᆞᆫ 말을 듯고 ᄆᆞᄋᆞᆷ의 소사 나는 비회[143]를 두 번 춤지 못ᄒᆞ야 크게 소릐ᄒᆞ야 ᄀᆞᆯᄋᆞᄃᆡ 나는 이 요셉일다 우리 부친이 그져 살아 계시냐 뎌들이 뜻밧긔 이 말을 드ᄅᆞ매 ᄆᆞᄋᆞᆷ이 놀납고 몸이 떨녀 능히 ᄃᆡ답을 못ᄒᆞ거늘 요셉이 위로ᄒᆞ야 ᄀᆞᆯᄋᆞᄃᆡ 놀나지 말고 다 압흐로 올나오라 너[48a]희들이 풀녀 보낸 동ᄉᆡᆼ 요셉이 내로라 이는 텬쥬의 은혜로 안비ᄒᆞ심이니 텬쥬ㅣ 나ᄅᆞᆯ 여긔로 몬져 보내샤 너희 주림을 구ᄒᆞ라 ᄒᆞ심이 아니냐 이제 모든 형들은 도라가 부친ᄭᅴ ᄌᆞ셰히 고ᄒᆞ라 지금도 오히려 흉년이 다ᄉᆞᆺ ᄒᆡ가 남앗시니 부친을 뫼셔 이리로 와 로릐[144]에 주리지 아니케 ᄒᆞ리라 ᄒᆞ더라 이때 국왕[145]이 요셉의 뎨 형이 왓단 말을 듯고 즉시 례물을 만히 주고 요셉을 명ᄒᆞ야 슈릐를 보내여 그 부친을 례로 뫼셔오고 온 집식구를 다 ᄃᆞ[48b]려와 써 복과 락을 누리게 ᄒᆞ라 ᄒᆞ더라

문: 무어슬 인ᄒᆞ야 모든 형이 그 동ᄉᆡᆼ을 풀앗ᄂᆞ뇨

답: 질투ᄒᆞᄂᆞᆫ 연고ㅣ니라

문: 엇지ᄒᆞ야 텬쥬ㅣ 그 일을 막지 아니ᄒᆞ셧ᄂᆞ냐

답: 요셉으로 ᄒᆞ여곰 큰 공명을 셰우고 또ᄒᆞᆫ 흉년에 본집 식구를 구ᄒᆞ고 여러 나라 만민을 건지게 홈을 위홈이니라

문: 요셉은 이 누구를 모샹ᄒᆞᄂᆞ뇨

답: 예수 그리스도를 모샹ᄒᆞᄂᆞ니라

[49a] 문: 엇지ᄒᆞ야 오 쥬를 모샹ᄒᆞᆫ다 ᄒᆞᄂᆞ뇨

답: 예수ㅣ 요셉과 ᄀᆞᆺ치 ᄒᆞᆫ 뎨 형이 되ᄂᆞᆫ 유더아 사ᄅᆞᆷ의게 풀니여 본국을 구ᄒᆞ

---

142 창 45:1-24.
143 비회(悲懷): 情動, 마음속에 서린 슬픈 시름.
144 로릐(老來): 老, 늘그막.
145 국왕(國王): 法辣阿王[바로왕].

제23장은 왕이 예물을 요셉의 부친에게 보냄을 의론함이라.

    요셉이 유다의 애걸하는 말을 듣고 마음의 솟아나는 비회(悲懷)를 두 번 참지 못하여 크게 소리하여 가로되, "나는 요셉입니다. 우리 부친이 그저 살아 계시냐?" 저들이 뜻밖에 이 말을 들으매, 마음이 놀랍고 몸이 떨려 능히 대답을 못하거늘 요셉이 위로하여 가로되, "놀라지 말고 다 앞으로 올라오라, 너희[48a]들이 팔려 보낸 동생 요셉이 내로라. 이는 천주의 은혜로 안배하심이니, 천주께서 나를 여기로 먼저 보내사 너희 주림을 구하라 하심이 아니냐? 이제 모든 형들은 돌아가 부친께 자세히 고하라. 지금도 오히려 흉년이 다섯 해가 남았으니 부친을 모셔 이리로 와 노래(老來)에 주리지 않게 하리라." 하더라. 이때 국왕이 요셉의 모든 형이 왔단 말을 듣고 즉시 예물을 많이 주고, 요셉을 명하여 수레를 보내어 그 부친을 예로 모셔오고 온 집식구를 다 데[48b]려와 이로써 복락을 누리게 하라 하더라.

문: 무엇을 인하여 모든 형이 그 동생을 팔았습니까?

답: 질투하는 연고입니다.

문: 어찌하여 천주께서 그 일을 막지 아니하셨습니까?

답: 요셉으로 하여금 큰 공명을 세우고 또한 흉년에 본집 식구를 구하고 여러 나라 만민을 건지게 함을 위함입니다.

문: 요셉은 누구를 모상합니까?

답: 예수 그리스도를 모상합니다.

[49a] 문: 어찌하여 우리 주를 모상한다고 합니까?

답: 예수께서 요셉과 같이 한 제 형이 되는 유대아 사람에게 팔리어, 본국을 구하고 보천하 만민의 영혼을 구하심입니다.

문: 예수께서 어떻게 구속하는 일을 행하셨습니까?

답: 당신 거룩히 죽으심과 거룩히 부활하심으로써 하셨습니다.

고 보텬하 만민의 령혼을 구ᄒ심이니라

문: 예수ㅣ 엇더케 구속ᄒᄂᆫ 일을 힝ᄒ셧ᄂᆞ냐

답: 당신 거륵히 죽으심과 거륵히 부활ᄒ심으로써 ᄒ시니라

문: 이 요셉의 고로옴 밧은 녯일을 싱각ᄒ고 지금 우리가 무어슬 법 밧을고

답: 우리 고난을 맛날 때[49b]에 맛당이 그 실망치 아님을 본밧아 흥샹 텬쥬의 보우ᄒ심으로 모든 령혼을 구ᄒ기를 근졀이 ᄇᆞ랄지니라

문: 이 요셉의 괴로움 받은 옛일을 생각하고 지금 우리가 무엇을 본받아야 합니까?

답: 우리 고난 만날 때[49b]에 마땅히 그 실망치 않음을 본받아 항상 천주의 보우(保佑)하심으로 모든 영혼을 구하기를 간절히 바라야 합니다.

뎨이십ᄉ쟝은 야곱의 식구가 에집도로 이ᄉ흠을 의론홈이라[146]
조셩 후 이쳔삼ᄇᆡᆨ십오 년이오 강셩 젼 일쳔륙ᄇᆡᆨ팔십오 년이니 ᄯᆡ는 샹나라
태경[147] 뎨 칠 년이라

유다 열흔 형뎨가 집에 도라와셔 요셉을 맛난 말과 갓가지 일을 낫낫치 그
부친의게 고ᄒᆞ니 야곱이 이윽히 듯다가 놀나며 밋지 아니ᄒᆞ더니 뫼시[50a]러
온 하인과 수뤼와 몰이며 금은 등 례물을 보ᄆᆡ 깃붐을 이긔지 못ᄒᆞ야 맛치
ᄎᆔᄒᆞ엿다가 ᄭᅵᆫ 듯ᄒᆞ고 꿈꾸다가 ᄭᅵᆫ 사ᄅᆞᆷ 굿ᄒᆞᆫ지라 이에 골ᄋᆞᄃᆡ 요셉이 뎡녕이
살앗ᄂᆞ냐 만일 살아 다시 뎌의 얼골을 흔번 보면 비록 죽어도 흔이 업ᄉ리라
ᄒᆞ고 즉시 힝쟝을 ᄎᆞ려 에집도로 향ᄒᆞ니 대쇼 가권[148]이 칠십 명이라
이에 왕이 요셉의 부친이 옴을 듯고 반가이 맛나 문후ᄒᆞ고 일국 즁에 됴흔
ᄯᅡᄒᆞᆯ 주어 살게 ᄒᆞ니라 그 후 야곱이 십칠 년을 평안이 살다가 림[50b]죵을 당
ᄒᆞ야 쥬의 믁계ᄒᆞ심을 닙어 모든 아돌의게 강복홀 시 넷재 아돌 유다의게
골ᄋᆞᄃᆡ 텬쥬의 보내실 바 만민의 ᄇᆞ람이 되신 쟈의게 니르히[149] 나라 권셰가 네
집에 떠나지 아니ᄒᆞ리라 ᄒᆞ고 강복ᄒᆞ기를 ᄆᆞᆺ초ᄆᆡ 다시 요셉과 모든 아돌의게
부탁ᄒᆞ야 닐ᄋᆞᄃᆡ 내가 죽은 후에 너희들은 맛당이 내 ᄒᆡ골을 가져 가나안 조샹
산소 겻히 장ᄉᆞᄒᆞ라 ᄒᆞ니 이는 쟝ᄎᆞᆺ 가나안 ᄯᅡᄒᆞᆯ 엇을 빙거ㅣ 되고 또흔 만ᄃᆡ
ᄌᆞ손을 위로홈이 됨이니라

[51a] 문: 야곱이 무슴 일을 미리 말ᄒᆞ엿ᄂᆞ냐
답: 나라 권셰가 유다의 집에 떠나지 아니ᄒᆞ야 텬쥬의 보내실 쟈의게 니르히

---

146 창 45:25-49:33.
147 태경: 太庚, 중국 상조의 6대 왕.
148 가권(家眷): 一家.
149 텬쥬의 보내실 바 만민의 ᄇᆞ람이 되신 쟈의게 니르히: 傳至於宜遣來者, 乃萬民之望也. 창 49:10 [개역개정]
실로가 오시기까지, [가톨릭 새번역] 민족들이 그에게 순종할 때까지, [공동번역] 참으로 그 자지를 차지할 분
이 와서, [VUL] donec veniat qui mittendus est(보냄을 받은 자가 오실 때까지), [LXX] ἕως ἂν ἔλθη τὰ
ἀποκείμενα αὐτῷ(그를 위해 예비 된 자가 오실 때까지), [MT] כִּי־יָבֹא שִׁילֹה(실로가 오시기까지).

제24장은 야곱의 식구가 이집트로 이사함을 의론함이라.
조성 후 2315년이요, 강생 전 1685년이니, 때는 상(商)나라
태경(太庚) 제7년이라.

　　유다 열한 형제가 집에 돌아와서 요셉을 만난 말과 갖가지 일을 낱낱이
그 부친에게 고하니, 야곱이 이윽히 듣다가 놀라며 믿지 아니하더니, 모시
[50a]러 온 하인과 수레와 물이며 금은 등 예물을 보매 기쁨을 이기지 못하
여 마치 취하였다가 깬 듯하고, 꿈꾸다가 깬 사람 같은지라. 이에 가로되,
"요셉이 정녕히 살았느냐? 만일 살아 다시 저의 얼굴을 한번 보면 비록 죽어
도 한이 없으리라." 하고, 즉시 행장을 차려 이집트로 향하니, 대소 가권(家
眷)이 칠십 명이라.
　　이에 왕이 요셉의 부친이 옴을 듣고 반가이 만나 문후하고, 일국 중에 좋
은 땅을 주어 살게 하니라. 그 후 야곱이 17년을 평안히 살다가 임[50b]종을
당하여 주의 계시하심을 입어 모든 아들에게 강복할 새, 넷째 아들 유다에게
가로되, "천주의 보내실 바 만민의 바람이 되신 자에게 이르러 나라 권세가
네 집에서 떠나지 아니하리라" 하고 강복하기를 마치매, 다시 요셉과 모든
아들에게 부탁하여 이르되, "내가 죽은 후에 너희들은 마땅히 내 해골을 가
져 가나안 조상 산소 곁에 장사하라." 하니, 이는 장차 가나안 땅을 얻을 빙거
가 되고 또한 만대 자손을 위로함이 됨이니라.

[51a] 문: 야곱이 무슨 일을 미리 말하였습니까?
답: 나라 권세가 유다의 집에서 떠나지 아니하여, 천주의 보내실 자에게 이르
　　러 전하리라 하였습니다.
문: 이 말이 무슨 뜻을 가르칩니까?
답: 유다의 자손이 항상 나라 임금이 되다가 구세자께서 내려 나실 때에 이르
　　러 바야흐로 그치리라 한 뜻입니다.

전ᄒ리라 ᄒ엿ᄂ니라

문: 이 말이 무ᄉᆞᆷ 뜻을 ᄀᆞᄅ치ᄂᆞ뇨

답: <u>유다</u>의 ᄌᆞ손이 흥샹 나라 님금이 되다가 구세쟈ㅣ ᄂᆞ려 나실 ᄢᆡ에 니ᄅᆞ러 부야흐로 긋치리라 ᄒᆞᆫ 뜻이니라

문: 이 미리 ᄒᆞᆫ 말이 다 마졋ᄂᆞ냐

답: ᄒᆞ나토 틀니지 아니ᄒᆞ엿ᄂᆞ니 과연 외국 사ᄅᆞᆷ <u>헤로더</u>ㅣ 님금 되엿실 ᄢᆡ에 구세쥬ㅣ 나시니라

문: 이 미리 한 말이 다 맞았습니까?

답: 하나도 틀리지 아니하였으니, 과연 외국 사람 헤롯이 임금 되었을 때에
구세주께서 나셨습니다.

[51b] 데이십오쟝은 모이스롤 살녀 기룸을 의론흠이라[150]

조성 후 이쳔수빅삼십삼 년이오 강성 전 일쳔오빅륙십칠 년이니 째는 샹나라 쥼뎡[151] 데일 년이라

성조 야곱이 셰샹을 부린 뒤에 요셉 열두 형뎨가 또한 추추로 죽은지라 일빅 년이 지난 후에 한 악왕[152]이 나라흘 다스리니 이 님금이 이젼 요셉의 공로롤 싱각지 아니흐고 다만 이스라엘 빅셩들이 추추 번셩흠을 보고 혹 무슴 변고ㅣ 잇슬가 념녀흐야 이에 해흐고져 홀 시 미양 고롭고 어려온 역[52a]수가 잇스면 이스라엘 빅셩을 불너 식여 기와도 구이고 셩도 쌋케 흐고 집도 짓게 흐며 또한 히산 바라지흐는 녀인[153]의게 분부흐뒤 너ㅣ 이스라엘 빅셩의 집에 둔니면셔 새로 나는 우히롤 맛날 졔 사나희여든 그 자리에서 즉시 죽이고 계집 우히여든 살녀두라 흐니 그 녀인이 이 분부롤 밧앗시나 춤아 이 흉악흔 일을 못흐는지라

왕이 엄히 꾸지즈매 그 녀인이 거줏 뒤답흐뒤 이샹흐더이다 이스라엘 빅셩들은 히산흐는 거시 곳지 아니흐[52b]더이다 우리가 그 집에 가기 전에 발셔 졔가 즈식을 나흐니 엇지홀 길이 업스느이다 흐니 왕이 싱각건대 이 꾀도 쓸 뒤 업다 흐고 다시 령을 느려 글우뒤 이스라엘 빅셩 즁에 즈식을 나흘 시 만일 사나희여든 일병강[154]에 더져 죽이라 흐고 아오로 군스롤 얼마 뎡흐야 그 일을 술피게 흐니 이째롤 당흐야 이스라엘 빅셩이 고로옴이 심흐야 근졀흔 무음으로 텬쥬끠 긔구흐야 부르지져 글우뒤 쥬여 아바람과 이사악과 야곱 모든 조샹을 도라보[53a]아 싱각흐샤 급히 이 ㄱ쟝 어려온 곳에 구흐쇼셔 흐더라

---

150 출 1:1-출 2:10.
151 쥼뎡: 仲丁, 샹나라 11대 왕.
152 악왕: 惡王.
153 히산 바라지흐는 녀인: 産婆.
154 일병강: 水, '나일강'을 의미한다. LXX, MT, VUL 성경은 '강'으로 되어 있다. [1931] 일변강.

[51b] 제25장은 모세를 살려 기름을 의론함이라.

조성 후 2433년이요, 강생 전 1567년이니, 때는 상(商)나라

중정(仲丁) 제1년이라.

성조(聖祖) 야곱이 세상을 버린 뒤에, 요셉 열두 형제가 또한 차차로 죽은지라. 일백 년이 지난 후에 한 악왕(惡王)이 나라를 다스리니, 이 임금이 이전 요셉의 공로를 생각하지 아니하고, 다만 이스라엘 백성들이 차차 번성함을 보고 혹 무슨 변고가 있을까 염려하여 이에 해하고자 할 새 매양 괴롭고 어려운 역[52a]사(役事)가 있으면 이스엘 백성을 불러 시켜 기와도 굽고, 성도 쌓게 하고, 집도 짓게 하며, 또한 해산(解産) 바라지하는 여인에게 분부하되, "네가 이스라엘 백성의 집에 다니면서 새로 나는 아이를 만날 제 사나이거든 그 자리에서 즉시 죽이고, 계집아이거든 살려두라." 하니, 그 여인이 이 분부를 받았으나, 차마 이 흉악한 일을 못하는지라.

왕이 엄히 꾸짖으매 그 여인이 거짓 대답하되, "이상하더이다. 이스라엘 백성들은 해산하는 것이 같지 아니하[52b]더이다. 우리가 그 집에 가기 전에 벌써 제가 자식을 낳으니 어찌할 길이 없사옵나이다." 하니, 왕이 생각건대 이 꾀도 쓸 데가 없다 하고, 다시 영을 내려 가로되, "이스라엘 백성 중에 자식을 낳을 새 만일 사나이거든 나일강에 던져 죽이라." 하고, 아울러 군사를 얼마 정하여 그 일을 살피게 하니, 이때를 당하여 이스라엘 백성이 괴로움이 심하여 간절한 마음으로 천주께 기구하여 부르짖어 가로되, "주여, 아브라함과 이삭과 야곱, 모든 조상을 돌아[53a]보아 생각하사 급히 이 가장 어려운 곳에 구하소서." 하더라.

이때 제삼파 레위 자손 아므람이 한 아들을 낳으니, 얼굴과 모양이 범상치 아니한지라. 그 부모가 수월(數月)을 가만히 감추어 두었으나 감히 오래 숨길 길이 없는지라. 이에 상자를 만들어 어린아이를 그 안에 넣어 하수(河水) 물 언덕 대숲 속에 가만히 갖다 두고 낮이면 그 아이 누이로 하여금 멀리

이때 데삼파 레위 ᄌ손 암으람이 ᄒᆞᆫ 아ᄃᆞᆯ을 나흐니 얼골과 모양이 범샹치 아니ᄒᆞᆫ지라 그 부모ㅣ 수월을 ᄀᆞ만이 금초아 두엇시나 감히 오래 숨길 길이 업ᄂᆞᆫ지라 이에 샹ᄌᆞ를 ᄆᆞᆫ드라 어린ᄋᆞ히를 그 안희 너허 하슈 물 언덕 ᄃᆡ숩 속에 ᄀᆞ만이 갓다 두고 낫이면 그 ᄋᆞ히 누의로 ᄒᆞ여곰 멀니 셔셔 직희게 ᄒᆞ고 밤이면 다시 집으로 안아 오게 ᄒᆞ더니 ᄒᆞ로ᄂᆞᆫ 우연이 님금의 ᄯᆞᆯ이 그 물가에 든[53b]니며 노다가 믄득 ᄒᆞᆫ 샹ᄌᆞ를 맛나 시비를 분부ᄒᆞ야 열어보니 ᄒᆞᆫ 당당ᄒᆞᆫ 어린ᄋᆞ히 그 속에 잇ᄂᆞᆫ지라 뭇지 아니ᄒᆞ나 이스라엘의 ᄌᆞ식인 줄을 알고 ᄆᆞ음에 가긍이155 보아 기ᄅᆞ랴 ᄒᆞ야 유모를 구ᄒᆞ니 그 ᄋᆞ히 누의가 갓가이 와 ᄀᆞᆯ ᄋᆞᄃᆡ 이스라엘 녀인 즁에 가히 기ᄅᆞᆯ 유모를 불너 맛김이 됴흘 ᄃᆞᆺ다 ᄒᆞ니 님금의 ᄯᆞᆯ이 허락ᄒᆞᄂᆞᆫ지라 이 녀인은 곳 모이스의 모친이니 이에 집에서 잘 기ᄅᆞ니라

이 ᄋᆞ히 졈졈 ᄌᆞ라매 다시 님금의 ᄯᆞᆯ의게로 보내니 [54a] 공쥬ㅣ 밧아보매 이 ᄋᆞ히 지혜가 춍명ᄒᆞ고 ᄌᆡ조가 민쳡ᄒᆞ거ᄂᆞᆯ 심히 깃거ᄒᆞ야 아ᄃᆞᆯ을 삼고 일홈을 모이스ㅣ라 ᄒᆞ니 번역ᄒᆞ야 닐ᄋᆞ면 물에서 건져 구ᄒᆞ야 낸 쟈ㅣ라 말이니라

문: 요셉이 죽은 후에 이스라엘 사ᄅᆞᆷ들이 해를 밧지 아니ᄒᆞ엿ᄂᆞ냐

답: 에집도국 사ᄅᆞᆷ의게 일뎡 무수ᄒᆞᆫ 고로옴과 해를 밧으니라

문: 무슴 고로옴과 해를 밧앗ᄂᆞ냐

답: 악왕이 명ᄒᆞ야 혹 기와도 구이고 혹 셩도 쌋코 집도 짓게 ᄒᆞ며 [54b] 먹ᄂᆞᆫ 량식은 박ᄒᆞ게 주고 식이ᄂᆞᆫ 역ᄉᆞᄂᆞᆫ 심히 고롭게 ᄒᆞ더라

문: 악왕이 무슴 연고로 이ᄀᆞᆺ치 고롭게 ᄒᆞ엿ᄂᆞ뇨

답: 뎌 무리들이 수가 만ᄒᆞ매 모반ᄒᆞ야 나라흘 ᄲᅢ아실가 넘녀흠이니라

문: 학왕156이 무슴 분부를 내엿ᄂᆞ뇨

답: 뎌들이 만일 아ᄃᆞᆯ을 나흐면 즉시 강에 더져 죽이라 ᄒᆞ니라

---

155 가긍(可矜)히: 憐.
156 학왕: 虐王.

서서 지키게 하고, 밤이면 다시 집으로 안아 오게 하더니, 하루는 우연히 임금의 딸이 그 물가에 다[53b]니면 놀다가 문득 한 상자를 만나 시비를 분부하여 열어보니, 한 당당한 어린아이 그 속에 있는지라. 묻지 아니하나 이스라엘 자식인 줄을 알고 마음에 가긍(可矜)히 보아 기르려 하여 유모를 구하니, 그 아이 누이가 가까이 와 가로되, "이스라엘 여인 중에 가히 기를 유모를 불러 맡김이 좋을 듯하다." 하니, 임금의 딸이 허락하는지라. 이 여인은 곧 모세의 모친이니, 이에 집에서 잘 기르니라.

이 아이 점점 자라매 다시 임금의 딸에게로 보내니, [54a] 공주가 받아보매 이 아이 지혜가 총명하고, 재주가 민첩하거늘 심히 기뻐하여 아들을 삼고, 이름을 모세라 하니, 번역하여 이르면 '물에서 건져 구하여 낸 자'라는 말이니라.

문: 요셉이 죽은 후에 이스라엘 사람들이 해를 받지 아니하였습니까?

답: 이집트 나라 사람에게 일정 무수한 괴로움과 해를 받았습니다.

문: 무슨 괴로움과 해를 받았습니까?

답: 악한 왕이 명하여 혹 기와도 굽고, 혹 성도 쌓고, 집도 짓게 하며 [54b] 또는 양식은 박하게 주고 시키는 역사는 심히 괴롭게 하였습니다.

문: 악왕(惡王)이 무슨 연고로 이같이 괴롭게 하였습니까?

답: 저 무리들이 수가 많으매 모반하여 나라를 빼앗을까 염려함입니다.

문: 학왕(虐王)이 무슨 분부를 내렸습니까?

답: 저들이 만일 아들을 낳으면 즉시 강에 던져 죽이라 하였습니다.

문: 모세는 누구입니까?

답: 레위 자손이니, 물에서 구하여 낸 자입니다.

[55a] 문: 누가 물에서 모세를 구하여 냈습니까?

답: 임금의 딸이니, 이 아이를 거두어 길러 아들을 삼았습니다.

문: 천주께서 무엇을 위하여 모세를 구하여 냈습니까?

문: <u>모이스</u>는 이 뉘뇨

답: <u>레위</u>의 ᄌ손이니 물노 조차 구ᄒ야 낸 쟈ㅣ니라

[55a] 문: 뉘가 물에셔 <u>모이스</u>를 구ᄒ야 내엿ᄂ뇨

답: 님금의 ᄯ리니 이 ᄋ히를 거두어 길너 아ᄃᆯ을 삼으니라

문: 텬쥬ㅣ 무어슬 위ᄒ야 <u>모이스</u>를 구ᄒ야 내엿ᄂ뇨

답: 뎌로 ᄒ여곰 이스라엘 빅셩을 구ᄒ야 내고져 ᄒ심이니라

답: 저로 하여금, 이스라엘 백성을 구하여 내고자 하심입니다.

뎨이십륙쟝은 모이스ㅣ 열 가지 셩젹[157]을 련ᄒᆞ야 힝흄을 의론흄이라[158]
조셩 후 이쳔오ᄇᆞᆨ십삼 년이오 강셩 젼 일쳔ᄉᆞᄇᆞᆨ팔십칠 년이니 ᄶᆡ는 샹나라
옥갑[159] 뎨ᄉᆞ년이라

[55b] 모이스의 사ᄅᆞᆷ됨이 인ᄌᆞᄒᆞ고 ᄂᆞᆷ의 어려옴을 불샹이 넉여 비록 궁궐
에 잇ᄉᆞ나 흥샹 부ᄒᆞ고 귀흄을 ᄀᆞ부야이 알고 가난ᄒᆞ고 쳔흄을 둘게 넉여 은
근이 몸을 닥고 열심으로 쥬를 ᄉᆞ랑ᄒᆞ고 공경ᄒᆞ니 쥬끠 특별ᄒᆞᆫ 은혜를 만히
밧ᄂᆞᆫ지라 ᄎᆞᄎᆞ ᄌᆞ라 쟝셩ᄒᆞ매 지조의 일홈과 학문의 지식이 날노 놉더라 일죽
ᄀᆞ만이 이스라엘 디경에 가 그 ᄇᆡᆨ셩을 위로ᄒᆞ니 왕이 그 일을 알고 금ᄒᆞ야 잡
으랴 ᄒᆞ거늘 모이스ㅣ 스스로 ᄭᅵᆮ고 외국으로 피ᄒᆞ야 후[56a]에 마듸안의 ᄯᆞᆯ
의게 쟝가들어 두 아들을 나ᄒᆞ니라

이때 이스라엘 사ᄅᆞᆷ들이 더옥 학왕의 해를 밧ᄂᆞᆫ지라 텬쥬ㅣ 뎌들을 불샹
이 넉여 쟝ᄎᆞᆺ 구ᄒᆞ고져 ᄒᆞ시더니 ᄒᆞ로는 모이스ㅣ 쟝인의 양을 치다가 멀니 ᄒᆞᆫ
산ᄭᅩᆨ댁이 덤불을 ᄇᆞ라보니 불빗치 크게 니러나 ᄐᆞ지 아니ᄒᆞ거늘 ᄆᆞᄋᆞᆷ에 놀나
갓가이 가 보니 덤불 속에셔 소릐 잇서 ᄀᆞᆯᄋᆞ듸 너ㅣ 신을 벗고 오너라 모이
스ㅣ 발을 벗고 몸을 굽혀 업듸여 드러가니 쥬ㅣ 명ᄒᆞ시듸 에집도에 가셔 네
형[56b] 아아론과 ᄒᆞᆫ가지로 님금의게 쳥ᄒᆞ듸 이스라엘 ᄇᆡᆨ셩을 노하 ᄒᆞ여곰 광
야에 가셔 텬쥬끠 졔를 드리겟노라 ᄒᆞ라 ᄒᆞ시니 모이스ㅣ 그 형과 ᄒᆞᆫ가지로 죠
뎡에 드러가 쥬의 명ᄒᆞ신 말ᄉᆞᆷ을 젼ᄒᆞ나 왕이 듯지 아니ᄒᆞ더라

이때 텬쥬ㅣ 특별ᄒᆞ신 은혜로 모이스를 명ᄒᆞ야 ᄀᆞᆯᄋᆞ샤듸 이 집힝이를 가
지고 큰 능을 임의로 부리라 ᄒᆞ시니 모이스ㅣ 이에 님금의 압희셔 열 가지 셩
젹을 힝흘 시 ᄒᆞ나흔 집힝이로 물을 치매 강하 모든 물이 다 즉시 변ᄒᆞ[57a]야
피가 되고 둘흔 머구리[160] ᄯᆡ가 일졔히 니러나 온 나라 집에 드러와 견딜 길이

---

157 셩젹: 聖迹, 거룩한 이적.
158 출 2:11-출 11장.
159 옥갑(沃甲): 상나라의 제15대 왕.
160 머구리: 蝦蟆(하마, 청개구리), '개구리'의 방언(함경).

제26장은 모세가 열 가지 성적(聖迹)을 연속해서 행함을 의론함이라.
조성 후 2513년이요, 강생 전 1487년이니, 때는 상(商)나라 옥갑(沃甲)
제4년이라.

　　[55b] 모세의 사람됨이 인자하고, 남의 어려움을 불쌍히 여겨 비록 궁궐
에 있으나 항상 부하고 귀함을 가벼이 알고, 가난하고 천함을 달게 여겨 은
근히 몸을 닦고, 열심히 주를 사랑하고 공경하니, 주께 특별한 은혜를 많이
받는지라. 차차 자라 장성하매 재주의 이름과 학문의 지식이 날로 높더라.
일찍 가만히 이스라엘 지경에 가 백성을 위로하니, 왕이 그 일을 알고 금하
여 잡으라 하거늘, 모세가 스스로 깨닫고 외국으로 피하여 후[56a]에 미디안
의 딸에게 장가들어 두 아들을 낳으니라.
　　이때 이스라엘 사람들이 더욱 학왕의 해를 받는지라. 천주께서 저들을
불쌍히 여겨 장차 구하고자 하시더니, 하루는 모세가 장인의 양을 치다가 멀
리 한 산꼭대기 덤불을 바라보니, 불빛이 크게 일어나 타지 아니하거늘, 마
음에 놀라 가까이 가 보니 덤불 속에서 소리 있어 가로되, "너는 신을 벗고
오너라." 모세가 발을 벗고 몸을 굽혀 엎드려 들어가니, 주께서 명하시되,
"이집트에 가서 네 형[56b] 아론과 한가지로 임금에게 청하되, '이스라엘 백
성을 놓아 하여금 광야에 가서 천주께 제를 드리겠노라' 하라." 하시니, 모세
가 그 형과 한가지로 조정(朝庭)에 들어가 주의 명하신 말씀을 전하나 왕이
듣지 아니하더라.
　　이때 천주께서 특별하신 은혜로 모세를 명하여 가라사대, "이 지팡이를
가지고 큰 능을 임의로 부리라." 하시니, 모세가 이에 임금 앞에서 열 가지 성
적을 행할 새, 하나는 지팡이로 물을 치매 강하(江河) 모든 물이 다 즉시 변
하[57a]여 피가 되고, 둘은 개구리 떼가 일제히 일어나 온 나라 집에 들어와
견딜 길이 없고, 셋은 지팡이로 땅을 치매 온 나라에 모기 떼가 일어나 견딜
길이 없고, 넷은 쉬파리 떼가 곳곳에 일어나 더럽고 들레어 견딜 길이 없고,

업고 세흔 집힝이로 따흘 치매 온 나라희 모긔[161]떼가 니러나 견딜 길이 업고 네흔 쉬파리[162] 떼가 곳곳이 니러나 더럽고 들네여[163] 견딜 길이 업고 다숫숀 각쳐 륙츅의 병이 대치흐야[164] 만히 죽고 여숫숀 온 나라 사룸이 창병과 죵긔로 견딜 길이 업고 닐곱은 큰 우박이 ᄂ려 심은 모든 거슬 ᄒ나토 먹지 못ᄒ고 여둛은 온 나라희 황츙이 니러나 오곡을 다 먹[57b]어 업시ᄒ고 아홉은 검은 안긔 공즁에 둘너 낫이 밤이 되여 뵈지 아니ᄒ고 열은 온 나라희 맛ᄌ식을 다 죽이니라 이때 모이스의 나히 팔십 셰러라

문: 에집도 나라히 이 열 가지 지난을 엇지ᄒ야 밧앗ᄂ냐
답: 텬쥬ㅣ 모이스로써 이 셩젹을 힝ᄒ야 당신 빅셩을 구ᄒ야 내게 ᄒ시니라
문: 이 긔이ᄒ 모든 셩젹은 무슴 일을 ᄀ르침이뇨
답: 이는 우리 사룸으로 ᄒ여곰 능히 텬쥬ㅣ 인ᄌ[58a]ᄒ샤 죄인의게 통회 기과홀 때롤 주심을 ᄉ랑케 코져 ᄒ심이오 또한 우리들노 ᄒ여곰 텬쥬ㅣ 거륵ᄒ신 의노롤 베프샤 악에 죰겨 곳치지 아니ᄒᄂ 무리롤 벌ᄒ심을 두려워ᄒ게 코져 ᄒ심이니라
문: 무슴 경계ᄒ신 뜻이 또 잇ᄂ냐
답: 우리 무리 맛당이 속속히 허물을 곳치고 가히 날을 밀외여 스스로 속이지 아니홈을 경계ᄒ심이니 텬쥬의 인ᄌᄒ심이 아모리 크실지라도 또한 공의 ᄒ심이 [58b] 지극히 엄ᄒ심을 뵈임이니라

---

161 모긔: 蚊虻(문맹, 모기와 등에), 모기. [개역개정] 이.
162 쉬파리: 蒼蠅(창승), 쉬파리.
163 들네여: 들레다(야단스럽게 떠들다).
164 대치(大熾)ᄒ다: 기세가 아주 성하다.

다섯은 각 처 육축의 병이 대치(大熾)하여 많이 죽고, 여섯은 온 나라 사람이 창병과 종기로 견딜 길이 없고, 일곱은 큰 우박이 내려 심은 모든 것을 하나도 먹지 못하고, 여덟은 온 나라에 황충(蝗蟲)이 일어나 오곡을 다 먹[57b]어 없이하고, 아홉은 검은 안개 공중에 둘러 낮이 밤이 되어 보이지 아니하고, 열은 온 나라에 맏자식을 다 죽이니라. 이때 모세 나이 팔십 세러라.

문: 이집트 나라가 이 열 가지 재난을 어찌하여 받았습니까?

답: 천주께서 모세로서 이 성적을 행하여 당신 백성을 구하여 내게 하심입니다.

문: 이 기이한 모든 성적은 무슨 일을 가르침입니까?

답: 이는 우리 사람으로 하여금 능히 천주께서 인자[58a]하사 죄인에게 통회(痛悔) 개과(改過)할 때를 주심을 사랑하게 하고자 하심이요, 또한 우리들로 하여금 천주께서 거룩하신 의노(義怒)를 베푸사 악에 잠겨 고치지 아니하는 무리를 벌하심을 두려워하게 하고자 하심입니다.

문: 무슨 경계하신 뜻이 또 있습니까?

답: 우리 무리 마땅히 속속히 허물을 고치고, 가히 날을 미루어 스스로 속이지 아니함을 경계하심이니, 천주의 인자하심이 아무리 크실지라도 또한 공의 하심이 [58b] 지극히 엄하심을 보임입니다.

뎨이십칠쟝은 바스과[165] 고양[166] 먹는 례롤 의론홈이라[167]

에집도 악왕이 이스라엘 빅셩을 노하 보내기로 여러 번 허락ᄒ고 여러 번 비약ᄒ야 고향에 도라가기롤 원치 아니ᄒᄂ지라 텬쥬ㅣ 모이스롤 명ᄒ샤 유더아 빅셩을 식여 힝장을 ᄎ리게 ᄒ고 집집이 고양을 죽여 그 피로 문 우희 바르고 각 사롬이 ᄯᅴ롤 ᄆ고 신을 들메고 집힝이롤 잡고 셔셔 고[59a]양의 구은 고기롤 밧비 먹고 남는 거슨 ᄲᅧ와 ᄒᆫ가지로 다 불에 ᄉᆞ오게 ᄒ시고 텬쥬ㅣ 또 당신 빅셩을 명ᄒ샤 에집도국 니웃집에 가셔 금과 은 보븨로온 물건을 빌게 ᄒ시고 그 져녁에 텬신을 보내샤 에집도국 님금과 빅셩과 밋 즘승의 맛ᄌᆞ식을 다 죽이ᄃᆡ 홀노 이스라엘 빅셩의 집은 양의 피로 바른 거슬 보고 텬신이 드러 가지 아니ᄒ야 바로 지나가매 털ᄭᅳᆺ도 샹홈이 업ᄂ지라 이거시 바스과 고양 먹ᄂ 례니 바스과는 번역ᄒ야 닐ᄋ면 지[59b]나가단 말이라

이날 밤에 부르지져 우는 소ᄅᆡ 하ᄂᆯ을 련ᄒ고 집집이 죽엄과 원망ᄒᄂ 소ᄅᆡ 거리거리 잇ᄉ니 왕이 이롤 보고 두렵고 놀나와 급히 모이스롤 불너 속속히 이스라엘 빅셩을 ᄃ리고 나라흘 ᄯ나 잠간도 지쳬ᄒ지 말나 ᄒ더라 이ᄯᅢ 유더아 빅셩의 부녀와 ᄋᆞ히ᄂ 혜지 아니ᄒ고 오직 장뎡만 륙십만 인이라 모이스ㅣ 거ᄂ리고 나아가더니 왕이 보낸 거슬 다시 뉘웃쳐 온 나라 군병을 모ᄒ야 친히 ᄃ리고 홍희라 ᄒᄂ 바다ᄭ지 밋[60a]쳐 왓ᄂ지라

이스라엘 빅셩이 가다가 뒤흘 도라보니 왕의 좃ᄂ 군ᄉᄂ 미구[168]에 당ᄒ게 되고 압희ᄂ 홍희롤 당ᄒ엿시니 놀납고 황망ᄒ야 엇지홀 길을 모로고 이에 텬쥬ᄭᅴ 구ᄒ야 주심을 근졀이 긔구ᄒ니 텬쥬ㅣ 모이스롤 명ᄒ샤 집힝이로 바다물을 치게 ᄒ시니 물이 홀연이 갈나지고 가온대 큰길 ᄒ나히 열니여 이스라

---

165 바스과: '유월절'을 의미하는 단어로, [1866]에는 '巴斯卦'(파사괘)로 기록, 히브리어 '페사흐'(פֶּסַח), 헬라어 '파스카'(πάσχα), 이탈리아어 '파스쿠아'(Pasqua), 프랑스어 '팍'(pâque)이다.
166 고양(羔羊): [1866]은 '羊羔'로 기록, 어린양의 전 용어다.
167 출애굽기 12장~출애굽기 14장.
168 미구(未久): 近.

제27장은 파스카 고양(羔羊) 먹는 예를 의론함이라.

이집트 악왕이 이스라엘 백성을 놓아 보내기로 여러 번 허락하고 여러 번 배약(背約)하여 고향에 돌아가기를 원치 아니하는지라. 천주께서 모세를 명하사 유대아 백성을 시켜 행장을 차리게 하고, 집집이 고양(羔羊)을 죽여 그 피로 문 위에 바르고, 각 사람 ˚ 띠를 매고 신을 들메고 지팡이를 잡고 서서 고[59a]양의 구운 고기를 바삐 먹고, 남은 것은 뼈와 한가지로 다 불에 사르게 하시고, 천주께서 또 당신 벅성을 명하사 이집트 나라 이웃집에 가서 금과 은, 보배로운 물건을 빌게 하시고, 그 저녁에 천사를 보내사 이집트 나라 임금과 백성과 및 짐승의 맏자식을 다 죽이되, 홀로 이스라엘 백성의 집은 양의 피로 바른 것을 보고 천사가 들어가지 아니하여 바로 지나가매 털끝도 상함이 없는지라. 이것이 파스카 고양 먹는 예니, 파스카는 번역하여 이르면 '지[59b]나가다'라는 말이라.

이날 밤에 부르짖어 우는 소리 하늘을 연하고 주검과 원망하는 소리 거리거리 있으니, 왕이 이를 보고 두렵고 놀라 급히 모세를 불러 속속히 이스라엘 백성을 데리고 나라를 떠나 잠깐도 지체하지 말라 하더라. 이때 유대아 백성의 부녀와 아이는 세지 아니하고, 오직 장정만 육십만 인이라. 모세가 거느리고 나아가더니, 왕이 보낸 것을 다시 뉘우쳐 온 나라 군병을 모아 친히 데리고 홍해(紅海)라 하는 바다까지 미[60a]쳐 왔는지라.

이스라엘 백성이 가다가 뒤를 돌아보니, 왕이 쫓는 군사는 미구(未久)에 당하게 되고 앞에는 홍해를 당하였으니, 놀랍고 황망하여 어찌할 길을 모르고, 이에 천주께 구하여 주심을 간절히 기구(祈求)하니, 천주께서 모세를 명하사 지팡이로 바닷물을 치게 하시니, 물이 홀연히 갈라지고 가운데 큰길이 하나가 열려 이스라엘로 하여금 급히 건너게 하니, 왕이 이 무리의 지나감을 보고 또한 바다를 보니 가운데 큰길이 분명한지라. 아무 의[60b]심이 없이 군사를 재촉하여 쫓아갈 새, 천주께서 다시 모세를 명하사 지팡이로 물을 다

엘노 ᄒᆞ여곰 급히 건너게 ᄒᆞ니 왕이 이 무리의 지나감을 보고 ᄯᅩ한 바다흘 보니 가온듸 큰길이 분명ᄒᆞᆫ지라 아모 의[60b]심이 업시 군ᄉᆞ를 지쵹ᄒᆞ야 쫏차 갈 ᄉᆡ 텬쥬ㅣ 다시 모이스를 명ᄒᆞ샤 집힝이로 물을 다시 치게 ᄒᆞ시매 바다히 합ᄒᆞ야 물결이 흉용ᄒᆞ니 에집도 쫏차오는 군ᄉᆞㅣ 다 잠기여 ᄒᆞ나토 살지 못ᄒᆞ고 이스라엘 ᄇᆡᆨ셩은 평안이 이 바다흘 건너 ᄒᆞ나토 샹ᄒᆞ지 아니ᄒᆞ엿시니 이는 텬쥬ㅣ 당신 ᄇᆡᆨ셩을 구ᄒᆞ고 호위ᄒᆞ심의 ᄀᆞ장 크고 긔이ᄒᆞᆫ 령젹을 드러내심이러라

문: 바스과는 이 무ᄉᆞᆷ 뜻이뇨

답: 번역ᄒᆞ야 말ᄒᆞ면 [61a] 지나가다 말이니 이날에 유더아 사ᄅᆞᆷ이 에집도국에셔 나아가 홍희를 건넛ᄂᆞ니라

문: 이 고양 먹는 례는 무ᄉᆞᆷ 뜻이뇨

답: 이는 고교¹⁶⁹ 례니 유더아 사ᄅᆞᆷ이 히마다 이 고양 먹는 례를 힝ᄒᆞ야 써 조샹이 에집도국에셔 나아옴을 긔억고져 홈이니라

문: 이 고양의 례는 무ᄉᆞᆷ 일을 모샹ᄒᆞᄂᆞ뇨

답: 이는 예수ㅣ 쟝ᄎᆞᆺ 당신 보븨로온 피로써 셰샹 사ᄅᆞᆷ을 마귀 손에셔 구ᄒᆞ야 내심을 표홈이니라

[61b] 문: 이 홍희는 어느 ᄯᅡ희 잇ᄂᆞ뇨

답: 에집도 디경에 갓가오니라¹⁷⁰

문: 유더아 사ᄅᆞᆷ의 지나가던 홍희는 지금도 가히 그곳을 ᄀᆞᄅᆞ쳐 아ᄂᆞ냐

답: 일뎡 지금도 붉이 ᄀᆞᄅᆞ쳐 아ᄂᆞ니라

---

169 고교: 古敎, 구약 교회.
170 에집도 디경에 갓가오니라: 臨近厄日多界, 連東洋接西洋. (이집트 경계(境界) 인근(鄰近)에 있습니다. 동쪽 바다와 잇닿고 서쪽 바다와 접해있습니다). [1883]에는 "連東洋接西洋"이 없다.

시 치게 하시매 바다가 합하여 물결이 흉용하니, 이집트 쫓아오는 군사가 다 잠기어 하나도 살지 못하고, 이스라엘 백성은 평안히 이 바다를 건너 하나도 상하지 아니하였으니, 이는 천주께서 당신 백성을 구하고 호위하심의 가장 크고 기이한 영적(靈跡)을 드러내심이러라.

문: 파스카는 무슨 뜻입니까?

답: 번역하여 말하면 [61a] '지나가다'라는 말이니, 이날에 유대아 사람이 이 집트 나라에서 나아가 홍해를 건넜습니다.

문: 이 고양(羔羊) 먹는 예는 무슨 뜻입니까?

답: 이는 고교(古敎) 예니, 유대아 사람이 해마다 이 고양 먹는 예를 행하여 이 로써 조상이 이집트 나라에서 나아옴을 기억하고자 함입니다.

문: 이 고양의 예는 무슨 일을 모상합니까?

답: 이는 예수께서 장차 당신 보버로운 피로써 세상 사람을 마귀 손에서 구하 여 내심을 표함입니다.

[61b] 문: 이 홍해는 어느 땅에 있습니까?

답: 이집트 지경에 가깝습니다.

문: 유대아 사람의 지나가던 홍해는 지금도 가히 그곳을 가르쳐 압니까?

답: 일정 지금도 밝히 가르쳐 압니다.

데이십팔쟝은 고셩[171] 요버롤 의론홈이라[172]

　　모이스 때 동방 외국에 흔 유명흔 사룸 요버ㅣ라 ᄒᆞᄂᆞᆫ 이 잇시니 이ᄂᆞᆫ 에사오의 후듸 ᄌᆞ손으로셔 샤마롤 셤기ᄂᆞᆫ 사룸 가온듸 잇시나 조물 진쥬롤 [62a] 밧드러 셤기니 아돌이 닐곱이오 ᄯᆞᆯ이 셋시라 집과 셰간이 부요ᄒᆞ더니 텬쥬ㅣ 요버로 ᄒᆞ여곰 훗 사룸의 거륵흔 표양이 되게 코져 ᄒᆞ샤 마귀의게 허락ᄒᆞ야 유감으로 시험케 ᄒᆞ시니 ᄒᆞ로 ᄉᆞ이에 흉흔 쇼식이 련면ᄒᆞ야 들니ᄂᆞᆫ지라 종이 니어와셔 울며 보ᄒᆞ듸 소 쳔 필과 나귀 오ᄇᆡᆨ 필과 양 칠쳔 마리와 략대 삼쳔 필과 ᄌᆞ녀 열 사룸이 혹 도적의게 일코 혹 하ᄂᆞᆯ에셔 불이 ᄂᆞ려 ᄐᆞ 죽고 혹 광풍이 니러나 집이 너머져 눌녀 죽ᄉᆞ와 ᄒᆞ나토 남은 거[62b]시 업다고 ᄒᆞ고 요버ᄂᆞᆫ 온몸에 창질이 미란[173]ᄒᆞ야 귀덕이 나고 농즙이 흘너 늬암ᄉᆡ와 앏흠이 견듸기 어려온지라

　　일죠에 지앙과 고로옴이 흔가지로 모혀 안과 밧긔 지극ᄒᆞ나 요버ㅣ 흔마듸 원망ᄒᆞᄂᆞᆫ 말이 업고 ᄆᆞᄋᆞᆷ이 태연ᄒᆞ야 젼과 다롬이 업고 다만 ᄯᅡ희 업듸여 쥬끠 졀ᄒᆞ야 ᄀᆞᄅᆞ듸 쥬의 종이 어미 ᄐᆡ에셔 젹신[174]으로 셰샹에 낫다가 지금 또 젹신으로 셰샹을 리별ᄒᆞ게 되오니 텬쥬끠셔 주셧다가 다시 텬쥬끠셔 거두심이라 도모지 쥬명[63a]대로 흔갈 ᄀᆞ치 안비ᄒᆞ시기만 ᄇᆞ라오며 오직 텬쥬의 거륵ᄒᆞ옵신 일홈이 영화롭고 복되심을 찬숑ᄒᆞ옵기가 지극흔 원이로소이다

　　그 안히 셩내여 ᄀᆞᄅᆞ듸 지금 이 디경이 되엿셔도 너ㅣ 오히려 쥬롤 찬숑ᄒᆞᄂᆞ냐 엇지ᄒᆞ야 진작 죽지 아니ᄒᆞᄂᆞ뇨 또흔 그 친흔 벗이 와셔 보고 ᄀᆞᄅᆞ듸 네가 필경 눔모로게 큰 악을 지엇기에 이 ᄀᆞᆺ흔 흉흔 벌을 당흔가 보다 ᄒᆞ고 ᄭᅮ지ᄌᆞ듸 요버ㅣ 조곰도 원망과 노여워ᄒᆞᄂᆞᆫ 말이 업고 오직 겸손흔 말노 듸답[63b]ᄒᆞ야 ᄀᆞᄅᆞ듸 텬쥬ㅣ 젼에ᄂᆞᆫ 나롤 복을 주샤 즐겁게 ᄒᆞ시더니 이제ᄂᆞᆫ 고

171　고셩: 古聖.
172　욥기.
173　미란(糜爛): 爛, 썩거나 헐어서 문드러지다.
174　젹신: 赤身, 벌거벗은 알몸뚱이.

제28장은 옛 성인(聖人) 욥을 의론함이라.

　모세 때 동방 외국에 한 유명한 사람 욥이라 하는 이 있으니, 이는 에서의 후대 자손으로서 사마(邪魔)를 섬기는 사람 가운데 있으나 조물(造物) 진주(眞主)를 [62a] 받들어 섬기니, 아들이 일곱이요, 딸이 셋이라. 집과 세간이 부요하더니, 천주께서 욥으로 하여금 훗 사람의 거룩한 표양이 되게 하고자 하사, 마귀에게 허락하여 유감으로 시험하게 하시니, 하루 사이에 흉한 소식이 연면(連綿)하여 들리는지라. 종이 이어 와서 보(報)하되, 소 천 필과 나귀 오백 필과 양 칠천 마리와 약대 삼천 필과 자녀 열 사람이 혹 도적에게 잃고, 혹 하늘에서 불이 내려 타 죽고, 혹 광풍이 일어나 집이 넘어져 눌려 죽어서 하나도 남은 것[62b]이 없다고 하고, 욥은 온몸에 창질(瘡疾)이 미란(糜爛)하여 구더기 나고 농즙(膿汁)이 흘러 냄새와 아픔이 견디기 어려운지라.

　일조(一朝)에 재앙과 괴로움이 한가지로 모여 안과 밖에 지극하나, 욥이 한마디 원망하는 말이 없고, 마음이 태연하여 전과 다름이 없고, 다만 땅에 엎드려 주께 절하여 가로되, "주의 종이 어미 태에서 적신(赤身)으로 세상에 났다가 지금 또 적신으로 세상을 이별하게 되오니, 천주께서 주셨다가 다시 천주께서 거두심이라. 도무지 주의 명[63a]대로 한결같이 안배하시기만 바라오며 오직 천주의 거룩하신 이름이 영화롭고 복되심을 찬송하기가 지극한 원이로소이다."

　그 아내 성내어 가로되, "지금 이 지경이 되었어도 너는 오히려 주를 찬송하느냐? 어찌하여 진작 죽지 아니하느냐?" 또한 친한 벗이 와서 보고 가로되, "네가 필경 남모르게 큰 악을 지었기에 이 같은 흉한 벌을 당한 것 같다." 하고 꾸짖으되, 욥이 조금도 원망과 노여워하는 말이 없고, 오직 겸손한 말로 대답[63b]하여 가로되, "천주께서 전에 나를 복 주사 즐겁게 하시더니, 이제는 괴로움을 내리시니, 어찌 차마 받지 아니하리오?"

　이에 중한 괴로움과 극진히 어려움이 열네 해 되도록 감심(甘心) 인내(忍

로옴을 누리우시니 엇지 츰아 밧지 아니ᄒ리오

이에 즁ᄒᆫ 고로옴과 극진이 어려옴이 열네 ᄒᆡ 되도록 감심 인내[175]ᄒᆞ야 ᄒᆞᆫ 번도 원망ᄒᆞᄂᆞ 말과 원망ᄒᆞᄂᆞ ᄆᆞ옴을 두지 아니ᄒᆞ엿시니 진짓 굿이 츰아 덕을 일운 대 셩인이러라 텬쥬ㅣ 그 후에 병을 낫게 ᄒᆞ시고 지물을 젼버다 비로 더 주시고 그 아들과 ᄯᆞᆯ을 젼과 ᄀᆞᆺ치 도로 주시고 다시 평안이 셰샹 영화ᄅᆞᆯ 여러 히 밧아 누리[64a]면셔 수뒤손ᄭᆞ지 보고 공이 ᄀᆞ득ᄒᆞ고 덕이 온젼ᄒᆞ매 거륵히 셰샹을 하직ᄒᆞ니 다시 흥ᄒᆞᆫ 후로 일ᄇᆡᆨ스십 년을 더 살앗ᄂᆞ니라

문: <u>요버</u>의 거륵ᄒᆞᆫ 덕을 무어ᄉᆞ로 법 밧을고
답: 그 굿이 츰ᄂᆞᆫ 표와 ᄯᅩ 셰샹 고로옴은 흥샹 범죄흠을 인ᄒᆞ야 누리ᄂᆞᆫ 벌이 아니라 혹 덕을 시험ᄒᆞ고 공을 셰우고져 ᄒᆞ시ᄂᆞᆫ 연고ᄅᆞᆯ 알게 코져 ᄒᆞ심이 니 <u>요버</u> 셩인의 이 ᄀᆞᆺ치 밧은 바 어려온 일을 보면 가히 알지니라
[64b] 문: 텬쥬ㅣ 셰샹에셔 고로옴을 둘게 밧ᄂᆞᆫ 사ᄅᆞᆷ을 샹으로 흥샹 갑흐시ᄂᆞ 냐
답: 일뎡 그러ᄒᆞ니 혹 지난과 통고ᄅᆞᆯ 젹이 감ᄒᆞ심도 잇고 혹 고로온 가온뒤라 도 ᄆᆞ옴의 위로홈을 ᄭᅵᆺ득게 ᄒᆞ시ᄂᆞ니라
문: 만일 셰샹 고로옴을 당ᄒᆞ면 맛당이 엇더케 홀고
답: 맛당이 이 셩인 <u>요버</u>ᄅᆞᆯ 본밧아 ᄀᆞᆯᄋᆞ뒤 텬쥬ㅣ 주셧다가 도로 거두시니 오 직 쥬의 ᄯᅳᆺ과 ᄀᆞᆺ치 ᄒᆞ옵고 텬쥬의 거륵ᄒᆞ신 일홈을 영화와 복으로 찬숑ᄒᆞ 여지이다 홀지니라

---

175 감심 인내: 甘心忍耐.

耐)하여, 한 번도 원망하는 말과 원망하는 마음을 두지 아니하였으니, 짐짓 굳이 참아 덕을 이룬 대 성인이라. 천주께서 그 후에 병을 낫게 하시고, 재물을 전보다 배로 더 주시고 그 아들과 딸을 전과 같이 도로 주시고, 다시 평안히 세상 영화를 여러 해 받아 누리[64a]면서 사대손까지 보고, 공이 가득하고 덕이 온전하매 거룩히 세상을 하직하니, 다시 흥한 후로 140년을 더 살았느니라.

문: 욥의 거룩한 덕을 무엇을 본받을 수 있습니까?

답: 그 굳이 참는 표와 또 세상 고로움은 항상 범죄함을 인하여 내리는 벌이 아니라, 혹 덕을 시험하고 공을 세우고자 하시는 연고를 알게 하고자 하심이니, 욥 성인의 이같이 받은 바 어려운 일을 보면 가히 알 수 있습니다.

[64b] 문: 천주께서 세상에서 괴로움을 달게 받는 사람을 상으로 항상 갚으십니까?

답: 일정 그러하니, 혹 재난과 통고(痛苦)를 적이 감하심도 있고, 혹 괴로운 가운데라도 마음의 위로함을 깨닫게 하십니다.

문: 만일 세상 괴로움을 당하며 마땅히 어떻게 해야 합니까?

답: 마땅히 이 성인 욥을 본받아 가로되, "천주께서 주셨다가 도로 거두시니, 오직 주의 뜻과 같이 하옵고, 천주의 거룩하신 이름을 영화와 복으로 찬송할지어다." 해야 합니다.

[65a] 뎨이십구쟝은 텬쥬ㅣ 십계 주심을 의론홈이라[176]
조셩 후 이쳔오빅십삼 년이오 강싱 젼 일쳔ᄉ빅팔십칠 년이라

이스라엘 빅셩이 에집도국으로 나올 때에 텬쥬의 특은[177]으로 흥샹 낫이면 구름 기동이오 밤이면 불기동이 나타나 공즁에 돌녀 압희 잇서 힝ᄒᄂ 대로 ᄯᅡ라 힝ᄒ고 긋치ᄂᄂ 대로 ᄯᅡ라 긋쳐 압길흘 인도ᄒ야 이에 시내산 압희 니ᄅᄂ니 쥬ㅣ 모이스ᄅᆯ 명ᄒ샤 산에 올나 ᄉ십일을 엄ᄌᆡ[178]ᄒ고 십계ᄅᆯ 밧게 ᄒ실 ᄉᆡ 빅셩들이 산 아래 잇서 산ᄭᅩᆨ닥이ᄅᆯ [65b] 우러러 ᄇᆞ라보니 구름이 덥히고 번개 번덕이며 우레 진동ᄒ니 그 위엄스럽고 무서옴을 당ᄒ기 어렵더라 모이스ㅣ 산에서 ᄂ려올 때 니마에 광치 멀니 쏘이고 손에 십계 두 판을 공슌이 밧들엇시니 이 십계ᄂ 텬쥬ㅣ 친히 삭이신 바ㅣ라

우편 판에ᄂ 샹 삼계ᄅᆯ 삭이고 좌편 판에ᄂ 하 칠계ᄅᆯ 삭엿시니 그 사ᄅᆷ들이 밧들어 직희기ᄅᆯ 원ᄒ더라 이에 텬쥬ㅣ 모이스ᄅᆯ 명ᄒ샤 귀ᄒᆫ 나무로써 안과 밧글 금으로 ᄭᅮ며 언약 미즌 궤ᄅᆯ ᄆᆞᄃᆞ라 십[66a]계 보셕 두 판과 긔이ᄒᆫ 맛나[179]와 밋 모이스의 집힝이ᄅᆯ[180] 그 안희 보비로이 너허 써 후셰 ᄌ손으로 ᄒ여곰 쥬은[181]을 감동ᄒ야 ᄉᆡᆼ각게 ᄒᄂ 빙거ㅣ 되게 ᄒ심이러라

이 맛나ᄂ 유더아 사ᄅᆷ들이 광야에서 머무ᄅᆯ 때에 하ᄂᆯ노 조차 ᄂ리ᄃᆡ 파공[182] 젼날 밤에ᄂ ᄂ리지 아니ᄒ고 그 외에ᄂ 밤마다 흥샹 ᄂ리ᄂ지라 그 빅셩들이 새벽에 일즉 니러나 거두어 먹으니 맛나 속에 ᄃᆞᆫ맛시 ᄀᆞ득ᄒ야 각 사ᄅᆷ의 먹고져 ᄒᄂ 맛슬 응ᄒ야 나더라 이러케 ᄉ십 년[66b]을 오래ᄒ야 가나안

---

176 출애굽기 16장-출애굽기 40장.
177 특은(特恩): 恩.
178 엄ᄌᆡ: 嚴齋, 금식. 엄격하게 정진하다.
179 맛나: 瑪納, 만나.
180 모이스의 집힝이: 성경에는 '아론의 지팡이'다(참고 출 16:33, 25:16; 민 17:10). '모세의 지팡이'와 '아론의 지팡이'에 대한 논의는 다음의 논문을 참고하라. 김홍일, 「루이 가브리엘 들라플라스의 『성교감략』연구 - 선교 전략을 중심으로 -」(안양대학교 박사학위논문, 2024), 185-187.
181 쥬은: 主恩, 주의 은혜.
182 파공: 罷工, 육체노동을 금함.

[65a] 제29장은 천주께서 십계(十誡) 주심을 의론함이라.

조성 후 2513년이요, 강생 전 1487년이라.

　이스라엘 백성이 이집트 나라에서 나올 때 천주의 특은(特恩)으로 항상 낮이면 구름 기둥이요, 밤이면 불기둥이 나타나 공중에 달려 앞에 있어 행하는 대로 따라 행하고, 그치는 대로 따라 그쳐 앞길을 인도하여 이에 시내산 앞에 이르니, 주께서 모세를 명하사 산에 올라 40일을 금식(禁食)하고, 십계를 받게 하실 새, 백성들이 산 아래 있어 산꼭대기를 [65b] 우러러 바라보니, 구름이 덮이고 번개 번쩍이며 우레 진동하니, 그 위엄스럽고 무서움을 당하기 어렵더라. 모세가 산에서 내려올 때 이마에 광채 멀리 쏘이고, 손에 십계 두 판을 공손히 받들었으니, 이 십계는 천주께서 친히 새기신 바라.

　우편 판에는 상(上) 삼계(三誡)를 새기고, 좌편 판에는 하(下) 칠계(七誡)를 새겼으니, 그 사람들이 받들어 지키기를 원하더라. 이에 천주께서 모세를 명하사 귀한 나무로써 안과 밖을 금으로 꾸며 언약 맺은 궤를 만들어 십 [66a]계 보석 두 판과 기이한 만나와 및 모세의 지팡이를 그 안에 보배롭게 넣어 이로써 후세 자손으로 하여금 주의 은혜를 감동하여, 생각하게 하는 빙거가 되게 하심이라.

　이 만나는 유대아 사람들이 광야에서 머무를 때에 하늘로부터 내리되, 파공(罷工) 전날 밤에는 내리지 아니하고, 그 외에는 밤마다 내리는지라. 그 백성들이 새벽이 일찍 일어나 거두어 먹으니, 만나 속에 단맛이 가득하여 각 사람의 먹고자 하는 맛을 응하여 나더라. 이렇게 40년[66b]을 오래하여 가나안 복지에 들어간 후에야 그치니, 이는 진실로 천주의 특별히 크고 기이한 은혜니라.

복디에 드러간 후에야 긋치니 이는 진실노 텬쥬의 특별이 크고 긔이흔 은혜니 라

문: 텬쥬ㅣ 어느 곳에셔 사룸의게 십계룰 주시뇨
답: 시내산에셔 주시니라
문: 이 산이 어느 따희 잇느냐
답: **아라비아**와 밋 **홍히** 서로 갓가온 곳이니라
문: 쥬ㅣ 십계룰 주실 때에 무슴 놀나온 령젹[183]이 잇섯느냐
답: 번개불이 번덕이고 우레가 진동ㅎ엿[67a]느니라
문: 무어슬 위ㅎ야 이러게 위엄을 베프셧느뇨
답: **유더아** 사룸들노 ㅎ여곰 제 눈으로 쥬의 위엄을 보고 므음에 무셔워ㅎ야 써 텬쥬의 주신 바 십계룰 공경ㅎ야 삼가 직희게 코져 ㅎ심이니라
문: 결약[184]의 궤는 이 무어시뇨
답: 귀흔 나무로 믄든 거시니 안과 밧글 금으로 꿈여 십계 셕판 둘과 맛나와 **모 이스**의 집힝이룰 금초아둔 궤니라
문: 맛나는 이 엇더흔 거시뇨
답: 이는 하눌노 조차 [67b] 밤마다 ᄂ려 **유더아** 사룸으로 ㅎ여곰 일용홀 량식 을 삼게 ㅎ시니 아룸다온 맛시 잇서 각 사룸의 먹고 시분대로 응ㅎᄂ니라
문: 맛나는 무어슬 표ㅎᄂ뇨
답: 셩톄[185]룰 표ㅎᄂ니라

---

183 령젹(靈蹟): 驚事(경사, 뜻밖에 매우 놀라운 일), 신령스러운 사적.
184 결약: 結約, 언약(言約).
185 셩톄: 聖體, 성체.

문: 천주께서 어느 곳에서 사람에게 십계를 주셨습니까?

답: 시내산에서 주셨습니다.

문: 이 산이 어느 땅에 있습니까?

답: 아라비아와 및 홍해 서로 가까운 곳입니다.

문: 주께서 십계를 주실 때에 무슨 놀라운 영적(靈蹟)이 있었습니까?

답: 번갯불이 번쩍이고, 우레가 진돈하였[67a]습니다.

문: 무엇을 위하여 이렇게 위엄을 베푸셨습니까?

답: 유대아 사람들로 하여금 제 눈으로 주의 위엄을 보고 마음에 무서워하여 이로써 천주의 주신 바 십계를 공경하여 삼가 지키게 하고자 하심입니다.

문: 결약(結約)의 궤는 무엇입니까?

답: 귀한 나무로 만든 것이니, 안과 밖을 금으로 꾸며 십계 석판 둘과 만나와 모세의 지팡이를 감춰둔 궤입니다.

문: 만나는 어떠한 것입니까?

답: 이는 하늘로부터 밤마다 내려 유대아 사람으로 하여금 일용할 양식을 삼게 하시니, 아름다운 맛이 있어 각 사람의 먹고 싶은 대로 응하였습니다.

문: 만나는 무엇을 표합니까?

답: 성체(聖體)를 표합니다.

뎨삼십쟝은 발나암 외교 술수롤 의론홈이라[186]
조성 후 이쳔오빅오십삼 년이오 강싱 젼 일쳔스빅스십칠 년이니 째는 샹나라
조뎡[187] 뎨 십구 년이라

유더아 사롬들이 광야에셔 수십 년을 머무롤 때[68a]에 텬쥬의 보호호시
는 격외[188]의 은혜는 일일이 다 긔록지 못홀너라 가나안 복디로 나아가기 젼에
모아빗 국왕의 일홈 발낙이라 호는 이 잇서 이스라엘 빅셩이 지나는 수십 나라
히 다 패호고 망홈을 듯고 두려옴을 이긔지 못호야 이에 본 나라의 요술호는
큰 션빅[189] 발나암을 불너 명호야 놉흔 언덕에 올나가 진언으로 꾸지져 뎌 이스
라엘 빅셩들을 물너가게 호라 호니 술수ㅣ 뒤답호디 님금의 명령이 뎌 빅셩을
진언호야 해호라 호시오나 [68b] 이 빅셩은 텬디 진쥬의 빅셩이오니 신이 비
록 술수ㅣ 오나 오직 텬쥬의 믁계호야 뵈시는 대로 뎌들을 찬양호던지 혹 꾸지
져 진언을 외오던지 홀 거시오 달니는 일뎡 못호겟느이다 호고 이에 왕으로
더브러 산꼭댱이에 올나가 세 곳에 졔뒤롤 비셜호고 세 번 졔스롤 올니니 세
번 다 쥬의 믁시롤 밧아 유더아 빅셩을 찬양호는지라

뎨일츠는 글오디 왕이 아모리 신으로 호여곰 이 빅셩을 방즈[190]호라 호오
나 이 빅셩들은 텬쥬의 빅셩이오 [69a] 그 수가 강변의 모릭와 곳호니 그 수롤
뉘가 가히 알아 혜아리올잇가 신은 감히 꾸짓지 못홀 뿐더러 오히려 내 령혼
이 뎌들과 흔가지로 가기가 원이라 호고 뎨이츠는 다른 산에 올나 다시 유더
아 빅셩을 찬양호야 글오디 텬쥬ㅣ 이 빅셩과 흔가지로 계시도다 이에 이 무
리롤 보우호샤 흥샹 승젼가롤 부르는도다 그 용밍이 실노 분낸 스즈와 곳호야
원슈의 도적을 다 삼켜 업시 호리라 호고 뎨삼츠는 놉흔 언덕에 올나 느려다

---

186 민수기 22장~민수기 24장.
187 조정(祖丁): 상나라의 제16대 왕.
188 격외: 格外.
189 션빅: 士, 선비.
190 방즈(放恣): 呪詈(주리, 저주하고 욕함), 무례(無禮)하고 건방짐.

제30장은 발람 외교(外敎) 술사(術士)를 의론함이라.

조성 후 2553년이요, 강생 전 1447년이니, 때는 상(商)나라

조정(祖丁) 제19년이라.

    유대아 사람들이 광야에서 40년을 머물 때[68a]에 천주의 보호하시는 격외(格外)의 은혜는 일일이 다 기록하지 못하리라. 가나안 복지로 나아가기 전에 모압 국왕의 이름 발락이라 하는 이 있어, 이스라엘 백성이 지나는 수십 나라가 다 패하고 망함을 듣고, 두려움을 이기지 못하여 이에 본 나라의 요술하는 큰 선비 발람을 불러 명하여, "높은 언덕에 올라가 진언으로 꾸짖어 저 이스라엘 백성들을 물러가게 하라." 하니, 술사가 대답하되, "임금의 명령이 저 백성을 진언하여 해하라 하시오나, [68b] 이 백성은 천지 진주의 백성이오니 신이 비록 술사이오나, 오직 천주의 계시하여 보이시는 대로 저들을 찬양하던지 혹 꾸짖어 진언을 외우든지 할 것이요, 달리는 일정 못하겠나이다." 하고, 이에 왕으로 더불어 산꼭대기에 올라가 세 곳에 제대를 배설하고 세 번 제사를 올리니, 세 번 다 주의 계시를 받아 유대아 백성을 찬양하는지라.

    제1차는 가로되, "왕이 아무리 신으로 하여금 이 백성을 방자(放恣)하라 하오나 이 백성들은 천주의 백성이요, [69a] 그 수가 강변의 모래와 같으니, 그 수를 누가 가히 알아 셀 수 있겠습니까? 신은 감히 꾸짖지 못할뿐더러 오히려 내 영혼이 저들과 한가지로 가기가 원이라." 하고, 제2차는 다른 산에 올라 다시 유대아 백성을 찬양하여 가로되, "천주께서 이 백성과 한가지로 계시도다. 이에 이 무리를 보우(保佑)하사 항상 승전가를 부르는도다. 그 용맹이 실로 분낸 사자와 같아 원수의 도적을 다 삼켜 없이 하리라." 하고, 제3차는 높은 언덕에 올라 내려다보며 찬[69b]양하여 가로되, "이스라엘 장막과 진 친 성이여 어찌 이렇게 빛나는가, 짐짓 하수(河水) 가에 솟아 있는 동산과 같고, 주께서 친히 세우신 장막과 같고, 물가에 선 큰 나무와 같다. 장차 큰

보며 찬[69b]양ᄒ야 ᄀᆞᆯᄋᄃᆡ 이스라엘의 쟝막과 진 친 셩이여 엇지 이러케 빗
나ᄂ고 진짓 하슈 가에 소사 잇ᄂ 동산과 ᄀᆞᆺ고 쥬ㅣ 친히 셰우신 쟝막과 ᄀᆞᆺ고
물가에 션 큰 나무와 ᄀᆞᆺ도다 쟝ᄎ 큰 별이 <u>야곱</u>의 ᄌᆞ손 즁으로셔 조ᄎ 나 이에
나라 권셰가 이스라엘의게로 말미암아 ᄡᅥ <u>모아빗</u> 빅셩을 멸망ᄒ리라 ᄒ니

왕이 듯고 크게 분을 내여 ᄀᆞᆯᄋᄃᆡ 내가 너ᄅᆞᆯ 불너온 거ᄉᆞᆫ 이스라엘 빅셩
을 진언으로 ᄭᅮ지져 쫏차라 홈이여ᄂᆞᆯ 네가 도로혀[191] 두세 번을 찬양ᄒ야 [70a]
말ᄒᄂ냐 내가 너ᄅᆞᆯ 부를 ᄯᆡ에 너ᄅᆞᆯ 놉혀 샹을 주어 영화ᄅᆞᆯ 뵈자 ᄒ엿더니 엇
지 나ᄅᆞᆯ 이러케 속이ᄂ냐 이제 즉시 네 머리ᄅᆞᆯ 버히지 아니ᄒᄂ 거시 만분 다
ᄒᆡᆼᄒ니 속속히 ᄯᅥ나 멀니 도망ᄒ라 ᄒ더라 긔이ᄒ다 이 일이여 텬쥬ㅣ 이 외
교 슐ᄉᆞ의 ᄆᆞᄋᆞᆷ을 열어 ᄆᆞᆨ계ᄒ샤 ᄡᅥ 이스라엘 빅셩이 당신 빅셩인 줄을 찬숑
케 ᄒ고 아오로 압희 오ᄂ 일을 미리 말ᄒ게 ᄒ셧ᄂ니라

문: 발나암은 엇던 사ᄅᆞᆷ이뇨
답: 이ᄂ 외교 슐ᄉᆞㅣ [70b]니 <u>모아빗</u> 님금이 뎌로 ᄒ여곰 유<u>더아</u> 빅셩을 진언
　　으로 물니치라 ᄒ엿더니 도로혀 텬쥬의 ᄆᆞᆨ계ᄅᆞᆯ 밧아 두세 번 찬양ᄒ야 노
　　래ᄒ고 아오로 쟝ᄅᆡ 일을 미리 말ᄒ 사ᄅᆞᆷ이니라
문: 무ᄉᆞᆷ 일을 미리 말ᄒ엿ᄂ냐
답: 큰 별이 쟝ᄎ <u>야곱</u>의 ᄌᆞ손으로 조차 나 ᄡᅥ 보텬하ᄅᆞᆯ 읏듬으로 거ᄂᆞ리샤 만
　　민의 님금이 되리라 ᄒ니라
문: 말ᄒ 바 이 큰 별은 무ᄉᆞᆷ 별이뇨
답: 예수ㅣ 셩탄ᄒ실 ᄯᆡ에 쟝ᄎ 뵈일 바 이샹ᄒ 별이니라
[71a] 문: 이 읏듬으로 거ᄂᆞ리실 쟈ᄂ 뉘시뇨
답: 예수 그리스도ㅣ 시니라

191　도로혀: 反, 도리어.

별이 야곱의 자손 중에서 좇아 나, 이에 나라 권세가 이스라엘에서 말미암아 이로써 모압 백성을 멸망하리라." 하니라.

왕이 듣고 크게 분을 내어 가로되, "내가 너를 불러온 것은 이스라엘 백성을 진언으로 꾸짖어 좇으라 함이거늘, 네가 도리어 두세 번 찬양하여 [70a] 말하느냐? 내가 너를 부를 때에 너를 높여 상을 주어 영화를 보이자 하였더니, 어찌 나를 이렇게 속이느냐? 이제 즉시 네 머리를 베지 아니하는 것이 만분(萬分) 다행이니, 속속히 떠나 멀리 도망하라." 하더라. 기이하다 이 일이여 천주께서 이 외교(外敎) 술사의 마음을 열어 계시하사, 이로써 이스라엘 백성이 당신 백성인 줄을 친송하게 하고, 아울러 앞에 오는 일을 미리 말하게 하셨느니라.

문: 발람은 어떤 사람입니까?
답: 이는 외교 술사이[70ㅇ]니, 모압 임금이 저로 하여금 유대아 백성을 진언으로 물리치라 하였더니, 도리어 천주의 계시를 받아 두세 번 찬양하여 노래하고, 아울러 장래 일을 미리 말한 사람입니다.
문: 무슨 일을 미리 말하였습니까?
답: 큰 별이 장차 야곱의 자손으로 좇아 나, 이로써 보천하를 으뜸으로 거느리사 만민의 임금이 되리라 하였습니다.
문: 말한 바, 이 큰 별은 무슨 별입니까?
답: 예수께서 성탄(聖誕) 하실 때어 장차 보이실 바 이상한 별입니다.
[71a] 문: 이 으뜸으로 거느리실 자는 누구이십니까?
답: 예수 그리스도이십니다.

뎨삼십일쟝은 <u>모이스</u>ㅣ 셰샹을 부린 후에 <u>요슈에</u>가 위롤 뒤신홈을 의론홈이라¹⁹²
조셩 후 이쳔오빅오십삼 년이오 강셩 전 일쳔스빅스십칠 년이라

    <u>모이스</u>ㅣ 이스라엘 빅셩을 거느리고 스십 년 동안을 광야에 잇서 집힝이
롤 가지고 빅셩들을 보호ᄒ야 구ᄒ 셩젹은 능히 다 긔록지 못홀너라 대개 완
악ᄒ 빅셩들이 잇서 여러 번 쥬롤 ᄆᆞ옴에 원[71b]망ᄒ야 거스리고 아오로 <u>모
이스</u>롤 해코져 ᄒ니 텬쥬ㅣ 여러 번 뎌들을 드러난 령젹으로 벌ᄒ야 놀나게
ᄒ실 시 혹 하ᄂᆞᆯ노 불이 ᄂᆞ려 술오게 ᄒ시고 혹 ᄯᅡ히 터져 삼키게 ᄒ시고 혹
독ᄒ 비암으로써 너흐러¹⁹³ 죽게 ᄒ시고 혹 염병으로써 죽게 ᄒ셧시니 이러ᄒ
현벌¹⁹⁴이 죵죵ᄒ야 다 긔록지 못홀너라
    <u>가나안</u> 복디가 갓가오매 ᄒ로는 여러 무리 목이 무롭을 견듸지 못ᄒ야 부
르지져 원망ᄒ거ᄂᆞᆯ <u>모이스</u>ㅣ 뎌의 거동을 보고 노여옴을 품고 쥬명 [72a] 대로
집힝이롤 들어 돌을 치나 물이 오히려 나지 아니ᄒ니 이는 잠간 의심ᄒ 연
고ㅣ라 두 번 치매 물이 소사나니 이에 텬쥬ㅣ <u>모이스</u>드려 닐ᄋᆞ시ᄃᆡ 너ㅣ 내
말을 굿이 밋지 아냣시니 일노 인ᄒ야 네가 압희 잇는 복디롤 보고도 능히 드
러가지 못ᄒ리라 얼마 되지 못ᄒ야 <u>아아론</u>¹⁹⁵이 죽고 그 맛아들이 위롤 니은 후
에 또 <u>모이스</u>ㅣ 셰샹을 부리시매 텬쥬ㅣ 그 시톄롤 취ᄒ야 <u>시내산</u>에 장ᄉᆞᄒ시
니 사롬이 그곳을 아는 쟈ㅣ 업더라
    <u>요슈에</u> 위에 [72b] 잇실 때에 ᄯᅩᄒ 큰 셩젹을 만히 힝홀 시 곳 결약의 궤롤
메고 무리롤 거느리고 욜당¹⁹⁶ᄒᆞ롤 지나려 ᄒ니 물이 우와 아래로 갈녀져 긋쳐
흐르지 아니ᄒ고 가온대 ᄒ 큰길이 열녓거ᄂᆞᆯ 건너 <u>예리고</u>¹⁹⁷ 셩에 니ᄅᆞ니 셩이
험ᄒ고 굿어 실노 ᄭᅵ치기 어려온지라 이에 결약의 궤롤 메고 셩을 도라ᄃᆞ니다

---

192 출애굽기-여호수아.
193 너흐다: 嚙, 물다.
194 현벌(顯罰): 顯戮(현륙, 죄인을 죽여서 그 시체를 여러 사람에게 보이던 일).
195 아아론: 亞亞龍, 아론.
196 욜당: 若爾當, 요단.
197 예리고: 熱里戈, 여리고.

제31장은 모세 세상을 버린 후에 여호수아가 위(位)를 대신함을 의론함이라. 조성 후 2553년이요, 강생 전 1447년이라.

모세가 이스라엘 백성을 거느리고, 40년 동안 광야에 있어 지팡이를 가지고 백성들을 보호하여 구한 성적(聖蹟)은 능히 다 기록하지 못하리라. 대개 완악한 백성들이 있어, 여러 번 주를 마음에 원[71b]망하여 거스르고 아울러 모세를 해하고자 하니, 천주께서 여러 번 저들을 드러난 영적(靈蹟)으로 벌하여 놀라게 하실 서, 혹 하늘로 불이 내려 사르게 하시고, 혹 땅이 터져 삼키게 하시고, 혹 독한 뱀으로써 물어 죽게 하시고, 혹 염병으로써 죽게 하셨으니, 이러한 나타난 벌이 종종 있어 다 기록지 못하리라.

가나안 복지가 가까오매 하르는 여러 무리 목이 마름을 견디지 못하여 부르짖어 원망하거늘, 모세가 저의 거동을 보고 노여움을 품고 주의 [72a] 명대로 지팡이를 들어 돌을 치나 물이 오히려 나지 아니하니, 이는 잠깐 의심한 연고라. 두 번 치매 물이 솟아나니, 이에 천주께서 모세에게 이르시되 "네가 내 말을 굳이 믿지 아니하였으니, 이로 인하여 네가 앞에 있는 복지(福地)를 보고도 능히 들어가지 못하리라." 얼마 되지 못하여 아론이 죽고, 그 맏아들이 위를 이은 후에 또 모세가 세상을 버리시매, 천주께서 그 시체를 취하여 시내산에 장사하시니, 사람이 그곳을 아는 자가 없더라.

여호수아 위(位)에 [72b] 있을 때 또한 큰 성적을 많이 행할 새, 곧 언약의 궤를 메고 무리를 거느리고 요단강을 지나려 하니, 물이 위와 아래로 갈라져 그쳐 흐르지 아니하고, 가운데 한 큰길이 열렸거늘 건너 여리고 성에 이르니, 성이 험하고 굳어 실로 깨치기 어려운지라. 이에 언약의 궤를 메고 성을 돌아다니다가 제7일에 나발을 불 새, 성이 스스로 무너져 성 중 백성이 다 죽으니라. 그 후에 매양 적국을 대하매, 주께서 항상 보우하사, 우박을 내려 이로써 치시고, 혹 독[73a]한 벌을 보내어 이로써 쏘게 하시고, 혹 하늘에 태양을 머물러 적국을 다 죽일 동안을 기다리게 하시니, 무릇 서른한 나라가 데칠 일에 나발을 불 시 셩이 스스로 문허져 셩즁 빅셩이 다 죽으니라 그 후에 미양 뎍국을 듸ᄒᆞᆷ매 쥬ㅣ 흥샹 보우ᄒᆞ샤 혹 우박을 ᄂᆞ려 써 치시고 혹 독 [73a] ᄒᆞᆫ 벌을 보내여 써 쏘게 ᄒᆞ시고 혹 하ᄂᆞᆯ에 태양을 머물너 뎍국을 다 죽 일 동안을 기ᄃᆞ리게 ᄒᆞ시니 므릇 셜흔 ᄒᆞᆫ 나라 님금을 다 이긔여 항복 밧으니 라 이에 **가나안** 복디로 드러와 ᄯᆞᆯ 열두 디경에 ᄂᆞ화 이스라엘 열두 파 ᄌᆞ손 으로 ᄒᆞ여곰 각각 ᄂᆞ화 직희게 ᄒᆞ니 이ᄂᆞᆫ 텬쥬ㅣ 젼에 **아바람**의게 허락ᄒᆞ신 바 복디러라

문: 이스라엘 빅셩이 광야에 몃 히를 잇셧ᄂᆞ뇨
답: 스십 년을 잇셧ᄂᆞ니라
[73b] 문: 엇지ᄒᆞ야 이러케 오래 잇셧ᄂᆞ뇨
답: 거ᄂᆞ린 빅셩의 셩픔이 완악ᄒᆞ고 미혹ᄒᆞᆷ을 인ᄒᆞ야 여러 번 **모이스**를 해ᄒᆞ 려 ᄒᆞ고 ᄯᅩᄒᆞᆫ 쥬를 거스려 원망ᄒᆞᆫ 연고ㅣ니라
문: **모이스**ㅣ 가나안 복디에 드러갓ᄂᆞ냐
답: 젹이 ᄒᆞᆫ 번 쥬의 말ᄉᆞᆷ을 의심ᄒᆞᆫ 연고로 능히 드러가지 못ᄒᆞ고 광야에서 죽 으니라
문: 뉘 뎌의 위를 니엇ᄂᆞ뇨
답: **요슈**에니라
문: 뎌ㅣ ᄯᅩ 무슴 긔이ᄒᆞᆫ 일을 힝ᄒᆞ엿ᄂᆞ뇨
답: 크고 [74a] 만흔 셩젹을 힝ᄒᆞ야 써 **유더아** 빅셩을 거ᄂᆞ려 복디로 드러가게 ᄒᆞ엿ᄂᆞ니라
문: 엇더ᄒᆞᆫ 큰 셩젹을 힝ᄒᆞ엿ᄂᆞ뇨
답: 태양을 명ᄒᆞ야 도젹을 다 죽이기ᄭᆞ지 하ᄂᆞᆯ에 즁지ᄒᆞ야 잇게 ᄒᆞ고 **욜당** 깁 흔 물이 갈니여 ᄒᆞ여곰 길을 주어 건너게 ᄒᆞ고 **예리고**의 험ᄒᆞ고 단단ᄒᆞᆫ 이 ᄒᆞᆫ 번 호긔[198] 소리를 드르매 곳 스스로 문허진 여러 가지 령젹이니라

---

198 호긔: 號器, 나발, 나팔.

임금을 다 이겨 항복 받으니라. 이에 가나안 복지로 들어와 땅을 열두 지경으로 나누어 이스라엘 열두 파 자손으로 하여금 각각 나눠 지키게 하니, 이는 천주께서 전에 아브라함에게 허락하신 바 복지러라.

문: 이스라엘 백성이 광야에 몇 해 있었습니까?

답: 40년을 있었습니다.

[73b] 문: 어찌하여 이렇게 오래 있었습니까?

답: 거느린 백성의 성품이 완악하고, 미혹함을 인하여 여러 번 도세를 해하려 하고 또한 주를 거슬러 원망한 연고입니다.

문: 모세가 가나안 복지에 들어갔습니까?

답: 적이 한 번 주의 말씀을 의심한 연고로 능히 들어가지 못하고 광야에서 죽었습니다.

문: 누가 저의 위(位)를 이었습니까?

답: 여호수아입니다.

문: 저는 또 무슨 기이한 일을 행하였습니까?

답: 크고 [74a] 많은 성적을 행하여 이로써 유대아 백성을 거느려 복지로 들어가게 하였습니다.

문: 어떠한 큰 성적을 행하였습니까?

답: 태양을 명하여 도적을 다 죽이기까지 하늘에 중지하여 있게 하고, 요단 깊은 물이 갈리어, 하여금 길을 주어 건너게 하고 여리고의 험하고 단단한 성이 한 번 나팔 소리를 들으매, 곧 스스로 무너진 여러 가지 영적(靈蹟)입니다.

뎨삼십이쟝은 심관[199]이 총리[200]홈을 의론홈이[74b]라[201]

이스라엘 빅셩이 쥬명을 흥샹 거스림은 이젼 일에 가히 볼지라 **가나안** 복디에 드러오매 텬쥬ㅣ 명ㅎ샤 모든 뎍국을 다 쳐 멸ㅎ라 ㅎ시나 대개 **가나안**에 잇ᄂᆞᆫ 쟈ᄂᆞᆫ 감의 ᄌᆞ손이니 악ㅎ야 불량한 빅셩이로디 이스라엘 빅셩이 ᄆᆞ참내 쥬명을 온젼이 좃지 아니ㅎ야 그 구적[202]을 다 죽이지 아니ㅎ고 일분[203]을 살녀 두어 노복을 삼으니 이 사ᄅᆞᆷ들은 다 마샹[204]의게 졀ㅎ고 샤신을 셤기ᄂᆞᆫ 무리라 졈졈 [75a] 때가 오래매 이스라엘 사ᄅᆞᆷ이 그 악한 버릇시 무드러 닉고 또 셔로 혼인ㅎ야 ᄆᆞ참내 뎌들과 ᄒᆞᆫ가지로 샤마의게 졀ㅎ야 죄악이 졈졈 만하 용납ㅎ기 어려온지라 쥬ㅣ 노여ㅎ샤 벌을 즁히 ㅎ실 시 니웃나라 구적이 여러 번 와 침노ㅎ야 죽엄이 ᄀᆞ장 만흔지라

이때롤 당ㅎ매 **유더아** 빅셩이 쥬롤 비반ㅎ고 샤마롤 셤기ᄂᆞᆫ 죄로 벌을 밧ᄂᆞᆫ 줄을 ᄭᆡᄃᆞᆺ고 젼에 잘못한 일을 통회ㅎ야 쥬ᄭᅴ 용셔ㅎ심을 근졀이 긔구ㅎ니 텬쥬ㅣ 때에 큰 능을 가진 착[75b]한 사ᄅᆞᆷ을 보내샤 이스라엘 빅셩을 총령[205]ㅎ야 뎍국을 쳐 이긔여 젹이 평안ㅎ고 일이 업ᄉᆞ매 졈졈 다시 악을 힝ㅎ야 쥬롤 떠나니 쥬ㅣ 다시 벌을 ᄂᆞ리우시고 뎌들이 다시 ᄭᅵᄃᆞᄅᆞ 뉘웃ᄎᆞ매 또다시 구ㅎ여 주시니 이ᄀᆞ치 ㅎ기롤 **요슈에**로브터 **사뮈엘** 션지 셩인 때ᄭᅴ지 삼빅여 년이라 이거시 심관 총리ㅎᄂᆞᆫ 때라 닐ᄏᆞᄅᆞ니 므릇 크게 관계ㅎ야 힘쓸 일이 잇시면 반ᄃᆞ시 몬져 쥬ᄭᅴ 지시ㅎ심을 구한 연후에야 힝ㅎᄂᆞᆫ 고로 그때 만물 진쥬ㅣ [76a] 홀노 이스라엘을 쥬관ㅎ시ᄂᆞᆫ 님금이라 ㅎ니라

---

199 심관: 審官, [가톨릭 성경]은 '판관'(判官), [개역개정]은 '사사'(士師)로 번역한다.
200 총리: 總理, 전체를 모두 관리함.
201 사사기.
202 구적: 仇敵, 원한이 맺힐 정도로 자기에게 해를 끼친 사람이나 집단, 원수.
203 일분: 一分, 일부.
204 마상(魔像): 邪魔(사마).
205 총령: 總領.

제32장은 심관(審官)이 총리(總理)함을 의론함이[74b]라.

　　이스라엘 백성이 주의 명을 항상 거스름은 이전 일에 가히 볼지라. 가나안 복지에 들어오매 천주께서 명하사 '모든 적국을 다 쳐 멸하라' 하시나, 대개 가나안에 있는 자는 함의 자손이니, 악하여 불량한 백성이로되 이스라엘 백성이 마침내 온전히 쫓지 아니하여, 그 원수를 다 죽이지 아니하고, 일부를 살려두어 노복(奴僕)으로 삼으니, 이 사람들은 다 마귀의 상에 절하고 사신(邪神)을 섬기는 무리라. 점점 [75a] 때가 오래되매 이스라엘 사람이 그 악한 버릇에 물들어 익고, 또 서로 혼인하여 마침내 저들과 한가지로 사마(邪魔)에게 절하여 죄악이 점점 많아 용납하기 어려운지라. 주께서 노여워하사 벌을 중히 하실 새, 이웃 나라 원수가 여러 번 와서 침노(侵擄)하여 주검이 가장 많은지라.

　　이때를 당하매 유대아 백성이 주를 배반하고 사마를 섬기는 죄로 벌을 받는 줄을 깨닫고 전에 잘못한 일을 통회하여, 주께 용서하심을 간절히 기구하니 천주께서 때에 큰 능을 가진 착[75b]한 사람을 보내사 이스라엘 백성을 총령(總領)하여 적국을 쳐 이기어 적이 평안하고 일이 없으매 점점 다시 악을 행하여 주를 떠나니, 주께서 다시 벌을 내리시고, 저들이 다시 깨달아 뉘우치매 또다시 구하여 주시니, 이같이 하기를 여호수아부터 사무엘 선지 성인 때까지 300여 년이라. 이것이 심관 총리하는 때라 일컬으니, 무릇 크게 관계하여 힘쓸 일이 있으며, 반드시 먼저 주께 지시하심을 구한 연후에야 행하는 고로, 그때 만물 진주(眞主)께서 [76a] 홀로 이스라엘을 주관하시는 임금이라 하니라.

문: 총리ᄒᆞᄂᆞ 관원은 엇던 사ᄅᆞᆷ이뇨

답: 이ᄂᆞᆫ 텬쥬의 ᄲᅡ신 바 크게 능ᄒᆞ고 어진쟈ㅣ니 ᄡᅥ 이스라엘 빅셩의 일을 다
    ᄉᆞ리ᄂᆞ 관원이니라

문: 이런 사ᄅᆞᆷ들이 몃치나 되ᄂᆞ뇨

답: 열넷시니라

문: 이 무리 즁에 유명ᄒᆞ게 드러난 쟈ㅣ 몃치뇨

답: 삼손과 밋 사뮈엘 션지 셩인이니라

문: 총리하는 관원은 어떤 사람입니까?

답: 이는 천주의 선택하신 바 크게 능하고 어진 자이니, 이로써 이스라엘 백성을 다스리는 관원입니다.

문: 이런 사람들이 몇이나 됩니까?

답: 열넷입니다.

문: 이 무리 중에 유명하게 드러난 자는 몇입니까?

답: 삼손과 및 사무엘 선지 성인입니다.

데삼십삼쟝은 사월이 님금됨을 의론홈이라[206]
조성 후 이쳔구빅구 년이오 강싱 뎐 일쳔구십일 년이니 째눈 쥬나라
셩왕[207] 데[76b]이십오 년이라

사뮈엘 션지 셩인이 총리홀 때에눈 나라히 평안ㅎ더니 추추 나히 늙고 그 아돌이 불쵸[208]ㅎ야 능히 아비 소임을 닛지 못ㅎ눈지라 유더아 사름이 니웃 나라흘 본밧아 한 님금을 셰워 써 되신ㅎ야 나라흘 다스리게 코져 ㅎ니 텬쥬ㅣ 사뮈엘의게 믁시ㅎ샤 빅셩의 원을 좃차 벤사민 즈손 즁에 사월이라 ㅎ눈 이롤 빠 그 머리에 기롬을 발나 님금을 삼으라 ㅎ시니 사월은 텬쥬ㅣ 친히 뎡ㅎ신 사롬[77a]이라 처음에 나라흘 잘 다스려 텬쥬의 널니 도으심을 닙은 고로 스방을 치매 이긔지 못ㅎ눈 나라히 업더니 후에 졈졈 게어르고 교만ㅎ야 쥬의 명ㅎ시눈 바롤 경만이 보니 쥬ㅣ 노여ㅎ야 부리샤 그 뒤에 위 니을 쟐 끈ㅎ시고 사뮈엘의게 명ㅎ샤 유다 즈손 즁에 다위롤 빠샤 그 머리에 기롬을 붓쳐 쟝찻 사월의 위롤 니을 님금으로 뎡ㅎ시니라

이때 다위눈 졍셩으로 쥬롤 공경ㅎ고 긔운과 도량이 널너 미양 해롭게 ㅎ눈 쟈롤 보복홀 경영[77b]을 아니ㅎ고 나라흘 위ㅎ야 구젹을 죽여 긔이한 공을 만히 셰우니 그 가온대 더욱 드러나게 묘한 일은 다만 팔미 치와 돌과 집힝이로 뎍국의 유명한 쟝슈 골니앗이라 ㅎ눈 이롤 죽이니 군수와 빅셩은 다 졀ㅎ야 칭양ㅎ되 오직 님금이 투긔ㅎ눈 ᄆᆞ음을 품어 여러 번 죽이고져 ㅎ거눌 다위 욕을 춤고 산 즁으로 피ㅎ니 왕이 군수롤 거느리고 와 춪더니 ㅎ로눈 다위 친한 벗과 한가지로 숨어 잇눈 굴속에 왕이 단신으로 우연이 드러오거눌 그 [78a] 벗이 다위ᄃᆞ려 왕을 죽이고 위롤 ᄲᅢ앗기롤 권한되 되답ㅎ야 글ᄋᆞ되 뎌눈 이 우리 님금이오 또 텬쥬ㅣ 친히 간션[209]ㅎ신 쟈ㅣ라 나ㅣ 엇지 감히 뎌

---

206 삼상 1쟝-삼하 2쟝.
207 셩왕: 成王, 주나라의 제2대 왕.
208 불쵸: 不肖. 아버지를 닮지 않았다.
209 간션(揀選): 揀.

제33장은 사울이 임금 됨을 의론함이라.

조성 후 2909년이요, 강생 전 1091년이니, 주(周)나라
성왕(成王) 제[76b]25년이라.

　　사무엘 선지 성인이 총리할 때에는 나라가 평안하더니, 차차 나이 늙고
그 아들이 불초(不肖)하여 능히 아비 소임을 잇지 못하는지라. 유대아 사람
이 이웃 나라를 본받아 한 임금을 세워 이로써 대신하여 나라를 다스리게 하
고자 하니, 천주께서 사무엘에게 계시하사, '백성의 원을 좇아 베냐민 자손
중에 사울이라 하는 이를 선택해 그 머리에 기름을 발라 임금을 삼으라.' 하
시니, 사울은 천주께서 친히 정하신 사람[77a]이라. 처음에 나라를 잘 다스
려 천주의 널리 도우심을 입은 고로 사방을 치매 이기지 못하는 나라가 없더
니, 후에 점점 게으르고 교만하여 주의 명하시는 바를 경만히 보니, 주께서
노여워하여 버리사 그 뒤에 위(位) 이을 자를 끊으시고 사무엘에게 명하사,
유다 자손 중에 다윗을 선택하사, 그 머리에 기름을 부어 장차 사울의 위를
이을 임금으로 정하시니라.

　　이때 다윗은 정성으로 주를 공경하고 기운과 도량이 넓어 매양 해롭게
하는 자를 보복할 경영[77b]을 아니하고, 나라를 위하여 원수를 죽여 기이한
공을 많이 세우니, 그 가운데 더욱 드러나게 묘한 일은 다만 팔매 채와 돌과
지팡이로 적국의 유명한 장수 골리앗이라 하는 이를 죽이니, 군사와 백성은
다 절하여 칭양(稱揚)하되, 오직 임금이 투기하는 마음을 품어 여러 번 죽이
고자 하거늘 다윗 욕을 참고 산 중으로 피하니, 왕이 군사를 거느리고 와 찾
더니, 하루는 다윗 친한 벗과 한가지로 숨어 있는 굴속에 왕이 단신으로 우
연히 들어오거늘, 그 [78a] 벗이 다윗에게 왕을 죽이고 위를 빼앗기를 권하
니, 대답하여 가로되, "저는 우리 임금이요 또 천주께서 친히 간선(揀選)하신
자이라. 내가 어찌 감히 저를 죽여 보복할 마음을 두리요, 내가 차라리 괴로
움과 욕을 받을지언정 오직 주의 안배하심을 좇아 행하리라." 하더라.

롤 죽여 보복홀 ᄆᆞ음을 두리오 내가 ᄎᆞᆯ하리 고로옴과 욕은 밧을지언뎡 오직
쥬의 안비ᄒᆞ심을 조차 힝ᄒᆞ리라 ᄒᆞ더라

　이후에 왕이 니웃 디경에 싸홈을 ᄒᆞ려 갓더니 텬쥬ㅣ 도라보지 아니ᄒᆞ시
매 왕의 부ᄌᆞㅣ ᄒᆞᆫ가지로 진즁에셔 죽은지라 다윗 듯고 통곡ᄒᆞ기를 마지아니
ᄒᆞ니 문무 관원과 모[78b]든 ᄇᆡᆨ셩들이 ᄒᆞᆫ가지로 와 다윗을 강권ᄒᆞ야 님금을
삼으니 이는 야곱 셩죠ㅣ ᄀᆞᆯ으ᄃᆡ 나라 권셰가 유다 집으로 도라가리라 미리 ᄒᆞ
신 말ᄉᆞᆷ을 이에 가히 징험홀너라

문: 뉘가 처음으로 유더아 님금이 되엿ᄂᆞ뇨
답: 사울이니라
문: 엇지ᄒᆞ야 나라 위를 일헛ᄂᆞ뇨
답: 쥬명을 ᄀᆞ부야이 본 연고ㅣ니라
문: 뎌ㅣ 엇더케 죽엇ᄂᆞ뇨
답: 싸호다가 패ᄒᆞ야 진 [79a] 압희셔 ᄌᆞ살ᄒᆞ니라
문: 뉘가 용밍ᄒᆞᆫ 쟝슈 골니앗슬 죽엿ᄂᆞ뇨
답: 다윗이니라
문: 뎌를 무슴 병긔로 죽엿ᄂᆞ뇨
답: 뷘 몸으로 다만 팔ᄆᆡ질ᄒᆞᄂᆞᆫ 돌노 죽이니라
문: 골니앗이 죽은 일은 우리 사ᄅᆞᆷ이 무슴 경계홀 바를 뵈임이뇨
답: 가히 알지라 긔운과 힘이 아모리 날낼지라도 감히 텬쥬ㅣ 도라보시ᄂᆞᆫ 사
　　ᄅᆞᆷ을 샹해오지 못홈을 뵈임이니라
[79b] 문: 사뮈엘이 사울과 다윗 머리에 기름을 바른 거슨 무슴 깁흔 뜻이 잇ᄂᆞ뇨
답: 쥬의 셩춍과 왕의 거륵ᄒᆞᆫ 덕을 표ᄒᆞᄂᆞᆫ 고로 므릇 후에 새로 님금 위에 오
　　ᄅᆞᄂᆞᆫ 이와 ᄉᆞ교[210]위에 오르ᄂᆞᆫ 이ᄂᆞᆫ 다 머리에 기름을 바르고 그리스도ㅣ라
　　닐ᄏᆞ르니 그리스도ᄂᆞᆫ 번역ᄒᆞ야 말ᄒᆞ면 기름 바름을 밧은 쟈ㅣ라 뜻이니라

210　ᄉᆞ교: 司教, 주교, 사제.

이후에 왕이 이웃 지경에 싸움을 하러 갔더니, 천주께서 돌아보지 아니하시매 왕의 부자(父子)가 한가지로 진중에서 죽은지라. 다윗이 듣고 통곡하기를 마지아니하니, 문무 관원과 모[78b]든 백성들이 한가지로 와 다윗을 강권하여 임금 삼으니, 이는 야곱 성조가 가로되, "나라 권세가 유다 집으로 돌아가리라." 미리 하신 말씀을 이에 가히 징험(徵驗)할너라.

문: 누가 처음으로 유대아 임금이 되었습니까?

답: 사울입니다.

문: 어찌하여 나라 위(位)를 잃었습니까?

답: 주의 명을 가볍게 본 연고입니다.

문: 저는 어떻게 죽었습니까?

답: 싸우다가 패하여 진 [79a] 앞에서 자살하였습니다.

문: 누가 용맹한 장수 골리앗을 죽였습니까?

답: 다윗입니다.

문: 저를 무슨 병기로 죽였습니까?

답: 빈 몸으로, 다만 팔매질하는 돌로 죽였습니다.

문: 골리앗이 죽은 일이 우리 사람이 무슨 경계할 바를 보입니까?

답: 가히 알지라, 기운과 힘이 아무리 날랠지라도 감히 천주께서 돌아보시는 사람을 상하지 못함을 보임입니다.

[79b] 문: 사무엘이 사울과 다윗 머리에 기름을 바른 것은 무슨 깊은 뜻이 있습니까?

답: 주의 성총(聖寵)과 왕의 거룩한 덕을 표하는 고로, 무릇 후에 새로 임금 위에 오르는 이와 사교(司敎) 위(位)에 오르는 이는 다 머리에 기름을 바르고 그리스도라 일컬으니, 그리스도는 번역하여 말하면 기름 바름을 받은 자라는 뜻입니다.

뎨삼십ᄉ쟝은 <u>다윋</u> 셩왕을 의론홈이라[211]

조셩 후 이쳔구뵉삼십ᄉ 년이오 강셩 젼 일쳔륙십륙 년이니 ᄹ때는 쥬나라

<u>강왕</u>[212] 뎨십삼 년이[80a]라

　　<u>다윋</u> 님금 위에 오ᄅ매 쥬를 ᄉ랑ᄒ고 션을 힝ᄒ야 슬긔와 용밍이 겸젼ᄒ
고[213] 또 어진 쟝슈가 만흐니 그 뎍국을 이긔여 항복 밧음을 다 긔록지 못ᄒᄂ
라 나라히 태평ᄒ고 뵉셩이 안연ᄒ야 ᄉ방에 일이 업더니 ᄒ로는 조심을 일허
간음죄 범홈을 인ᄒ야 공이 잇고 죄 업ᄂ 쟝슈를 죽인지라 쥬ㅣ <u>나단</u> 션지를
명ᄒ샤 ᄭ지져 글ᄋᄃ 왕이 쥬은을 져ᄇ려 죄를 범ᄒ니 벌이 쟝ᄎ 니ᄅ리라

　　<u>다윋</u> 스[80b]로 범죄홈을 ᄭᄃ고 믄득 ᄆᄋᆷ과 몸을 ᄂ초아 통회ᄒ고 잘
못홈을 보쇽ᄒ야 샤ᄒ심을 쥬ᄭ 근졀이 구ᄒ니 쥬ㅣ 다시 <u>나단</u> 션지를 보내샤
ᄀᄅ쳐 닐ᄋ시ᄃ 너ㅣ 이제 통회홈으로 네 죄ᄂ 샤ᄒ거니와 네 죄벌노 인ᄒ야
네 집에 뎍국은 영영이 ᄯ나지 아니리라 ᄒ시니 슬프다 비록 덕이 놉흔 ᄉ람
이라도 맛당이 항샹 죄의 연유를 멀니 피ᄒ여야 부야흐로 ᄲ짐을 면ᄒ려든 ᄒ
믈며 우리 덕이 젹은 ᄉ람이야 엇더케 ᄒ겟ᄂᄂ냐 만일 불힝이 [81a] 죄를 범ᄒ
거든 맛당이 <u>다윋</u> 셩왕을 법밧아[214] 속속히 통회ᄒ야 그 샤ᄒ심을 구ᄒ면 텬쥬
의 ᄀ장 인ᄌᄒ심으로 죄의 벌을 오히려 용셔ᄒ시리라

　　그 후에 셩왕이 나히 만흐매 죽기 젼에 셩뎐[215]을 지어 ᄡ 텬쥬를 공경ᄒ랴
ᄒ더니 쥬ㅣ 그 난리에 여러 ᄉ람을 만히 죽임으로 손이 심히 조츌치[216] 못ᄒ다
ᄒ샤 후에 아ᄃ의 손으로 짓게 ᄒ라 ᄒ시니 그런고로 금과 은 보뵈를 만히 모
화 ᄡ 이후 셩뎐 지을 ᄌ료를 예비ᄒ니라 <u>다윋</u>가 평싱에 쥬를 ᄉ랑ᄒ[81b]ᄂ

211　삼하 5장·왕상 2:11.
212　강왕: 康王, 주나라의 제3대 왕.
213　겸젼(兼全)ᄒ다: 여러 가지를 완전하게 갖추다.
214　법밧아: 法.
215　셩뎐: 聖殿.
216　조츌하다: 潔, 깨끗하다.

제34장은 다윗 성왕(聖王)을 의론함이라.

조성 후 2934년이요, 강생 전 1066년이니, 는 주(周)나라

강왕(康王) 제13년이[80a]라.

　　다윗 임금 위(位)에 오르매 주를 사랑하고, 선을 행하여 슬기와 용맹이
겸전(兼全)하고 또 어진 장수가 많으니, 그 적국을 이기어 항복 받음을 다 기
록하지 못하리라. 나라가 태평하그 백성이 안연(晏然)하여 사방에 일이 없더
니, 하루는 조심을 잃어 간음죄 범함을 인하여 공이 있고 죄 없는 장수를 죽
인지라. 주께서 나단 선지를 명하사 꾸짖어 가로되, "왕이 주의 은혜를 저버
려 죄를 범하니 벌이 장차 이르리라."

　　다윗 스[80b]스로 범죄함을 깨닫고 문득 마음과 몸을 낮추어 통회하고
잘못함을 보속(補贖)하여 사하심을 주께 간절히 구하니, 주께서 다시 나단
선지를 보내사 가르쳐 이르시되, "네가 이제 통회함으로 네 죄는 사하거니와
네 죄벌(罪罰)로 인하여 네 집에 적국은 영영히 떠나지 아니하리라." 하시니
슬프다 비록 덕이 높은 사람이라도 마땅히 항상 죄의 연유를 멀리 피하여야
바야흐로 빠짐을 면하거든 하물며 우리 덕이 적은 사람이야 어떻게 하겠느
냐? 만일 불행히 [81a] 죄를 범하거든 마땅히 다윗 성왕을 본받아 속속히 통
회하여, 그 사하심을 구하면 천주의 가장 인자하심으로 죄의 벌을 오히려 용
서하시리라.

　　그 후에 성왕이 나이 많으매 죽기 전에 성전을 지어 이로써 천주를 공경
하려 하더니, 주께서 그 난리에 여러 사람을 많이 죽임으로 손이 심히 정결
치 못하다 하사, 후에 아들의 손으로 짓게 하라 하시니, 그런고로 금과 은 노
배를 많이 모아 이로써 이후 성전 지을 재료를 예비하니라. 다윗이 평생어
주를 사랑하[81b]는 선공(善功)이 가장 성하여 일찍 시편(詩篇) 수십 편을 지
어 주를 찬양하게 하니, 그 지은 바 시편 가운데 천주의 계시 하심을 인하여
구세주께서 장차 강생(降生)하사 십자가에 못 박혀 죽으실 도든 일과 및 사

션공[217]이 ᄀ장 셩ᄒ야 일즉 셩영[218] 수십 편을 지어 쥬를 찬양케 ᄒ니 그 지은 바 셩영 가온대 텬쥬의 믁계 ᄒ심을 인ᄒ야 구셰쟈ㅣ 쟝ᄎᆺ 강셩ᄒ샤 십ᄌ가에 못 박혀 죽으실 모든 일과 밋 죵도[219]들이 교를 젼ᄒ야 거룩ᄒ고 공번된 회가 셰샹 ᄆᆺᄎᆯ 때ᄭ지 잇슬 일과 착흔 이는 영복을 주시고 악흔 이는 영벌을 주실 모든 일의 시죵을 낫낫치 ᄌ셰히 긔록ᄒ니라

님금 위에 수십 년을 잇서 이쥬 이인ᄒᄂ 덕과 빅셩을 다ᄉ리고 ᄀ르치는 모든 일이 션[82a]치 아님이 업ᄂ지라 뎍국이 두려워ᄒ고 니웃 나라히 와셔 죠공을 밧쳐 셤기니 실노 슬긔와 용밍이 사름의게 지나고 덕이 놉흔 션지 셩왕이러라

문: 다위는 이 뉘뇨
답: 유다의 지파 이사이의 아들이니 벳드름 고을 사름이니라
문: 뎌ㅣ ᄀ장 긔이흔 덕이 몃 가지뇨
답: 강용[220]과 인내와 통회 세 가지 덕이니라
문: 뎌ㅣ 다만 이 셩왕뿐이냐
답: 또흔 션지쟈ㅣ시니 구셰쥬ㅣ 쟝ᄎᆺ 죽음을 밧으시고 부활ᄒ실 모[82b]든 ᄉ졍을 미리 말ᄉᆷᄒ시니라

217 션공: 善功, 좋은 결과를 낳는 공덕.
218 셩영: 聖詠, 시편.
219 죵도(宗徒): 聖徒, 사도(使徒)
220 강용(剛勇): 勇毅.

도들이 교를 전하여 거룩하고, 공빈된 회(會)가 세상 마칠 때까지 있을 일과 착한 이는 영복(永福)을 주시고 악한 이는 영벌(永罰)을 주실 모든 일의 시종을 낱낱이 자세히 기록하니라.

임금 위에 40년을 있어 애주(愛主) 애인(愛人)하는 덕과 백성을 다스리고 가르치는 모든 일이 선[82a]하지 않음이 없는지라. 적국이 두려워 하고 이웃 나라가 와서 조공을 바쳐 섬기니, 실로 슬기와 용맹이 사람에게 지나고 덕이 높은 선지 성왕이러라.

문: 다윗은 누구입니까?

답: 유다의 지파 이새의 아들이니 베들레헴 고을 사람입니다.

문: 저의 가장 기이한 덕이 몇 가지입니까?

답: 강용(剛勇)과 인내(忍耐)와 통회(痛悔) 세 가지 덕입니다.

문: 저가 다만 이 성왕뿐입니까?

답: 또한 선지자이시니, 구세주께서 장차 죽음을 받으시고, 부활하실 모[82b]든 사정을 미리 말씀하셨습니다.

뎨삼십오쟝은 사로몬 현왕을 의론홈이라[221]

조성 후 이쳔구빅팔십구 년이오 강성 젼 일쳔십일 년이니 째는 쥬나라 소왕[222]

뎨스십이 년이라

　다윗 셩왕이 죽으매 그 아둘 사로몬이 위에 나아가 그 부친의 부탁한 유언을 직희여 열심으로 쥬룰 셤기고 션을 힝ᄒ니 텬쥬ㅣ 특별이 사랑ᄒ야 두 번 나타나 뵈샤 무르시되 너ㅣ 무ᄉᆞᆷ 은총을 구ᄒ려ᄂᆞ냐 구ᄒᄂᆞᆫ 대로 다 주리라 ᄒ시니 사로몬[83a]이 되답ᄒ되 과연 원ᄒᄂᆞᆫ 바ᄂᆞᆫ 오직 명오ㅣ 총혜ᄒ야[223] 써 텬쥬의 빅셩을 잘 다ᄉᆞ리기가 원이로소이다 쥬ㅣ ᄀᆞᆯᄋᆞ샤되 네 직물과 오래 살기와 뎍국을 쳐 멸ᄒ기룰 구ᄒ지 아니ᄒ니 네 원이 진짓 션ᄒ고 아ᄅᆞᆷ답도다 이제 네 원ᄒᄂᆞᆫ 바룰 허락ᄒ느니 긔벽브터 셰말에 니ᄅᆞ히 총명ᄒ야 뷔호지 아닌 거슬 스스로 아ᄂᆞᆫ 쟈ㅣ 너셔 더 나을 이 업슬 거시오 또한 구ᄒ지 아니ᄒ온 보븨와 셰복을 후ᄒ게 주겟노라 ᄒ시니 이에 텬문 디리의 도수[224]와 밋 [83b] 초목과 새와 물고기의 셩미[225]와 아오로 모든 졍미ᄒ고 현묘ᄒᆞᆫ 리치룰 낫낫치 모로ᄂᆞᆫ 거시 업고 또 나라흘 다ᄉᆞ리며 그르고 바른 거슬 분별ᄒᄂᆞᆫ 모든 의리룰 투쳘이 아ᄂᆞᆫ지라

　온 나라 신하와 빅셩이 탄복ᄒ야 공경치 아닛ᄂᆞᆫ 이 업고 또한 그 총명과 어진 덕과 큰 슬긔의 놉흔 소문이 텬하에 진동ᄒ야 ᄉᆞ방 니웃 나라히 와셔 금은 갓가지 보븨룰 죠공ᄒ야 그ᄅᆞ침을 드르니 나라히 강ᄒ고 빅셩이 풍죡ᄒ더라 님금 된 지 ᄉᆞ 년에 ᄒᆞᆫ 큰 셩당을 지[84a]으니 그 놉고 놉흠과 빗나고 고음이 텬하에 뎨일이라 닐곱 히 만에 필역ᄒ매 온 나라 신하와 빅셩이 왕으로 더부러 이 셩당에 모혀 텬쥬끠 졔ᄉᆞ룰 드려 닐곱 날을 즐기며 경하ᄒ고 이에 거

221　왕상 2:12-11:13.
222　소왕: 昭王, 주나라의 제4대 왕.
223　명오(明悟)ㅣ 총혜(聰慧)ᄒ야: 明睿.
224　도수: 度數, 온도(溫度), 각도(角度), 광도(光度) 등(等)의 크기를 나타내는 수.
225　셩미(性味): 性質.

제35장은 솔로몬 현왕(賢王)을 의론함이라.

조성 후 2989년이요, 강생 전 1011년이니, 때는 주(周)나라 소왕(昭王)
제42년이라.

다윗 성왕이 죽으매 그 아들 솔로몬이 위에 나아가, 그 부친의 부탁한 유
언을 지켜 열심히 주를 섬기고 선을 행하니, 천주께서 특별히 사랑하여 두
번 나타나 보이사 물으시되, "네가 무슨 은총을 구하느냐? 구하는 대로 다 주
리라." 하시니, 솔로몬[83a]이 대답하되, "과연 원하는 바는 오직 명오(明悟)
가 총혜(聰慧)하여, 이로써 천주의 백성을 잘 다스리기가 원이로소이다." 주
께서 가라사대, "네가 재물과 오래 살기와 적국을 쳐 멸하기를 구하지 아니
하니, 네 원이 짐짓 선하고 아름답도다. 이제 네 원하는 바를 허락하나니, 개
벽(開闢)부터 세말(世末)에 이르러 총명하여 배우지 않은 것을 스스로 아는
자가 너보다 더 나은 이 없을 것이요, 또한 구하지 아니한 보배와 세상의 복
을 후하게 주겠노라." 하시니, 이에 천문(天文) 지리(地理)의 도수(度數)와 및
[83b] 초목과 새와 물고기의 성미와 아울러 모든 정미하고, 현묘한 이치를
낱낱이 모르는 것이 없고 또 나라를 다스리며 그르고 바른 것을 분별하는 모
든 의리를 투철히 아는지라.

온 나라 신하와 백성이 탄복하여 공경치 않은 이 없고 또한 그 총명과 어
진 덕과 큰 슬기의 높은 소문이 천하에 진동하여, 사방 이웃 나라가 와서 금
은 갖가지 보배를 조공하여 가르침을 들으니, 나라가 강하고 백성이 풍족하
더라. 임금 된 지 4년에 큰 성당을 지[84a]으니, 그 높고 높음과 빛나고 고움
이 천하에 제일이라. 일곱 해 만에 필역(畢役)하매 온 나라 신하와 백성이 왕
으로 더불어 이 성당에 모여 천주께 제사를 드려, 일곱 날을 즐기며 경하하
고 이에 거룩한 결약의 궤를 받들어 모시니라. 그 후에 주께 제헌할 일이 있
으면 반드시 이 성전에 와서 행하고, 다른 곳에서는 못하게 하니 이는 천주
는 오직 하나이시오, 그 가르치신 교는 오직 하나가 홀로 능히 사람의 영혼

륵흔 결약의 궤를 밧드러 뫼시니라 그 후에 쥬끠 졔헌홀 일이 잇시면 반두시 이 셩뎐에 와셔 힝ᄒ고 다른 곳에셔는 못ᄒ게 ᄒ니 이는 텬쥬ㅣ 오직 ᄒ나히시오 그 ᄀᄅ치신 교ㅣ 오직 ᄒ나히 홀노 능히 사름의 령혼을 구ᄒ야 써 텬당 영복을 누리게 홈을 [84b] ᄀᄅ쳐 뵈고져 홈이러라

앗갑다 <u>사로몬</u>이여 외국 님금의 ᄯ롤 만히 엇어 쳡을 삼고 부귀흔 쾌락이 ᄎᄎ 그 ᄆᄋᆷ을 ᄀ리워 쥬의 은혜롤 닛고 또한 나히 늙어 졍신이 혼미ᄒ야 됴화ᄒ는 외교 계집을 위ᄒ야 샤신의 당을 짓고 흔가지로 졔ᄉᄒ니 쥬ㅣ 노ᄒ샤 ᄭᅮ지져 글ᄋ샤ᄃᆡ 네 방ᄉ흔²²⁶ 욕심과 망녕된 힝실이 진쥬롤 ᄇᆞ리니 나ㅣ 쟝ᄎᆞᆺ 네 나라흘 둘희 ᄂᆞᆫ흘 거시로ᄃᆡ 네 아비의 두터온 덕을 싱각ᄒ야 춤아 네게 벌을 아니ᄒ고 오직 네 ᄌ식의 [85a] 디룰 기ᄃᆞ려 ᄇ야흐로 힝ᄒ리라 슬프고 슬프도다 셰샹의 영화와 즐거옴은 사롬의 ᄆᄋᆷ을 ᄀ리우고 쥬의 의노²²⁷롤 부루는 거시니 <u>사로몬</u>을 보라 인류에 ᄯᅱ여나게 어진 님금으로도 오히려 능히 면치 못ᄒ엿시니 춤 가히 슬프지 아니ᄒ랴

문: <u>사로몬</u> 현왕의 일은 무어슬 경계홈이뇨
답: 우리로 ᄒ여곰 맛당이 젼에 지은 공을 밋지 말고 슌ᄒ고 즐거온 ᄯᅢ라도 맛당이 삼가고 조심홈을 경계홈이니라
[85b] 문: 뉘가 <u>예루사름</u> 큰 셩당을 지엇ᄂ뇨
답: <u>사로몬</u>이니라
문: 엇지ᄒ야 다만 이 셔울에만 흔 셩뎐을 셰웟ᄂ뇨
답: 이는 텬디 간에 텬쥬ㅣ 오직 ᄒ나히시오 텬쥬롤 공경ᄒ는 셩교의 례졀도 또흔 홀노 ᄒ나힘을 표홈이니라

---

226 방샤(放肆)하다: 제멋대로 행동하며 거리끼고 어려워하는 데가 없다.
227 의노(義怒): 懲譴(징견).

을 구하여 이로써 천당 영복을 누리게 함을 [84b] 가르쳐 보이고자 함이라.

아깝다 솔로몬이여 외국 임금의 딸을 많이 얻어 첩을 삼고 부귀한 쾌락이 차차 그 마음을 가려 주의 은혜를 잊고 또한 나이 늙어 정신이 혼미하여 좋아하는 외교(外敎) 계집을 위하여 사신(邪神)의 당을 짓고 한가지로 제사하니, 주께서 노하사 꾸짖어 가라사대, "네 방사(放肆)한 욕심과 망령된 행실이 진주를 버리니, 내가 장차 네 나라를 둘로 나눌 것이로되, 네 아비의 두터운 덕을 생각하여 차마 네게 벌을 아니하고, 오직 네 자식의 [85a] 대를 기다려 바야흐로 행하리라." 슬프고 슬프도다. 세상의 영화와 즐거움은 사람의 마음을 가리고 주의 의노(義怒)를 부르는 것이니, 솔로몬을 보라 인류에게 뛰어나게 어진 임금으로도 오히려 능히 면치 못하였으니, 참 가히 슬프지 아니하랴.

문: 솔로몬 현왕의 일은 무엇을 경계합니까?

답: 우리로 하여금, 마땅히 전에 지은 공을 믿지 말고 순하고 즐거운 때라도 마땅히 삼가고 조심함을 경계함입니다.

[85b] 문: 누가 예루살렘 큰 성당을 지었습니까?

답: 솔로몬입니다.

문: 어찌하여 다만, 이 서울에만 한 성전을 세웠습니까?

답: 이는 천지 간에 천주는 오직 하나시오, 천주를 공경하는 성교(聲敎)의 예절도 또한 홀로 하나임을 표함입니다.

뎨삼십륙쟝은 사마리아의 나라히 노호여됨을 의론홈이라[228]

조셩 후 삼쳔이십구 년이오 강셩 젼 구빅칠십일 년이니 째는 쥬나라 목왕[229]

뎨삼십일 년이라

[86a] 사로몬이 님금 위에 스십 년을 잇다가 죽고 그 아둘 로보암이 님금이 되매 나라희 늙은 빅셩들이 모혀 님금끠 쳥ᄒᆞ야 ᄀᆞᆯᄋᆞᄃᆡ 몬져 님금이 구실을 너무 즁ᄒᆞ게 밧ᄉᆞ와 빅셩이 곤고ᄒᆞᆫ지라 이제 대왕이 새로 위에 오르시니 그 구실을 조곰 감ᄒᆞ와 써 빅셩의 힘이 펴이게 ᄒᆞ읍기를 쳥ᄒᆞᄂᆞ이다 ᄒᆞ거ᄂᆞᆯ 왕이 죠뎡 늙은 신하의게 그 엇지홈을 무론즉 뒤답ᄒᆞ야 ᄀᆞᆯᄋᆞᄃᆡ 님금이 처음으로 위에 오르매 빅셩이 근쳥ᄒᆞᄂᆞᆫ 일이 잇ᄉᆞ니 그 원을 ᄯᆞ라 뎌[86b]의 ᄆᆞᄋᆞᆷ을 평안이 ᄒᆞ여야 이에 나라히 편ᄒᆞ리이다 ᄒᆞ고 또 졂은 신하의게 무르니 그 신하들이 뒤답ᄒᆞᄃᆡ 이는 님금을 과히 업수이 넉이는 말이라 대개 님금의 몬져 령이 엄ᄒᆞ지 아니ᄒᆞ면 나죵 령을 힝ᄒᆞ기 어려온 거시니 왕은 맛당이 위엄으로 써 빅셩을 누르샤 ᄀᆞᆯᄋᆞᄃᆡ 션왕의 어렵고 즁ᄒᆞ게 ᄒᆞ신 일은 내가 이제 더 즁ᄒᆞ고 더 어렵게 홀 거시니 션왕이 너희를 치쬭으로 ᄯᅥ렷시면 나는 너희를 즁ᄒᆞᆫ 털편[230]으로 ᄯᅡ릴 거시오 너희 무리로 ᄒᆞ여[87a]곰 새로 션 님금의 위엄과 권능을 알게 ᄒᆞ겟노라 뒤답ᄒᆞ읍쇼셔

왕이 늙은 신하의 말은 듯지 아니ᄒᆞ고 졂은 신하의 말을 조차 써 뒤답ᄒᆞ니 이 빅셩들이 왕의 사오나옴을 보고 서로 의론ᄒᆞ야 ᄀᆞᆯᄋᆞᄃᆡ 우리 무리 엇지 흥샹 다위의 집에만 븟치여 잇스리오 우리 열파 사롭이 의론ᄒᆞ야 달니 님금 ᄒᆞ나흘 ᄯᆞ로 셰우는 거시 엇지 아룸답지 아니랴 ᄒᆞ고 이에 열파 빅셩이 에프라임 ᄌᆞ손으로 조차 여로보암을 ᄲᅡ 님금을 삼은지라 오직 유다와 밋 [87b] 벤사민 두 파만 로보암의게 븟쳐 잇고 여로보암이 처음에 시겜에 도읍ᄒᆞ고 후에 또

228　왕상 11:41-12:21.

229　목왕: 穆王, 주나라의 제5대 왕.

230　털편: 蜥(석, 도마뱀), 철편(鐵鞭).

제36장은 사마리아의 나라가 나뉨을 의론함이라.

조성 후 3029년이요, 강생 전 971년이니, 때는 주(周)나라 목왕(穆王)

제31년이다.

[86a] 솔로몬이 임금 위에 40년을 있다가 죽고, 그 아들 르호보암이 임금이 되매, 나라의 늙은 백성들이 모여 임금께 청하여 가로되, "백성이 곤고한지라, 이제 대왕이 새로 위에 오르시니, 그 구실을 조금 감하여 이로써 백성의 힘이 피게 하옵기를 청하나이다." 하거늘, 왕이 조정 늙은 신하에게 그 어찌함을 물은즉 대답하여 가로되, "임금이 처음으로 위에 오르매 백성이 간청하는 일이 있으니, 그 원을 따라 저[86b]의 마음을 평안히 하여야 이에 나라가 편하리이다." 하고, 또 젊은 신하에게 물으니, 그 신하들이 대답하되, "이는 임금을 과히 업신여기는 말이라. 대개 임금이 먼저 엄하지 않으면 나중 영을 행하기 어려운 것이니, 왕은 가땅히 위엄으로서 백성을 누르사 가로되, '선왕의 어렵고 중하게 하신 일은 내가 이제 더 중하고 더 어렵게 할 것이니, 선왕이 너희를 채찍으로 때렸으면 나는 너희를 중한 철편으로 때릴 것이요, 너희 무리로 하여[87a]금 새로 선 임금의 위엄과 권능을 알게 하겠노라' 대답하옵소서."

왕이 늙은 신하의 말은 듣지 아니하고 젊은 신하의 말을 좇아 이로써 대답하되, "이 백성들이 왕의 사나움을 보고 서로 의논하여 가로되, '우리 무리 어찌 항상 다윗의 집에만 붙어 있으리요, 우리 열 지파 사람이 의논하여 달리 임금 하나를 따로 세우는 것이 어찌 아름답지 아니하랴.'" 하고, 이에 열 지파 백성이 에브라임 자손을 좇아 여로보암을 선택해 임금을 삼은지라. 오직 유다와 및 [87b] 베냐민 두 지파만 르호보암에게 붙어 있고, 여로보암이 처음에 세겜에 도읍하고, 후에 사마리아에 도읍을 옮기니, 이른바 사마리아 큰 나라이러라. 이후로 르호보암의 백성은 유다국이라 일컫고, 여로보암의 백성은 이스라엘이라 일컬으니, 이는 천주께서 전에 솔로몬을 벌하사 '나라 사마리아에 도읍을 옴기니 이 닐온바 사마리아 큰 나라히러라 이후로 로보암의 빅셩은 유다국이라 닐킷고 여로보암의 빅셩은 이스라엘이라 닐크르니 이는 텬쥬ㅣ 젼에 사로몬을 벌ᄒ샤 나라히 둘희 ᄂ호이리라 ᄒ신 말ᄉᆞᆷ을 이에 징험ᄒᆞᆯ지로다

문: 몃 지파가 ᄂ호여 이스라엘 빅셩이 되엿ᄂᆞ뇨

답: 열 지파ㅣ 니라

[88a] 문: 엇지ᄒᆞ야 이 열 지파가 ᄂ호여 ᄯᅥ낫ᄂᆞ뇨

답: 텬쥬ㅣ 그 ᄂ호임을 허락ᄒᆞ샤 ᄡᅥ 사로몬과 그 아ᄃᆞᆯ의 죄ᄅᆞᆯ 벌ᄒᆞ시니라

가 둘이 나누이리라' 하신 말씀을 이에 징험(徵驗)할지로다.

문: 몇 지파가 나뉘어 이스라엘 백성이 되었습니까?

답: 열 지파입니다.

[88a] 문: 어찌하여 이 열 지파가 나뉘어 떠났습니까?

답: 천주께서 그 나뉨을 허락하사, 이로써 솔로몬과 그 아들의 죄를 벌하십니
다.

뎨삼십칠쟝은 사마리아 렬교[231]롤 의론홈이라[232]

조성 후 삼쳔이빅팔십이 년이오 강셩 젼 칠빅십팔 년이니 째는 쥬나라 환왕[233] 뎨이 년이라

유더아 빅셩이 논호여 두 나라히 되니 유다 빅셩은 이에 사로몬의 셰운 바 큰 당 안희셔 쳠례ᄒ야 쥬끠 졔스롤 드리거눌 여로보암이 이스라엘 빅[88b]셩도 예루사름 셩뎐 안희 가 쥬롤 공경홈을 보고 그 무음이 변ᄒ야 젼 님금을 셤길가 두려워ᄒ기로 다른 교롤 셰우고져 ᄒ야 금으로 소 둘흘 ᄆᆞᄃᆞ라 나라 디경에 셰우고 빅셩을 거느려 죠비[234]ᄒ야 신이라 닐ᄏᆞ르니 렬교의 처음 님금 여로보암과 밋 그 후 악왕들이 이스라엘 빅셩을 거느려 쥬롤 비반ᄒ고 샤신을 공경케 ᄒ야 악이 날노 심ᄒᆞᆫ지라 텬쥬ㅣ 불샹이 보시고 민망이 넉이샤 ᄃᆡ로 은슈[235]ᄒᆞᆫ 션지 대셩인 엘니아 ᄀᆞᆺᄒᆞᆫ 이롤 보내샤 그[89a] 님금과 빅셩이 곳치기롤 권ᄒ야 칙ᄒᆞᄃᆡ 죵리 듯지 아니ᄒᆞ더라

그 후에 텬쥬ㅣ 엘니아의게 특별ᄒᆞᆫ 춍우롤 쓰샤 불슈릐 우희 안자 공즁으로 올나가 믄득 뵈이지 아닛ᄂᆞᆫ지라 지금ᄭᆞ지 죽지 아니ᄒ고 평안이 복된 곳에셔 쉬다가 셰샹 ᄆᆞᆺ츨 때에 ᄂᆞ려와 셰샹 사름들을 권ᄒ야 기과케 ᄒ리라 또 엘니수 ᄀᆞᆺᄒᆞᆫ 션지들이 무수ᄒᆞᆫ 큰 셩젹을 힝ᄒ고 빅셩을 권면ᄒ야 마귀롤 부리고 텬쥬롤 좃차라 ᄒᆞᄃᆡ ᄆᆞᆺᄎᆞᆷ내 즐겨 듯지 아니ᄒ고 도로혀 해ᄒ야 [89b] 죽이니 이에 텬쥬ㅣ 노여ᄒ샤 아시리아 국왕의게 허락ᄒ샤 이스라엘 나라흘 침노ᄒ야 그 빅셩과 님금을 사로잡아 죵을 삼게 ᄒ고 또 아시리아 빅셩을 사마리아 디경에 옴겨 살게 ᄒ엿더니 오래지 아니ᄒ야 독ᄒᆞᆫ 즘승의 잔해ᄒᆞᆫ 바ㅣ 되거눌 혹이 닐ᄋᆞᄃᆡ 이 ᄯᅡᄒᆞᆫ 이에 텬쥬의 빅셩이 살던 곳이어눌 너희 무리는 쥬롤 공

---

231 렬교: 裂教, 분열된 교회라는 의미로, 유대교에서는 사마리아를, 가톨릭교회에서는 개신교를 지칭한다.

232 왕상 12:25-왕하 17:41.

233 환왕: 桓王, 주나라의 제14대 왕.

234 죠비: 朝拜, 조배.

235 은슈: 隱修, 은수.

제37장은 사마리아 열교(裂敎)를 의론함이라.

조성 후 3282년이요, 강생 전 718년이니, 주(周)나라 환왕(桓王)
제2년이라.

　　유대아 백성이 나뉘어 두 나라가 되니, 유다 백성은 이에 솔로몬의 세운
바 큰 당 안에서 첨례하여 주께 제사를 드리거늘, 여로보암이 이스라엘 백
[88b]성도 예루살렘 성전 안에 가 주를 공경함을 보고, 그 마음이 변하여 전
(前) 임금을 섬길까 두려워하기로 다른 교를 세우고자 하여 금으로 소 둘을
만들어 나라 지경에 세우고, 백성을 거느려 조배(朝拜)하여 신이라 일컬으
니, 열교의 처음 임금 여로보암과 및 그 후 악왕들이 이스라엘 백성을 거느
려 주를 배반하고 사신을 공경하게 하여 악이 날로 심한지라. 천주께서 불쌍
히 보시고 민망히 여기사 대(代)로 은수(隱修)하는 선지(先知) 대성(大聖)인
엘리야 같은 이를 보내사 그[89a] 임금과 백성이 고치기를 권하여 책하되,
종래(從來) 듣지 아니하더라.

　　그 후에 천주께서 엘리야에게 특별한 총우(寵佑)를 쓰사 불 수레 위에
앉아 공중으로 올라가 문득 보이지 아니한지라. 지금까지 죽지 아니하고 평
안히 복된 곳에서 쉬다가 세상 마칠 때에 내려와 세상 사람들을 권하여 개과
하게 하리라. 또 엘리사 같은 선지들이 무수한 큰 성적을 행하고 백성을 권
면하여 마귀를 버리고 천주를 좇으라 하되, 마침내 즐겨 듣지 아니하고 도로
해하여 [89b] 죽이니, 이에 천주께서 노여워하사 앗수르 국왕에게 허락하사,
이스라엘 나라를 침노하여 그 백성과 임금을 사로잡아 종을 삼게 하고 또 앗
수르 백성을 사마리아 지경에 옮겨 살게 하였더니, 오래지 아니하여 독한 짐
승의 잔해한 바가 되거늘, 혹이 이르되, "이 땅은 이에 천주의 백성이 살던
곳이거늘 너희 무리는 주를 공경치 아니하는 자라. 어찌 여기서 살리오." 하
고 왕에게 고하니, 왕이 곧 이스라엘 교사를 보내어 주를 공경하는 예로
[90a]써 권하여 가르치나, 그때 거한 백성들이 겸하여 본고향 사신을 위하는

경치 아니ᄒᆞᄂᆞ 쟈ㅣ라 엇지 여긔셔 살니오 ᄒᆞ고 왕의게 고ᄒᆞ니 왕이 곳 이스라엘 교ᄉᆞ를 보내여 쥬를 공경ᄒᆞᄂᆞ 례로[90a]써 권ᄒᆞ야 ᄀᆞᄅᆞ치나 그때 거ᄒᆞᆫ 빅셩들이 겸ᄒᆞ야 본고향 샤신을 위ᄒᆞᄂᆞ 고로 이후 사마리아 빅셩들도 비록 셩경236 고계237를 알고 진쥬를 흠슝ᄒᆞᆷ이 올흔 줄은 아나 실노 이단과 렬교를 위ᄒᆞᆫ다 닐ᄋᆞ더라

문: 이스라엘 나라히 흥샹 태평ᄒᆞ엿ᄂᆞ냐

답: 오래지 아니ᄒᆞ야 어즈러오니라

문: 엇지ᄒᆞ야 이러케 속히 어즈러웟ᄂᆞ뇨

답: 텬쥬를 ᄇᆞ리고 샤신을 셤긴 연고ㅣ니라

[90b] 문: 텬쥬ㅣ 엇더케 이 나라흘 벌ᄒᆞ시뇨

답: 아시리아 님금으로 ᄒᆞ여곰 그 나라흘 로략ᄒᆞ야 빅셩과 님금을 다 사로잡아 종을 삼게 ᄒᆞ니라

문: 이스라엘의 밧은 벌은 무어슬 징계ᄒᆞᆷ이뇨

답: 우리 사ᄅᆞᆷ이 만일 텬쥬238와 진교239를 ᄇᆞ리면 졈졈 흘너 샤마를 셤기는 디경에 니롬을 경계ᄒᆞ야 뵈임이니라

---

236 셩경: 聖經, 성경.
237 고계: 古誡, 구약의 계명.
238 텬쥬(天主): 眞主.
239 진교(眞敎): 敎宗.

고로 이후 사마리아 백성들도 비록 성경 고계(古誡)를 알고 진주를 흠숭(欽崇)함이 옳은 줄은 아나 실로 이단과 열교를 위한다 이르더라.

문: 이스라엘 나라가 항상 태평하였습니까?

답: 오래지 아니하여 어지러웠습니다.

문: 어찌하여 이렇게 속히 어지러웠습니까?

답: 천주를 버리고 사신을 섬긴 연고입니다.

[90b] 문: 천주께서 어떻게 이 나라를 벌하십니까?

답: 앗수르 임금으로 하여금 나라를 노략하여, 백성과 임금을 다 사로잡아 종을 삼게 하셨습니다.

문: 이스라엘 받은 벌은 무엇을 징계합니까?

답: 우리 사람이 만일 천주와 진교를 버리면, 점점 흘러 사마(邪魔)를 섬기는 지경에 이름을 경계하여 보임입니다.

뎨삼십팔쟝은 도비아[240] 부즈 두 셩인을 의론홈이라[241]

조셩 후 삼쳔이빅팔십륙 년이오 강셩 젼 칠빅십스 년이니 째는 쥬나라 [91a]
환왕[242] 뎨륙 년이라

　　도비아는 이에 넵후달니 지파 즈손이라 사마리아 나라 듸스베 셩에셔 살더
니 흥샹 모음이 어질어 쥬를 열심으로 공경ᄒ더라 그때 사름이 만히 가금[243]으
로 몬든 소의게 절ᄒ되 오직 도비아는 거룩ᄒᆫ 규구[244]를 의지ᄒ야 미양 예루사
름 셩당에 가 쥬를 공경ᄒ야 졔를 드리더니 못춤 안나의게 쟝가들어 ᄒᆫ 아들을
나ᄒ매 또ᄒᆫ 도비아ㅣ라 일홈ᄒ니라 후에 ᄒᆫ가지로 사로잡힘을 닙어 니니베
[91b] 셩에 머므를 ᄉᆡ 사름됨이 슌직ᄒ고 강개ᄒ니 악왕도 또ᄒᆫ 즁히 넉여 흥
샹 뎌의 왕ᄅᆡᄒᆞᄂᆞᆫ 바를 금치 아니ᄒ더라

　　집이 부ᄒ고 죡죡ᄒ매[245] 날마다 나아가 ᄒᆞᆫ가지로 잡혀 온 친ᄒᆞᆫ 벗을 도라
보아 슈고로온 쟈를 위로ᄒ고 가난ᄒᆞᆫ 쟈를 구졔ᄒ고 죽은 쟈를 쟝스ᄒ야 죵죵
ᄒᆞᆫ[246] 션공이 흥샹 이곳치 게어르지 아니ᄒ매 쥬ㅣ 그 춤ᄂᆞᆫ 덕과 공의 영화를
더으고져 ᄒ시더니 ᄒ로ᄂᆞᆫ 죽은 이를 렴쟝ᄒ고 집에 도라와 곤홈을 이긔지 못
ᄒ야 방문 아래 누어 [92a] 잇다가 홀연이 졔비 똥이 떠러져 두 눈이 다 멀고
셰간이 추추 패ᄒᆞᆫ지라 그 안히 흔ᄒ고 칙망ᄒ나[247] 노 도비아ㅣ 좀좀이 춤아 원
망치 아니코 젼과 굿치 열심으로 슈계[248]ᄒ더라

　　ᄒ로ᄂᆞᆫ 싱각ᄒᆞᆫ즉 셰샹에 잇슬 날이 오래지 아니ᄒᆞᆯ 줄을 혜아리고 이에 아

240　가톨릭이 셩경으로 인정하는 즁간기 문헌의 용어는 [공동번역]을 따른다. [공동번역]은 ‘토비트’를 아버지는
　　 ‘토비트’로 아들은 ‘토비아’로 구별해서 번역했다. 셩교감략 한문본은 ‘多俾亞’, 언해는 ‘도비아’로 칭한다. 대
　　 신 아버지는 수식어 ‘노’(老), 아들은 ‘소’(小)를 붙여 구별하였다.
241　토비트 1장-14장.
242　환왕: 桓王, 쥬나라의 제14대 왕.
243　가금(假金): 金, 금이 아닌 것에 얇게 금박을 입히거나 하여 금인 것처럼 보이도록 만든 가짜 금.
244　규구: 規矩. 규범, 법도.
245　죡죡(足足)ᄒ다: 足, 아주 넉넉하다.
246　죵죵(種種)ᄒ다: 種種, 어떠한 일이 가끔 있다.
247　ᄒ로ᄂᆞᆫ … 칙망하나: [1866] “忽一日, 雙目俱盲, 家漸貧乏, 其妻恨責之”으로, 토비트 2:10의 눈이 멀게 된
　　 이유가 없으나, 언해본은 넣었다.
248　슈계: 守誡, 계율을 준수하다.

제38장은 토비트 부자(父子) 두 성인을 의론함이라.

조성 후 3286년이요, 강생 전 714년이니, 주(周)나라 [91a]

환왕(桓王) 제6년이라.

　　토비트는 이에 납달리 지파의 자손이라. 사마리아 나라 티스베 성에 살더니, 항상 마음이 어질어 주를 열심히 공경하더라. 그때 많은 사람이 가금(假金)으로 만든 소에게 절하되, 오직 토비트는 거룩한 규구(規矩)를 의지하여, 매양 예루살렘 성당어 가 주를 공경하여 제를 드리더니, 마침 안나에게 장가들어 한 아들을 낳으매 또한 토비아라 이름하니라. 후에 한가지로 사로잡힘을 입어 니느웨[91b] 성에 머물 새 사람됨이 순직하고 강개하니, 악왕도 또한 중히 여겨 항상 저의 왕래하는 바를 금치 아니하더라.

　　집이 부하고 족족(足足)하매, 날마다 나아가 한가지로 잡혀 온 친한 벗을 돌아보아 수고로운 자를 위로하고, 가난한 자를 구제하고, 죽은 자를 장사하여 종종(種種)한 선공(善功)이 항상 이같이 게으르지 아니하매, 주께서 그 참는 덕과 공(功)의 영화를 더하고자 하시더니, 하루는 죽은 이를 염장(殮葬)하고 집에 돌아와 곤함을 이기지 못하여, 방문 아래 누워 [92a] 있다가 홀연히 제비 똥이 떨어져 두 눈이 다 멀고 세간이 차차 패한지라. 그 다내 한(恨)하고 책망하나, 아버지(老) 토비트는 잠잠히 참아 원망하지 않고 전과 같이 열심히 수계(守誠)하더라.

　　하루는 생각한즉 세상에 있을 날이 오래지 아니할 줄을 헤아리고, 이에 아들을 불러 천주를 사랑하고, 사람을 사랑함과 애긍(哀矜)하는 모든 덕으로써 부탁하고 또 말하되 "내가 일찍 가바엘에게 은을 꾸어준 것이 있으니, 그 사[92b]람이 지금 라게스 성에서 사는지라. 이제 길 아는 사람 하나를 찾아 한가지로 문서를 가지고 가서 받아 오라." 하니, 아들(小) 토비아가 거리에 나아간즉 어떤 한 소년 하나가 모양이 날래고 범상치 아니한 이가 오는지라. 서로 동행을 언약하나 이 천사인 줄을 모르더라.

돌을 불너 텬쥬를 ᄉ랑ᄒ고 사ᄅᆞᆷ을 ᄉ랑홈과 이긍ᄒᄂᆞᆫ 모든 덕으로 써 부탁ᄒ고 또 말ᄒ되 내가 일ᄌᆨ **가벨노**의게 은을 꾸인 거시 잇스니 그 사ᄅᆞᆷ이 지금 **라게** 셩에셔 사ᄂᆞᆫ지라 이제 길 아ᄂᆞᆫ 사[92b]ᄅᆞᆷ ᄒ나흘 ᄎᆞ자 ᄒᆞᆫ가지로 문셔를 가지고 가 밧아 오라 ᄒ니 쇼 **도비아** | 거리에 나아간즉 엇더ᄒᆞᆫ 쇼년 ᄒ나히 모양이 날내고 범샹치 아니ᄒᆞᆫ 이가 오ᄂᆞᆫ지라 서로 동ᄒᆡᆼ을 언약ᄒ나 이 텬신인 줄은 모로더라

쇼 **도비아** | 이 쇼년과 ᄒᆞᆫ가지로 길흘 ᄯ나 ᄒ로밤에 하슈 가에 니ᄅᆞ러 발을 씨스려 홀 시 큰 고기 ᄒ나히 뛰여나 쟝ᄎᆞᆺ 삼키려 홈을 보고 놀나 크게 쇼년을 불너 살녀달나 ᄒ니 그 쇼년이 닐ᄋᆞ되 겁내지 말고 고기를 잡아 그 비를 갈나 녑[93a]통과 간과 쓸기를 내여 가지고 가자 후일에 쓸 곳이 잇스리라 ᄒ고 잇흔날 다시 길흘 가다가 쇼년이 ᄀᆞᆯᄋᆞ되 오늘 밤은 우리들이 네 당슉 **라귀엘** 집에 가 잘 거시니 그 ᄯᆯ **사라**를 너와 혼인ᄒ게 홀 거시오 또 그 지물을 ᄂᆞᆫ화 엇게 ᄒᆞ마 ᄒ니라 대개 **사라** | 혼ᄇᆡ 년긔 ᄎᆞᆷ애 임의 닐곱 번 신랑을 마자 동방ᄒ려 ᄒ면 마귀 작난ᄒᆞ야 다 죽은지라

쇼 **도비아** | 그 일을 알고 눕의 외아들됨으로써 ᄉ양ᄒᆞᆫ대 쇼년이 ᄀᆞᆯᄋᆞ되 념녀치 말나 닐곱 신랑의 [93b] 일은 다 텬쥬를 ᄉᆡᆼ각지 아니ᄒ고 즘승과 ᄀᆞᆺ치 음욕만 치오려 ᄒᆞᆫ 연고 | 어니와 너는 혼ᄇᆡ 후에 즉시 동방치 말고 신방에 드러가 몬져 물고기 간을 불살와 마귀를 물니치고 텬쥬ᄭᅴ 긔구ᄒᆞᆫ지 삼일 후에 합례ᄒ면 오히려 텬쥬의 강복ᄒ심을 밧으리라 ᄒ고 **라귀엘**의 집에 드러가 쳥혼ᄒᆞ야 그대로 무ᄉ히 대ᄉᆞ를 일웟ᄂᆞ니라²⁴⁹ 그 후에 쇼년이 혼자 돈문셔를 가지고 **라게** 셩에 가셔 은을 여수히²⁵⁰ ᄎᆞᆺ고 도라온 지 수일 후에 쇼 **도비아** | 그 안ᄒᆡ와 [94a] 죵으로 더부러 지물을 가지고 집에 도라갈 시 쇼년이 쇼 **도비아**의게 부탁ᄒ되 너 | 집에 가셔 몬져 텬쥬ᄭᅴ 이번 은혜를 샤례ᄒ고 또 가져온

---

249 대개 사라 | ... 대ᄉᆞ를 일웟ᄂᆞ니라. 토비트 6:14-16의 내용이 [1886]에는 없으나, [1883]은 삽입하여 번역하였다.

250 여수ᄒᆞ다: 수가 정확하다.

아들 토비아가 이 소년과 한가지로 길을 떠나 하룻밤에 하수(河水) 가에 이르러 발을 씻으려 할 새 큰 고기 하나가 뛰어나 장차 삼키려 함을 보고 놀라 크게 소년을 불러 살려달라 하니, 그 소년이 이르되, "겁내지 말고 그 배를 갈라 염[93a]통과 간과 쓸개를 내어 가지고 가자, 후일에 쓸 곳이 있으리라." 하고, 이튿날 다시 길을 가다가 소년이 가로되, "오늘 밤은 우리들이 네 당숙 라구엘 집에 가 잘 것이니, 그 딸 사라를 너와 혼인하게 할 것이요, 또 그 재물을 나눠 얻게 하마."하니라, 대개 사라가 혼배(婚配) 연기(年期) 차매, 이미 일곱 번 신랑을 맞아 동방(洞房)하려 하면 마귀가 작란(作亂)하여 다 죽은지라.

아들 토비아가 그 일을 알고 남의 외아들 됨으로써 사양한대, 소년이 가로되, "염려하지 말라, 일곱 신랑의 [93b] 일은 다 천주를 생각하지 아니하고 짐승과 같이 음욕만 채우려 한 연고이거니와 너는 혼배 후에 즉시 동방하지 말고, 신방에 들어가 먼저 물고기 간을 불살라 마귀를 물리치고, 천주께 기구(祈求)한지 삼일 후에 합례(合禮)하면 오히려 천주의 강복하심을 받으리라." 하고, 라구엘의 집에 들어가 청혼하여 그대로 무사히 대사를 이뤘느니라. 그 후에 소년이 혼자 돈문서를 가지고 라게스 성에 가서 은을 여수히 찾고 돌아온 지 수일 후에 아들 토비아가 그 아내와 [94a] 종으로 더불어 재물을 가지고 집에 돌아갈 서 소년이 아들 토비아에게 부탁하되, "네가 집에 가서 먼저 천주께 이번 은혜를 사례를 또 가져온 고기 쓸개로써 네 부친의 눈에 바르면 즉시 전과 같이 밝으리라." 아들 토비아가 그 부친께 뵈고 쓸개를 바르니, 먼 문이 홀연히 밝은지라.

이에 길에서 소년의 힘입은 것과 여러 가지 지휘하여 기이하고 이상한 일을 낱낱이 그 부친께 고하고 부자(父子)와 온 집안사람이 한가지로 땅에 엎드려, 천주의 은혜[94b]를 못내 찬양하며 감사하여 즐기더라. 이에 부자가 사사로이 의논하되, '이 소년의 은혜를 다 갚을 길이 없으나 이번 가져온 재물을 반이나 주는 것이 다땅하다.' 하고 소년에게 그 말을 하니, 대답하여 가

고기 쓸기로써 네 부친의 눈에 바르면 즉시 전과 굿치 붉으리라 쇼 **도비아**ㅣ
그 부친끠 뵈이고 쓸기를 바르니 먼 눈이 홀연이 붉은지라

    이에 길희셔 쇼년의 힘닙은 것과 여러 가지 지휘ᄒᆞ야 긔이ᄒᆞ고 이샹ᄒᆞᆫ 일
을 낫낫치 그 부친끠 고ᄒᆞ고 부ᄌᆞ와 온 집안사ᄅᆞᆷ이 ᄒᆞᆫ가지로 ᄯᆞ희 업ᄃᆡ여 텬
쥬의 은혜[94b]를 못내 찬양ᄒᆞ며 감샤ᄒᆞ야 즐기더라 이에 부ᄌᆞㅣ 스스로이 의
론ᄒᆞᄃᆡ 이 쇼년의 은혜를 다 갑흘 길이 업스나 이번 가져온 지물을 반이나 주
는 거시 맛당ᄒᆞ다 ᄒᆞ고 쇼년의게 그 말을 ᄒᆞ니 ᄃᆡ답ᄒᆞ야 ᄀᆞᆯ ᄋᆞᄃᆡ 나는 텬쥬의
보내신 **라파엘** 텬신이니 내게 갑기를 ᄉᆡᆼ각지 말고 이제 일이 이러케 잘 되엿시
니 너희들은 오직 텬쥬의 인ᄌᆞᄒᆞ심을 ᄉᆡᆼ각ᄒᆞ고 보호ᄒᆞ신 은혜를 만히 샤례ᄒᆞ
여라 ᄒᆞ고 말이 ᄆᆞᆺᄎᆞ매 믄득 뵈이지 아니ᄒᆞᄂᆞᆫ지라 이에 부ᄌᆞ[95a]와 모든 사
ᄅᆞᆷ이 다 업ᄃᆡ여 오래 감샤ᄒᆞ더라

    그 후에로 **도비아**ㅣ 나히 일ᄇᆡᆨ두 설에 죽고 쇼 **도비아**는 아흔아홉에 죽으
니 다 살아셔 오ᄃᆡ손ᄭᆞ지 보고 평안이 셰샹을 ᄇᆞ리니라

문: **도비아**ㅣ 무슴 아름다온 덕이 잇ᄂᆞ뇨

답: 션에 ᄒᆞᆼ구ᄒᆞᆫ[251] ᄆᆞᄋᆞᆷ으로 텬쥬를 공경ᄒᆞ고 셰샹 고로옴을 굿이 ᄎᆞᆷ고 또 인
    ᄋᆞᆫ ᄆᆞᄋᆞᆷ으로 시샤[252]를 만히 ᄒᆞ엿ᄂᆞ니라

문: 텬쥬ㅣ 엇더케 뎌의 덕을 갑흐셧ᄂᆞ뇨

답: 텬신[95b]을 보내샤 그 아ᄃᆞᆯ을 호위ᄒᆞ게 ᄒᆞ고 그 아비 먼눈을 낫게 ᄒᆞ야
    다시 붉이 보게 ᄒᆞ시니라

문: 텬쥬ㅣ ᄒᆞᆼ샹 굿이 ᄎᆞᆷᄂᆞᆫ 이와 시샤를 즐겨ᄒᆞᄂᆞᆫ 이의 공을 갑흐시ᄂᆞ냐

답: 일뎡 셰샹에셔도 ᄒᆞᆼ샹 갑흐시ᄂᆞ니라

---

251 ᄒᆞᆼ구ᄒᆞ다: 지속적이다.

252 시샤(施舍): 施捨, 은덕을 베풀어 줌.

로되, "나는 천주의 보내신 라파엘 천사이니 내게 갚기를 생각하지 말고 이제 일이 이렇게 잘 되었으니, 너희들은 오직 천주의 인자하심을 생각하고 보호하신 은혜를 많이 사례하여라." 하고, 말을 마치매 문득 보이지 아니하는지라. 이에 부자[95a]와 모든 사람이 다 엎드려 오래 감사하더라.

그 후에 토비트가 나이 일백두 살에 죽고 아들 토비아는 아흔아홉에 죽으니, 다 살아서 오대손까지 보고 평안히 세상을 버리니라.

문: 토비트는 무슨 아름다운 덕이 있습니까?

답: 선에 항구(恒久)한 마음으로 천주를 공경하고, 세상 괴로움을 굳이 참고 또 인애(仁愛)한 마음으로 시사(施捨)를 많이 하였습니다.

문: 천주께서 어떻게 저의 덕을 갚으셨습니까?

답: 찬사[95b]를 보내사 그 아들을 호위하게 하고, 그 아비 먼눈을 낫게 하여 다시 밝히 보게 하셨습니다.

문: 천주께서 항상 굳이 참는 이와 시사(施舍)를 즐겨하는 이의 공을 갚으십니까?

답: 일정 세상에서도 항상 갚으십니다.

데삼십구쟝은 <u>유다</u> 나라와 빅셩이 사로잡힘을 닙고 셔울[253] 잇는 셩당[254]이 다 헐니고 멸홈을 의론홈이라[255]

조셩 후 삼쳔ᄉ빅십칠 년이오 강셩 젼 오빅팔십삼 년이니 째는 쥬나라 <u>간왕</u>[256] 데삼 년이라

[96a] 이스라엘 나라히 망ᄒ고 빅셩이 사로잡힌 지 빅여 년 후에 <u>유다</u> 빅셩이 오히려 <u>다윗</u> ᄌ손으로써 ᄃ디로 젼ᄒ야 님금이 되여 <u>예루사름</u> 셩뎐에 잇서 녯 례의[257]를 의지ᄒ야 쥬ᄭᅴ 졔를 드리더니 ᄎᄎ 오래매 사름들이 만히 샤마를 셤기는 이 잇고 그즁에 악ᄒᆫ 님금도 만흐나 또ᄒᆫ 어진 님금도 젹지 아니ᄒ니 마치 <u>에셰기아</u> ᄀᆞᆺᄒᆫ 님금들은 삼가 텬쥬를 밧드러 셤기고 규구를 졍셩으로 좃더라

이때 <u>예루사름</u> 도셩이 뎍국의게 에움을 닙엇더[96b]니 뎍국 사름이 진문[258]에 나셔셔 텬쥬의 일홈을 불너 몹시 욕ᄒ거ᄂᆞᆯ <u>에셰기아</u>ㅣ 그 말을 드ᄅᆞ매 통고홈을 이긔지 못ᄒ야 <u>이사이아</u> 션지 셩인의게 근쳥ᄒ야 ᄃᆡ신으로 쥬ᄭᅴ 긔구ᄒ야 도셩을 구ᄒ야 주심을 비니 쥬ㅣ 그 빌믈 허락ᄒ샤 그날 밤에 텬신을 보내샤 <u>아시리아</u> 뎍국의 군ᄉ 십팔만오쳔을 죽이니 뎍국이 패ᄒ야 도망ᄒ야 가는지라 나라히 다시 평안ᄒ고 고요ᄒ더니 현왕이 죽은 후에 악왕이 니어 나매 빅셩과 다못[259] 님금이 쥬를[97a] 비반ᄒ고 샤마를 위홀 ᄉᆡ 만흔 션지 셩인들이 여러 번 닐끼와 권ᄒᄃᆡ 듯지 아니ᄒ더라

텬쥬ㅣ 이에 진노ᄒ샤 이때 <u>나뷔고도노솔</u> 님금이 강ᄒᆫ 군ᄉ를 만히 거ᄂᆞ려 <u>아시리아</u> 모든 나라흘 아올나 삼키고 드ᄃᆞ여 <u>유다</u> 모든 셩을 파ᄒ고 <u>예루사</u>

---

253 셔울: 京都, 유대의 서울, '예루살렘'을 의미한다.
254 셩당(聖堂): 聖殿, 성전.
255 왕하 18:1-25:23.
256 간왕: 簡王, 주나라의 22대 왕.
257 례의: 禮儀, 의례.
258 진문(陣門): 주둔지의 입구
259 다못: 與, 및.

제39장은 유대 나라와 백성이 사로잡힘을 입고, 서울에 있는 성당(聖堂)이 다 헐리고 멸함을 의론함이라.
조성 후 3417년이요, 강생 전 583년이니, 때는 주(周)나라 간왕(簡王) 제3년이라.

[96a] 이스라엘 나라가 망하고 백성이 사로잡힌 지 백여 년 후에, 유다 백성이 오히려 다윗 자손으로서 대대로 전하여 임금이 되어 예루살렘 성전에 있어 옛 의례를 의지하여 주께 제를 드리더니, 차차 오래매 사람들이 많이 사마를 섬기는 이 있고, 그중에 악한 임금도 많으나 또한 어진 임금도 적지 아니하니, 마치 히스기야 같은 임금들은 삼가 천주를 받들어 섬기고 규구를 정성으로 좇더라.

이때 예루살렘 도성이 적국에게 에움을 입었더[96b]니, 적국 사람이 진문(陣門)에 나서서 천주의 이름을 불러 몹시 욕하거늘, 히스기야가 그 말을 들으매, 통고함을 이기지 못하여 이사야 선지 성인에게 간청하여 대신으로 주께 기구하여 도성을 구하여 주심을 비니, 주께서 그 빎을 허락하사 그날 밤에 천사를 보내서 앗수르 적국의 군사 십팔만오천을 죽이니, 적국이 패하여 도망하여 가는지라, 나라가 다시 평안하고 고요하더니, 현왕(賢王)이 죽은 후에 악왕이 이어 나매, 백성과 및 임금이 주를 [97a] 배반하고 사마를 위할 새, 많은 선지 성인들이 여러 번 일깨워 권하되 듣지 아니하더라.

천주께서 이에 진노하사 이때 느브갓네살 임금이 강한 군사를 많이 거느려 앗수르 모든 나라를 아울러 삼키고, 드디어 유대 모든 성을 파하고 예루살렘 도성을 함몰케 하니, 유대 악왕 시드기야가 백성으로 더불어 다 바벨론에게 사로잡힘을 입고, 이에 적국이 보화를 다 노략하고 성당을 불사르고 성물과 중한 그릇을 다 옮겨가고 성을 두루 에워 [97b] 다 헐고 멸하여 무찌르니, 이때 다행히 결약의 궤는 예레미야 선지 성인으로 하여금 미리 산 가운데 감추어 보존하게 하니라.

름 도성을 함몰케 ᄒᆞ니 **유다** 악왕 **세데시아** ㅣ 빅셩으로 더부러 다 **바빌논의게** 사로잡힘을 닙고 이에 뎍국이 보화ᄅᆞᆯ 다 로략ᄒᆞ고 셩당을 불솔오고 셩물²⁶⁰과 즁ᄒᆞᆫ 그릇슬 다 옴겨가고 셩을 두루 에워 [97b] 다 헐고 멸ᄒᆞ야 못지르니 이때 다ᄒᆡᆼ이 결약의 궤ᄂᆞᆫ **예레미아** 션지 셩인으로 ᄒᆞ여곰 미리 산 가온대 금초아 보존케 ᄒᆞ니라

슬프고 이닯도다 **이스라엘**과 **유다** 두 나라 빅셩은 다 **아바람** 셩조의 ᄌᆞ손으로 ᄒᆞᆼ샹 텬쥬의 빅셩이라 닐큿고 텬쥬의 긔이ᄒᆞᆫ 셩젹과 큰 은혜가 만ᄒᆞ니 엇지 쳔 가지 만 가지만 되리오 마ᄂᆞᆫ 뎌들이 그 은혜ᄅᆞᆯ 닛고 쥬ᄅᆞᆯ 비반ᄒᆞ야 규계ᄅᆞᆯ 범ᄒᆞ고 샤마ᄅᆞᆯ 좃차 악을 ᄒᆡᆼᄒᆞ니 과연 텬쥬ㅣ 춤으로 인ᄌᆞᄒᆞᆫ 아비 ᄌᆞ식을 도라봄 [98a] ᄀᆞᆺ치 ᄒᆞᆼ샹 기ᄅᆞ시고 ᄒᆞᆼ샹 교훈ᄒᆞ시고 ᄒᆞᆼ샹 권면ᄒᆞ시고 ᄒᆞᆼ샹 경칙ᄒᆞ시되 이 무리 무든 악을 곳치지 못ᄒᆞᄂᆞᆫ지라 ᄇᆞ려 벌을 ᄂᆞ리우샤 이에 외교 님금이 와셔 임의로 잔해ᄒᆞ야 님금과 빅셩을 사로잡고 셩과 셩당을 헐어 멸ᄒᆞ게 ᄒᆞ셧시니 슬프다 이 무리들이여 이제 우리ᄂᆞᆫ 볼지어다 셰샹에셔 쥬은을 닙엇거든 가히 싱각홀 거시오 또한 가히 쥬벌을 두려워ᄒᆞ여야 홀 거시니 힘써 뎌들의 일을 본밧지 말미 다ᄒᆡᆼᄒᆞ도다

[98b] 문: 엇지ᄒᆞ야 텬쥬ㅣ 외교 국왕의게 **예루사름** 도셩과 셩당을 헐게 허락 ᄒᆞ셧ᄂᆞ뇨

답: **유다** 님금과 빅셩이 거룩ᄒᆞᆫ 규계ᄅᆞᆯ 직희지 아니ᄒᆞ고 외교인을 불너 텬쥬의 거룩ᄒᆞ신 일홈을 욕ᄒᆞ게 ᄒᆞᆫ 연고ㅣ 니라

문: 지금 슈계ᄅᆞᆯ 아니ᄒᆞᄂᆞᆫ 악ᄒᆞᆫ 벗들이 **유더아** 사름과 ᄀᆞᆺᄒᆞᆫ 모양이 아니냐

답: ᄒᆞᆫ 모양이니 그러므로 자조 외교인의게 해ᄅᆞᆯ 밧게 ᄒᆞ심은 곳 텬쥬의 즁ᄒᆞ신 벌인 줄 알게 코져 ᄒᆞ심이니라

---

260 셩물: 聖物, 셩물.

슬프고 애달프도다. 이스라엘과 유대 두 나라 백성은 다 아브라함 성조의 자손으로 항상 천주의 백성이라 일컫고 천주의 기이한 성적과 큰 은혜가 많으니 어찌 천 가지, 만 가지만 되리오 마는 저들이 그 은혜를 잊고 주를 배반하여 규계를 범하고 사마를 좇아 악을 행하니, 과연 천주께서 참으로 인자한 아비 자식을 돌아봄 [98a] 같이 항상 기르시고, 항상 교훈하시고, 항상 권면하시고, 항상 경책하시되, 이 무리 묻은 악을 고치지 못하는지라. 버려 벌을 내리사 이에 외교(外敎) 임금이 와서 임의로 잔해하여 임금과 백성을 사로잡고 성과 성당을 헐고 멸하게 하셨으니, 슬프다 이 무리들이여, 이제 우리는 볼지어다, 세상에서 주의 은혜를 입었거든 가히 생각할 것이요, 또한 가히 주의 벌을 두려워하여야 할 것이니, 힘써 저들의 일을 본받지 맒이 다행하도다.

[98b] 문: 어찌하여 천주께서 외교(外敎) 국왕에서 예루살렘 도성과 성당들 헐게 하셨습니까?

답: 유대 임금과 백성이 거룩한 규계를 지키지 아니하고, 외교인을 불러 천주의 거룩하신 이름을 욕하게 한 연고입니다.

문: 지금 수계(守誡)를 아니하는 악한 벗들이 유대아 사람과 같은 모양이 아닙니까?

답: 한 모양이니, 그러므로 자주 외교인에게 해를 받게 하심은 곧 천주의 중하신 벌인 줄 알게 하고자 하심입니다.

뎨스십쟝은 다니엘과 그 동모 ᄋᆞ히의 담박ᄒᆞᆫ[261] 모든 덕을 의론홈이라[262]
조셩 후 삼쳔ᄉᆞ빅십칠 년이오 강셩 젼 오빅팔십삼 년이라

　나뷔고도노솔이라 ᄒᆞᄂᆞᆫ 님금이 ᄉᆞ방 나라흘 다 쳐 이긔고 바빌논 도셩에 도라온 후에 사로잡힌 이룰 거ᄂᆞ린 사ᄅᆞᆷ 아ᄊᆞ페내ᄊᆞ라 ᄒᆞᄂᆞᆫ 이의게 분부ᄒᆞᄃᆡ 이 사로잡혀 온 ᄋᆞ히들 즁에 총명ᄒᆞ고 츌즁ᄒᆞᆫ 이룰 ᄲᅡ 대궐에 두고 날마다 나의 먹는 음식과 ᄀᆞᆺ치 먹여 길너 그 용모가 묘ᄒᆞ고 아름답거든 [99b] 내 겻히 잇서 나룰 항샹 뫼시게 ᄒᆞ라

　이때에 유다 사ᄅᆞᆷ 즁에 사로잡힌 ᄋᆞ히 네히 잇ᄉᆞ니 다니엘과 아나니아와 미사엘과 아사리아ㅣ라 이 네 ᄋᆞ히들이 열심으로 쥬룰 공경ᄒᆞ더니 님금의 분부 ᄂᆞ림을 듯고 혹 텬쥬의 먹지 말나 금ᄒᆞ신 음식에 걸녀 ᄌᆞ긔 령육을 더러일가 두려워 서로 의론ᄒᆞᄃᆡ 그 왕의 뎡ᄒᆞᆫ 음식을 먹지 말자 ᄒᆞ니 말나살[263]이 이 ᄋᆞ히들의 말을 듯고 두려ᄒᆞ야 ᄀᆞᆯᄋᆞᄃᆡ 너희들이 님금의 뎡ᄒᆞ야 주신 음식을 아니 먹으려 홈은 무[100a]ᄉᆞᆷ 뜻이냐 만일 너희가 이 음식을 먹지 아니ᄒᆞ야 용모가 다른 ᄋᆞ히버덤 더 파리ᄒᆞ면 필경 왕이 노ᄒᆞ야 나룰 칙망홀 거시니 내가 엇지 셩명을 보존ᄒᆞ리오 이는 너희로 인ᄒᆞ야 내가 해룰 밧음이 아니냐 다니엘 등 네 ᄋᆞ히들이 이 사ᄅᆞᆷ의게 근쳥ᄒᆞ야 ᄀᆞᆯᄋᆞᄃᆡ 너는 걱졍 말고 열흘 동안에 다만 나물과 링슈로써 우리룰 먹이고 얼골 모양이 엇더ᄒᆞᆫ가 시험ᄒᆞ야 보라 ᄒᆞ니 말나살이 그리ᄒᆞ라 허락ᄒᆞ고 열흘 후에 이 네 ᄋᆞ히 얼골을 와 보니 풍치 아[100b]룹답고 슈려홈이 궁 안희셔 먹이는 다른 ᄋᆞ히버다 쵸월ᄒᆞᆫ지라

　말나살이 이샹이 보아 다시는 아모 말도 아니ᄒᆞ고 주어 먹이는 바ㅣ 오직 젼 ᄀᆞᆺ치 나물과 링슈뿐이러라 이 네 ᄋᆞ히들이 텬쥬의 은춍을 닙어 그 인품과 총명과 지학이 온 나라 모든 ᄋᆞ히버다 얼마 더 쵸월ᄒᆞ더라 텬쥬ㅣ 또 다니엘의

261　담박(淡泊)ᄒᆞᆫ: 淡薄, 욕심이 없고 마음이 깨끗한.
262　다니엘 1장.
263　말나살: 瑪辣撒, 고유명사로 '말라살'(Malasar)은 불가타에 있다. [VUL] Et dixit Daniel ad Malasar(그리고 다니엘이 말라살에게 말했다). [개역개정] '환관장', '감독하게 한 자'.

제40장은 다니엘과 그 동무 아이의 담박(淡泊)함을 의론함이라.

조성 후 3417년이요, 강생 전 583년이라.

느브갓네살이라 하는 임금이 사방 나라를 다 쳐 이기고, 바벨론 도성에 돌아온 후에 사로잡힌 이를 거느린 사람 아스부나스라 하는 이에게 분부하되, "이 사로잡혀 온 아이들 중에 총명하고 출중한 이를 선택해서 대궐에 두고 날마다 나의 먹는 음식과 같이 먹여 길러 그 용모가 묘하고 아름답거든, [99b] 내 곁에 있어 나를 항상 모시게 하라."

이때 유다 사람 중에 사로잡힌 아이 넷이 있으니, 다니엘과 하나냐와 미사엘과 아사랴이라. 이 네 아이들이 열심히 주를 공경하더니, 임금의 분부 내림을 듣고 혹 천주의 먹지 말라 금하신 음식에 걸려 자기 영육을 더럽힐까 두려워 서로 의논하되, "그 왕의 정한 음식을 먹지 말자." 하니, 말라살(Malasar)이 이 아이들의 말을 듣고 두려워하여 가로되, 너희들이 임금의 정하여 주신 음식을 아니 먹으려 함은 무[100a]슨 뜻이냐? 만일 너희가 이 음식을 먹지 아니하여 용모가 다른 아이보다 더 파리하면 필경 왕이 노하여 나를 책망할 것이니, 내가 어찌 생명을 보존하리요? 이는 너희로 인하여 내가 해를 받음이 아니냐? 다니엘 등 네 아이들이 이 사람에게 간청하여 가로되, "너는 걱정 말고 열흘 동안에 다만 나물과 냉수로써 우리를 먹이고 얼굴 모양이 어떠한가 시험하여 보라." 하니, 말라살이 그리하라 허락하고 열흘 후에 이 네 아이 얼굴을 와 보니 풍채가 아름[100b]답고 수려함이 궁 안에서 먹이는 다른 아이보다 초월한지라.

말라살이 이상히 보아 다시는 아무 말도 아니하고, 주어 먹이는 바는 오직 나물과 냉수 뿐이러라. 이 네 아이들이 천주의 은총을 입어, 그 인품과 총명과 재학이 온 나라 모든 아이보다 얼마 더 초월하더라. 천주께서 또 다니엘에게 은밀히 해몽하는 능을 주사 오지 않은 일을 미리 알게 하시니, 왕이 보시고 심히 기뻐하여 사랑하더라. 이 기인한 영적은 우리들르 하여금 몸게 은밀이 히몽ᄒᄂᆞᆫ 능을 주샤 오지 아닌 일을 미리 알게 ᄒᆞ시니 왕이 보시고 심히 깃버ᄒᆞ야 ᄉᆞ랑ᄒᆞ더라 이 긔이ᄒᆞᆫ 령적은 우리들노 ᄒᆞ여곰 몸[101a]의 건장홈과 총명홈과 학문이 홀노 음식을 잘 먹음과 부ᄌᆞ런이 ᄀᆞᄅᆞ침과 독실이 비홈에 잇지 아니ᄒᆞ고 더옥 맛당이 쥬의 특은으로 말ᄆᆡ암아 된 줄을 알게 코져 홈이니라

문: 다니엘과 그 동모 네 ᄋᆞ히가 무슴 아롬다온 덕이 잇ᄂᆞ뇨
답: 담박홈과 극긔홈과 흥구ᄒᆞᆫ ᄆᆞ음으로 쥬를 공경ᄒᆞ야 규계를 직휨이니라
문: 텬쥬ㅣ 엇더케 뎌들을 샹 주시뇨
답: 총명과 인픔과 지학이 츌등홈을 주시고 또 님금의 춍을 엇[101b]게 ᄒᆞ셧시니 이ᄀᆞᆺ치 흥심으로 슈계ᄒᆞᄂᆞᆫ 교우ᄂᆞᆫ 흥샹 텬쥬의 보우ᄒᆞ시ᄂᆞᆫ 은혜를 엇ᄂᆞ니라

[101a]의 건장함과 총명함과 학문이 홀로 음식을 잘 먹음과 부지런히 가르침과 독실히 배움에 있지 아니하고, 더욱 마땅히 주의 특은으로 말미암아 된 줄을 알게 하고자 함이라.

문: 다니엘과 그 동무 네 아이가 무슨 아름다운 덕이 있습니까?

답: 담박함과 극기함과 항구한 마음으로 주를 공경하여 규계를 지킴입니다.

문: 천주께서 어떻게 저들에게 상을 주셨습니까?

답: 총명과 인품과 재학이 출중함을 주시고, 또 임금의 총을 얻[101b]게 하셨으니, 이같이 항심(恒心)으로 수계(守誡)하는 교우는 항상 보우(保佑)하시는 은혜를 얻습니다.

뎨ᄉ십일쟝은 다니엘이 히몽홈을 의론홈이라[264]

조셩 후 삼쳔ᄉ빅십칠 년이오 강셩 젼 오빅팔십삼 년이라

고경[265]에 닐온 바 텬하에 큰 나라히 넷시 잇ᄉ니 나뷔고도노솔이 이 즁에 뎨일 큰 님금이라 위에 오른 지 두 히에 ᄒ로 밤은 홀연이 ᄒᆞᆫ 꿈을 꾸다가 크게 놀나 ᄭᅵ여 싱각ᄒ나 ᄆᆞᆺ춤내 온전이 니즌지라 이에 날이 붉으매 즉시 일국의 유명ᄒᆞᆫ 슐ᄉ와 [102a] 졈ᄒᄂ 이들을 다 블너드려 님금 압희셔 꿈을 알아내라 ᄒ니 모든 이 님금ᄃᆞ려 몬져 몽ᄉᆞ롤 말ᄒ옵쇼셔 ᄒᆞ매 왕이 ᄀᆞᆯ으ᄃᆡ 너희들이 와셔 내 꿈을 풀나 ᄒ엿거ᄂᆞᆯ 엇지 도로혀 날ᄃᆞ려 뭇ᄂᆞ냐 이 무리 ᄃᆡ답ᄒᆞᄃᆡ 대왕이 무ᄉᆞᆷ 꿈을 엇은지 듯기 젼이야 신 등이 엇지 능히 풀니잇가 왕이 노ᄒᆞ야 온 나라 슐ᄉ가 쓸ᄃᆡ업ᄉ니 모도 버히려 홀 ᄉᆡ 다니엘과 그 세 동모ㅣ 또ᄒᆞᆫ 이 즁에 잇ᄂ지라

그 연고롤 무른ᄃᆡ 버힘을 맛흔 관원이 ᄀᆞᆯ으ᄃᆡ 슐ᄉ가 되고 [102b] 꿈을 스ᄉ로 알아내여 풀지 못홈으로 다 죽인다 ᄒ거ᄂᆞᆯ[266] 다니엘 션지쟈ㅣ ᄀᆞᆯ으ᄃᆡ 그러ᄒᆞ면 님금ᄭᅴ 가 알외고 또ᄒᆞᆫ 형벌을 쳔쳔이 ᄒᆞ라 내가 능히 알아내여 히몽ᄒ리라 ᄒ고 즉시 대궐에 나아가 ᄀᆞᆯ으ᄃᆡ 신이 왕의 꿈을 말ᄒ리니 왕은 드르쇼셔 대왕이 나라 일이 쟝ᄎᆞᆺ 엇더케 됨을 싱각ᄒ시다가 홀연이 꿈에 ᄒᆞᆫ 사ᄅᆞᆷ을 보니 이에 머리ᄂ 금이오 팔과 가슴은 은이오 ᄇᆡᄂ 구리오 다리ᄂ 시우쇠[267]오 발은 반쇠 반흙이러니 ᄆᆞᆺ춤 산에서 젹은 돌 [103a] ᄒᆞ나히 굴너 놉흔 ᄃᆡ로 좃차 흘너 ᄂᆞ려와셔 그 발을 쳐 부ᄉ떠리니 이 사ᄅᆞᆷ이 즉시 가로와 지가 되ᄂ지라 그 돌이 졈졈 ᄌᆞ라 산이 되여 그 놉고 놉흠이 텬하에 덥게 됨을 보시고 놀나 잠을 ᄭᅵ미로소이다 ᄒ니

---

264 다니엘 2쟝.

265 고경: 古經, 구약 셩경.

266 버힘을 맛흔 관원이 ᄀᆞᆯ으ᄃᆡ 슐ᄉ가 되고 [102b] 꿈을 스ᄉ로 알아내여 풀지 못홈으로 다 죽인다 ᄒ거ᄂᆞᆯ: 監斬官具以告(베는 관원이 자세히 알려주었다).

267 시우쇠: 鈇, 무쇠를 불에 달구어 단단하게 만든 쇠붙이의 하나.

제41장은 다니엘이 해몽(解夢)함을 의론함이라.
조성 후 3417년이요, 강생 전 583년이라.

고경(古經)에 이른바 천하에 큰 나라가 넷이 있으니, 느브갓네살이 이 중에 제일 큰 임금이라. 위에 오른 지 두 해에 하룻밤은 홀연히 한 꿈을 꾸다가, 크게 놀라 깨어 생각하나 마침내 온전히 잊은지라. 이에 날이 밝으매 즉시 일국의 유명한 술사와 [102a] 점하는 이들을 다 불러 드려 임금 앞에서 꿈을 알아내라 하니, 모든 이 "임금에게 먼저 몽사(夢事)를 말하옵소서." 하매, 왕이 가로되, "너희들이 와서 내 꿈을 풀라 하였거늘 어찌 도리어 날더러 묻느냐?" 이 무리 대답하되, "신 등이 어찌 능히 풀리이까?" 왕이 노하여 온 나라 술사가 쓸데없으니, 모두 버려 할 새, 다니엘과 그 세 동무가 또한 이 중에 있는지라.

그 연고를 묻되, 뱀을 맡은 관원이 가로되, "술사가 되고 [102b] 꿈을 스스로 알아 내여 풀지 못함으로 다 죽인다." 하거늘, 다니엘 선자가 가로되 "그러하면 임금께 가서 아뢰고 또한 형벌을 천천히 하라. 내가 능히 알아내어 해몽하리라." 하고, 즉시 대궐어 나아가 가로되, 신이 왕의 꿈을 말하리니 왕은 들으소서. "대왕이 나라 일이 장차 어떻게 됨을 생각하시다가 홀연히 꿈에 한 사람을 보니, 이에 머리는 금이요, 팔과 가슴은 은이요, 배는 구리요, 다리는 시우쇠요, 발은 반 쇠 반 흙이러니, 마침 산에서 적은 돌 [103a] 하나가 굴러 높은 데로 좇아 흘러 내려와서 그 발을 쳐 부서뜨리니, 이 사람이 즉시 가루와 재가 되는지라. 그 돌이 점점 자라 산이 되어, 그 높고 높음이 천하에 덮게 됨을 보시고, 놀라 잠을 깸이로소이다." 하니,

왕이 듣고 가로되, "참 그러하도다, 참 그러하도다, 네 말을 들으니, 내 꿈이 분명히 생각나는지라. 그러나 그 꿈이 무슨 징조가 있을는지 자세히 풀어 말하라." 다니엘이 풀어 가로되, "금 머리는 대왕의 나라 모상이니 높음과 영화와 빛[103b]남과 부유함을 천하가 마음을 기울여 복종할 징조이요, 은

왕이 듯고 골ᄋᆞᄃᆡ 춤 그러ᄒᆞ도다 춤 그러ᄒᆞ도다 네 말을 드ᄅᆞ니 내 꿈이 분명이 ᄉᆡᆼ각나ᄂᆞᆫ지라 그러나 그 꿈이 무슴 징죠가 잇실ᄂᆞᆫ지 ᄌᆞ셰히 풀어 말ᄒᆞ라 다니엘이[268] 이에 풀어 골ᄋᆞᄃᆡ 금 머리ᄂᆞᆫ 대왕의 나라 모샹이니 놉흠과 영화와 빗[103b]남과 가음열믈[269] 텬하ㅣ ᄆᆞᄋᆞᆷ을 기우려 복죵ᄒᆞᆯ 징죠ㅣ오 은 팔과 가슴은 쟝ᄅᆡ 둘재 나라히니 비록 풍죡ᄒᆞ나 대왕의 놉흠을 당치 못ᄒᆞᆯ 징죠ㅣ오 구리 ᄇᆡᄂᆞᆫ 셋재 나라히니 강용히[270] 졍벌ᄒᆞ야 텬하를 엇을 징죠ㅣ오 시우쇠 다리ᄂᆞᆫ 넷재 나라히니 견고ᄒᆞᆷ이 쇠와 ᄀᆞᆺᄒᆞ야 모든 물건을 쳐 부스떠릴 거시오 또 반 쇠 반 흙발을 겸ᄒᆞᆷ은 강ᄒᆞᆷ도 잇고 약ᄒᆞᆷ도 잇서 쟝ᄎᆞᆺ 두 나라희 ᄂᆞᆫ호일 징죠ㅣ오 나죵에 ᄒᆞᆫ 돌이 그 사ᄅᆞᆷ의 발을 부스떠려 가로와 ᄌᆡ가 되[104a]게 ᄒᆞ고 돌이 졈졈 커 산이 되여 텬하를 덥흠은 이 후셰에 텬쥬ㅣ 나라흘 셰워 위엄이 ᄉᆞ대국을 덥고 그 놉흠이 졈졈 싸이여 영영이 텬디 대군이 되여 만셰에 끈허지지 아니ᄒᆞᆯ 징죠ㅣ로소이다

왕이 이샹이 히몽ᄒᆞᆷ을 보고 따희 업ᄃᆡ여 찬숑ᄒᆞ야 골ᄋᆞᄃᆡ 오직 은밀ᄒᆞᆫ 것과 쟝ᄎᆞᆺ 오지 아니ᄒᆞᆫ 일을 알게 ᄒᆞ신 이ᄂᆞᆫ 네 공경ᄒᆞᄂᆞᆫ바 지극히 놉흐신 텬쥬ㅣ시니라 ᄒᆞ고 즉시 다니엘 네 사ᄅᆞᆷ을 존슝ᄒᆞ야 놉흔 벼슬을 식이더라

[104b] 문: 다니엘이 말ᄒᆞᆫ 바 ᄉᆞ대죠ᄂᆞᆫ 엇더ᄒᆞᆫ 나라히뇨

답: 뎨일은 아시리아국이오 뎨이ᄂᆞᆫ 벨시아국이오 뎨삼은 그레시아국이오 뎨ᄉᆞᄂᆞᆫ 로마국이니라

문: 젹은 돌이 졈졈 커 산을 일우고 텬하를 덥ᄂᆞᆫ다 ᄒᆞᆷ은 무슴 일을 풀어 말ᄒᆞᆷ이뇨

답: 셩교회 처음으로 니러나매 젹은 돌ᄀᆞᆺ치 졈졈 커 ᄆᆞᆺᄎᆞᆷ내 텬하에 젼ᄒᆞᆷ을 닐옴이니라

268 다니엘이: [1866] '다니엘'이 없다.
269 가음열다: 부유하다.
270 강용ᄒᆞ다: 강하다.

팔과 가슴은 장래 둘째 나라이니, 비록 풍족하나 대왕의 높음을 당치 못할 징조이요, 구리 배는 셋째 나라이니, 강용(剛勇)히 정벌하여 천하를 얻을 징조이요, 시우쇠 다리는 넷째 나라이니, 견고함이 쇠와 같아서 모든 물건을 쳐 부서뜨릴 것이요, 또 반 쇠 반 흙발을 겸함은 강함도 있고 약함도 있어 장차 두 나라가 나누일 징조이요, 나중에 한 돌이 그 사람의 발을 부서뜨려 가루와 재가 되[104a]게 하고, 돌이 점점 커 산이 되어 천하를 덮음은 이 후세에 천주께서 나라를 세워 위엄이 사대국을 덮고 그 높음이 점점 쌓여 영영히 천지 대군이 되어 만세에 끊어지지 아니할 징조로소이다.”

왕이 이상히 해몽함을 보고 땅에 엎드려 찬송하여 가로되, “오직 은밀한 것과 장차 오지 아니한 일을 알게 하신 이는 네 공경하는바 지극히 높으신 천주이시니라.” 하고, 즉시 다니엘 네 사람을 존숭(尊崇)하여, 높은 벼슬을 시키더라.

[104b] 문: 다니엘이 말한바 사대조는 어떠한 나라입니까?

답: 제일은 앗수르요, 제이는 페르시아요, 제삼은 그리스요, 제사는 로마입니다.

문: ‘적은 돌이 점점 커 산을 이루고 천하를 덮는다.’ 함은 무슨 일을 풀어 말함입니까?

답: 성교회 처음으로 일어나니, 적은 돌같이 점점 커 마침내 천하에 전함을 이름입니다.

문: 어찌하여 성교를 돌에 모상하여 말합니까?

답: [105a] 성교의 굳음이 돌 같아서, 비록 마귀와 악왕과 이단이 일어나 칠지라도 도무지 능히 이기지 못할 것이요, 또 우리 주께서 사도 시몬을 부르사 이름을 바꾸어 베드로라 하시니, 이 베드로라 함은 번역하면 돌이라는 말입니다.

문: 엇지ᄒ야 셩교를 돌에 모샹ᄒ야 말ᄒᄂᆫ뇨

답: [105a] 셩교의 굿음이 돌 ᄀᆺᄒ야 비록 마귀와 악왕과 이단이 니러나 칠지라도 도모지 능히 이긔지 못ᄒᆯ 거시오 또 오 쥬ㅣ 죵도 **시몬**을 부르샤 일홈을 밧고아 <u>베드루</u>ㅣ라 ᄒ시니 이 <u>베드루</u>ㅣ라 홈은 번역ᄒ면 돌이라 말이니라

뎨스십이쟝은 세 셩동²⁷¹을 불가마에 너허도 샹ᄒ지 아님을 의론홈이라²⁷²
조셩 후 삼쳔ᄉ빅십칠 년이오 강셩 젼 오빅팔십삼 년이라

나뷔고도노솔이 금샹 ᄒ나흘 ᄆ드니 그 놉기가 [105b] 여슷 길이 넘은지라 셰우고 온 나라 문무 관원과 빅셩들게 분부ᄒ디 너희들이 호긔와 풍류 소리를 듯거든 일제히 업듸여 졀ᄒ라 ᄒ니 이때에 **아나니아**와 **미사엘**과 **아사리아** 세 사ᄅᆷ이 ᄒ가지로 벼슬에 잇ᄉ나 금샹에 졀을 아니ᄒᄂ지라 왕ᄭᅴ 고ᄒᄂ 사ᄅᆷ이 잇거늘 왕이 노여ᄒ야 즉시 불너 ᄭᅮ지져 글ᄋ디 너희 세 사ᄅᆷ이 내 령을 업수히녁여 위ᄒ라ᄂ 금샹에 졀을 아니ᄒᄂ냐 너희들은 속히 ᄯᅳᆺ을 곳쳐 곳 호긔 소리를 듯거든 다 맛[106a]당이 업듸여 졀ᄒ라 만일 그러치 아니ᄒ면 불가마에 너희를 너허 ᄐᆤ와 죽일 거시니 그때에 엇더ᄒ 텬쥬ㅣ 능히 너희를 구ᄒ겟ᄂ지 보자 ᄒ거늘 세 ᄋ히들이 소리를 긋치 ᄒ야 ᄃᆡ답ᄒ디 텬쥬ㅣ 구ᄒ시고져 ᄒ시면 일뎡 어렵지 아니홀 거시오 혹 구ᄒ지 아니시면 우리들은 쥬를 위ᄒ야 감심²⁷³으로 치명ᄒ리니 만 번 ᄒ여도 왕의 금샹에ᄂ 졀ᄒ지 못ᄒ겟ᄂ이다

왕이 듯고 크게 노ᄒ야 불가마에 불을 칠 ᄇᆡ나 더ᄒ게 ᄒ고 세 ᄋ히를 옷 닙은 [106b] 대로 불에 더져 살오려 홀 시 텬쥬ㅣ 텬신을 보내샤 ᄒ여곰 그 불가마 속에 잇셔 셔늘ᄒ 바ᄅᆷ을 불게 ᄒ시니 그 ᄋ히들이 ᄆᆞᆷ이 ᄆᆰ고 긔운이 쾌ᄒ야 불 가온대로 예ᄉ ᄃ니며 소리를 놉혀 모든 만물을 쳥ᄒ야 텬쥬를 찬양ᄒᄂ지라 그 불ᄭᅩᆺ치 도로혀 날니여 가마 겻희 잇셔 셩인을 더진 이와 셥흘 더ᄒᄂ 모든 사ᄅᆷ을 다 살와 죽이니 왕이 그 말을 듯고 이샹이 넉여 와 보고 놀나 무러 글ᄋ디 세 사ᄅᆷ을 가마에 너헛거늘 엇지ᄒ야 네 사ᄅᆷ이 잇[107a]ᄂ고 뎌 가온대 얼골이 묘ᄒ고 ᄐᆡ도ㅣ 비범ᄒ 사ᄅᆷ은 텬쥬의 아ᄃᆞᆯ이 아니냐 ᄒ

---

271 셩동: 聖童, 거룩한 아이.
272 다니엘 3장.
273 감심: 甘心, 괴로움이나 책망(責望)을 달게 여김, 또는 그런 마음.

제42장은 세 거룩한 아이를 불가마에 넣어도 상하지 않음을 의론함이라.
조성 후 3417년, 강생 전 583년이라.

　느브갓네살이 금상 하나를 만드니, 그 높기가 [105b] 여섯 길이 넘은지라, 세우고 온 나라 문무(文武) 곤원(官員)과 백성들에게 분부하되, "너희들이 호기(號器)와 풍류 소리를 듣거든 일제히 엎드려 절하라." 하니, 이때에 하나냐와 미사엘과 아사랴, 세 사람이 한가지로 벼슬에 있으나 금상에 절하지 아니하는지라. 왕께 고하는 사람이 있거늘 왕이 노하여 즉시 불러 꾸짖어 가로되, "너희 세 사람이 내 영을 업신여겨 위하라는 금상에 절을 아니하느냐? 너희들은 속히 뜻을 고쳐 곧 호기 소리를 듣거든, 다 마[106a]땅히 엎드려 절하라. 만일 그렇지 않으면 블가마에 너희를 넣어 태워 죽일 것이니, 그때에 어떠한 천주께서 능히 너희를 구하겠는지 보자." 하거늘, 세 아이들이 소리를 같이 하여 대답하되, "천주께서 구하시고자 하시면 일정 어렵지 아니할 것이요, 혹 구하지 아니하시면, 우리들은 주를 위하여 감심(甘心)으로 순교(殉敎)하리니, 만 번 하여도 왕의 금상에는 절하지 못하겠나이다."

　왕이 듣고 크게 노하여 불가마에 불을 칠 배나 더하게 하고, 세 아이를 옷 입은 [106b] 대로 불에 던져 사르려 할 새 천주께서 천사를 보내사 하여금 그 불가마 속에 있어서 서늘한 바람을 불게 하시니, 그 아이들이 마음이 맑고 기운이 쾌하여 불 가운데로 예사(例事) 다니며 소리를 높여 모든 만물을 청하여 천주를 찬양하는지라. 그 불꽃이 도로 날리어 가마 곁에 있어 성인을 던진 이와 섶을 더하는 모든 사람을 다 살라 죽이니, 왕이 그 말을 듣고 이상히 여겨 와 보고 놀라 물어 가로되, "세 사람을 가마에 넣었거늘 어찌하여 네 사람이 있[107a]는고? 저 가운데 얼굴이 묘하고 태도가 비범한 사람은 천주의 아들이 아니냐?" 하고, 인하여 세 아이를 향하여 말하되, "너희들은 참 지극히 높으신 천주의 신하로다. 너희들이 나아오기를 청하노라." 하니, 이때 문무 관원이며 군사와 백성이 다 와서 본즉 이 아이들이 머리털과 몸과 의복

고 인ᄒᆞ야 세 ᄋᆞ히를 향ᄒᆞ야 말ᄒᆞ되 너희들은 참 지극히 놉흐신 텬쥬의 신
하 ㅣ로다 너희들이 나아오기를 쳥ᄒᆞ노라 ᄒᆞ니 이때에 문무 관원이며 군ᄉᆞ와
빅셩이 다 와셔 본즉 이 ᄋᆞ히들이 머리털과 몸과 의복에 불 흔젹이 조곰도 업
ᄂᆞᆫ지라

　　왕이 또한 놀나고 이샹이 넉여 즉시 령을 내여 ᄉᆞ방에 반포ᄒᆞ야 ᄀᆞᆯᄋᆞ되
오직 아나니아의 텬쥬는 ᄀᆞ장 놉고 ᄀᆞ장 귀ᄒᆞ[107b]시고 또 지극히 크고 지극
히 능ᄒᆞ시니 너희 관원과 군ᄉᆞ와 빅셩들은 다 밧드러 흠슝ᄒᆞ야 셤기게 ᄒᆞ라
대개 텬쥬의 나라와 권셰 홀노 영영이 떠나지 아닐 거시라 ᄒᆞ고 다시 이 ᄋᆞ히
들을 더옥 놉고 큰 벼슬을 식이니 가히 알지라 텬쥬 ㅣ 사ᄅᆞᆷ을 호위ᄒᆞ시랴 ᄒᆞ
시면 비록 학왕의 밍렬ᄒᆞᆫ 불을 당홀지라도 또한 해로옴이 업ᄂᆞ니라

문: 엇지ᄒᆞ야 이 세 ᄋᆞ히를 불 굴에 너헛ᄂᆞᄂᆈ

답: 뎌들이 학왕이 셰운 금샹에 졀ᄒᆞ지 아님이니라

[108a] 문: 이 세 셩동들이 불에 타 죽엇ᄂᆞ냐

답: 그러치 아니ᄒᆞ다 텬쥬 ㅣ 텬신을 보내샤 불가마 속에셔 바룸을 불게 ᄒᆞ시
　　니 털끗도 샹ᄒᆞ지 아니ᄒᆞ엿ᄂᆞ니라

문: 그 후에 왕이 엇더케 ᄒᆞ엿ᄂᆞᄂᆈ

답: 놀나고 놀나 다시 령을 ᄂᆞ려 ᄉᆞ방에 반포ᄒᆞ야 맛당이 지극히 놉흐시고 젼
　　능ᄒᆞ신 참 텬쥬를 공경ᄒᆞ라 ᄒᆞ엿ᄂᆞ니라

문: 세 ᄋᆞ히의 일은 우리가 맛당이 엇더케 법밧을[108b]고

답: 텬쥬를 위ᄒᆞᄂᆞᆫ 신덕의 용밍흠은 학왕이 불노 틔우는 독ᄒᆞᆫ 형벌이라도 두
　　려워 아니흠을 본밧을지니라

에 불 흔적이 조금도 없는지라.

　왕이 또한 놀라고 이상히 여겨 즉시 영을 내어 사방에 반포하여 가로되, "오직 하나냐의 천주는 가장 높고 가장 귀하[107b]시고, 또 지극히 크고 지극히 능하시니 너희 관원과 군사와 백성들은 다 받들어 흠숭하여 섬기게 하라. 대개 천주의 나라와 권세 홀로 영영히 떠나지 않을 것이라." 하고 다시 이 아이들을 더욱 높고 큰 벼슬을 시키니, 가히 알지라 천주께서 사람을 호위하시려 하시면 비록 학왕의 맹렬한 불을 당할지라도 또한 해로움이 없느니라.

문: 어찌하여 이 세 아이를 불 굴에 넣었습니까?
답: 저들이 학왕이 세운 금상에 절하지 않았기 때문입니다.
[108a] 문: 이 세 거룩한 아이들이 불에 타 죽었습니까?
답: 그렇지 아니하다. 천주께서 천사를 보내사 불가마 속에서 바람을 불게 하시니 털끝도 상하지 아니하였습니다.
문: 그 후에 왕이 어떻게 하였습니까?
답: 놀라고 놀라 다시 영을 내려 사방에 반포하여 마땅히 지극히 높으시고 전능하신 참 천주를 공경하라 하였습니다.
문: 세 아이들의 일은 우리가 마땅히 어떻게 본받을 [108b] 수 있습니까?
답: 천주를 위하는 신덕(信德)의 용맹함은 학왕이 불로 태우는 독한 형벌이라도 두려워 아니함을 본받아야 합니다.

뎨스십삼쟝은 다니엘을 수즈 우리에 너허도 샹ᄒ지 아님을 의론홈이라[274]
조셩 후 삼쳔ᄉ빅ᄉ십이 년이오 강셩 젼 오빅오십팔 년이니 째는 쥬나라
령왕[275] 뎨십ᄉ 년이라

　　나뷔고도노솔이 죽으매 그 손즈 발다살이 님금 위에 오른 지 수년에 벨시
아국 다리워쓰 님금이 바빌논 도셩을 에워 파홀 계교롤 오래 ᄒ나 항복[109a]
지 아니ᄒ더라 이때 발다살은 그 셩이 놉고 견고홈으로써 파ᄒ기 어렵다 ᄒ야
ᄆᆞ음을 노코 대궐에 잇서 평안이 놀고 잔치롤 비셜홀 시 그 조부ㅣ 젼에 예루
사름 셩당에서 가져온 보비로온 그릇슬 다 내여 셜만이[276] 술 잔을 삼고 그 신
하와 궁쳡으로 더부러 희롱ᄒ야 즐기더니 홀연이 등불 압희 혼 손이 드러나며
벽에 글시롤 쓰ᄂ지라

　　왕이 보고 대경실식ᄒ야 급히 셩즁에 잇ᄂᆫ 관원과 술ᄉ롤 불너 벽에 쓴
글시롤 알아보고 그 뜻을 푸는 쟈[109b]ㅣ 잇ᄉ면 놉흔 벼슬을 샹 주리라
ᄒᄃᆡ 혼 사름도 아는 쟈ㅣ 업거늘 왕이 ᄆᆞ음에 더옥 불안ᄒ야 ᄒ니 님금의 모
친이 말ᄒᄃᆡ 유다국에셔 사로잡혀 온 다니엘은 이샹흔 일을 만히 아는 사름이
라 젼에 네 조부의 어려온 꿈도 즈셰히 풀엇시니 이제 이 일도 필경 알니라
ᄒᄃᆡ 다니엘을 즉시 불너드려 벽에 글즈롤 보라 ᄒ니 즉시 풀어 글ᄋᆞᄃᆡ 이는
텬쥬ㅣ 왕을 하ᄂᆞᆯ 우희 두랴 ᄒ셧더니 이제 왕이 스스로 경만흔 고로 텬쥬ㅣ
벌ᄒ샤 오ᄂᆞᆯ 밤에 뎍[110a]국으로 ᄒ여곰 왕을 죽이겟다 ᄒ신 글이로소이다
왕이 즉시 다니엘을 샹 주엇더니 이ᄂᆞᆯ 밤에 과연 셩이 파ᄒ고 뎍국의게 죽은
바ㅣ 되엿ᄂᆞ니라

　　다리워쓰 님금이 이 나라흘 엇은 후에 다니엘의 공과 덕이 만흠을 알고 심
히 즁히 넉여 ᄆᆡ양 즁흔 소임을 맛겨 신하롤 거ᄂᆞ리게 ᄒ니 다른 신하ㅣ 그 춍

274　다니엘 5장-6장.
275　영왕: 靈王, 주나라의 제23대 왕.
276　셜만(褻慢)히: 하는 짓이 무례하고 거만하게.

제43장은 다니엘을 사자 우리에 넣어도 상하지 않음을 의론함이라.

조성 후 3442년이오, 강생 전 558년이니, 때는 주나라

영왕(靈王) 제14년이라.

　　느브갓네살이 죽으매, 그 손자 벨사살이 임금 위에 오른 지 수년에 바사국의 다리오 임금이 바벨론 도성을 에워 파할 계교를 오래 하나 항복[109a]지 아니하더라. 이때 벨사살은 '그 성이 높고 견고함으로써 파하기 어렵다.' 하여 마음을 놓고, 잔치를 배설할 새 그 조부가 전에 예루살렘 성당에서 가져온 보배로운 그릇을 다 내어 설만(褻慢)히 술잔을 삼고, 그 신하와 궁첩으로 더불어 희롱하여 즐기더니, 홀연히 등불 앞에 한 손이 드러나며 벽에 글씨를 쓰는지라.

　　왕이 보고 대경실색하여 급히 성 중에 있는 관원과 술사를 불러, 벽에 쓴 글씨를 알아보고 그 뜻을 푸는 자[109b]가 있으면 높은 벼슬을 상 주리라 하되, 임금의 모친이 말하되, "유다국에서 사로잡혀 온 다니엘은 이상한 일을 많이 아는 사람이라. 전에 네 조부의 어려운 꿈도 자세히 풀었으니, 이제 이 일도 필경 알리라." 한데, 다니엘을 즉시 불러들여 벽에 글자를 보라 하니, 즉시 풀어 가로되, "이는 천주께서 왕을 하늘 위에 두려 하셨더니, 이제 왕이 스스로 경만한 고로 천주께서 벌하사 '오늘 밤에 적[110a]국으로 하여금 왕을 죽이겠다.' 하신 글이로소이다." 왕이 즉시 다니엘을 상 주었더니, 이날 밤에 과연 성이 파하고 적국에게 죽은 바가 되었느니라.

　　다리우스 임금이 이 나라를 얻은 후에 다니엘의 공과 덕이 많음을 알고, 심히 중히 여겨 매양 중한 소임을 맡겨 신하를 거느리게 하니, 다른 신하가 그 총애함을 시기하여 해할 꾀를 경영하여 왕에게 청하되, "대왕은 새로 한 영을 내려 이로써 한 달 동안에 나라 사람이 도무지 아무 귀신이라도 절하여, 제[110b]사하지 말고 오직 새 임금에게만 조배하여 주를 섬기게 하소서. 만일 영을 어기는 자가 있으면 즉시 벌하여 사자 우리에 넣어 짐승의 먹는

흠을 식긔호야 해홀 꾀롤 경영호야 왕의게 쳥호딕 대왕은 새로 혼 령을 느려 써 혼 둘 동안에 나라 사룸이 도모지 아모 귀신이라도 졀호야 졔[110b]슈호지 말고 오직 새 님금의게만 죠비호야 쥬로 셤기게 호쇼셔 만일 령을 어긔는 쟈ㅣ 잇스면 즉시 벌호야 스즈 우리에 너허 즘승의 먹는 바ㅣ 되게 호라 호나 다니엘 셩인이 왕의 령을 도라보지 아니호고 날마다 젼과 굿치 세 번식 텬쥬 끠 졀호고 긔구호니 혼 신하ㅣ 엿보아 왕의게 알외여 벌을 느리쟈 호거늘 왕 이 앗겨 춤아 벌호지 못호더니 큰 신하의 굿세히 간홈을 이긔지 못호야 이에 다니엘을 스즈 우리에 너흔 후 왕이 싱각건대 뎌 [111a] 원슈 사룸의 음해가 잇실가 호야 스즈 우리 문을 봉호고 다니엘 드려 닐ᄋ딕 너ㅣ 공경호는 텬쥬ㅣ 반두시 너롤 구호야 주시겟다 호더니 과연 그 잇튼날 새벽에 가 본즉 조곰도 샹홈이 업는지라

왕이 심히 놀나고 깃버호야 즉시 셩인을 해호랴 호던 모든 관원과 그 집 안 식구의 늙고 졂은 이룰 다 스즈 우리에 너흐매 밋쳐 몸이 드러가기 젼에 즘 승의게 삼키고 너흔 바ㅣ 되여 죽으니 이는 투긔호는 사룸을 경계홈이라 놈을 해호려 호다가 [111b] 도로혀 제 몸이 죽으니 엇지 이둛지 아니리오

문: 뎨이 대죠는 릭력이 엇더호뇨

답: 발다살이 텬쥬의 놉흐신 권능을 두려워 아니호고 셩당의 즁혼 그릇슬 셜 만이 쓰는 고로 텬쥬ㅣ 벌호야 죽이시고 벨시아국 다리워쓰왕이 그 나라 흘 엇어 대죠롤 일웟느니라

문: 다니엘은 그때 엇더케 되엿느뇨

답: 텬쥬의 보호호심으로 다시 새 님금의게 고임[277]을 엇엇느니라

[112a] 문: 셩인을 엇지호야 스즈 우리에 너헛느뇨

답: 뎌ㅣ 다만 텬쥬의게만 졀호고 새 님금을 쥬로 셤기지 아니혼 연고ㅣ 니라

---

277 고임: 굄, 유난히 귀엽게 여겨 사랑함.

바가 되게 하라." 하나, 다니엘 성인이 왕의 영을 돌아보지 아니하고 날마다 전과 같이 세 번씩 천주께 절하고 기구하니, 한 신하가 엿보아 왕에게 아뢰어 벌을 내리자 하거늘 왕이 아껴 차마 벌하지 못하더니, 큰 신하의 굳세게 간함을 이기지 못하여 이에 다니엘을 사자 우리에 넣은 후 왕이 생각건대, 저 [111a] 원수 사람의 음해가 있을까 하여 사자 우리 문을 봉하고 다니엘에게 이르되, "네가 공경하는 천주께서 반드시 너를 구하여 주시겠다." 하더니, 과연 이튿날 새벽에 가 본즉 조금도 상함이 없는지라.

왕이 심히 놀라고 기뻐하여 즉시 성인을 해하라 하던 모든 관원과 그 집안 식구의 늙고 젊은 이를 다 사자 우리에 넣으매 미처 몸이 들어가기 전에 짐승에게 삼키고 넣은 바가 되어 죽으니, 이는 투기하는 사람을 경계함이라. 남을 해하려 하다가 [111b] 도리어 제 몸이 죽으니 어찌 애달프지 않으리오.

문: 제이 대조(大朝)는 내력이 어떠합니까?

답: 벨사살이 천주의 높으신 권능을 두려워 아니하고, 성당의 중한 그릇을 설만히 쓰는 고로 천주께서 벌하여 죽이시고 바사국의 다리우스 왕이 그 나라를 얻어 대조(大朝)를 이뤘습니다.

문: 다니엘은 그때 어떻게 되었습니까?

답: 천주의 보호하심으로 다시 새 임금에게 괴임을 얻었습니다.

[112a] 문: 성인을 어찌하여 사자 우리에 넣었습니까?

답: 저가 다만 천주에게만 절하고, 새 임금을 주로 섬기지 아니한 연고입니다.

문: 저가 짐승에게 삼킨 바가 되었습니까?

답: 천주의 구하심을 입어 상함을 받지 아니하고, 더욱 임금에게 괴임을 얻었습니다.

문: 뎌ㅣ 즘승의게 삼킨 바ㅣ 되엿느냐

답: 텬쥬의 구호심을 닙어 샹해옴을 밧지 아니호고 더옥 님금의게 고임을 엇
　　으니라

데스십스쟝은 다니엘이 구셰쥬ㅣ 나실 때롤 미리 말홈을 의론홈이라[278]

조셩 후 삼쳔스빅스십스 년이오 강셩 젼 오빅오십륙 년이니 째는 쥬나라

령왕[279] 데이십일 년이오 그 후 오 년에 공부즈[280][112b]ㅣ 산동에셔 나시니라

다니엘 션지 셩인이 바빌논에 사로잡혀 와셔 흥샹 엄히 지롤 직희고 밤낫

으로 념경[281] 긔구ᄒᆞ야 즈긔 죄롤 알아 스스로 부ᄅᆞ지져 몸을 놋초아 흥샹 조

심ᄒᆞ더라 또 유더아 빅셩을 일즉 구ᄒᆞ여 주시기롤 텬쥬끠 긔구ᄒᆞ더니 홀연이

ᄒᆞ로는 긔구홀 때에 쥬ㅣ 텬신 갑열을 보내여 닐너 글ᄋᆞ샤ᄃᆡ 다니엘아 텬쥬ㅣ

너의 긔구홈을 드르시리니 너ㅣ 구ᄒᆞᄂᆞᆫ 바는 오직 네 빅셩이나 텬쥬는 쟝챳

보[113a]텬하 빅셩을 다 구ᄒᆞ려 ᄒᆞ샤 이에 구ᄒᆞ실 긔약을 날과 때로 더옥 속

히[282]ᄒᆞ실 거시니 예루사름 셩당을 두 번 셰울 때로브터 구셰쥬ㅣ 오실 때ᄭᆞ지

긔한은 칠쥬일이오 또 륙십이쥬일이니[283] 그때에 그리스도는 죽음을 밧을 거

시오 유더아 빅셩은 쥬롤 비반ᄒᆞ리니 이 빅셩은 기리[284] 쥬의 빅셩이 되지 못ᄒᆞ

리라

슬프다 이때 큰 님금이 군소롤 거ᄂᆞ리고 와 도셩과 셩당을 멸홀 거시니

이 뎍국이 온 후에는 고로온 형샹을 실노 견ᄃᆡ기 어려오리라 [113b] 이때 또

그리스도ㅣ 새 빅셩을 달니 글희샤[285] 인류로 더브러 새 언약을 혼 쥬일 안희

굿이 뎡ᄒᆞ실 거시니 셰샹 못츨 때ᄭᆞ지 니르히 유더아 도셩은 영영이 편홈과 위

---

278 다니엘 9쟝-12쟝.

279 령왕: 靈王, 주나라 제23대 왕.

280 공부즈: 孔夫子, 공자(孔子)의 높임말.

281 념경: 念經, 소리 내어 기도하다, 기도문을 암송하다.

282 속히: 速.

283 칠쥬일이오 또 륙십이쥬일이니: 七年之主日, 共六十有九. 7년을 1주일로 계산한다는 의미다. 아래 문답에
    서 7x69(7+62)=483년으로 계산했다. [1876]: 七年之主日, 共六十有九.(블랑의 수정, 七主日, 又六十二主
    日). 1883: 긔한은 칠 쥬일이오 또 륙십 이 쥬일이니(긔한은 7주일이요 또 62주일이니). 단 9:26 예순 두 이
    레 후에 기름 부음을 받은 자가 끊어져 없어질 것이며. [VUL] Et post hebdomades sexaginta duas oc-
    cidetur christus(62주 후에 그리스도가 끊어질 것이다).

284 기리: 永, 길게, 영원히.

285 갈희다: 選, 선택하다, 가리다.

제44장은 다니엘이 미리 구세주(救世主)께서 나실 때를 말함을 의론함이라. 조성 후 3444년이요, 강생 전 556년이니, 때는 주나라 영왕 제21년이요, 그 후 5년에 공부자[112b]께서 산동(山東)에서 나시니라.

다니엘 선지 성인이 바벨론에 사로잡혀 와서 항상 엄재(嚴齋)를 지키고 밤낮으로 경을 외우고, 기구하여 자기 죄를 알아 스스로 부르짖어 몸을 낮추어 항상 조심하더라. 또 유대아 백성을 일찍 구하여 주시기를 천주께 기구하더니, 홀연히 하루는 기구할 때에 주께서 천사 가브리엘을 보내어 일러 가라사대, "다니엘아, 천주께서 너의 기구함을 들으리시니, 네가 구하는 바는 오직 네 백성이나 천주는 장차 보[113a]천하 백성을 다 구하려 하사, 이에 구하실 기약을 날과 때로 더욱 속히 하실 것이니, 예루살렘 성당을 두 번 세울 때로부터 구세주께서 오실 때까지 기한은 7주일이요 또 62주일이니, 그때 그리스도는 죽음을 받을 것이요, 우대아 백성은 주를 배반하리니, 이 백성은 길이 주의 백성이 되지 못하리라.

슬프다 이때 큰 임금이 군사를 거느리고 와 도성과 성당을 멸할 것이니, 이 적국이 온 후에는 괴로운 형상을 실로 견디기 어려우리라. [113b] 이때 또 그리스도께서 새 백성을 달리 가리사 인류로 더불어 새 언약을 한 주일 안에 굳이 정하실 것이니, 세상 마칠 때까지 이르러 유대아 도성은 영영히 편함과 위로함이 없으리라." 그 후에 다니엘이 또 장래 몇 나라 대수(代數)와 및 본국 임금과 백성의 순하고 거스릴 모든 사정을 미리 말하니라.

때에 바벨론 도성에 있는 벨이라 하는 사신(邪神)이 아무 능이 없음을 성인이 여러 번 비소(誹笑)하고 및 술사들이 백성을 속이는 일을 드러내고 왕을 권하여 '사상(邪像)을 헐어 없이하게 하고, 아울러 백성을 미혹하는 술사를 다 죽이라' 하니, 그런고로 조관(朝官)들이 투기하고 한(恨)함이 더욱 심하여, 임금을 강권하여 다시 성인을 사자 우리에 던지고 사자의 먹을 것을 일곱 날을 끊으나, 또 천주의 도우심으로 터럭도 상함이 없는지라. 왕이 다-

로홈이 업스리라 그 후에 **다니엘**이 또 쟝릭 몃 나라 딕수²⁸⁶와 밋 본국 님금과 빅셩의 슌ᄒ고 거스릴 모든 ᄉ졍을 미리 말ᄒ니라

　때에 **바빌논** 도셩에 잇ᄂ 벨이라 ᄒᄂ 샤신이 아모 능이 업슴을 셩인이 여러 번 비쇼ᄒ고²⁸⁷ 밋 슐ᄉ들이 빅셩을 속이ᄂ 일을 드러내고 왕을 권ᄒ야 샤샹²⁸⁸[114a]을 허러 업시ᄒ게 ᄒ고 아오로 빅셩을 미혹ᄒᄂ 슐ᄉ를 다 죽이라 ᄒ니 그런고로 죠관²⁸⁹들이 투긔ᄒ고 흔홈이 더옥 심ᄒ야 님금을 강권ᄒ야 다시 셩인을 ᄉᄌ 우리에 더지고 ᄉᄌ의 먹을 거슬 닐곱 날을 끈ᄒ나 또 텬쥬의 도으심으로 터럭도 샹홈이 업ᄂ지라 왕이 다시 명ᄒ야 모든 슐ᄉ의 무리를 우리 안희 너흐니 잠간 ᄉ이에 다 ᄉᄌ의게 삼킴을 닙어 조곰도 남지 아니ᄒᄌ라 이에 왕이 령을 ᄂ리워 글ᄋᄃ 보텬하 모든 빅셩은 다 맛당[114b]이 **다니엘**의 텬쥬를 공경ᄒ고 두려워ᄒ라 그 능으로 사름을 호위ᄒ시고 홀노 세샹을 덥ᄒ샤 이샹ᄒ 령젹으로써 두 번 **다니엘**을 ᄉᄌ 입에서 구ᄒ야 내신 쟈ㅣ라 ᄒ더라

문: 예슌아홉 쥬일은 엇더케 풀어 말홈이뇨

답: ᄉ빅팔십삼 년이라 말이니라 이ᄂ 칠 년 ᄉ이에 ᄒ 쥬일식 ᄀ른친 쯧²⁹⁰

문: 예수ㅣ 이 미리 말슴ᄒ신 쥬일 안에 고난을 밧으셧ᄂ냐

답: 일뎡 어긔지 아니ᄒ셧ᄂ니라

문: 엇더ᄒ 큰 님금의 군ᄉㅣ 와셔 도셩과 셩당을 [115a] 멸ᄒ엿ᄂ냐

답: **로마국 뎨ᄉ대죠** 님금의 군ᄉㅣ니라

문: 뎌들이 ᄎ음으로 와셔 멸ᄒ엿ᄂ냐

답: 셩교 글과 셔양 모든 나라 ᄉ긔²⁹¹에 멸ᄒ ᄉ젹을 다 ᄌ셰히 긔록ᄒ엿ᄂ니

286　대수(代數): 代.

287　비쇼(誹笑): 嘲笑(조소), 비웃음.

288　샤샹: 邪像, 우상.

289　조관: 朝官, 조정에서 벼슬살이를 하고 있는 신하.

290　이ᄂ 칠 년 ᄉ이에 ᄒ 쥬일식 ᄀ른친 쯧: [1866]에는 없는 내용을 [1883]에서 소자쌍행으로 주를 달았다.

291　ᄉ긔(史記): 綱鑑, 연대기, 사기.

시 명하여 모든 술사의 무리를 우리 안에 넣으니, 잠깐 사이에 다 사자에게 삼킴을 입어 조금도 남지 아니한지라. 이에 왕이 영을 내려 가로되, "보천하 모든 백성은 다 마땅[114b]히 다니엘의 천주를 공경하고 두려워하라, 그 능으로 사람을 호위하시고 홀로 세상을 덮으사 이상한 영적(靈蹟)으로써 두 번 다니엘을 사자 입에서 구하여 내신 자이라." 하더라

문: 예순아홉 주일은 어떻게 풀어 갈함입니까?
답: 483년이라는 말이라. 이는 7년 사이에 한 주일씩 가르친 뜻.
문: 예수께서 이 미리 말씀하신 주일 안에 고난을 받으셨습니까?
답: 일정 어기지 아니하셨습니다.
문: 어떠한 큰 임금의 군사가 와서 도성과 성당을 [115a] 멸하였습니까?
답: 로마국 제4대조 임금의 군사입니다.
문: 저들이 참으로 와서 멸하였습니까?
답: 성교(聲敎) 글과 서양 모든 나라 사기(史記)에 멸한 사적을 다 자세히 기록하였습니다.
문: 예루살렘 도성을 두 번 멸한 후에 다시 새로 일으켰습니까?
답: 다시 일으키지 못하고, 다만 옛 성 지형과 터만 있어 길거리와 저자가 되었으나 온전히 다른 지방 같으니라.

라

문: **예루사름** 도성을 두 번 멸흔 후에 다시 새로 일웟ᄂ냐

답: 다시 일우지 못ᄒ고 다만 녯 셩 디형과 터만 잇서 길거리와 져재²⁹²되엿시
나 온젼이 다른 디방 ᄀᆺᄒ니라

---

292 져재: 市, 저자, 시장.

[115b] 뎨ᄉ십오쟝은 시루²⁹³ 국왕이 유더아 빅셩이 본 나라흐로 도라가 셩당 짓기롤 허락홈을 의론홈이라²⁹⁴

조셩 후 삼쳔ᄉ빅륙십팔 년이오 강성 젼 오빅삼십이 년이니²⁹⁵ 째는 쥬나라 경왕²⁹⁶ 뎨십삼 년이라

유다 빅셩이 바빌논에 사로잡혀 잇더니 션지 셩인 예레미아의 미리 말ᄉᆞᆷ흐신 바 칠십 년이 임의 초매 그때 님금 시루ㅣ 다니엘의 힝흔 일과 모든 션지쟈의 미리 흔 말을 듯고 싱각흔즉 내가 님금 되기는 곳 텬쥬의 일죡 안비흐신 일이 잇다 ᄒᆞ야 [116a] 유다 님금의 손즈 쇼로바벨노 ᄒᆞ여곰 유다 빅셩을 거ᄂᆞ리고 본국으로 도라가게 ᄒᆞ고 이젼 셩당에셔 가져온 보뵈로온 그릇슬 다 돌녀보내고 또 금과 은을 만히 주어 새 셩당 세울 때에 쓰게 ᄒᆞ고 또 본 디방 관원과 근쳐에 사는 빅셩의게 령을 ᄂᆞ리워 예루사름 셩당 짓기에 쓸 바 돌이며 지목을 슈운ᄒᆞ야²⁹⁷ 도아주게 ᄒᆞ니 쇼로바벨이 명을 밧아 셩당을 지어 공을 ᄆᆞ츤 후에 나히 졂은이는 이 새 셩당의 빗남과 고음을 즈랑ᄒᆞ야 말ᄒᆞ나 늙은이[116b]는 슬픔을 먹음어 굴ᄋᆞ되 한심ᄒᆞ다 이 새로 지은 셩당이여 공졍은 만히 드럿시나 엇지 이젼 셩뎐의 장흠과 빗남에 비기겟ᄂᆞ냐 ᄒᆞ며 탄식ᄒᆞ니 이때 악세오와 자가리아 두 션지쟈ㅣ 겻희 잇다가 위로ᄒᆞ야 굴ᄋᆞ되 너희들은 근심치 말나 이 새로 지은 셩당이 놉고 아름다옴은 비록 젼만 못ᄒᆞ나 영화로옴은 오히려 더ᄒᆞ리니 구셰쥬ㅣ 쟝촛 이 셩당에 친히 오샤 츅셩ᄒᆞ시리라 ᄒᆞ더라

때에 유다 빅셩이 다시 예루사름 셩을 싸흘 시 사마리아 [117a] 빅셩이 만히 조당²⁹⁸ᄒᆞ야 고롭게 ᄒᆞ니 유다 사름들이 흔편으로는 덕국과 싸호고 흔편으

---

293 시루: 西祿, 고레스(Cyrus).

294 에스라·느헤미야.

295 강성 젼 오빅삼십이 년이니: 降前五百三十三年(533년). 제44장의 연대기와 비교하면 [1883]의 '532년'이 맞다.

296 경와: 景王, 주나라의 24대 왕.

297 슈운(輪運)ᄒᆞ다: 운반하다.

298 조당(阻擋)ᄒᆞ다: 阻, 나아가거나 다가오는 것을 막아서 가리다.

[115b] 제45장은 고레스 국왕이 유대아 백성이 본국에 돌아가 성당 짓기를 허락함을 의론함이라.

조성 후 3468년이요, 강생 전 532년이니, 때는 주나라 경왕 제13년이라.

유다 백성이 바벨론에 사로잡혀 있더니, 선지 성인 예레미야의 미리 말씀하신 바 70년이 이미 차매, 그때 임금 고레스가 다니엘의 행한 일과 모든 선지자의 미리 한 말을 듣고 생각한즉, '내가 임금 되기는 곧 천주의 일찍 안배하신 일이 있다.' 하여 [116a] 유다 임금의 손자 스룹바벨로 하여금 유다 백성을 거느리고 본국으로 돌아가게 하고, 이전 성당에서 가져온 보배로운 그릇을 다 돌려보내고, 또 금과 은을 많이 주어 새 성당을 세울 때에 쓰게 하고, 또 본 지방 관원과 근처에 사는 백성에게 영을 내려 예루살렘 성당 짓기에 쓸 바 돌이며 재목을 수운(輸運)하여 도와주게 하니, 스룹바벨이 명을 받아 성당을 지어 공을 마친 후에 나이 젊은이는 이 새 성당의 빛남과 고움을 자랑하여 말하나, 늙은이[116b]는 슬픔을 머금어 가로되, "한심하다, 이 서로 지은 성당이여 공정은 많이 들었으나, 어찌 이전 성당의 장함과 빛남이 비기겠느냐?" 하며 탄식하니, 이때 학개와 스가랴 두 선지자가 곁에 있다가 위로하여 가로되, "너희들은 근심하지 말라, 이 새로 지은 성당이 높고 아름다움은 비록 전만 못하나 영화로움은 오히려 더하리니 구세주께서 장차 이 성당에 친히 오사 축성(祝聖)하시리라." 하더라.

때에 유다 백성이 다시 예루살렘 성을 쌓을 새 사마리아 [117a] 백성이 많이 조당(阻擋)하여 괴롭게 하니, 유다 사람들이 한편으로는 적국과 싸우고, 한편으로는 역사(役事)를 하여 성을 이룬지라. 이에 모든 이 전보다 열심을 배로 하여 주를 섬기고, 수계(守誡)를 타당이 하여 공을 닦고, 또 각 처에 공소를 지어 재주와 덕이 가진 박학한 선비를 선택해 성전에도 모이고, 공소(公所)에도 모여 도리를 강론하고 경서(經書)를 풀더라.

로는 역ᄉ를 ᄒ야²⁹⁹ 셩을 일운지라 이에 모든 이 젼버다 열심을 비로 ᄒ야 쥬를 셤기고 슈계를 타당이 ᄒ야 공을 닥고 또 각 쳐에 공소를 지어 지조와 덕이 ᄀ즌 박학ᄒᆫ 션비를 ᄲᅡ 셩뎐에도 모히고 공소³⁰⁰에도 모혀 도리를 강론ᄒ고 경셔³⁰¹를 풀더라

문: 텬쥬ㅣ 유더아 ᄇᆡ셩을 본 나라ᄒ로 도라가게 ᄒ셧ᄂ냐

답: 다시 도라가게 ᄒ셧시나 젼과 ᄀ치 [117b] 빗나고 영화롭지 못ᄒ엿ᄂ니라

문: 엇지ᄒ야 이러ᄒ뇨

답: 이는 사름으로 ᄒ여곰 ᄒᆫ 번 범죄ᄒ엿시면 아모리 통회 보속을 타당이 ᄒᆯ지라도 일죽 범죄ᄒ기 젼 아름다옴과 ᄀ치 못흠을 ᄀ른쳐 뵈임이니라

문: 두 션지 셩인이 새 셩당의 무슴 일이 잇실 줄노 미리 말ᄒ엿ᄂ냐

답: 구셰쥬ㅣ 쟝ᄎᆞᆺ 이 셩당에 친히 림ᄒ샤 써 축셩ᄒ실 줄을 말슴ᄒ시니라

문: 구셰쥬ㅣ 과연 이 셩당에 친히 오셧ᄂ냐

답: 셩[118a]경에 ᄇᆰ이 예수ㅣ 그 셩당에 가샤 긔구도 만히 ᄒ시고 도리도 만히 강론ᄒ심을 긔록ᄒ엿ᄂ니라

---

299 역사(役事)ᄒ다: 造城, 토목이나 건축 따위의 공사를 하다.
300 공소(公所): 會堂, 본당보다 작은 교회 단위.
301 경셔(經書): 經. '옛 성현들이 유교의 사상과 교리를 써 놓은 책'이라는 뜻이지만, 여기서는 기독교 '경전'(經典)을 의미한다.

문: 천주께서 유대아 백성을 본 나라로 돌아가게 하셨습니까?

답: 다시 돌아가게 하셨으나, 전과 같이 [117b] 빛나고 영화롭지 못하였습니다.

문: 어찌하여 이러합니까?

답: 이는 사람으로 하여금 한 번 범죄하였으면, 아무리 통회(痛悔) 보속(補贖)을 타당이 할지라도 일찍 범죄하기 전 아름다움과 같지 못함을 가르쳐 보임입니다.

문: 두 선지 성인이 새 성당의 무슨 일이 있을 줄로 미리 말하였습니까?

답: 구세주께서 장차 이 성당에 친히 임하사 이로써 축성하실 줄을 말씀하심입니다.

문: 구세주께서 과연 이 성당에 친히 오셨습니까?

답: 성[118a]경에 밝히 예수께서, 그 성당에 가사 기구도 많이 하시고 도리어 많이 강론하심을 기록하였습니다.

뎨수십륙쟝은 <u>안듸오궤스</u> 악왕을 의론홈이라[302]

조성 후 삼쳔팔빅삼십칠 년이오 강싱 젼 일빅륙십삼 년이니 째는 한나라

<u>문뎨</u>[303] 뎨십칠 년이라

    시리아와 <u>에집도</u> 등 나라희 비록 듸듸로 챡혼 님금이 혼둘이 잇서 <u>유더아</u>
빅셩을 후듸ᄒ나 또혼 간간이 악왕도 젹지 아니ᄒ더니 때에 시리아국 왕 <u>안듸</u>
<u>오궤스</u>ㅣ라 ᄒᄂᆫ 이 잇서 악왕 즁 ᄀ장 독[118b]혼 쟈ㅣ라 싸화 눔의 나라흘
ᄲᅢ앗고 <u>유더아</u>ᄭ지 군ᄉ를 보내여 그 빅셩을 사로잡고 또 셩당의 보비로온 그
릇슬 가져가고 텬쥬ㅣ 근본 <u>유더아</u> 빅셩의게 도야지 고기 먹음을 금ᄒ신 줄을
알고 셩뎐 졔듸 상에서 돗[304]츨 죽여 그 피를 ᄲᅳ려 써 더러이고 릉욕ᄒ며 아오
로 졔 빅셩과 밋 <u>유더아</u> 빅셩의게 령을 ᄂᆞ리듸 맛당이 너희들이 듸듸로 공경ᄒ
던 텬쥬를 ᄇᆞ리고 <u>그레시아</u>국 귀신의게 혼가지로 졀ᄒ라 ᄒ고 또 할손례를 못
ᄒ게 ᄒ고 고경 글[119a]을 불살오게 ᄒ나 <u>유더아</u> 사름이 쥬를 비반치 아니ᄒ
고 열심으로 슈계ᄒ야 치명ᄒᄂᆫ 쟈ㅣ 만ᄒ니 이때 챡혼 녀인이 몃치 잇서 왕
의 명을 좃지 아니ᄒ고 ᄌᆞ식을 위ᄒ야 할손례를 ᄒ이ᄒ니 악왕이 알고 이에 그
ᄋᆞ히를 어미 목에 미여 눕흔 셩에서 ᄂᆞ리쳐 죽이고 만일 셩경 글을 집에 금초
아 둔 쟈ㅣ 잇ᄉ면 다 잡아 죽이더라
    이때 구십이 넘은 혼 덕망 잇ᄂᆫ 션비 <u>엘네아살</u>이라 ᄒᄂᆫ 이 잇서 출하리
죽을지언뎡 도야지 고기를 먹지 아니ᄒ야 거[119b]륵혼 규구를 범치 아니ᄒ
니 악왕이 명ᄒ야 버히라 ᄒ거ᄂᆞᆯ 그 친혼 벗이 ᄉᆞᄉᆞ로이 권ᄒ야 글ᄋᆞ듸 네가
텬쥬의 금ᄒ지 아닌 고기를 먹으면 우리들이 님금의게 네가 도야지고기 먹은
줄노 고ᄒ리니 이ᄀᆞᆺ치 ᄒ면 네가 죽음을 면ᄒ리라 혼 듸 듸답ᄒ야 글ᄋᆞ듸 이
ᄭᅬ를 쓰면 비록 잠간 형벌은 면ᄒ려니와 텬쥬의 영원혼 벌을 도망치 못홀 거

302 마카베오 상 1:16-2:14, 하 6:18-31.
303 문뎨: 文帝, 젼한의 제5대 황제.
304 돗: '돼지'의 방언.

제46장은 안디오쿠스 악왕을 의론함이라.

조성 후 3837년이요, 강생 전 163년이니, 때는 한(漢)나라 문제(文帝)

제17년이라.

　　시리아와 이집트 등 나라가 비록 대대로 착한 임금이 한둘이 있어 유다아 백성을 후대하나, 또한 간간이 악왕도 적지 아니하더니, 때에 시리아 왕 안디오쿠스라 하는 이 있어, 악왕 중 가장 독[118b]한 자라. 싸워 남의 나라를 빼앗고 유대아까지 군사를 보내어, 그 백성을 사로잡고 또 성당의 보배로운 그릇을 가져가고, 천주께서 근본 유대아 백성에게 돼지고기 먹음을 금하신 줄을 알고 성전 제대 상에서 돼지를 죽여, 그 피를 뿌려 이로써 더럽히고 능욕하며 아울러 제 백성과 및 유대아 백성에게 영을 내리되, '마땅히 너희들이 대대로 공경하던 천주를 버리고 그리스 나라 귀신에게 한가지로 절하라' 하고 또 '할례(割禮)를 못하게 하고, 고경(古經) 글[119a]을 불사르게 하나', 유대아 사람이 주를 배반하지 아니하고, 열심히 수계(守誡)하여 순교(殉教)하는 자가 많으니, 이때 착한 여인이 몇이 있어 왕의 명을 좇지 아니하고 자식을 위하여 할손례를 행하니, 악왕이 알고 이에 그 아이를 어미 목에 매여 높은 성에서 내리쳐 죽이고, 만일 성경 글을 집에 감추어 둔 자가 있으면 다 잡아 죽이더라.

　　이때 구십이 넘은 한 덕망 있는 선비 엘르아살이라 하는 이 있어 차라리 죽을지언정 돼지고기를 먹지 아니하여 거[119b]룩한 규구를 범치 아니하니, 악왕이 명하여 "베라" 하거늘, 그 친한 벗이 사사로이 권하여 가로되, "네가 천주의 금하지 않은 고기를 먹으면 우리가 임금에게 네가 돼지고기 먹을 즐로 고하리니, 이같이 하면 네가 죽음을 면하리라." 한 대, 대답하여 가로되, "이 꾀를 쓰면 비록 잠깐 형벌은 면하려니와 천주의 영원한 벌을 도망하지 못할 것이요, 또 나같은 늙은 사람이 몇 해 남지 아니한 목숨을 아껴 주를 배반하는 줄을 소년들이 들으면 후래(後來)[120a]에 표양(表樣)이 무너짐을 더시오 또 나깃흔 늙은 사롬이 몃 히 남지 아니흔 목숨을 앗겨 쥬롤 비반ᄒᆞᄂᆞᆫ 줄을 쇼년들이 드르면 후리[305][120a]에 표양[306]이 문허짐을 엇지ᄒᆞ리오 ᄒᆞ고 ᄆᆞ춤내 버힘을 밧아 죽으니라

문: 이 됴목 안희 무숨 긔이흔 표양이 잇ᄂᆞ뇨
답: 이ᄂᆞᆫ <u>엘네아살</u>이 비록 늙엇시나 그 굿세고 용밍ᄒᆞ야 츨하리 죽을지언뎡 거룩흔 규구롤 어긔지 아님을 뵈임이니라
문: 우리 사롬이 이 거룩흔 표양을 법 밧으랴
답: 구령[307]ᄒᆞ야 승텬코져 ᄒᆞᄂᆞᆫ 이ᄂᆞᆫ 반두시 맛당이 의심 업시 본밧을지니라

---

305 후리(後來): 將來.
306 표양(表樣): 儀表, 몸을 가지는 태도, 또는 차린 모습.
307 구령: 救靈, 영혼을 구원하는 일.

찌하리오?" 하고 마침내 베임을 받아 죽으니라.

문: 이 조목 안에 무슨 기이한 표양이 있습니까?

답: 이는 엘르아살이 비록 늙었으나, 그 굳세고 용맹하여 차라리 죽을지언정 거룩한 규구(規矩)를 어기지 않음을 보임입니다.

문: 우리 사람이 이 거룩한 표양을 본받아야 합니까?

답: 구령(救靈)하여 승천(昇天)하고자 하는 이는 반드시 마땅히 의심 없이 본받아야 합니다.

조셩 후 삼쳔팔빅삼십칠 년이오 강셩 젼 일빅륙십삼 년이라

때에 닐곱 형뎨와 그 어미 아올나 여듧 사람이 잇스니 다 악왕의게 잡혀 쥬룰 비반흐고 귀신의게 졀ᄒᆞ라 ᄒᆞ야 그 맛아들노브터 추례로 무러 여섯재 아돌의게ᄭᆞ지 밋츠니 그 어미 겻희 셧다가 권면ᄒᆞ야 글ᄋᆞ디 너희들이 쥬룰 위ᄒᆞ야 목숨을 밧치면 육신은 비록 앏흐고 고로오나 심판 날에 쥬ㅣ 반드시 영화와 복을 만 비로 더ᄒᆞ시리라 ᄒᆞ니 [121a] 이 아돌의 ᄆᆞ음이 어미의 권면홈으로 금셕 ᄀᆞ치 굿은지라 왕이 크게 노여ᄒᆞ야 혹 머리의 가족을 벗기며 혹 코와 혀룰 버히며 혹 팔과 다리룰 끈흐나 못ᄎᆞᆷ내 굴ᄒᆞ지 아니매 이에 끌는 기름 가마에 너흐디 오히려 ᄒᆞ나토 왕의 명을 좃지 아니ᄒᆞᄂᆞᆫ지라

님금이 도로혀 붓그러워ᄒᆞ며 그 어미룰 향ᄒᆞ야 됴흔 말노 권ᄒᆞ야 글ᄋᆞ디 어린 아돌 ᄒᆞ나히 남앗시니 만일 이 ᄋᆞ히룰 권ᄒᆞ야 내 말을 좃게 ᄒᆞ면 네 아돌이 즉시 후흔 록을 밧아 대궐에 잇서 놉[121b]흔 벼슬을 ᄒᆞ리라 ᄒᆞ니 그 어미 디답ᄒᆞ디 그리ᄒᆞ마 ᄒᆞ고 이에 그 어린 아돌ᄃᆞ려 닐너 글ᄋᆞ디 우리 ᄋᆞ히야 너는 텬디의 광대홈과 만물의 번다홈[309]을 보라 이 텬쥬의 조셩ᄒᆞ심이 아니냐 내가 비록 너룰 나핫시나 또흔 네가 내 ᄇᆡ에 잇슬 때에 네가 엇더케 되는 줄을 나도 몰낫노라 이는 다 쥬의 은혜니 ᄇᆞ라건대 너도 이제 네 형들을 본밧아 쥬룰 위ᄒᆞ야 치명ᄒᆞ라 쥬 디젼[310]에 가셔 샹을 밧을 때에 일뎡 네 형들노 더부러 영화와 복을 ᄂᆞ호리라 ᄒᆞ니 [122a] 그 어미 말이 긋치기 젼에 그 어린ᄋᆞ히 굿세히 디답ᄒᆞ디 왕은 내게 무슴 고로옴이던지 임의로 ᄒᆞ쇼셔 내 형들과 ᄀᆞ치 감심으로 쥬룰 위ᄒᆞ야 죽기룰 원ᄒᆞᄂᆞ이다 ᄒᆞ니 악왕이 크게 노ᄒᆞ야 이 ᄋᆞ히룰 그 여섯 형버다 더 참혹히 죽이ᄂᆞᆫ지라

---

308 마카베오 하 7쟝.
309 번다(煩多)ᄒᆞ다: 廣, 번거롭게 많다, 번거로울 정도로 많다.
310 디젼(大殿): 임금이 거쳐하는 궁젼.

[120b] 제47장은 모자 여덟 사람이 순교함을 의론함이라.

조성 후 3837년이요, 강생 전 163년이라.

　때에 일곱 형제와 그 어미 아울러 여덟 사람이 있으니, 다 악왕에게 잡혀 주를 배반하고 귀신에게 절하라 하여, 그 맏아들로부터 차례로 물어 여섯째 아들에게까지 미치니, 그 어미 곁에 섰다가 권면하여 가로되, "너희들이 주를 위하여 목숨을 바치면 육신은 비록 아프고 괴로우나 심판 날에 주께서 반드시 영화와 복을 만 배로 더하시리라." 하니, [121a] 이 아들의 마음이 어미의 권면함으로 금석(金石)같이 굳은지라. 왕이 크게 노여워하여 혹 머리의 가죽을 벗기며, 혹 코와 혀를 베며, 혹 팔과 다리를 끊으나, 마침내 굴하지 아니하매, 이에 끓는 기름 가마에 넣으되 오히려 하나도 왕의 명을 좇지 아니하는지라.

　임금이 도리어 부끄러워하며 그 어미를 향하여 좋은 말로 권하여 가로되, "어린 아들 하나가 남았으니, 만일 이 아이를 권하여 내 말을 좇게 하면 네 아들이 즉시 후한 녹(祿)을 받아 대권에 있어 높[121b]은 벼슬을 하리라." 하니, 그 어미 대답하되, "그리하마" 하고, 이에 그 어린 아들에게 일러 가로되, "우리 아이야, 너는 천지의 광대함과 만물의 번다(煩多)함을 보라. 이는 천주의 조성하심이 아니냐? 내가 비록 너를 낳았으나, 또한 네가 내 배에 있을 때 네가 어떻게 되는 줄을 나도 몰랐노라. 이는 다 주의 은혜니, 바라건대 너도 이제 네 형들을 본받아 주를 위하여 순교하라. 주 대전(大殿)에 가서 상을 받을 때에 일정 네 형들로 더불어 영화와 복을 나누리라." 하니, [122a] 그 어미 말이 그치기 전에 그 어린아이 굳세게 대답하되, "왕은 내게 무슨 괴로움이던지 임의로 하소서, 내 형들과 같이 감심으로 주를 위하여 죽기를 원하나이다." 하니, 악왕이 크게 노하여 이 아이를 그 여섯 형보다 더 참혹히 죽이는지라.

　그 어미 또한 나중에 아들을 따라 형벌을 받아 죽어, 모자 여덟 사람이 그 어미 또한 나종에 아들을 따라 형벌을 밧아 죽어 모즈 여듧 사롬이 혼 날에 위쥬치명[311]ᄒ니 가히 긔이ᄒ다 이 녀인이여 닐곱 아들의 몸을 셰샹에 나핫다가 또 닐곱 아들의 령혼을 텬당에 나ᄒ니 진짓 큰 [122b] 덕을 가진 거룩혼 녀인이라 홀 거시오 어진 어미라 홀 거시오 텬쥬의 효ᄌ ㅣ 라도 홀 거시오 텬쥬의 튱신이라도 ᄒ리로다

문: 모즈 여듧 사롬의 치명혼 표양은 무어솔 본밧게 홈이뇨
답: 이ᄂ 악왕의 위엄스러온 긔셰와 모진 형벌이라도 능히 텬쥬의 보우ᄒ시ᄂ 사롬의 굿셈을 이긔지 못홈을 뵈임이오 또 악왕이 치명식인 여듧 셩인의 ᄎᆷᄂ 덕이 이 긋홈을 볼지니 만일 쥬룰 위ᄒ야 고난 밧을 때롤 당ᄒ거든 맛당이 [123a] 이 모즈 여듧 셩인의 굿셈을 법밧아 능히 그 신덕을 붉혀 드러내고 호말도 형벌을 두려워ᄒ며 죽기롤 겁내지 아닐지니라

311 위쥬치명: 爲主致命, 주를 위하여 순교하다.

한 날에 주를 위해 순교하니, 가히 기이하다, 이 여인이여 일곱 아들의 몸을 세상에 낳았다가, 또 일곱 아들의 영혼을 천당에 낳으니 짐짓 큰 [122b] 덕을 가진 거룩한 여인이라 할 것이요, 천주의 효자라고도 할 것이요, 천주의 충신이라고도 하리로다.

문: 모자 여덟 사람의 순고한 표양은 무엇을 본받게 함입니까?

답: 이는 악왕의 위엄스러운 기세와 모진 형벌이라도 능히 천주의 보우하시는 사람의 굳셈을 이기지 못함을 보임이요, 또 악왕이 순교시킨 여덟 성인의 참는 덕이 이같음을 볼지니, 만일 주를 위하여 고난을 받을 때를 당하거든 마땅히 [123a] 이 모자 여덟 성인의 굳셈을 본받아 능히 그 신덕(信德)을 밝혀 드러내고 호말(毫末)도 형벌을 두려워하며 죽기를 겁내지 않을 것입니다.

뎨ᄉ십팔쟝은 **마다디아**와 밋 그 모든 아둘 **마가베**롤 의론ᄒᆞᆷ이라[312]
조셩 후 삼쳔팔빅삼십칠 년이오 강셩 젼 일빅륙십삼 년이라

　　이때에 **유더아** 사름이 **안듸오규스** 악왕의 잔해ᄒᆞᆷ을 밧아 치명ᄒᆞᆫ 쟈의 참혹
ᄒᆞᆷ을 다 이긔여 말ᄒᆞ지 못ᄒᆞᆯ너라 왕이 그 샤신의게 졀ᄒᆞᆷ으로써 강박[123b]ᄒᆞᆷ
을 인ᄒᆞ야 좃지 아니ᄒᆞ고 궁벽ᄒᆞᆫ 산에 피ᄒᆞ야 잇ᄂᆞᆫ 쟈ㅣ 만ᄒᆞ니 그 즁에 덕이
놉고 나히 만흔 ᄒᆞᆫ 스졔[313] 쟈ㅣ 잇ᄉᆞ니 일홈은 **마다디아**ㅣ라 그 아돌 다ᄉᆞᆺ과 산
즁에 모힌 여러 사름으로 더부러 의론ᄒᆞ야 ᄀᆞᆯᄋᆞ듸 지금 스셰가 이ᄀᆞᆺᄒᆞᆫ즉 필경
우리나라와 우리 교ㅣ 다 멸ᄒᆞᆯ 거시니 우리 피ᄎᆞ에 굿센 용밍으로 엇지 통분
ᄒᆞ지 아니리오 ᄒᆞ더니 이때 또 악관[314]이 몃 사름을 샤신의게 졔ᄒᆞ라 ᄒᆞ야 핍박
ᄒᆞᄂᆞᆫ지라 **마다디아**ㅣ 더욱 의노가 ᄆᆞᄋᆞᆷ에 ᄀᆞ득[124a]ᄒᆞ야 드듸여 악관과 다
못[315] 귀신의게 졔ᄒᆞ던 몃 빅셩을 죽이니 이에 텬쥬롤 위ᄒᆞᄂᆞᆫ 사름을 부로고 모
든 아돌과 ᄒᆞᆫ가지로 날마다 나아가 싸화 뎍국을 막을 ᄉᆡ 악왕의 군ᄉᆞㅣ 자조
패ᄒᆞ더라

　　때에 **마다디아**ㅣ 나히 일빅ᄉᆞ십 셰라 림죵 젼에 모든 아돌과 친ᄒᆞᆫ 벗과 의
로온 쟝슈들의게 부탁ᄒᆞ야 ᄀᆞᆯᄋᆞ듸 반드시 뎌 뎍국을 두려워ᄒᆞ야 ᄆᆞᄋᆞᆷ에 너무
겁내지 말고 오직 텬쥬의 은혜로 도으심만 의지ᄒᆞ고 출하리 죽을지언뎡 굿이
거룩ᄒᆞᆫ 계명을 [124b] 직희여 령혼으로 ᄒᆞ여곰 쥬의 주시ᄂᆞᆫ 샹을 밧게 ᄒᆞ라
ᄒᆞ고 말이 ᄆᆞᆺᄎᆞ매 죽으니 그 셋재 아돌 **유다**ㅣ 아비의 명을 밧드러 무리롤 거
ᄂᆞ리고 나아가 싸홀 ᄉᆡ 악왕의 군ᄉᆞㅣ 비록 수십만이 되고 교우ᄂᆞᆫ 불과 몃 쳔
이 되지 못하나 **유다**ㅣ 여러 사름의 ᄆᆞᄋᆞᆷ을 굿게 ᄒᆞ야 도적의 만흠을 두려워
아니ᄒᆞ고 근졀이 쥬ᄭᅴ 구ᄒᆞ야 주심을 긔구ᄒᆞ니 쥬ㅣ 여러 번 텬신을 보내샤
드러나게 진 압희셔 싸화 뎍국의 군ᄉᆞ롤 만히 죽이고 도아주시는 고로 싸홈

312　마카베오 상 2장.
313　스졔: 司祭.
314　악관: 惡官.
315　다못: 與, 다믓(같이, 더불어).

제48장은 마따디아와 및 그 모든 아들 마카베오를 의론함이라.

조성 후 3837년이요, 강생 전 163년이라.

이때 유대아 사람이 안디오쿠스 악왕의 잔해함을 받아 순교한 자의 참혹함을 다 이기어 말하지 못할 너라. 왕이 그 사신에게 절함으로써 강박[123b]함을 인하여 좇지 아니하고, 궁벽한 산에 피하여 있는 자가 많으니, 그 중에 덕이 높고 나이 많은 한 사제(司祭) 자가 있으니, 이름은 마따디아라. 그 아들 다섯과 산중에 모인 여러 사람으로 더불어 의논하여 가로되, "지금 사세(事勢)가 이같은즉 필경 우리나라와 우리 교(敎)가 다 멸할 것이니, 우리 피차에 굳센 용맹으로 어찌 통분하지 않으리요?" 하더니, 이때 또 악한 관원이 '몇 사람을 사신에게 제(祭)하라' 하여 핍박하는지라. 마따디아가 더욱 의노(義怒)가 마음에 가득[124a]하여 드디어 악한 관원과 더불어 귀신에게 제(祭)하던 몇 백성을 죽이니, 이에 천주를 위하는 사람을 부르고 모든 아들과 한가지로 날마다 나아가 싸워 적국을 막을 새 악왕의 군사가 자주 패하더라.

때에 마따디아가 나이 140세라 임종 전에 모든 아들과 친한 벗과 의로운 장수들에게 부탁하여 가로되, "반드시 저 적국을 두려워하여 마음에 너무 겁내지 말고, 오직 천주의 은혜로 도우심만 의지하고 차라리 죽을지언정 굳이 거룩한 계명을 [124b] 지키어 영혼으로 하여금 주의 주시는 상을 받게 하라." 하고, 말이 마치매 죽으니, 그 셋째 아들 유다가 아비의 명을 받들어 무리를 거느리고 나아가 싸울 새 악왕의 군사가 비록 수십만이 되고, 교우는 불과 몇천이 되지 못하나 유다가 여러 사람의 마음을 굳게 하여 도적의 많음을 두려워 아니하고 간절히 주께 구하여 주심을 기구하니, 주께서 여러 번 천사를 보내사 드러나게 진 앞에서 싸워 적국의 군사를 많이 죽이고 도와주시는 고로 싸움[125a]하매 이기지 못함이 없더라.

이에 다시 예루살렘 성을 회복하고 성당을 꾸미니, 유대아 사람이 점점 옛날과 같이 수계(守誡)하여 주를 공경하고 도적을 막아 싸워 모든 성을 다

[125a] ᄒ매 이긔지 못홈이 업더라

이에 다시 <u>예루사름</u> 셩을 회복ᄒ고 셩당을 ᄭᅮ미니 <u>유더아</u> 사름이 졈졈 녜[316]
와 ᄀᆞᆺ치 슈계ᄒ야 쥬ᄅᆞᆯ 공경ᄒ고 도적을 막아 싸화 모든 셩을 다시 셰우니 악
왕의 력쟝[317]이 비록 졀치ᄒ고[318] ᄒᆞ나 련ᄒ야 패ᄒ고 죽임을 닙은 쟤 만ᄒ
니 이에 엇지ᄒᆞᆯ 길이 업ᄂᆞᆫ지라 이ᄯᅢ에 로마국이 유다의 싸홈홈이 유명홈을 듯
고 이에 <u>유더아국</u>으로 더부러 서로 도아주기로 밍셰ᄅᆞᆯ 언약ᄒ엿더니 <u>유다</u>ㅣ
죽은 후에 그 다ᄉᆞᆺ재 동셩 [125b] <u>요나다</u>ㅣ 형의 위ᄅᆞᆯ 되신ᄒ야 싸흘 ᄉᆡ 쥬의
널니 덥흐심을 닙어 ᄒᆞᆼ샹 이긔다가 후에 우연이 력국의 속임을 닙어 해롤 맛
나니라 이ᄯᅢ 여러 무리 그 부형의 츙셩과 공을 ᄉᆡᆼ각ᄒ고 이에 공론ᄒ야 나라
권셰와 교즁 일을 모다 그 둘재 형 <u>시몬</u>의게 부탁ᄒ야 되되로 서로 젼ᄒ야 구
셰쥬 오실 ᄯᅢᄭᅵ지 ᄇᆡᆨ셩을 거ᄂᆞ리게 ᄒ니라

문: 마다디아는 이 뉘뇨

답: 고교 슈졔쟤ㅣ니 열심으로 텬쥬의 영광을 나타나게 ᄒᆞᆫ 쟤ㅣ니라

[126a] 문: 고경에 그 아들들을 무어시라 닐크롯ᄂᆞ냐

답: <u>마가베</u>라 ᄒ니라

문: 그 모든 형뎨가 무ᄉᆞᆷ 긔이ᄒᆞᆫ 일을 힝ᄒ엿ᄂᆞ뇨

답: 텬쥬의 보우ᄒᆞ심을 닙어 본국 ᄇᆡᆨ셩을 구ᄒ야 낸 공로로 텬쥬ㅣ 그 ᄌᆞ손의
　　게 큰 ᄉᆞ교[319]쟤ㅣ 잇게 ᄒ시고 아오로 구셰쥬ㅣ 쟝ᄎᆞᆺ 림ᄒ실 ᄯᅢᄭᅵ지 님금
　　이 되게 ᄒᆞ셧ᄂᆞ니라

316　녜: 舊.

317　력쟝: 賊將, 도적의 장수.

318　졀치(切齒)ᄒ다: 이를 갈다.

319　큰 ᄉᆞ교: 大司敎, 대교구(大敎區)를 주관하는 직위, 또는 그 직위에 있는 사람.

시 세우니, 악왕의 적장(賊將)이 비록 절치(切齒)하고 한(恨)하나 연하여 패하고 죽임을 입은 자가 많으니, 이에 어찌할 길이 없는지라. 이때 로마국이 유다의 싸움함이 유명함을 듣고 이에 유대아국으로 더불어 서르 도와주기로 맹세를 언약하였더니, 유다가 죽은 후에 그 다섯째 동생 [125b] 요나단이 형의 위(位)를 대신하여 싸울 새 주의 널리 덮으심을 입어 항상 이기다가 후에 우연히 적국의 속임을 입어 해를 만나니라. 이때 여러 무리 그 부형의 충성과 공을 생각하고 이에 공론하여 나라 권세와 교중 일을 모두 그 둘째 형 시몬에게 부탁하여 대대로 서로 전하여 구세주 오실 때까지 백성을 거느리게 하니라.

문: 마따디아는 누구입니까?

답: 고교(古敎) 사제(司祭)자이니 열심히 천주의 영광을 나타나게 한 자입니다.

[126a] 문: 고경(古經)에 그 아들들을 무엇이라 일컬었습니까?

답: 마카베오라 하였습니다.

문: 그 모든 형제가 무슨 기이한 일을 행하였습니까?

답: 천주의 보우하심을 입어, 본국 백성을 구하여 낸 공로로 천주께서 그 자손에게 큰 사교(司敎)자가 있게 하시고, 아울러 구세주께서 장차 임하실 때까지 임금이 되게 하셨느니라.

뎨스십구쟝은 마가베 나라 일홈을 의론홈이라[320]

조성 후 삼쳔구빅스십 년이오 강싱 젼 륙십 년이니 쌔는 한나라 션뎨[321]

뎨십스[126b]년이라

이에 시몬이 교즁 일을 맛하 나라 권셰롤 잡앗더니 못춤 죽으매 그 아돌의
게 젼하고 아돌은 손즈의게 젼하니 그 손즈ㅣ 스스로 일홈하야 왕이라 하더니
후에 그 즈손 즁에 형뎨 잇는지라 하나흔 힐가노[322]오 하나흔 아리스도불[323]이
라 하니라 둘이 서로 다토아 나라흘 가지려 홀 시 힐가노ㅣ 로마에서 총령하는
봉베위스[324]의게 쳥하야 군스롤 거느리고 유더아 셩에 드러와 그 동싱 아리스도
불 [127a] 부즈 세 사룸을 로마로 잡아 보내니 봉베위스ㅣ 비록 힐가노롤 셰워
님금을 삼으나 오직 님금의 일홈만 잇고 그 실샹은 업는지라 대개 나라 권셰
롤 이두메아[325]국 사룸 안듸바뎰[326]의게 붓쳣더니 안듸바뎰이 죽으매 그 아돌 헤
로더ㅣ 위롤 꾀홀 시 로마 형셰롤 의지하야 유다 나라 권셰롤 가져 시몬 즈손의
놉흔 일홈을 느리치고 쳔즈히[327] 유더아 님금이 되니라

네헤미아[328] 학스ㅣ 예루사룸 셩을 둘재 번 회복홈으로브터 헤로더ㅣ 권셰
롤 쥬[127b]쟝하야 님금이 될 때꼬지 니르러 스빅여 년이러라 헤로더ㅣ 님금
이 되엿실 때에 유다 즈손은 다 나라 권셰가 업서지니 과연 야곱 셩조와 다니엘
셩인과 모든 션지쟈들의 미리 말슴한 바 구셰쥬ㅣ 믄득 오실 때러라 그런고로
본국에 잇는 이와 또 다른 나라희 흣허져 잇는 유다 모든 사룸 즁에 고경을 아
는 쟈ㅣ 젼하야 말하기롤 이때에 반드시 구셰쥬ㅣ 오시리라 하니라 태셔 로마

---

320 하스몬왕조-로마 통치 기간.
321 션뎨: 宣帝, 전한(前漢)의 제10대 황제.
322 힐가노: 依爾加諾, 히르카노스, Ἰωάννης Ὑρκανός II (BC 110-BC 30), 하스몬 왕조의 9대 왕.
323 아리스도불: 亞利思多不魯, 아리스토불로스, Ἀριστόβουλος II (-BC 49), 하스몬 왕조의 10대 왕.
324 봉베위스: 崩百約, 폼페이우스, Gnaeus Pompeius Magnus (BC 106-BC 48), 로마의 장군.
325 이두메아: 依都默亞, 이두매, Ἰδουμαία, Idūmaea.
326 안듸바뎰: 安弟巴得爾, 안티파트로스, Antipatros, 헤롯 1세의 아버지.
327 쳔즈히: 自擅(자천), 자기 멋대로.
328 네헤미아: 熱赫彌亞, 느헤미야.

제49장은 마카베오가 나라를 잃음을 의론함이라.

조성 후 3940년이요, 강생 전 60년이니, 때는 한나라 선제(宣帝)

제14[126b]년이라.

　　이에 시몬이 교중(敎中) 일을 맡아 나라 권세를 잡았더니, 마침 죽으매
그 아들에게 전하고, 아들은 손자에게 전하니, 그 손자가 스스로 이름하여
왕이라 하더니, 후에 그 자손 중에 형제 있는지라. 하나는 히르카노스요, 하
나는 아리스토불로스라 하니라. 둘이 서로 다투어 나라를 가지려 할 새 히르
카노스가 로마에서 총령하는 폼페이우스에게 청하여 군사를 거느리고 유다
아 성에 들어와 그 동생 아리스토불로스 [127a] 부자 세 사람을 로마로 잡아
보내니, 폼페이우스가 비록 히르카노스를 세워 임금으로 삼으나 오직 임금
의 이름만 있고 그 실상은 없는지라. 대개 나라 권세를 이두매국 사람 안티
파트로스에게 부쳤더니, 안티파트로스가 죽으매 그 아들 헤롯이 위를 꾀할
새, 로마 형세를 의지하여 유다 나라 권세를 가져 시몬 자손의 높은 이름을
내리치고, 자기 멋대로 유대아 임금이 되니라.

　　느헤미야 학사가 예루살렘 성을 둘째 번 회복함으로부터 헤롯이 권세를
주[127b]장하여, 임금이 될 때까지 이르러 400여 년이러라. 헤롯이 임금이
되었을 때 유다 자손은 그 나라 권세가 없어지니, 과연 야곱 성조와 다니엘
성인과 모든 선지자들의 미리 말씀한 바 구세주께서 문득 오실 때러라. 그런
고로 본국에 있는 이와 또 다른 나라에 흩어져 있는 유다 모든 사람 중에 고
경을 아는 자가 전하여 말하기를 '이때 반드시 구세주께서 오시리라' 하니라
태서(泰西) 로마 사람이 처음부터 강하게 일어나서 그리스 모든 나[128a]라
를 차지할 즈음에 로마 사람이 기세가 등등하여 먼저 서양 도든 나라를 다
멸하고 점점 그리스와 아프리카와 흑인 등 나라를 차지하고, 헤롯 때에 이르
러 가이사르와 아우구스투스가 동방 모든 나라를 얻으매 천하가 다 통일하
여 로마 조(朝)라 하니, 이는 곧 다니엘 선지의 말한 바 제4대조이니라.

사룸이 처음브터 호강으로³²⁹ 니러나셔 그레시아³³⁰ 모든 나[128a]라흘 츠지홀 즈음에 로마 사룸이 긔셰가 등등ᄒ야 몬져 셔양 모든 나라흘 다 멸ᄒ고 졈졈 그레시아와 아프리가³³¹와 흑인³³² 등 나라흘 다 츠지ᄒ고 헤로더 ᄯᅢ에 니르러 세 살³³³과 오규스듸스³³⁴ ㅣ 동방 모든 나라흘 엇으매 텬하ㅣ 다 통일ᄒ야 로마 죠ㅣ라 ᄒ니 이는 곳 다니엘 션지쟈의 말ᄒᆫ 바 뎨ᄉ대죠ㅣ니라

문: 마가베 ᄌ손이 엇더케 나라흘 일헛ᄂ뇨
답: 형뎨 두 사룸이 나라흘 다토아 서로 해코져 ᄒᄂ 고[128b]로 로마 사룸이 와셔 그 나라흘 ᄲᅢ아셧ᄂ니라
문: 로마 나라히 유더아 나라흘 엇은 후에 다른 님금을 두엇ᄂ냐
답: 타국 사룸 헤로더ᄅᆞᆯ 셰워 님금을 삼앗ᄂ니라

<hr>

329 호강: 豪強, 세력이 뛰어나게 세다.
330 그레시아: 額肋西亞, 그리스.
331 아프리가: 亞弗利加, 아프리카.
332 흑인: 黑人, 한문본에는 낱말에 밑줄이 없다.
333 세 살: 貴撒爾, 가이사르, Gaius Julius Caesar (BC100-BC 44).
334 오규스듸스: 奧吾斯多, 아우구스투스, Gaius Julius Caesar Augustus(BC 63-AD 14).

문: 마카베오 자손이 어떻게 나라를 잃었습니까?

답: 형제 두 사람이 나라를 다투어 서로 해하고자 하는 [128b] 고로 로마 사람이 와서 그 나라를 빼앗았습니다.

문: 로마 나라가 유대아 나라를 얻은 후에 다른 임금을 두었습니까?

답: 타국 사람 헤롯을 세워 임금으로 삼았습니다.

뎨오십쟝은 고 셩인 션지쟈룰 의론홈이라

대개 셰샹에 이단과 샤슐ᄒᄂᆫ 사룸들이 혹 이왕[335]과 당시 일을 아ᄂᆫ 쟈ㅣ 더러 잇시나 이ᄂᆫ 다 마귀의 능이로ᄃᆡ 오히려 사룸의 뜻에 뎡홈이 업ᄂᆫ 미리 ᄉᆞ졍은 본ᄃᆡ 마귀의 능치 못ᄒᆞᆫ 바ㅣ 어니와 텬[129a]신이라도 텬쥬의 믁계ᄒᆞ심이 업ᄉᆞ면 능히 알지 못홀 바ㅣ라 오직 텬디간에 홀노 ᄒᆞᆫ 텬쥬ㅣ 온젼이 알으시ᄂᆫ 능이 계신 고로 이왕과 현ᄌᆡ와 미릭의 은밀ᄒᆞ고 깁흔 모든 ᄉᆞ졍을 의론치 말고 도모지 다 보시기룰 손바닥에 잇ᄉᆞᆸ 곳ᄒᆞ야 호발도 어긤이 업ᄂᆫ지라

그런고로 ᄃᆡᄃᆡ로 ᄂᆞ려오ᄂᆫ 셩인들이 텬쥬의 믁계ᄒᆞ심을 밧아 일즉이 그리스도ㅣ 강셩 구쇽ᄒᆞ신 모든 ᄉᆞ졍을 ᄌᆞ셰히 다 긔록ᄒᆞ엿시니 마치 야곱 셩조 곳흔 이ᄂᆫ 구셰쥬ㅣ 유다 [129b] 조손 즁에셔 나실 줄을 알앗고 이사이아 션지ᄂᆫ 그리스도ㅣ 동졍녀 몸에셔 나실 줄을 긔록ᄒᆞ엿고 미게아스 션지ᄂᆫ 벳드름을 ᄀᆞ룻쳐 셩탄ᄒᆞ실 곳이라 ᄒᆞ엿고 이사이아ㅣ 또 젼교ᄒᆞ샤 여러 사룸을 권화ᄒᆞ실 셩젹과 감심으로 슈고 슈난ᄒᆞ샤 만민을 구ᄒᆞ기룰 위ᄒᆞ야 죽으심과 죽으신 후에 부활ᄒᆞ실 일을 ᄌᆞ셰히 의론ᄒᆞ엿고 자가리아[336]ᄂᆫ 그 나귀룰 타시고 오시매 여러 무리 영졉ᄒᆞ야 예루사름 도셩에 영화롭게 드러오실 줄을 강론ᄒᆞ[130a]엿고 다위 셩왕은 예수ㅣ 못 박히실 때에 그 옷슬 군ᄉᆞ들이 져비 잡아 가져간 것과 그 육신의 썩음을 보지 아니홀 것과 ᄌᆞ긔 능력으로 승텬ᄒᆞ실 일을 말ᄉᆞᆷᄒᆞ엿고 말나긔ᄂᆫ 미사[337] 셩졔룰 보텬하에 다 힝홀 줄을 긔록ᄒᆞ엿시니 도모지 말홀진대 고경에 션지쟈와 ᄃᆡᄃᆡ로 ᄂᆞ려오ᄂᆫ 셩조들이 구셰쥬ㅣ 나심과 죽으심과 부활 승텬ᄒᆞ심과 종도들이 젼교ᄒᆞ심과 셰샹 ᄆᆞᆺ츨 때 심판ᄒᆞ실 모든 일을 낫낫치 미리 칙에 긔록ᄒᆞ야 후에 ᄒᆞ나토 틀님이 [130b] 업고 조곰도 어긤이 업ᄉᆞ니 긔이ᄒᆞ도다

335　이왕: 己往, 지금보다 이전.
336　자가리아: 匝加利亞, 스가랴.
337　미사: 彌撒.

제50장은 고(古) 성인(聖人) 선지자를 의론함이라.

　　대개 세상에 이단과 사술(邪術)하는 사람들이 혹 이왕(已往)과 당시 일을 아는 자가 더러 있으나, 이는 다 마귀의 능이로되, 오히려 사람의 뜻에 좆함이 없는 미래 사정은 본디 마귀의 능치 못한 바이거니와 천[129a]사라도 천주의 계시하심이 없으면 능히 알지 못할 바라. 오직 천지간에 홀로 한 천주께서 온전히 아시는 능력이 있는 고로, 이왕과 현재와 미래의 은밀하고 깊은 모든 사정을 의논치 말고 도무지 다 보시기를 손바닥에 있음 같아 호발(毫髮)도 어김이 없는지라.

　　그런고로 대대로 내려오는 성인들이 천주의 계시하심을 받아 일찍이 그리스도께서 강생(降生) 구속(救贖)하신 모든 사정을 자세히 다 기록하였으니, 마치 야곱 성조 같은 이는 구세주께서 유다 [129b] 자손 중에서 나실 줄을 알았고, 이사야 선지는 그리스도께서 동정녀 몸에서 나실 줄을 기록하였고, 미가 선지는 베들레헴을 가리켜 성탄(聖誕)하실 곳이라 하였고, 이사야는 또 전교하사 여러 사람 권화하실 성적(聖蹟)과 감심(甘心)으로 수고(受苦), 수난(受難)하사 만민을 구하기 위하여 죽으심과 죽으신 후에 부활하실 일을 자세히 의논하였고, 스가랴는 그 나귀를 타시고 오시매 여러 무리 영접하여 예루살렘 도성에 영화롭게 들어오실 줄을 강론하[130a]였고, 다윗 성왕은 예수께서 못 박히실 때에 그 옷을 군사들이 제비 잡아 가져간 것과 그 육신의 썩음을 보지 아니할 것과 자기 능력으로 승천하실 일을 말씀하였고 말라기는 미사(彌撒), 성제(聖祭)를 보천하에 다 행할 줄을 기록하였으니, 도무지 말한진대 고경(古經)에 선지자와 대대로 내려오는 성조(聖祖)들이 구세주께서 나심과 죽으심과 부활, 승천하심과 사도들이 전교하심과 세상 마칠 때 심판하실 모든 일을 낱낱이 미리 책에 기록하여 후에 하나도 틀림이 [130b] 없고 조금도 어김이 없으니 기이하도다.

　　또 모든 선지들은 다 박학하고 덕이 높은데 성인으로 세상에서 기이한 또 모든 션지들은 다 박학ᄒ고 덕이 놉흔대 셩인으로 세샹에서 긔이흔 령적과 이샹흔 일을 만히 ᄒᆡᆼᄒᆞ신지라 대개 텬쥬의 거륵ᄒ신 일홈을 의지ᄒ야 죽은 이ᄅᆞᆯ 다시 살게 ᄒ고 눈먼 이ᄅᆞᆯ 보게 ᄒ고 귀막은 이ᄅᆞᆯ 듯게 ᄒ고 벙어리ᄅᆞᆯ 말ᄒ게 ᄒ고 안즌방이ᄅᆞᆯ ᄃᆞ니게 ᄒ고 병든 이ᄅᆞᆯ 낫게 ᄒ고 마귀ᄅᆞᆯ 몰고 하ᄂᆞᆯ 노셔 불이 ᄂᆞ려오게 ᄒ고 우레와 비와 우박 ᄀᆞᆺ흔 죵죵흔 령적을 다 긔록홀 길이 업ᄉ니 이[131a]ᄅᆞᆯ 보면 죡히 우리 셩교가 춤되고 바ᄅᆞᆷ을 알아 호발도 의심이 업ᄉᆞᆯ지로다

고경 여러 칙과 만흔 쟝을 어ᄂᆞ 겨ᄅᆞᆯ에 다 번역ᄒ리오 불과 흔두 가지ᄅᆞᆯ 긔록ᄒ야 써 밋ᄂᆞᆫ 벗들의 ᄆᆞᄋᆞᆷ을 견고케 ᄒ고 또 흔가히 이 글을 보ᄂᆞᆫ 쟈로 ᄒ여곰 흔 도음이 되게 코져 ᄒ노라

문: 고경의 모든 션지 셩인은 이 엇던 사ᄅᆞᆷ들이뇨
답: 텬쥬의 ᄆᆞᆨ시ᄅᆞᆯ 밧은 녯 셩인이니 미리 쟝ᄅᆡ 모든 일을 말흔 쟈ㅣ 니라
[131b] 문: 션지 셩인이 대략 몃치뇨
답: 열여ᄉᆞᆺ 션지 셩인이니 그즁에 네흔 큰 션지쟈ㅣ오 열둘흔 젹은 셩지쟈[338]
ㅣ 니라
문: 션지쟈의 말흔 바 모든 일이 다 틀님이 업섯ᄂᆞ냐
답: 호말도 아니 된 일이 업서 낫낫치 마잣ᄂᆞ니라

---

338 젹은 셩지쟈: 十二小先知者. '젹은 선지자'의 오기로 보인다.

영적과 이상한 일을 많이 행하신지라. 대개 천주의 거룩하신 이름을 의지하여 죽은 이를 다시 살게 하고, 눈먼 이를 보게 하고, 귀먹은 이를 듣게 하고, 벙어리를 말하게 하고, 앉은뱅이를 달리게 하고, 병든 이를 낫게 하고, 마귀를 몰고, 하늘로서 불이 내려오게 하고, 우레와 비와 우박 같은 종종(種種)한 영적을 다 기록할 길이 없으니, 이[131a]를 보면 족히 우리 성고가 참되고 바름을 알아 호발도 의심 없을지로다.

고경 여러 책과 많은 장을 어느 겨를에 다 번역하리요, 불과 한두 가지를 기록하여 이로써 믿는 벗들의 마음을 견코케 하고, 또 한가히 이 글을 보는 자로 하여금 한 도움이 되게 하고자 하노라.

문: 고경의 모든 선지 성인은 어떤 사람들입니까?

답: 천주의 계시를 받은 옛 성인이니, 미리 장래 모든 일을 말한 자입니다.

[131b] 문: 선지 성인이 대략 몇입니까?

답: 열여섯 선지 성인이니, 그중에 넷은 큰 선지자요, 열둘은 작은 선지자입니다.

문: 선지자의 말한 바 모든 일이 다 틀림이 없었습니까?

답: 호말도 아니 된 일이 없어, 낱낱이 맞았습니다.

제2부

———————

언해본『셩교감략』의 번역 (하)

[목1a] **셩교감략 하권 목록**

뎨일쟝은 셩모ㅣ 령보ᄒᆞ심을 의론홈이라 一

뎨이쟝은 셩모ㅣ 셩부 엘니사벳을 가 보심을 의론홈이라 三

뎨삼쟝은 예수ㅣ 거륵히 탄싱ᄒᆞ심을 의론홈이라 六

뎨ᄉᆞ쟝은 오 쥬 예수ㅣ 할손례 밧으심과 일홈 셰우심을 의론홈이라 九

뎨오쟝은 삼왕이 릐죠홈을 의론홈이라 十

[목1b] 뎨륙쟝은 셩모ㅣ 예수롤 쥬당에 드리심을 의론홈이라 十三

뎨칠쟝은 예수ㅣ 에집도국으로 피ᄒᆞ심을 의론홈이라 十五

뎨팔쟝은 예수ㅣ 열두 셜에 도리 강론ᄒᆞ심을 의론홈이라 十八

뎨구쟝은 예수ㅣ 요안의게 셰밧으심을 의론홈이라 二一

뎨십쟝은 예수의 엄직ᄒᆞ심과 마귀 유감홈을 의[목2a]론홈이라 二三

뎨십일쟝은 예수ㅣ 십이 죵도롤 ᄲᅡ심을 의론홈이라 二六

뎨십이쟝은 예수ㅣ 도리롤 강론ᄒᆞ심과 권화ᄒᆞ심을 의론홈이라 二八

뎨십삼쟝은 예수ㅣ 베드루롤 ᄲᅡ샤 슈죵도 삼으심을 의론홈이라 三十

뎨십ᄉᆞ쟝은 예수ㅣ 거륵ᄒᆞ신 얼골을 나타내심을 의론홈이라 三三

[목2b] 뎨십오쟝은 예수ㅣ 나귀롤 타고 예루사름에 나아가심을 의론홈이라
　　三五

뎨십륙쟝은 악인이 예수롤 모해홈을 의론홈이라 三七

뎨십칠쟝은 바스과 먹ᄂᆞᆫ 례롤 의론홈이라 三九

뎨십팔쟝은 유다스ㅣ 예수롤 ᄑᆞᆯᄆᆞᆯ 의론홈이라 四二

뎨십구쟝은 예수ㅣ 못 박혀 죽으심을 의론홈이라 四五

뎨이십쟝은 예수ㅣ 부활ᄒᆞ심을 의론홈이[목3a]라 四八

뎨이십일쟝은 예수ㅣ 승텬ᄒᆞ심을 의론홈이라 五一

뎨이십이쟝은 셩신이 강림ᄒᆞ심을 의론홈이라 五四

뎨이십삼쟝은 예루사름에 셩교ㅣ 니러나 시작홈을 의론홈이라 五七

[목1a] 성교감략 하권 목록

제1장은 성모께서 영보(領報)하심을 의론함이라. 一

제2장은 성모께서 성부 엘리사벳을 가 보심을 의론함이라. 三

제3장은 예수께서 거룩하게 탄생하심을 의론함이라. 六

제4장은 우리 주 예수께서 할손례(割損禮) 받으심과 이름 세우심을 의론함이라. 九

제5장은 삼왕(三王)이 내조(來朝)함을 의론함이라. 十

[목1b] 제6장은 성모께서 예수를 주의 당(堂)에 드리심을 의론함이라. 十三

제7장은 예수께서 이집트 나라로 피하심을 의론함이라. 十五

제8장은 예수께서 열두 살에 도리 강론하심을 의론함이라. 十八

제9장은 예수께서 요한에게 세례받으심을 의론함이라. 二一

제10장은 예수의 엄격하게 정진하심과 마귀의 유혹(誘惑)함을 의[목2a]론함이라. 二三

제11장은 예수께서 열두 사도를 택하심을 의론함이라. 二六

제12장은 예수께서 도리를 강론하심과 권화(勸化)하심을 의론함이라. 二八

제13장은 예수께서 베드로를 택하사 사도의 수장(首長) 삼으심을 의론함이라. 三十

제14장은 예수께서 거룩하신 얼굴을 나타내심을 의론함이라. 三三

[목2b] 제15장은 예수께서 나귀를 타고 예루살렘에 나아가심을 의론함이라. 三五

제16장은 악인이 예수를 모해(謀害)함을 의론함이라. 三七

제17장은 파스카 먹는 예를 의론함이라. 三九

제18장은 유다가 예수를 팖을 의론함이라. 四二

제19장은 예수께서 못 박혀 죽으심을 의론함이라. 四五

제20장은 예수께서 부활하심을 의론함이[목3a]라. 四八

데이십ᄉ쟝은 **예루사름** 셩교ㅣ 처음으로 간난 풍파 밧음을 의론홈이라 六十

[목3b] 데이십오쟝은 **반로** 종도ㅣ 귀화ᄒ심을 의론홈이라 六三

데이십륙쟝은 **사마리아** 빅셩과 밋 외교인이 귀화홈을 의론홈이라 六五

데이십칠쟝은 종도들이 텬하에 논화 힝ᄒ야 교ᄅᆞᆯ 젼ᄒ심을 의론홀이라 六七

데이십팔쟝은 **공스당딩** 황뎨 봉교홈을 의론홈이라 七十

데이십구쟝은 셩교ㅣ 처음으로 **당**나라에 젼홈[목4a]을 의론홈이라 七四

뎨삼십쟝은 **원**나라 셩교ᄅᆞᆯ 의론홈이라 八二

뎨삼십일쟝은 **명**나라 셩교ᄅᆞᆯ 의론홈이라 八七

뎨삼십이쟝은 **쳥**나라 셩교ᄅᆞᆯ 의론홈이라 九二

제21장은 예수께서 승천하심을 의론함이라. 五一

제22장은 성령(聖靈)이 강림(降臨)하심을 의론함이라. 五四

제23장은 예루살렘 성교(聲敎)가 일어나 시작함을 의론함이라. 五七

제24장은 예루살렘 성교가 처음으로 간난(艱難) 풍파 받음을 의론함이라.
　　　六十

[목3b] 제25장은 바울 사도가 귀화하심을 의론함이라. 六三

제26장은 사마리아 백성과 및 외교인이 귀화함을 의론함이라. 六五

제27장은 사도들이 천하에 나눠 향하여 교를 전하심을 의론함이라. 六七

제28장은 콘스탄티누스 황제 봉교(奉敎)함을 의론함이라. 七十

제29장은 성교가 처음으로 당나라에 전[목4a]함을 의론함이라. 七四

제30장은 원나라 성교를 의론함이라. 八二

제31장은 명나라 성교를 의론함이라. 八七

제32장은 청나라 성교를 의론함이라. 九二

뎨일쟝은 셩모ㅣ 령보ᄒ심을 의론홈이라

조셩 후 수쳔 년이오 강셩 첫히니 ᄯᅢ는 한나라 인뎨¹ 원슈 뎨이 년이라

    텬쥬ㅣ 영원이 몬져 뎡ᄒ시고 녯 션지쟈ㅣ 미리 말ᄉᆞᆷᄒ신 구셰쥬ㅣ 강셩ᄒ샤 셰샹 사ᄅᆞᆷ을 불샹이 넉여 건지실 ᄯᅢ 임의 니ᄅᆞ매 **갈닐네아 나자릿 고올²**에 사는 동졍 **마리아**ㅣ 나히 부야흐로 십오 셰니 그 졍비 **요셉**으로 더브러 다 **다위** 셩왕의 ᄌᆞ손이라 ᄒᆞᆫ가지로 셩덕이 잇서 굿치 동졍을 직희[1b]더니 ᄯᅢ에 텬신 **갑열**이 텬쥬의 명을 밧드러 동신³ **마리아**ᄭᅴ 공슌히 보ᄒᆞ야 닐ᄋᆞ디 네 복을 신츅⁴ᄒᆞᄂᆞ이다 셩춍을 ᄀᆞ득히 닙으신 **마리아**여 쥬ㅣ 너와 ᄒᆞᆫ 가지로 계시도소이다 **마리아**ㅣ 이 말ᄉᆞᆷ을 드ᄅᆞ시고 ᄆᆞ음에 놀나시거ᄂᆞᆯ 텬신이 위로ᄒᆞ야 ᄀᆞᆯᄋᆞ디 **마리아**여 놀나지 마옵쇼셔 너ㅣ 텬쥬의 춍이ᄅᆞᆯ 밧으샤 쟝ᄎᆞᆺ 잉ᄐᆡᄒᆞ야 아ᄃᆞᆯ을 나흘 거시니 맛당이 예수ㅣ라 일홈ᄒᆞ쇼셔

    마리아ㅣ 무러 ᄀᆞᆯᄋᆞ샤디 나ㅣ 임의 동졍 직희기로 ᄯᅳᆺ을 뎡ᄒ엿[2a]시니 이 말ᄉᆞᆷ을 엇더케 힝ᄒᆞ리오 텬신이 고ᄒᆞ야 ᄀᆞᆯᄋᆞ디 텬쥬 셩신⁵의 젼능으로 너ᄅᆞᆯ 덥ᄒᆞ심을 인ᄒᆞ야 네 동졍에 구ᄋᆡ홈이 업ᄉᆞ리니 너ㅣ 나흐실 쟈는 이에 텬쥬 셩ᄌᆞㅣ시니라 네 이죵 **엘니사벳**이 늙고 본디 슈ᄐᆡᄒᆞ지 못ᄒᆞᄂᆞᆫ 녀인이로디 이제 쥬의 은우ᄅᆞᆯ 닙어 잉ᄐᆡᄒᆞᆫ 지 여ᄉᆞᆺ ᄃᆞᆯ이니 텬쥬 젼능으로 못ᄒᆞ실 일이 업ᄂᆞ이다 **마리아**ㅣ 겸손ᄒᆞ고 온공⁶ᄒᆞ신 말ᄉᆞᆷ으로 디답ᄒᆞ야 ᄀᆞᆯᄋᆞ샤디 쥬의 죵이 여긔 디령ᄒᆞ오니 네 말ᄉᆞᆷ 굿치 내게 일우여[2b]지이다 이에 즉시 텬쥬 뎨이위 셩

---

1 인뎨: 哀帝, 전한의 13대 황제.

2 갈닐네아 나자릿 고올: [1866]에 없음.

3 동신: 童身, 이성(異性)과 한 번도 성적(性的)인 접촉을 한 적이 없는 순결한 몸.

4 신츅(申祝): 申爾福.

5 셩신: 聖神, 성령.

6 온공(溫恭)ᄒ다: 온화하고 공손하다.

제1장은 성모께서 영보(領報)하심을 의론함이라.
조성 후 4,000년이요, 강생 첫해니, 때는 한(漢)나라 애재(哀帝) 원수(元壽)
제2년이라.

　천주께서 영원히 먼저 정하시고, 옛 선지자가 미리 말씀하신 구세주께
서 강생하사 세상 사람을 불쌍히 여겨 건지실 때 이미 이르매, 갈릴리 나사
렛 고을에 사는 동정녀 마리아 나이 바야흐로 십오 세이니, 그 정배(淨配) 요
셉으로 더불어 다 다윗 성왕의 자손이라. 한가지로 성덕이 있어 같이 동정을
지키[1b]더니, 천사 가브리엘이 천주의 명을 받들어 동신(童身) 마리아께 공
손히 보(報)하여 이르되, "네 복을 알리나이다. 성총을 가득히 입으신 마리아
여, 주께서 너와 한가지로 계십니다." 마리아가 이 말씀을 들으시고 마음에
놀라시거늘 천사가 위로하여 가로되, "마리아여 놀라지 마옵소서, 당신이 천
주의 총애를 받으사 장차 잉태하여 아들을 낳을 것이니, 마땅히 예수라 이름
하소서."

　마리아가 물어 가로되, "내가 이미 동정 지키기로 뜻을 정하였[2a]으니,
이 말씀을 어떻게 행하리오." 천사가 고하여 가로되, "천주 성령의 능력으로
너를 덮으심을 인하여 네 동정에 구애함이 없으리니, 네가 낳으실 자는 이어
천주 성자이시니라. 네 이종(姨從) 엘리사벳이 늙고, 본래 수태하지 못하는
여인이로되, 이제 주의 은우(恩佑)을 입어 잉태한 지 여섯 달이니, 천주 전능
으로 못하실 일이 없나이다." 마리아가 겸손하고 온화하고 공손하신 말씀으
로 대답하여 가라사대, "주의 종이 여기 대령하오니, 네 말씀같이 내게 이루
어[2b]지이다." 이에 즉시 천주 제2위 성자께서 성부로 더불어 한 체(體)를
갈리지 아니하시고 강잉(降孕)하사 사람이 되시니라.

주ㅣ 셩부로 더브러 흔 톄롤 갈니이지 아니ᄒᆞ시고 강잉ᄒᆞ샤[7] 사ᄅᆞᆷ이 되시니라

문: 예수의 모친은 이 뉘시뇨

답: 동졍 마리아ㅣ 시니라

문: 텬쥬ㅣ 강싱ᄒᆞ시매 엇지ᄒᆞ야 모친이 계시뇨

답: 사ᄅᆞᆷ의 아ᄃᆞᆯ이 되고져 ᄒᆞ심이니라

문: 텬쥬ㅣ 모친이 업ᄉᆞ면 능히 사ᄅᆞᆷ이 되지 못ᄒᆞ시랴

답: 능히 ᄒᆞᆯ 거시로ᄃᆡ 다만 모친이 업시 나시[3a]면 엇지 ᄡᅥ 사ᄅᆞᆷ의 아ᄃᆞᆯ이라 닐ᄏᆞ르리오

문: 마리아ㅣ 어ᄂᆞ 지파로 조차 ᄂᆞ려왓ᄂᆞ뇨

답: 야곱 셩조의 넷재 아ᄃᆞᆯ 유다 지파ㅣ 니라

문: 또 어ᄂᆞ 집으로 조차 나시뇨

답: 다위 셩왕의 집이니라

문: 마리아ㅣ 엇더케 오 쥬롤 잉ᄐᆡᄒᆞ시뇨

답: 텬쥬 셩신의 젼능ᄒᆞ신 은혜 닙음을 인홈이시니라

문: 무어슬 위ᄒᆞ야 마리아ㅣ 요셉으로 졍비롤 삼으시뇨

답: ᄌᆞ긔 동졍의 증거와 또 동신의 동모롤 [3b]엇고져 ᄒᆞ심이니라

문: 동졍녀ㅣ 아ᄃᆞᆯ 나흠을 고경에 미리 말ᄉᆞᆷᄒᆞ심이 잇ᄂᆞ냐

답: 이사이아 션지쟤ㅣ 미리 그 말ᄉᆞᆷ을 긔록ᄒᆞ엿ᄂᆞ니라

---

7 강잉(降孕)ᄒᆞ다: 예수가 마리아에게 잉태되다.

문: 예수의 모친은 누구십니까?

답: 동정 마리아이십니다.

문: 천주께서 강생하시매, 어찌하여 모친이 계십니까?

답: 사람의 아들이 되고자 하심입니다.

문: 천주께서 모친이 없으면 능히 사람이 되지 못하십니까?

답: 능히 할 것이로되, 다만 모친이 없이 나시[3a]면 어찌 이로써 사람의 아들
  이라 일컫겠습니까?

문: 마리아는 어느 지파로부터 내려왔습니까?

답: 야곱 성조의 넷째 아들 유다 지파입니다.

문: 또 어느 집으로부터 나십니까?

답: 다윗 성왕의 집입니다.

문: 마리아는 어떻게 우리 주를 잉태하십니까?

답: 천주 성령의 전능하신 은혜 입었기 때문입니다.

문: 무엇을 위하여 마리아는 요셉으로 정배(淨配)를 삼으십니까?

답: 자기 동정(童貞)의 증거와 또 동신(童身)의 동무를 [3b] 얻고자 하심입니
  다.

문: 동정녀가 아들을 낳음을 구약 성경에 미리 말씀하심이 있습니까?

답: 이사야 선지자가 미리 그 말씀을 기록하였습니다.

데이쟝은 셩모ㅣ 셩부 엘니사벳을 가 보심을 의론홈이라[8]
강성 첫히라

마리아ㅣ 임의 구셰 진쥬룰 잉티ᄒ시매 셩튱을 ᄀ득히 닙으샤 이죵 엘니사벳을 보랴 가시니 길이 멀기 ᄉ빅여 리라 그 집에 니ᄅ시니 엘니사벳[4a]이 셩모의 비례ᄒ눈 말ᄉᆞᆷ을 드ᄅ매 그 티즁에 잇눈 ᄋᆞ히 깃거 용약[9]ᄒ거눌 때에 텬쥬ㅣ 그 ᄋᆞ히의 원죄룰 샤ᄒ심이러라 엘니사벳이 셩신의 묵계ᄒ심을 인ᄒ야 마리아ㅣ 임의 텬쥬의 모친이 되심을 알고 소리룰 놉혀 찬숑ᄒ야 골ᄋᆞ디 녀인 즁에 네 튱복을 밧으시며 네 복즁에 계신 아들이 또ᄒ 튱복을 밧아 계시도소이다 나ㅣ 무슴 덕이 잇기로 오 쥬의 모친이 멀니 와 나룰 도라보시눈고 이 때에 셩모ㅣ 스스로 겸비ᄒ샤 또ᄒ 깃버ᄒ고 [4b] 쥬의 일홈을 숑양[10]ᄒ야 골ᄋᆞ샤디 내 령혼이 쥬룰 크게 칭양[11]ᄒ눈도다 내 ᄆᆞ음이 나룰 구ᄒ시눈 텬쥬ᄭ 용약홈이여 운운[12] 셩모ㅣ 엘니사벳을 ᄉᆞ랑ᄒ야 셤기신 지 수월에 도라오시니라

엘니사벳이 히산홀 긔한이 ᄎᆞ매 아들을 나ᄒ니 니웃 벗과 다못 친쳑이 모혀 경하홀 ᄉᆡ 그 부친 자가리아의 일홈으로써 아들의 일홈 짓기룰 의론ᄒ거눌 모친이 골ᄋᆞ디 그러치 아니ᄒ다 맛당이 요안이라 ᄒ라 그 부친이 처음에 텬신의 말을 [5a] 의심ᄒᆞᆫ 벌노 벙어리[13] 된 지 아홉 둘이라 붓슬 구ᄒ야 아들의 일홈을 요안이라 쓰니 즉시 그 혀가 열녀 크게 소리ᄒ야 아들의 쟝릭 모든 일을 닐너 골ᄋᆞ디 이스라엘의 텬쥬룰 찬숑홀지어다 임의 그 빅셩을 도라보시고 구속ᄒ기룰 베프심이여 너는 ᄋᆞ히야 지극히 놉ᄒ신 쥬의 션지쟈ㅣ 라 닐ᄏᆞ리니

---

8   누가복음 1:39-80.
9   용약(踊躍): 樂, 좋아서 뜀.
10 숑양(頌揚): 頌揚.
11 칭양(稱揚): 揚, 좋은 점이나 착하고 훌륭한 일을 높이 평가함, 또는 그런 말, 칭찬.
12 운운: 云云. 말이나 글을 생략할 때 쓰는 말. 소자(小字) 쌍행(雙行)으로 기록되어 있다.
13 벙어리: '언어 장애인(言語障碍人)'을 얕잡아 이르는 말이어서 사용에 주의가 필요하나, 원문을 살려서 그대로 번역한다.

제2장은 성모께서 엘리사벳을 가서 보심을 의론함이라.
강생 첫해라.

마리아가 이미 구세 진주(眞主)를 잉태하시매 가득히 입으사 이종(姨從) 엘리사벳을 보러 가시니, 길이 멀기가 사백여 리라. 그 집에 이르시니 엘리사벳[4a]이 성모의 배례(拜禮)하는 말씀을 들으매 그 태중에 있는 아이 기뻐 용약하거늘 때에 천주께서 그 아이의 원죄를 사하심이러라. 엘리사벳이 성령의 계시하심을 인하여 마리아가 이미 천주의 모친이 되심을 알고 소리를 높여 찬송하여 가로되, "여인 중에 네 총복을 받으시며, 네 복중에 계신 아들이 또한 총복을 받아 계시도소이다. 내가 무슨 덕이 있기로 우리 주의 모친이 멀리 와 나를 돌아보시는고." 이때 성모께서 스스로 겸비하사 또한 기뻐하고 [4b] 주의 이름을 송양하여 ㄱ라사대, "내 영혼이 주를 크게 칭양하는도다. 내 마음이 나를 구하시는 천주께 용약함이여." 운운. 성모께서 엘리사벳을 사랑하여 섬기신 지 수 개월에 돌아오시니라.

엘리사벳이 해산할 기한이 차개 아들을 낳으니, 이웃 벗과 및 친척이 모여 경하할 새 그 부친 사가랴의 이름으로써 아들 이름 짓기를 의논하거늘 모친이 가로되, "그렇지 아니하다 마땅히 '요한'이라 하라." 그 부친이 처음에 천사의 말을 의심한 [5a] 벌로 벙어리 된 지 아홉 달이라. 붓을 구하여 아들의 이름을 '요한'이라 쓰니, 즉시 그 혀가 열려 크게 소리하여 아들의 장래 모든 일을 일러 가로되, "이스라엘의 천주를 찬송할지어다. 이미 그 백성을 돌아보시고 구속하기를 베푸심이여, 너는 아이야 지극히 높으신 주의 선지자라 일컬음을 받을 것이니, 너는 주의 앞에 먼저 행하여 당신 길을 다스리리로다." 하니라.

너 | 쥬의 압희 몬져 힝ᄒ야 당신 길을 다ᄉ리리로다 ᄒ니라

문: 무어ᄉᆞᆯ 위ᄒ야 **마리아** | **엘니사벳**을 가 보시[5b]뇨

답: 인이로이 그 집을 복되고 즐겁게 ᄒ시고 아오로 **요안**의 원죄 샤ᄒ기ᄅᆞᆯ 위
　　ᄒ심이니라[14]

문: **엘니사벳**의 아ᄃᆞᆯ이 뉘시뇨

답: **요안 밥디스다**[15] | 니라 **밥디스다**ᄂᆞᆫ 셰쟈 | 라 말[16]

문: **요안 밥디스다**ᄂᆞᆫ 엇더ᄒᆞᆫ 사름이뇨

답: 이 텬쥬의 션지 대셩인이니 저 | 친히 예수ᄅᆞᆯ ᄀᆞᄅ쳐 강싱 구셰ᄒ샤 사름
　　의 죄ᄅᆞᆯ 면ᄒ야 주시ᄂᆞᆫ 쟈 | 라 몬져 알게 ᄒ셧ᄂᆞ니라

문: 뎌 | 탄일에 무ᄉᆞᆷ 긔이ᄒᆞᆫ 일이 잇섯ᄂᆞ뇨

답: 벙[6a]어리 되엿던 부친이 혀가 열녀 그 아ᄃᆞᆯ의 쟝ᄎᆞᆺ 힝홀 모든 일을 미리
　　말ᄉᆞᆷᄒ시니라

14　아오로 요안의 원죄 샤ᄒ기ᄅᆞᆯ 위ᄒ심이니라: 聖其表姐之子(사촌의 아들을 거룩하게 하기 위해서였습니다).

15　밥디스다: 保弟斯大, 세례. 라틴어] baptista(밥티스타), 헬라어] βαπτιστή(밥티스테).

16　밥디스다ᄂᆞᆫ 셰쟈 | 라 말: [1866]에는 없으나, [1883]은 소자(小字) 쌍행(雙行)으로 주(註)를 달아, 용어를 설
　　명해주고 있다.

문: 무엇을 위하여 마리아가 엘리사벳을 가 보십[5b]니까?

답: 인애(仁愛)로 그 집을 복되고 즐겁게 하시고, 아울러 요한의 원죄 사하기 위하심입니다.

문: 엘리사벳의 아들은 누구십니까?

답: 밥티스타 요한입니다. 밥티스타는 세례자라는 말

문: 밥티스타 요한은 어떠한 사람입니까?

답: 이는 천주의 선지 대(大) 성인(聖人)이니, 저가 친히 예수를 가리켜 강생 구세하여 사람의 죄를 면하여 주시는 자라 먼저 알게 하셨습니다.

문: 저가 탄일(誕日)에 무슨 기인한 일이 있었습니까?

답: 벙[6a]어리 되었던 부친의 혀가 열려, 그 아들의 장차 행할 모든 일을 미리 말씀하셨습니다.

뎨삼쟝은 예수ㅣ 거룩히 탄싱ᄒ심을 의론홈이라[17]

강싱 첫 히니 째는 한나라 인데 원슈 뎨이 년이라

때에 **다니엘** 션지 미리 말ᄉᆞᆷᄒᆞ신 바 뎨ᄉᆞ대죠ㅣ 텬하롤 일통[18]ᄒᆞ니 로마국
위엄과 권셰 날노 셩ᄒᆞ야 동셔 졍벌ᄒᆞ매 **인두**[19]국과 **앙글니아**[20]와 아오로 셔양
모든 나라히 항복지 아니홈이 업셔 ᄉᆞ방이 고요ᄒᆞᆫ지라 **셰살 오귀스듸스**[21] 총왕
[22]이 져의 ᄎᆞ지[6b]ᄒᆞᆫ 나라 인민 수효롤 알고져 ᄒᆞ야 령을 발ᄒᆞ야 각각 본향에
도라가 호젹을 밧치라 ᄒᆞ니 **요셥과 마리아**[23]ㅣ ᄒᆞᆫ가지로 **벳드름**[24] 고을 **다위**[25] 본
향에 가셔 일홈을 보ᄒᆞ니라 슬프다 텬쥬의 오묘ᄒᆞ신 뜻에 미리 뎡ᄒᆞ심이여 셩
모 **마리아**의 ᄒᆡ산ᄒᆞ실 날이 림박ᄒᆞᆫ지라[26] 이때에 빈궁ᄒᆞᆫ **요셥**이 거리로 도라든
니며 슉소롤 ᄎᆞ자 머므실 집을 엇지 못ᄒᆞ시매 홀 수 업셔 셩 밧긔 나아가 뷘
초막에 류슉ᄒᆞ시니 때는 셔력 십이월 이십ᄉᆞ일이라 그날 밤 ᄌᆞ시[27] [7a] 즁에
구셰쥬ㅣ 탄싱ᄒᆞ시매 셩모ㅣ 깃거ᄒᆞ샤 강보로 ᄡᆞ 물구유에 누이신지라

그때에 하늘이 크게 열니고 긔이ᄒᆞᆫ 빗치 ᄉᆞ면에 쏘이며 텬신이 공즁에 노
릐ᄒᆞ고 찬숑ᄒᆞ야 골ᄋᆞ듸 지극히 놉흔 듸셔는 텬쥬ᄭᅴ 영복[28]이오 따희셔는 됴
흔 뜻의 사롬의게 평화홈이로다 ᄒᆞ니 때에 셩 밧긔 목동이 밤을 직희여 양을
보솔피다가 노릐롤 듯고 놀나거놀 텬신이 위로ᄒᆞ야 골ᄋᆞ듸 놀나지 말나 나ㅣ
너희와 모든 빅셩의게 깃븐 소릐롤 보ᄒᆞ노라 오늘[7b]날 구셰쥬ㅣ **벳드름** 다

---

17 누가복음 2:1-20.
18 일통(一統): 통일.
19 인두: 印度, 인도.
20 앙글니아: 英咭利, 영국.
21 셰살 오귀스듸스: 賈撒爾奧吾斯多, 가이사 아구스도, 로마 제국의 초대 황제 가이우스 율리우스 카이사르
    옥타비아누스(Gaius Julius Caesar Octavianus, B.C. 63 - A.D. 14), 라] Cæsare Augusto.
22 총왕: 總王, 황제(특히 로마의 황제의 명칭으로 사용함).
23 마리아: 瑪利亞.
24 벳드름: 白冷, 베들레헴.
25 다위: 達未, 다윗.
26 셩모 마리아의 ᄒᆡ산ᄒᆞ실 날이 림박ᄒᆞᆫ지라. [1866]에 없다.
27 ᄌᆞ시: 子時, 밤 열한 시(時)부터 오전(午前) 한 시(時)까지이다.
28 영복: 榮福, 영광의 신비.

제3장은 예수께서 거룩히 탄생하심을 의론함이라.

강생 첫해니, 때는 한나라 애제(哀帝) 제2년이라.

　　때에 다니엘 선지 미리 말씀하신 바, 제4대조가 천하를 통일하니, 로마 제국 위엄과 권세가 날로 성하여 등서 정벌을 하매 인도 나라와 영국과 아울러, 서양 모든 나라가 항복하지 아니함이 없어 사방이 고요한지라. 가이사 아구스도 황제가 자기의 차지[6b]한 나라 인민 수효를 알고자 영을 발하여 각각 본향에 돌아가 호적을 받치라 하니, 요셉과 마리아가 한가지로 베들레헴 고을 다윗 본향에 가서 이름을 보(報)하니라. 슬프다 천주의 오묘하신 뜻에 미리 정하심이여, 성모 마리아의 해산하실 날이 임박한지라. 이때 빈궁한 요셉이 거리로 돌아다니며, 숙소를 찾아 머무실 집을 얻지 못하시매, 할 수 없어 성 밖에 나가 빈 초막에 유숙하시니, 때는 서력(西曆) 12월 24일이라. 그날 밤 자시(子時) [7a] 중에 구세주께서 탄생하시매, 성모께서 기뻐하사 강보로 쌓아 말구유에 누이신지라.

　　그때 하늘이 크게 열리고 기이한 빛이 사면에 쏘이며 천사가 공중에 노래하고 찬송하여 가로되, "지극히 높은 데서는 천주께 영복(榮福)이요, 땅에서는 좋은 뜻의 사람에게 평화로다." 하니, 때에 성 밖에 목동이 밤을 지켜 양을 보살피다가 노래를 듣고 놀라거늘 천사가 위로하여 가로되, "놀라지 말라, 내가 너희와 모든 백성에게 기쁜 소리를 보하노라. 오늘[7b]날 구세주께서 베들레헴 다윗 부(府)에 나셨으니, 강보에 쌓아 말구유에 누이신 아기를 보면 알리라." 목동이 듣기를 마치매, 빨리 가 영해(嬰孩)와 그 모친을 뵙고 꿇어 공경하여 절하고 기쁜 마음을 이기지 못하여, 돌아가서 간 곳마다 찬양하더라.

문: 구세주께서 어느 때에 탄생하셨습니까?

답: 조성 후 4천 년이니, 가이사 아구스도가 서국을 통일할 때요, 한나라 애제

위 부에 나셧시니 강보에 싼 믈구유에 누이신 아기롤 보면 알니라 목동이 듯기롤 뭇ᄎᆞ매 ᄲᆞᆯ니 가 영ᄒᆡ²⁹와 그 모친을 뵈옵고 ᄭᅮ러 공경ᄒᆞ야 절ᄒᆞ고 깃븐 ᄆᆞ옴을 이긔지 못ᄒᆞ야 도라가셔 간 곳마다 찬양ᄒᆞ더라

문: 구셰쥬ㅣ 어ᄂᆞ 때에 탄싱ᄒᆞ시뇨
답: 조셩 후 ᄉᆞ쳔 년이니 셰살 오귀스듸스ㅣ 셔국을 통일홀 때오 한나라 이뎨 원슈 이 년 동지 후 삼 일이니라
문: 구셰쥬ㅣ 어ᄂᆞ ᄯᅡ희 탄싱ᄒᆞ시뇨
답: 유더아국 [8a] 벳드름 고올이니라
문: 나실 때에 무슴 긔이ᄒᆞᆫ 령젹이 잇ᄂᆞ뇨
답: 하ᄂᆞᆯ이 열녀 긔이ᄒᆞᆫ 빗치 아기 계신 곳을 두루 에워 빗나고 텬신이 공즁에셔 노릐ᄒᆞ야 경하ᄒᆞ니라
문: 뉘 몬져 가 구셰쥬롤 경비ᄒᆞ뇨
답: 밤 직희던 목동이니라
문: 뎌희들이 엇더케 알앗ᄂᆞ뇨
답: 텬신의 찬숑ᄒᆞ야 보홈을 듯고 알앗ᄂᆞ니라
문: 오 쥬ㅣ 탄싱ᄒᆞ실 때에 무슴 놀납고 경하홀 거[8b]시 잇ᄂᆞ냐
답: 텬디 대군이 ᄋᆞ히 되여 지극히 비쳔ᄒᆞ고 궁곤ᄒᆞᆫ 디경에 니르샤 믈구유에 누어 계시거ᄂᆞᆯ 그 위엄과 영광과 존고³⁰ᄒᆞ심을 텬신이 공즁에셔 노릐ᄒᆞ야 경하ᄒᆞ니라
문: 예수ㅣ 탄싱ᄒᆞ시매 무어슬 위ᄒᆞ야 이ᄀᆞᆺ치 궁고홈을 취ᄒᆞ셧ᄂᆞ뇨
답: 겸비³¹와 감빈³²의 표양을 셰우샤 사ᄅᆞᆷ으로 ᄒᆞ여곰 겸비와 감빈이 모든 덕의 머리 됨을 알게 코져 ᄒᆞ심이니라

---

29 영ᄒᆡ(嬰孩): 嬰, 어린 아기.
30 존고: 尊高, 귀하고 높음.
31 겸비: 謙卑, 겸손하게 낮춤.
32 감빈: 甘貧, 가난함을 달게 받음.

원수 2년 동지 후 3일입니다.

문: 구세주께서 어느 땅에 탄생하셨습니까?

답: 유대 나라 [8a] 베들레헴 고을입니다.

문: 나실 때 무슨 기이한 영적(靈蹟)이 있었습니까?

답: 하늘이 열려 기이한 빛이 아기 계신 곳을 두루 에워 빛나고, 천사가 공중
에서 노래하여 경하(慶賀)하였습니다.

문: 누가 먼저 가 구세주를 경배하였습니까?

답: 밤 지키던 목동입니다.

문: 저희들이 어떻게 알았습니까?

답: 천사가 찬송하여 보함을 듣고 알았습니다.

문: 우리 주께서 탄생하실 때 무슨 놀랍고 경하할 것[8b]이 있습니까?

답: 천지 대군이 아이 되어, 지극히 비천하고 궁곤한 지경에 이르사 말구유에
누워 계시거늘, 그 위엄과 영광과 존고(尊高)하심을 천사가 공중에서 노
래하여 경하하였습니다.

문: 예수께서 탄생하시매, 무엇을 위하여 이같이 궁고(窮苦)함을 취하였습니
까?

답: 겸비(謙卑)와 감빈(甘貧)의 표양을 세우사, 사람으로 하여금 겸비와 감빈
이 모든 덕의 머리 됨을 알게 하고자 하심입니다.

문: 우리 주께서 탄생하신 곳이 지금도 오히려 있습니까?

[9a] 답: 일정 있으니, 이제 그곳에 일찍 큰 성전을 세워 천하 교중(教中) 사람
들이 많이 가 조배(朝拜)하여 공경합니다.

문: 오 쥬ㅣ 탄싱ᄒ신 곳이 지금도 오히려 잇ᄂ냐

[9a] 답: 일뎡 잇스니 이제 그곳에 일즉 큰 셩뎐을 셰워 텬하 교즁 사ᄅᆷ들이 만히 가 죠비³³ᄒ야 공경ᄒᄂ니라

---

33 죠비: 朝拜, 흠슝(欽崇)하고 기도(祈禱)하는 일.

뎨ᄉ쟝은 오 쥬 예수 l 할손례밧으심과 일홈 셰우심을 의론홈이라[34]

강싱 후 이 년이라

넷적에 텬쥬 l **아바람**으로 더부러 언약을 뎡ᄒ야 명ᄒ시ᄃ 너와 밋 네 ᄌ손은 다 할손ᄒᄂ 례를 힝ᄒ라 ᄒ셧시니 셩ᄌ 예수 l 임의 **아바람**의 ᄌ손이 되시매 국법대로 또ᄒ 이 거륵ᄒ 례졀 힝홈[9b]을 ᄌ원ᄒ심이라 이러므로 셩탄 후 팔일에 셩모와 셩 **요셉**이 ᄒ가지로 그 례를 힝ᄒ시고 일홈을 예수 l 라 셰우시니 이ᄂ 텬신이 셩모와 셩 **요셉**의게 미리 보ᄒ야 알게 ᄒ신 바 l 러라

문: 할손례ᄂ 이 무어시뇨

답: 이ᄂ 텬쥬 l **아바람**으로 더부러 언약을 셰우실 제 뎡ᄒ신 바 례졀이니라

문: 무어슬 위ᄒ야 예수 l 할손례를 밧으셧ᄂ뇨

답: ᄒ나ᄒ 규구를 직희ᄂ 거륵ᄒ신 표양 셰우시[10a]기를 위ᄒ심이오 둘ᄒ 사ᄅᆷ으로 ᄒ여곰 그 **아바람**의 ᄌ손 되시ᄂ 줄을 알게 코져 ᄒ심이오 세ᄒ 당신의 참 육신 잇ᄂ 사ᄅᆷ 되심을 나타내기를 위ᄒ심이니라

문: 예수 두 글ᄌᄂ 무슴 뜻이뇨

답: 풀어 닐으면 구쇽ᄒ시ᄂ 쟤 l 시니라

문: 예수 셩명[35]이 무슴 큰 능이 계시뇨

답: 샤마를 멀니 몰고 통고를 경쾌케 ᄒ고 령혼의 어두온 거슬 열어 빗최ᄂ 모든 긔이ᄒ 능이 계시니라

[10b] 문: 우리 무리 맛당이 예수 셩명을 공경ᄒ랴

답: 셩경에 닐으시ᄃ 텬샹과 셰샹과 디옥에셔 공경ᄒ야 굴복지 아니홀 이 업다 ᄒ니라

문: 예수 셩명은 뉘가 보ᄒ야 알게 ᄒ시뇨

---

34 누가복음 2:21.

35 셩명: 聖名, 거룩한 이름.

제4장은 우리 주 예수께서 할손례(割損禮)받으심과 이름 세우심을
의론함이라.
강생 후 2년이라.

옛적에 천주께서 아브라함으로 더불어 언약을 정하사 명하시되, "너와
및 네 자손은 할손(割損)하는 예(禮)를 행하라." 하셨으니, 성자 예수께서 이
미 아브라함의 자손이 되시매, 국법대로 또한 이 거룩한 예절 행함[9b]을 자
원하심이라. 이러므로 성찬 후 팔일에 성모와 성 요셉이 한가지로 그 예를
행하시고 이름을 예수라 세우시니, 이는 천사가 성모와 성 요셉에게 미리 보
(報)하여 알게 하신 바이라.

문: 할손례(割損禮)는 무엇입니까?
답: 이는 천주께서 아브라함으로 더불어 언약을 세우실 때 정하신 바 예절입
　　니다.
문: 무엇을 위하여 예수께서 할손례를 받으셨습니까?
답: 하나는 규구를 지키는 거룩하신 표양 세우시[10a]기 위함이요. 둘은 사람
　　으로 하여금 그 아브라함의 자손 되시는 줄을 알게 하고자 하심이요. 셋
　　은 당신의 참 육신 있는 사람 되심을 나타내기를 위하심입니다.
문: 예수 두 글자는 무슨 뜻입니까?
답: 풀어 이르면, 구속하시는 자이십니다.
문: 예수 거룩한 이름이 무슨 큰 능이 있습니까?
답: 사마(邪魔)를 멀리 몰고, 통고(痛苦)를 경쾌하게 하고, 영혼의 어두운 것
　　을 열어 비추는 모든 기이한 능이 있습니다.
[10b] 문: 우리 무리 마땅히 예수 거룩한 이름을 공경해야 합니까?
답: 성경에 이르시되, "천상과 세상과 지옥에서 공경하여 굴복하지 아니할 이
　　없다." 합니다.

답: 셩모ㅣ 령보ᄒ실 때에 텬신이 보ᄒ야 알게 ᄒ셧ᄂ니라

문: 예수 거룩한 이름은 누가 보하여 알게 하셨습니까?

답: 성모께서 영보(領報)하실 때 천사가 보하여 알게 하셨습니다.

.

데오쟝은 삼왕³⁶이 릭죠³⁷흠을 의론흠이라³⁸

강싱 후 이 년이라

예수ㅣ 강탄ㅎ시매 텬신의 보흠을 목동이 듯고 [11a] 와 죠비ㅎ니 때에 크
고 이샹흔 별이 동방에 나타나 뵈눈지라 외국 삼왕이 텬문을 졍통ㅎ더니 이
별을 보고 심히 놀나와 고경³⁹에 잇눈 바 발나암⁴⁰의 말흔 거슬 샹고ㅎ니 구셰
쥬ㅣ 강탄ㅎ실 때에 이샹흔 별이 야곱의 집으로브터 나리라 흔지라 이에 삼왕
이 언약 업시 다 죠뎡을 떠나 길흘 힝홀 시 이샹이 본 바 별이 공즁에 나타나
길흘 인도ㅎ눈지라 깃거ㅎ야 별을 따라 예루사름⁴¹ 도셩에 니르매 별이 홀연이
숨어 업서지거눌 삼왕이 흔가지[11b]로 헤로더⁴² 악왕의 죠뎡에 드러가 무러
골ㅇ디 구셰쥬ㅣ 어느 곳에 탄싱ㅎ시뇨 우리가 그 별을 동에서 보고 공경ㅎ랴
왓노라 ㅎ니 악왕과 다못 셩즁 사름이 다 불안ㅎ야 셩경의 뜻을 풀어 아는 모
든 학ᄉᆞᆯ 불너 무른즉 딕답ㅎ야 골ㅇ디 유더아 벳ᄃᆞ름이 셩탄ㅎ실 곳이라 ㅎ
니 삼왕이 그 말을 듯고 님금의게 하직ㅎ고 나가매 다시 별이 젼 모양으로 인
도ㅎ야 예수 아기 탄싱ㅎ신 곳에 니르러 부야흐로 머믈거눌 집에 드러가 영ㅎ
와 그 모[12a]친ᄭᅴ 뵈옵고 이에 구셰 진쥬 되심을 밋고 꿀어 업디여 흠슝ㅎ고
샹ᄌᆞᆯ 열어 황금과 유향과 몰약 세 가지 례물을 드리니라

문: 발나암의 말흔 바 이샹흔 별을 어느 때 고경에 긔록ㅎ엿느뇨
답: 일쳔ᄉᆞ빅ᄉᆞ십칠 년 젼에 이스라엘 빅셩이 쟝ᄎᆞᆺ 가나안 복디로 드러갈 때니
라

---

36 삼왕: 三王, 개역개정역은 '박사'로 번역한다.
37 릭죠: 來朝, 외국(外國)의 사신(使臣)이 찾아옴.
38 마태복음 2:1-12.
39 고경: 古經, 구약 성경.
40 발나암: 巴辣盎, 발람.
41 예루사름: 日路撒稜, 예루살렘.
42 헤로더: 黑落德, 헤롯.

제5장은 삼왕이 내조함을 의론함이라.

강생 후 2년이라.

예수께서 강탄(降誕)하시매, 천신의 보함을 목동이 [11a] 듣고 와 조배하니, 때에 크고 이상한 별이 동방에 나타나 보이는지라. 외국 삼왕이 천문을 정통하더니, 이 별을 보고 심히 놀라 구약 성경에 있는 바 발람의 말한 것을 상고하니, "구세주께서 강탄하실 때에 이상한 별이 야곱의 집으로부터 나리라." 한지라. 이에 삼왕이 언약 없이 다 조정을 떠나 길을 행할 새, 이상히 본 바 별이 공중에 나타나 길을 인도하는지라. 기뻐하여 별을 따라 예루살렘 도성에 이르매, 별이 홀연히 숨어 없어지거늘 삼왕이 한가지[11b]로 헤롯 악왕(惡王)의 조정에 들어가 물어 가로되, "구세주께서 어느 곳에 탄생하십니까? 우리가 그 별을 동(東)에서 보고 공경하러 왔노라." 하니, 악왕과 및 성중 사람이 다 불안하여 성경의 뜻을 풀어 아는 모든 학사를 불러 물은즉 대답하여 가로되, "유대아 베들레헴이 성탄(聖誕)하실 곳이라." 하니, 삼왕이 그 말을 듣고 임금에게 하직하고 나가매, 다시 별이 전(前) 모양으로 인도하여 예수 아기 탄생하신 곳에 이르러 바야흐로 머물거늘 집에 들어가 영해(嬰孩)와 그 모[12a]친께 뵈옵고, 이에 구세 진주 되심을 믿고 꿇어 엎드려 흠숭(欽崇)하고 상자를 열어 황금과 유황과 몰약 세 가지 예물을 드리니라.

문: 발람의 말한 바 이상한 별을 어느 때 구약 성경에 기록하였습니까?

답: 1447년 전에 이스라엘 백성이 장차 가나안 복지에 들어갈 때입니다.

문: 저 삼왕은 어떠한 사람입니까?

답: 천문을 정통하는 동방 외국 임금이니, 이름은 멜콜과 가스발과 발다살입니다.

[12b] 문: 어찌하여 천주께서 기이한 별로써 삼왕을 인도하셨습니까?

답: 삼왕이 천문을 통달하는 고로 하늘 별로써 인도하셨습니다.

문: 뎌 삼왕은 엇더훈 사룸이뇨

답: 텬문을 졍통ᄒᆞᄂᆞᆫ 동방 외국 님금이니 일홈은 **멜콜**[43]과 **가스발**[44]과 **발다살**[45]
이니라[46]

[12b] 문: 엇지ᄒᆞ야 텬쥬ㅣ 긔이훈 별노써 삼왕을 인도ᄒᆞ시뇨

답: 삼왕이 텬문을 통달ᄒᆞᄂᆞᆫ 고로 하ᄂᆞᆯ 별노써 인도ᄒᆞ셧ᄂᆞ니라

문: 엇지ᄒᆞ야 예루사름에 니르러 별이 믄득 뵈지 아니ᄒᆞ엿ᄂᆞ뇨

답: ᄒᆞ나흔 텬쥬ㅣ 유더아 사름으로 ᄒᆞ여곰 구셰쥬ㅣ 임의 탄싱ᄒᆞ심을 알게 코
져 ᄒᆞ심이오 둘흔 고경에 말ᄉᆞᆷᄒᆞ신 바 **벳드름**이 실노 이 탄싱ᄒᆞ실 곳인 줄
을 붉이 나타내고져 ᄒᆞ심이니라

[13a] 문: 삼왕의 드린 바 세 가지 례물은 무ᄉᆞᆷ 깁흔 뜻이 잇ᄂᆞ뇨

답: 황금은 예수ㅣ 만왕의 왕이심을 표ᄒᆞᆷ이오 유향은 예수ㅣ 춤 텬쥬ㅣ심을
표ᄒᆞᆷ이오 몰약은 예수ㅣ 춤 사룸이심을 표ᄒᆞᆷ이니라

---

43 멜콜: 멜키오르(Melchior).

44 가스발: 가스파르(Caspar).

45 발다살: 발타자르(Balthazar).

46 텬문을 졍통ᄒᆞᄂᆞᆫ 동방 외국 님금이니 일홈은 멜콜과 가스발과 발다살이니라: 精通天文, 東方外敎國王.
[1866]에는 삼왕의 이름이 없다. 마태복음 2장의 이야기에는 삼왕의 이름이 등장하지 않는다. 삼왕에 대해서
는 다음을 참고하라. Thomas W. Mossman(trans.), Cornelius a Lapide, *The Great Commentary of
Cornelius à Lapide: St. Matthew's Gospel, Chaps. I to IX* (London: John Hodges, 1876), 48-49.

문: 어찌하여 예루살렘에 이르러 별이 문득 보이지 아니하였습니까?

답: 하나는 천주께서 유대아 사람으로, 하여금 구세주께서 이미 탄생하심을 알게 하고자 하심이요. 둘은 구약 성경에 말씀하신 바 베들레헴이 실로 이 탄생하실 곳인 줄을 밝히 나타내고자 하심입니다.

[13a] 문: 삼왕의 드린 바 세 가지 예물은 무슨 깊은 뜻이 있습니까?

답: 황금은 예수께서 만왕의 왕이심을 표함이요. 유황은 예수께서 참 천주이심을 표함이요. 몰약은 예수께서 참 사람이심을 표함입니다.

뎨륙쟝은 셩모ㅣ 예수를 쥬당[47]에 드리심을 의론홈이라[48]
강싱 후 이 년이라

  녯젹에 텬쥬ㅣ ㅈ긔 빅셩 에집도[49]에 잇는 이를 거느려 구ᄒ고져 ᄒ실 시 에집도 사름의 맛아들을 다 죽이시고 유더아 사름의 맛아들은 조곰도 샹[13b] 해홈이 업스니 이 큰 은혜를 긔억ᄒ고 감샤케 ᄒ기를 위ᄒ야 텬쥬ㅣ 명ᄒ샤 뎌들의 맛ᄌ식이 난 지 스십 일에 맛당이 텬쥬 셩뎐에 밧드러 드리고 례물을 쥰비ᄒ야 써 ᄋ히를 쇽량ᄒ되 부쟈는 양 ᄒ나와 비둙이 ᄒ나흘 밧치고 가난ᄒᆫ 이는 비둙이 둘흘 밧쳐 그 맛ᄌ식 쇽량ᄒᆫ 례의를 뎡ᄒ게 ᄒ신지라
  예수ㅣ 셩모의 맛아들이 되신 고로 졍원[50]으로 ㅈ긔를 쥬당에 드리실 시 셩모ㅣ 지극히 빈궁ᄒ신지라 다만 ᄒᆫ쌍 비둙이로써 례물을 삼[14a]아 예수 아기를 쇽ᄒ시고 쟝ᄎᆺ 도라오려 ᄒ시더니 때에 셩덕 잇는 로인 시메온[51]이 잇ᄉ니 텬쥬의 믁계를 밧아 쥬당에 나아가 거룩ᄒ신 예수 아기를 품에 밧드러 안고 칭숑ᄒ며 경하ᄒ야 ᄀᆯᄋ되 쳥컨대 쥬는 내 령혼을 거두어 셰샹을 하직ᄒ게 ᄒ쇼셔 ᄒ고 니어 말ᄒ되 이 아기 쟝ᄎᆺ 만흔 사름을 구쇽ᄒ실 쟈ㅣ 되실 거시오 또 만흔 사름의 일허부림이 되시리로다 ᄒ고 또한 셩덕 잇는 졀부[52] 안나[53] ㅣ 잇ᄉ니 셩ᄌ 예수를 찬양ᄒ야 ᄀᆯᄋ되 이 [14b] 참 구셰ᄒ실 쥬ㅣ라 ᄒ더라

문: 무어슬 위ᄒ야 예수ㅣ ㅈ긔를 쥬당에 드리게 ᄒ셧ᄂ뇨
답: ᄒ나흔 텬쥬 계명을 직희는 됴흔 표양 셰우기를 위ᄒ심이오 둘흔 우리 죄
  인을 위ᄒ야 ㅈ긔를 셩부끠 졔픔으로 드리고져 ᄒ심이니라

---

47 쥬당: 主堂, 셩젼을 의미한다.
48 누가복음 2:22-39.
49 에집도: 阨日多, 이집트.
50 졍원(情願): 願, 진정으로 원함.
51 시메온: 西默盎, 시므온.
52 졀부: 節婦, 절조가 있는 부인.
53 안나: 亞納, 안나.

제6장은 성모께서 예수를 주당(主堂)에 드리심을 의론함이라.

강행 후 2년이라.

옛적에 천주께서 자기 백성 이집트에 있는 이를 거느려 구하고자 하실새, 이집트 사람의 맏아들을 다 죽이시고 유대아 사람의 맏아들을 조금도 상[13b]해함이 없으니, 이 큰 은혜를 기억하고, 감사하게 하기를 위하여 천주께서 명하사 저들의 맏자식이 난 지 40일에 마땅히 천주 성전에 받들어 드리고 예물을 준비하여 이로써 아이를 속량하되, 부자는 양 하나와 비둘기 하나를 바치고, 가난한 이는 비둘기 둘을 바쳐 그 맏자식 속량(贖良)하는 예의를 정하게 하신지라.

예수께서 성모의 맏아들 되신 고로 정원(情願)으로 자기를 주당에 드리실 새 성모께서 지극히 빈궁하신지라. 다만 한 쌍 비둘기로 예물을 삼[14a]아 예수 아기를 속하시고 장차 돌아오려 하시더니, 때에 성덕(聖德) 있는 노인 시므온이 있으니, 천주의 계시를 받아 주당에 나아가 거룩하신 아기를 품에 받들어 안고 칭송하며 경하하여 가로되, "청컨대 주는 내 영혼을 거두어 세상을 하직하게 하소서." 하고, 이어 말하되, "이 아기 장차 많은 사람을 구속하실 자가 되실 것이요. 또 많은 사람의 잃어버림이 되시리로다." 하고, 또 한 성덕 있는 절부(節婦) 안나가 있으니, 성자 예수를 찬양하여 가로되, "이는 참 구세(救世)하실 주라." 하더라.

문: 무엇을 위하여 예수께서 자기를 주당에 드리게 하셨습니까?

답: 하나는 천주 계명을 지키는 좋은 표양을 세우기를 위하심이요. 둘은 우리 죄인을 위하여 자기를 성부께 제품(祭品)으로 드리고자 하심입니다.

문: 예수를 속(贖)하실 때에 성모께서, 무슨 연고로 양을 쓰지 아니하셨습니까?

답: 하나는 성모께서 가난하사, 능히 판비(辦備)할 힘이 없음이요. 둘은 예수

문: 예수를 쇽ᄒᆞ실 때에 셩모ㅣ 무슴 연고로 양을 쓰지 아니ᄒᆞ시뇨

답: ᄒᆞ나흔 셩모ㅣ 가난ᄒᆞ샤 능히 판비[54]홀 힘이 업ᄉᆞᆷ이오 둘흔 예수ㅣ 텬쥬의
[15a] 진실ᄒᆞᆫ 고양[55]이 되시니 그 남아 양은 다 그림ᄌᆞ 형샹이라 진실ᄒᆞᆫ 고
양이 임의 압희 계시니 엇지 그림ᄌᆞ 형샹을 쓰리오

문: 셩 시메온이 무슴 일을 강론ᄒᆞ엿ᄂᆞ뇨

답: 셩ᄌᆞ 예수ㅣ 쟝ᄎᆞᆺ 만흔 사ᄅᆞᆷ을 구쇽ᄒᆞ실 쟤ㅣ 되심과 또 만흔 사ᄅᆞᆷ의 일허
부림이 되심을 말ᄉᆞᆷᄒᆞ니라

문: 엇더케 예수ㅣ 뭇사ᄅᆞᆷ을 구쇽ᄒᆞ심이 되ᄂᆞ뇨

답: 쥬를 밋고 공경ᄒᆞᄂᆞᆫ 이는 반ᄃᆞ시 구쇽ᄒᆞ신 은혜를 밧ᄂᆞ니라

[15b] 문: 엇지ᄒᆞ야 또 만흔 사ᄅᆞᆷ의 일허부림이 되시ᄂᆞ뇨

답: 밋지 아니ᄒᆞ고 공경치 아니ᄒᆞᄂᆞᆫ 이는 벌을 밧기로 임의 뎡ᄒᆞ심이니라

---

54 판비: 辦備, 준비.

55 고양: 羔羊, 어린양.

께서 천주의 [15a] 진실한 어린양이 되시니, 그 남은 양은 다 그림자 형상이라, 진실한 어린양이 이미 앞에 계시지, 어찌 그림자 형상을 쓰겠습니까.

문: 성 시므온이 무슨 일을 강론하였습니까?

답: 성자 예수께서 장차 많은 사람을 구속하실 자가 되심과 또 많은 사람의 잃어버림이 되심을 말씀하였습니다.

문: 어떻게 예수께서 뭇사람을 구속하심이 되십니까?

답: 주를 믿고 공경하는 이는 반드시 구속하신 은혜를 받습니다.

[15b] 문: 어찌하여 또 많은 사람의 잃어버리심이 되십니까?

답: 믿지 아니하고, 공경하지 아니하는 이는 벌을 받기로 이미 정하심입니다.

뎨칠쟝은 예수ㅣ 에집도국으로 피ᄒᆞ심을 의론홈이라[56]
강성 후 이 년이라

헤로더ㅣ 삼왕이 예루사름 경도에 니르러 구셰쥬를 ᄎᆞᆺ자 죠비ᄒᆞ려 홈을 보고 ᄆᆞᄋᆞᆷ에 크게 두렵고 ᄭᅥ려 ᄉᆡᆼ각ᄒᆞᄃᆡ 이 구셰쥬ㅣ 쟝ᄎᆞᆺ 님금 위를 엇으리라 ᄒᆞ야 죽이기를 도모ᄒᆞ나 다만 쥬 영히이 [16a] 뉘신 줄을 아지 못ᄒᆞᄂᆞᆫ 고로 거즛말노 삼왕의게 쳥ᄒᆞ야 글ᄋᆞᄃᆡ ᄎᆞᆺ거든 즉시 도라와 보ᄒᆞ라 나도 가셔 죠비코져 ᄒᆞ노라 이에 텬신이 삼왕의게 ᄭᅮᆷ을 열어 지시ᄒᆞ야 악왕의게 보홈을 막으니 삼왕이 이에 다른 길노 조차 도라가니라 헤로더ㅣ 삼왕이 저를 속여 오래ᄒᆡ 보치 아님을 ᄭᅵᄃᆞᆺ고 크게 노ᄒᆞ야 군ᄉᆞ로 ᄒᆞ여곰 벳드름 고올에 가 므릇 두 셜 아릐 사나희ᄂᆞᆫ 귀쳔을 분별치 말고 다 죽이라 엄히 명ᄒᆞ고 그윽히 ᄉᆡᆼ각ᄒᆞᄃᆡ 이곳치 다 죽이면 [16b] 새로 난 구셰쥬ㅣ 반ᄃᆞ시 죽이ᄂᆞᆫ 수 안희 잇스리라 홈이러니 아지 못게라[57] 악왕의 ᄆᆞᄋᆞᆷ 속에 ᄀᆞᆷ초인 계교ㅣ 엇지 감히 텬쥬의 젼지ᄒᆞ심을 속이리오

텬신이 이에 요셉을 명ᄒᆞ야 거륵ᄒᆞ신 아기와 그 모친을 ᄃᆞ리고 에집도국으로 피ᄒᆞ라 고ᄒᆞ니 의덕[58]으로 슌명[59]ᄒᆞ시는 요셉이 아ᄎᆞᆷ을 기ᄃᆞ리지 아니ᄒᆞ고 이 밤에 즉시 힝ᄒᆞ시니라 예수ㅣ 이 나라희 드러가시매 마샹[60]이 만히 것구러지니 나라 사름이 놀나고 저허ᄒᆞ야[61] 그 연유를 아지 못ᄒᆞ더[17a]라 예수ㅣ 셩모와 ᄒᆞᆫ가지로 외국에 피ᄒᆞ야 살으신 지 닐곱 ᄒᆡ에[62] 못ᄎᆞᆷ 헤로더ㅣ 죽은지라 텬신이 다시 요셉의게 보ᄒᆞ야 유더아 나자릿[63] 고올노 도라와 머므시게 ᄒᆞ니라

---

56 마태복음 2:13-23.
57 아지 못게라: 不識. 알지 못하다.
58 의덕: 지덕(智德)·의덕(義德)·용덕(勇德)·절덕(節德)을 의미하는 사추덕(四樞德) 중의 하나로써, 의로운 일을 지향하고 생명, 자유, 명예 등의 인간 권리를 보호하는 덕을 의미한다.
59 슌명: 順命, 명에 순종하다.
60 마샹: 魔像, 마귀의 상, 우상.
61 저어ᄒᆞ다: 恐, 염려하거나 두려워하다.
62 외국에 피ᄒᆞ야 살으신 지 닐곱 ᄒᆡ에: 避居外國数年, [1866]의 '수년'(数年)을 [1883]은 '닐곱 ᄒᆡ'(7년)으로 특정지어 번역했다.
63 나자릿: 亞納匝肋, 나사렛.

재7장은 예수께서 이집트 나라로 피하심을 의론함이라.
강생 후 2년이라.

　헤롯이 삼왕이 예루살렘 경도(京都)에 이르러 구세주를 찾아 조배하려 함을 보고, 마음에 크게 두렵고 꺼려 생각하되, '이 구세주가 장차 임금 위(位)를 얻으리라.' 하여, 죽이기를 도모하나, 다만 주이신 어린아이가 [16a] 누구신 줄을 알지 못하는 고로 거짓말로 삼왕에게 청하여 가로되, "찾거든 즉시 돌아와 보(報)하라. 나도 가서 조배하고자 하노라." 이에 천사가 삼왕에게 꿈을 열어 지시하여, 악왕에게 보함을 막으니, 삼황이 이에 다른 길로 좇아 돌아가니라. 헤롯이 삼왕이 저를 속여 오랫동안 보고하지 않음을 깨닫고 크게 노하여, 군사로 하여금 베들레헴 고을에 가 무릇 두 살 아래 사나이는 귀천을 분별치 말고 다 죽이라 엄히 명하고 그윽이 생각하되, '이같이 다 죽이면 [16b] 새로 난 구세주가 반드시 죽이는 수 안에 있으리라.' 하였으나, 알지 못하였으니 악왕의 마음속에 감춘 계가가 어찌 감히 천주의 전지하심을 속이리오.
　천사가 이에 요셉을 명하여 거룩하신 아기와 모친을 데리고 이집트 나라로 피하라 고하니, 의덕(義德)으로 순명(順命)하시는 요셉이 아침을 기다리지 아니하고 이 밤에 즉시 행하니라. 예수께서 이 나라에 들어가시매 우상이 많이 거꾸러지니, 나라 사람이 놀라고 두려워하여 그 연유를 알지 못하더[17a]라. 예수께서 성모와 한가지로 외국에 피하여 사신 지 일곱 해에 마침 헤롯이 죽은지라. 천사가 다시 요셉에게 보하여 유대아 나사렛 고을로 돌아와 머무시게 하니라.

문: 어찌하여 예수께서 이집트 나라로 피난하셨습니까?
답: 천주께서 본디 전능하시니, 반드시 피하실 것이 아니라, 능히 자기 몸을 숨겨 사람으로 하여금 보지 못하게 하실 것이요. 또 능히 악왕을 죽여 하

문: 엇지ᄒᆞ야 예수ㅣ 에집도국으로 피난ᄒᆞ시뇨

답: 텬쥬ㅣ 본ᄃᆡ 젼능ᄒᆞ시니 반ᄃᆞ시 피ᄒᆞ실 거시 아니라 능히 ᄌᆞ긔 몸을 숨겨 사ᄅᆞᆷ으로 ᄒᆞ여곰 보지 못ᄒᆞ게도 ᄒᆞ실 거시오 또 능히 악왕을 죽여 ᄒᆞ여곰 ᄒᆡᆼ악지 못ᄒᆞ게 도ᄒᆞ실 거시로대 다만 표양[17b]을 셰워 우리 사ᄅᆞᆷ이 간난 풍파ᄅᆞᆯ 맛나는 때에 맛당이 엇더케 ᄒᆡᆼᄒᆞᆷ을 ᄀᆞᄅᆞ치심이니라

문: 이날에 영ᄒᆡᄅᆞᆯ 얼마나 죽엿ᄂᆞ뇨

답: 셩경에 긔록지 아냣시나 무수ᄒᆞᆫ 영ᄒᆡᄅᆞᆯ 죽이니라

문: 헤로더ㅣ 무ᄉᆞᆷ 연고ᄅᆞᆯ 인ᄒᆞ야 흉악히 죽임을 이 ᄀᆞᆺ치 ᄒᆡᆼ코져ᄒᆞ뇨

답: 그 ᄉᆡᆼ각에 이ᄀᆞᆺ치 ᄒᆡᆼᄒᆞ면 새로 나신 구셰쥬ㅣ 일뎡 죽임을 닙는 수 안희 잇ᄉᆞ리라 ᄒᆞᆷ이니라

문: 오 쥬의 피난ᄒᆞ신 일이 무ᄉᆞᆷ 뜻을 뵈심이뇨

답: [18a] 우리 사ᄅᆞᆷ으로 ᄒᆞ여곰 맛당이 텬쥬ㅣ 셩적을 ᄒᆡᆼ치 아니ᄒᆞ시나 능히 ᄌᆞ긔 공경ᄒᆞᄂᆞᆫ 이ᄅᆞᆯ 구원ᄒᆞ고 보호ᄒᆞ심을 알게 코져 ᄒᆞ심이오 또 셰샹 사ᄅᆞᆷ의 악ᄒᆞᆫ 계교ㅣ 능히 텬쥬의 미리 뎡ᄒᆞ심을 곳쳐 밧고지 못ᄒᆞᆷ을 알게 코져 ᄒᆞ심이니라

여금 행악하지 못하게도 하실 것이로되, 다만 표양[17b]을 세워, 우리 사람이 간난 풍파를 만나는 때 마땅히 어떻게 행해야 할 것을 가르치심입니다.

문: 이날에 어린아이를 얼마나 죽였습니까?

답: 성경에 기록하지 않았으나 무수한 어린아이를 죽였습니다.

문: 헤롯이 무슨 연고로 인하여 흉악히 죽임을 이같이 행하고자 하였습니까?

답: 그 생각에 이같이 행하면, 새로 나신 구세주께서 일정 죽임을 입는 수 안에 있으리라 함입니다.

문: 우리 주의 피난하신 일이 무슨 뜻을 보입니까?

답: [18a] 우리 사람으로 하여금 마땅히 천주께서 성적을 행치 아니하시나, 능히 자기 공경하는 이를 구원하고 보호하심을 알게 하고자 하심이요. 또 세상 사람의 악한 계교가 능히 천주의 미리 정하심을 고쳐 바꾸지 못함을 알게 하고자 하심입니다.

데팔쟝은 예수ㅣ 열두 설에 도리 강론ᄒ심을 의론홈이라[64]
강성 후 십이 년이니 째는 한나라 왕망이 찬위ᄒ 지 ᄉ 년이라

예수ㅣ 설흔 설에 니ᄅ히 요셉의 집에 숨어살으[18b]시나 셩경에 오직 예
수의 슌명ᄒ신 일만 긔록ᄒ지라 요셉이 셩모와 ᄒ가지로 힘을 부즈런이 ᄒ샤
싱이ᄒ야[65] 박ᄒ 의복과 음식으로 날을 지내실 ᄉ 예수ㅣ 아들ᄀ치 또ᄒ 힘써
그 일을 도아 힝ᄒ시더라 셩모와 요셉이 텬쥬ᄅ 공경ᄒ야 슈계ᄒ심을 심히 삼
가는 고로[66] 미년에 규구대로 셩ᄌ 예수ᄅ 드리고 예루사름 셩뎐에 가샤 바스
과 대쳠례ᄅ 지내시더니

예수ㅣ 열두 설 되신 때에 쳠례ᄒ시고 어버이ᄅ 떠나샤 홀노 셩뎐에 머므
르[19a]시니 셩모와 요셉이 아지 못ᄒ시고 각각 ᄌ긔 길흘 ᄒᄒ실 ᄉ 셩ᄌㅣ
다른 친쇽을 ᄯ라 오시ᄂ가 뜻ᄒ엿더니 날이 져물고 길에 모힌 후에야 비로소
예수ᄅ 서로 일흔 줄을 알고 ᄆᄋᆷ의 앓흠을 견듸지 못ᄒ야 이에 친쳑 아는 쟈
ᄅ 향ᄒ야 뭇고 ᄎᆺ더니 예루사름에 니ᄅ러 근심으로 ᄎᄌᆫ 지 삼 일 만에 셩ᄌ
예수ᄅ 셩뎐에서 즐겁게 보니 놉흔 자리에 안즌 늙고 박학ᄒ 션븨로 더브러
텬쥬 도리ᄅ 강론ᄒ시매 뭇사름이 다 놀나ᄂ지라 셩모ㅣ [19b] 나아가 예수ᄅ
향ᄒ야 말ᄉᆷᄒ시디 내 아들아 엇지ᄒ야 이러케 ᄒᄂ냐 나와 네 부친이 ᄒ가지
로 민망이 너ᄅ ᄎᆺ잣노라 예수ㅣ 디답ᄒ야 글ᄋ샤디 엇지ᄒ야 나ᄅ ᄎᆺ잣ᄂ냐
내 부의 일이 잇ᄂ 바에 맛당이 나ㅣ 잇슬 줄을 아지 못ᄒ더냐 ᄒ시고 즉시 셩
모ᄅ ᄯ라 뎐에 나와 도라오시니 그 나히 ᄌ라시매 지혜와 춍이ᄒ심이 날노
텬쥬와 모든 사름의 압희 더으시더라

문: 예수ㅣ 설흔 설에 니ᄅ도록 무슴 일을 힝ᄒ시[20a]뇨

---

64 누가복음 2:41-52.
65 싱이(生涯)ᄒ다: 做工, 공부(工夫)나 일을 힘써 하다.
66 셩모와 요셉이 텬쥬ᄅ 공경ᄒ야 슈계ᄒ심을 심히 삼가는 고로: 其二親守誡甚謹(그 부모가 계명을 심히 삼가
지켜).

제8장 예수께서 열두 살에 도리 강론하심을 의론함이라.
강생 후 12년이니, 때는 한나라 왕망(王莽)이 찬위(篡位)한 지 4년이라.

예수께서 서른 살에 이르도록 요셉의 집에 숨어사[18b]시나, 성경에 오직 예수의 순명하신 일만 기록한지라. 요셉이 성모와 한가지로 힘을 부지런히 하사 일을 힘써서 하여, 박한 의복과 음식으로 날을 지내실 새 예수께서 아들같이 또한 힘써 그 일을 도와 행하시더라. 성모와 요셉이 천주를 공경하여 수계(守誡)하심을 심히 삼가는 고로 매년 규구대로 성자 예수를 데리고 예루살렘 성전에 가사 파스카 대첨례(大瞻禮)를 지내시더라.

예수께서 열두 살 되신 때에 첨례하시고, 어버이를 떠나사 홀로 성전에 머무[19a]시니, 성모와 요셉이 알지 못하시고, 각각 자기 길을 행하실 새 성자께서 다른 친속을 따라 오시는가 뜻하였더니, 날이 저물고 길에 모인 후에야 비로소 예수를 서로 잃은 줄을 알고, 마음의 아픔을 견디지 못하여, 이에 친척 아는 자를 향하여 묻고 찾더니, 예루살렘에 이르러 근심으로 찾은 지 3일 만에 성자 예수를 성전에서 즐겁게 보니, 높은 자리에 앉은 늙고 박학한 선비로 더불어 천주 도리를 강론하시매, 뭇사람이 다 놀라는지라. 성모께서 [19b] 나아가 예수를 향하여 말씀하시되, "내 아들아, 어찌하여 이렇게 하느냐? 나와 네 부친이 한가지로 민망히 너를 찾았노라." 예수께서 대답하여 가라사대, "어찌하여 나를 찾았느냐? 내 부(父)의 일이 있는 바에 마땅히 내가 있을 줄을 알지 못하더냐?" 하시그, 즉시 성모를 따라 전에 나와 돌아오시니 그 나이 자라시매 지혜와 총애하심이 날로 천주와 모든 사람의 앞에 더하시더라.

문: 예수께서 서른 살에 이르도록 무슨 일을 행하셨습[20a]니까?
답: 성경에 오직 저의 양친의 모든 명을 순종하심을 기록하였습니다.
문: 이 한 가지만 기록함은 무슨 뜻을 보이심입니까?

답: 셩경에 오직 뎌의 량친의 모든 명을 슌죵ᄒ심을 긔록ᄒ니라

문: 이 ᄒ 가지만 긔록홈이 무슴 뜻을 뵈심이뇨

답: 우리 사ᄅᆷ으로 ᄒ여곰 맛당이 슌명ᄒᄂ 덕이 쇼년 사ᄅᆷ의 뎨일 요긴ᄒ 일
　　이 됨을 알게 코져 ᄒ심이니라

문: 예수ㅣ 열두 셜 되신 때에 무슴 긔이ᄒ 일을 ᄒᆡᆼᄒ시뇨

답: 셩뎐 박학ᄒ 션ᄇᆡ 가온대 ᄒ가지로 안자셔 강론ᄒ시니라

[20b] 문: 셩뎐에 계셔 무슴 일을 강론ᄒ시뇨

답: 텬쥬 도리ᄅᆞᆯ 말ᄉᆷᄒ시니라

문: 이 무슴 뜻을 훈계ᄒ심이뇨

답: 우리 무리ᄅᆞᆯ 경계ᄒ샤 맛당이 텬쥬의 거륵ᄒ신 도리ᄅᆞᆯ 즐겨 듯고 무름[67]을
　　ᄀᆞᄅ치심이니라

문: 예수의 지혜 날노 나타나시다 홈은 무슴 뜻을 닐음이뇨

답: 맛당이 예수의 놉ᄒ신 지혜 더 ᄌᆞ라실 거시 업ᄉᆞ시ᄃᆡ 다만 년긔[68]ᄅᆞᆯ ᄯᆞ라
　　졈졈 나타나심이 맛치 태양 큰 빗치 ᄒᆞᆼ샹 ᄒ갈ᄀᆞᆺᄒ야 변치 아[20a]니ᄒ나
　　즁텬에 오ᄅᆞ면 더옥 빗치 나타남과 ᄀᆞᆺ홈을 붉히심이니라

67　무름: 問, 물음.
68　년긔: 年紀, 나이.

답: 우리 사람으로 하여금 마땅히 순명하는 덕이 소년 사람의 제일 요긴한 일이 됨을 알게 하고자 하심입니다.

문: 예수께서 열두 살 되신 때에 무슨 기이한 일을 행하셨습니까?

답: 성전 박학한 선비 가운데 한가지로 앉아서 강론하셨습니다.

[20b] 문: 성전에 계셔 무슨 일을 강론하셨습니까?

답: 천주 도리를 말씀하셨습니다.

문: 이 무슨 뜻을 훈계하심입니까?

답: 우리 무리를 경계하사, 마땅히 천주의 거룩하신 도리를 즐겨 듣고 물음을 가르치심입니다.

문: '예수의 지혜 날로 나타나시다.' 함은 무슨 뜻을 이름입니까?

답: 마땅히 예수의 높으신 지혜 더 자라실 것이 없으시되, 다만 연기(年紀)를 따라 점점 나타나심이 마치 태양 큰 빛이 항상 한결같아서 변치 아니[20a]하나, 중천에 오르면 더욱 빛이 나타남과 같음을 밝히심입니다.

데구쟝은 예수ㅣ 요안[69]의게 셰 밧으심을 의론홈이라[70]

강싱 후 삼십일 년이니 째는 동한 광무 데칠 년이라

　　셰살 듸베리[71] 십오 년에 요안 셰쟈[72]ㅣ 광야를 떠나 욜당[73] 물가에 가 도리를 강론ᄒᆞ야 사름으로 ᄒᆞ여곰 통회[74]ᄒᆞ고[75]케 ᄒᆞ니 고경에 이사이아 션지 닐온바 소ᄅᆡ 들에서 불너 ᄀᆞᆯᄋᆞᄃᆡ 쥬의 길흘 다스리라 홈과 굿ᄒᆞ지라 ᄉᆞ방 사름이 다 와서 강론홈을 듯[21b]고 셰 밧기를 구ᄒᆞ는 쟈ㅣ 만흐니 이에 요안의 명셩이 즉시 크게 나타나매 만흔 사름들이 구셰쟈ㄴ가 의심ᄒᆞ거ᄂᆞᆯ 요안이 겸손홈으로 ᄉᆞ양ᄒᆞ야 ᄀᆞᆯᄋᆞᄃᆡ 아니로라 ᄒᆞ나히 너희들 ᄉᆞ이에 계시ᄃᆡ 너희 무리 오히려 아지 못ᄒᆞᄂᆞᆫ도다 뎌ㅣ 오시기는 내 뒤에 ᄒᆞ시나 나에서 몬져 계신지라 나ㅣ 감히 뎌의 신 끈을 풀지 못홀지니 뎌ㅣ 실노 구셰쟈 그리스도ㅣ라 ᄒᆞ더라

　　예수ㅣ 처음으로 우리 무리 구속ᄒᆞ실 일을 힝ᄒᆞ려 ᄒᆞ실 때에 셩 요셉이 임[22a]의 션죵ᄒᆞ야 셰샹을 떠나셧더라[76] 오 쥬ㅣ 욜당 물가에 니르러 셰를 밧고져 ᄒᆞ시매 요안이 셩신의 믁계ᄒᆞ심을 인ᄒᆞ야 예수를 ᄀᆞ르쳐 모든 사름의게 붉이 고ᄒᆞ야 ᄀᆞᆯᄋᆞᄃᆡ 이 춤 셰샹 사름의 죄를 면ᄒᆞ야 주실 텬쥬의 고양이시니라 예수ㅣ 몬져 요안을 쳥ᄒᆞ야 즈긔의게 셰 붓치기[77]를 구ᄒᆞ신대 요안이 굿이 ᄉᆞ양ᄒᆞ야 감히 못ᄒᆞ다가 두세 번 힝ᄒᆞ기를 명ᄒᆞ시매 이에 공슌히 허락ᄒᆞ니 예수ㅣ 욜당 물가에 ᄂᆞ리샤 요안의게 셰를 밧으실 때에 [22b] 텬문[78]이 크게 열니

69　요안: 若翰, 요한.

70　마태복음 3장.

71　셰살 듸베리: 貴撒肋弟白略(가이사르 티베리우스), 티베리우스 율리우스 카이사르 아우구스투스(Tiberius Julius Caesar Augustus, BC 42-AD 37)는 로마 제국의 제2대 황제.

72　셰쟈(洗者): 保弟斯大.

73　욜당: 若爾當, 요단.

74　통회(痛悔): 痛, 통회.

75　기과(改過): 改.

76　예수 부친 '셩 요셉' 션죵 시기에 관해서는 위경과 명청대 한문 서학서에서 전반적으로 예수님 공생애 전으로 말한다. 이에 대해서는 다음 논문을 참고하라. 김홍일, "명청대 서학서에서의 셩 요셉이야기 분석: 디아스의 『셩약슬행실』(聖若瑟行實)을 중심으로," 『한국교회사학회지』 제68편(2024), 118-146.

77　붓치기: 付, 주기.

78　텬문: 天門, 하늘 문.

제9장은 예수께서 요한에게 세례 받으심을 의론함이라.
강생 후 31년이니, 때는 동한(東漢) 광무(光武) 제7년이라.

가이사르 티베리우스 제15년에 세례 요한이 광야를 떠나 요단 물가에서 도리를 강론하여, 사람으로 하여금 통회와 개과하게 하니, 구약 성경에 이사야 선지자 이른바 "소리 들에서 불러 가로되, '주의 길을 다스리라.'" 함과 같은지라. 사방 사람이 다 와서 강론함을 듣[21b]고, 세례 받기를 구하는 자가 많으니, 이에 요한의 명성이 즉시 크게 나타나매, 많은 사람들이 '구세자인가?' 의심하거늘, 요한이 겸손함으로 사양하여 가로되, "아니로다, 한 분이 너희들 사이에 계시되, 너희 구리 오히려 알지 못하도다. 저가 오시기는 내 뒤에 하시나, 나보다 먼저 계신지라. 나는 감히 저의 신 끈을 풀지 못할지니, 저는 실로 구세자 그리스도라." 하더라.

예수께서 처음으로 우리 무리 구속하실 일을 행하려 하실 때 성 요셉이[22a]미 선종하여, 세상을 떠나셨다라. 우리 주께서 요단 물가에 이르러 세례를 받고자 하시매, 요한이 성령의 계시하심으로 인하여 예수를 가리켜 모든 사람에게 밝히 고하여 가로되, "이는 참 세상 사람의 죄를 면하여 주실 천주의 어린양이시니라." 예수께서 먼저 요한에게 청하여 자기에게 세례를 주기를 구하신대, 요한이 굳이 사양하여 감히 못하다가, 두세 번 행하기를 명하시매 이에 공순히 허락하니, 예수께서 요단 물가에 내리사 요한에게 세례를 받으실 때 [22b] 천문(天門)이 크게 열리고, 천주 성령이 비둘기 모양으로 나타나 예수 이마에 강림하시고, 천주 성부께서 공중에서 말씀으로 일러 가라사대, "이는 실로 나의 사랑하는 아들이니, 내 마음을 심히 즐겁게 하는 자라." 하시니라. 예수께서 세례 받으실 때에 나이 바야흐로 30세라.

문: 요한의 세례는 무슨 뜻입니까?
답: 이는 통회개과하는 세례니, 세상 사람으로 하여금 예비하여 그리스도의

고 텬쥬 셩신이 빅합[79] 모샹으로 나타나 예수 니마에 강림[80]ᄒ시고 텬쥬 셩부ㅣ
공즁에셔 말ᄉᆞᆷ으로 닐너 ᄀᆞᆯ으샤되 이는 실노 나의 ᄉᆞ랑ᄒᆞ는 아들이니 내 ᄆᆞ음
을 심히 즐겁게 ᄒᆞ는 쟈ㅣ라 ᄒᆞ시니라 예수ㅣ 셰 밧으실 때에 나히 부야흐로
삼십 셰러라

문: 요안의 셰는 무ᄉᆞᆷ 뜻이뇨
답: 이는 통회기과ᄒᆞ는 셰니 셰샹 사ᄅᆞᆷ으로 ᄒᆞ여곰 예비ᄒᆞ야 그리스도의 ᄀᆞᄅᆞ
    치심을 밧게 홈이니라
[23a] 문: 무어슬 위ᄒᆞ야 예수ㅣ 요안의게 셰 붓치기를 쳥ᄒᆞ시뇨
답: ᄒᆞ나흔 우리 사ᄅᆞᆷ으로 그 겸손ᄒᆞ신 표양 비호기를 위ᄒᆞ심이오 둘흔 셰 밧
    으실 때에 셰샹 물을 츅셩[81]코져 ᄒᆞ심이니라
문: 예수ㅣ 셰 밧으실 때에 무ᄉᆞᆷ 긔이ᄒᆞᆫ 령젹이 잇셧ᄂᆞ뇨
답: 텬쥬 삼위 ᄒᆞᆫ때에 나타나 뵈시니라
문: 엇더케 삼위 ᄒᆞᆫ때에 나타나 뵈시다 ᄒᆞᄂᆞ뇨
답: 공즁에 들닌 말ᄉᆞᆷ은 이 텬쥬 셩부의 소뢰시오 셰 밧으시는 예수는 그 뜻을
    즐겁게 ᄒᆞ시는 텬쥬 [23b] 셩즈ㅣ시오 또 빅합 모샹으로 나타나신 이는 텬
    쥬 셩신이시니라
문: 무어슬 인ᄒᆞ야 텬쥬 셩신이 빅합 모샹으로 나타나시뇨
답: ᄒᆞ나흔 빅합이 슌젼ᄒᆞ고 조촐ᄒᆞᆫ 새오 둘흔 빅합의 날기 치식 털이 잇셔 셩
    신 은덕의 빗남과 만흔 긔묘홈을 포함홈이니라

---

79 빅합(白鴿): 鵓鴿(발합), 집비둘기.
80 강림: 降臨.
81 츅셩: 祝聖, 신성(神聖)한 용도에 쓰기 위해 보통의 것과 구별하여 셩화(聖化)하는 일.

가르침을 받게 함입니다.

[23a] 문: 무엇을 위하여 예수께서 요한에게 세례 주기를 청하셨습니까?

답: 하나는 우리 사람으로 그 겸손하신 표양 배우기를 위하심이요. 둘은 세례 받으실 때에 세상 물을 축성(祝聖)하고자 하심입니다.

문: 예수께서 세례를 받으실 때에 무슨 기이한 영적이 있었습니까?

답: 천주 삼위(三位) 한때에 나타나 보이셨습니다.

문: 어떻게 삼위 한때에 나타나 보이신다 합니까?

답: 공중에 들린 말씀은 이 천주 성부의 소리시오, 세례 받으시는 예수는 그 뜻을 즐겁게 하시는 천주 [23b] 성자이시오, 또 백합(白鴿) 모상으로 나타나신 이는 천주 성령이십니다.

문: 무엇을 인하여 천주 성령이 백합 모양으로 나타나셨습니까?

답: 하나는 백합이 순전하고, 조찰한 새요. 둘은 백합의 날개 채색 털이 있어, 성령 은덕의 빛남과 많은 기묘함을 포함합니다.

뎨십쟝은 예수의 엄지[82]ᄒ심과 마귀 유감[83]홈을 의론홈이라[84]
강싱 후 삼십일 년이라

예수ㅣ 셰롤 밧으신 후에 뷘들에 가 머므샤 쥬야[24a]로 엄지ᄒ신 지 ᄉ십 일에 마귀 갓가이ᄒ야 그 과연 참 텬쥬의 아둘인가 아닌가 알고져 ᄒ야 세 번 유감으로 시험홀 시 몬져 예수의 주리심을 보고 꾀와 글ᄋ되 만일 너ㅣ 텬쥬의 참 아둘이면 엇지 이 돌을 명ᄒ야 떡이 되여 주림을 치오지 아닛ᄂ뇨 예수ㅣ 되답ᄒ야 글ᄋ샤되 경에 닐넛시되 사름이 다만 떡과 음식으로만 살지 아니ᄒ고 능히 텬쥬의 거룩ᄒ신 말ᄉᆷ을 힙닙어 산다 ᄒ니라 마귀 또 예수롤 셩 텬 우희 두고 시험ᄒ야 글ᄋ되 너[24b]ㅣ 과연 텬쥬의 참 아둘이면 가히 이에 나아가 떠러져 ᄂ리라 ᄒ니 경에 닐온바 쥬ㅣ 텬신을 명ᄒ야 너롤 붓들어 너 로 ᄒ여곰 넘어져도 샹홈을 밧지 아니리라 ᄒ엿ᄂ니라 오 쥬ㅣ 다시 글ᄋ샤되 경에 닐넛시되 너ㅣ 텬쥬롤 시험치 말나 ᄒ시니라 마귀 다시 예수롤 유인ᄒ야 극히 놉흔 산ᄭ옥닥이에 가셔 만국 존영을 눈압희 나타내고 ᄀᄅ쳐 글ᄋ되 만일 꿀어 내게 절ᄒ면 나ㅣ 쟝춧 이 모든 영광을 가져 너롤 주리라 예수ㅣ 꾸지져 글ᄋ샤[25a]되 사단아 ᄲᆞᆯ니 가거라 경에 닐넛시되 너ㅣ 오직 ᄒ나히신 텬쥬롤 흠슝ᄒ야 밧드러 셤기라 ᄒ시니라 마귀 유감을 못츠고 도망ᄒ매 텬신이 예수 ᄭᅴ 음식을 드려 잡수시게 ᄒ더라

문: 예수ㅣ 셰 밧으신 후에 어디로 가시뇨
답: 광야로 가 머므시니라
문: 뎌긔 가 무엇ᄒ시뇨
답: ᄉ십 일 대지[85]롤 ᄒ시니라

---

82 엄지: 嚴齋, 금식, 성경에서는 예수께서 40일 금식하신 것으로 기록한다.
83 유감(誘感): 誘, 유혹.
84 마태복음 4:1-11; 마가복음 1:12-13; 누가복음 4:1-13.
85 대지: 大齋, 극단적 금식, 단식재.

제10장은 예수의 엄재(嚴齋)하심과 유감(誘感)함을 의론함이라.
강생 후 31년이라.

　　예수께서 세례를 받으신 후에, 빈들에 가 머무사 주야[24ㅎ]로 금식하신 지 40일에 마귀 가까이하여 그 과연 참 천주의 아들인가 아닌가 알고자 하여 세 번 유혹으로 시험할 새, 먼저 예수의 주리심을 보고 꾀여 가로되, "만일 네가 천주의 참 아들이면 어찌 이 돌을 명하여 떡이 되어 주림을 채우지 않는가?" 예수께서 대답하여 가라사대, "경(經)에 일렀으되, '사람이 떡과 음식으로만 살지 아니하고 능히 천주의 거룩하신 말씀을 힘입어 산다.'" 하니라. 마귀 또 예수를 성전 위에 두고 시험하여 가로되, "네[24b]가 과연 천주의 참 아들이면 가히 이에 나아가 떨어져 내리라 하니, 경에 이른바 '주께서 천신을 명하여 너를 붙들어 너로 하여금 넘어져도 상함을 받지 않으리라' 하였느니라." 우리 주께서 다시 가라사대, "경에 일렀으되, '너는 천주를 시험하지 말라 하시나니라.'" 마귀 다시 예수를 유인하여, 극히 높은 산꼭대기에 가서 만국 존영을 눈앞에 나타내고 가리켜 가로되, "만일 꿇어 내게 절하면, 내가 장차 이 모든 영광을 가져 너를 주리라." 예수께서 꾸짖어 가라사[25a]대 "사탄아 빨리 가거라! 경에 일렀으되, '너는 오직 하나이신 천주를 흠숭하여 받들어 섬기라 하시나니라.'" 마귀 유감을 마치고 도망하매 천사가 예수께 음식을 드려 잡수시게 하더라.

문: 예수께서 세례 받으신 후에, 어디로 가셨습니까?
답: 광야로 가 머무셨습니다.
문: 거기 가서 무엇하셨습니까?
답: 40일 대재(大齋)를 하셨습니다.
문: 어찌하여 우리 주께서 이 엄재를 지키셨습니까?
답: 우리 [25b] 사람이 마땅히 각각 유감 만날 때, 어떻게 예비할 줄을 보이그

문: 엇지ᄒ야 오 쥬ㅣ 이 엄지를 직희시뇨

답: 우리 [25b] 사ᄅᆷ이 맛당이 각각 유감 맛날 때에 엇더케 예비ᄒᆯ 줄을 뵈고져
　　ᄒ심이니라

문: 예수ㅣ 광야에 계실 때에 몃 번 마귀 유감을 맛나시뇨

답: 세 번이니라

문: 엇지ᄒ야 세 번 이 유감을 당ᄒ시뇨

답: 우리 사ᄅᆷ의 유감을 물니치ᄂᆞ 법을 ᄀᆞᄅ치고져 ᄒ심이니라

문: 마귀 무ᄉᆷ 계교로써 예수를 세 번 유감ᄒ엿ᄂᆞ뇨

답: 첫재ᄂᆞ 탐도[86]오 둘재ᄂᆞ 교오[87]오 셋재ᄂᆞ 존영[26a]을 탐홈이니라

문: 유감을 당홈이 죄 되ᄂᆞ냐

답: 그러치 아니ᄒ니 마유[88]를 슌죵ᄒ면 죄가 되고 물니치면 공이 되ᄂᆞ니라

86　탐도: 貪饕, 재물(財物)이나 음식(飮食)을 탐냄. 칠죄종(七罪宗)의 하나.

87　교오: 驕傲, 젠체하여 남을 업신여길 만큼 건방짐. 칠죄종(七罪宗)의 하나.

88　마유: 魔誘, 마귀의 유혹.

자 하심입니다.

문: 예수께서 광야에 계실 대 몇 번 마귀의 유혹을 만나셨습니까?

답: 세 번입니다.

문: 어찌하여 세 번 이 유혹을 당하셨습니까?

답: 우리 사람의 유혹을 물리치는 법을 가르치고자 하심입니다.

문: 마귀 무슨 계교로써 예수를 세 번 유감하였습니까?

답: 첫째는 탐도(貪饕)요, 둘째는 고오(驕傲)요, 셋째는 존영[26a]을 탐함(貪榮)입니다.

문: 유혹을 당함이 죄가 됩니까?

답: 그렇지 아니하니, 마귀의 유혹을 순종하면 죄가 되고, 물리치면 공이 됩니다.

뎨십일쟝은 예수ㅣ 십이 종도롤 빠심을 의론홈이라[89]
강성 후 삼십일 년이라

　　예수ㅣ 마유롤 물니치신 후에 도리 강론홈을 시작ᄒ려 ᄒ실 시 갈닐네아[90]
따희 니르러 예네사렛[91] 호슈가에 머므샤 몬져 어부 두 집 형뎨 네 사롬을
[26b] 갈희여[92] 문도[93]롤 삼으시니 이 안드리아와 그 아오 시몬이오 또 세베데[94]
의 두 아ᄃᆞᆯ 야고버와 요왕이라 니어 다른 문도롤 거두시매 그중에 마두ㅣ 잇ᄉ
니[95] 일즉 나라 구실[96] 밧는 사롬이라 이에 졉종[97]ᄒ야 니르러 뎨ᄌᆞㅣ 되매 뜻을
오롯이 ᄒ야 쥬롤 스승ᄒ고 거룩한 도롤 법 밧는지라
　　예수ㅣ 모든 뎨ᄌᆞ 가온대 특별이 열두 사람을 간션ᄒ야 종도롤 삼으샤 모
든 문도 우희 올니시니 첫재 일홈은 시몬 베드루[98]오 버금은 안드리아[99]와 야고
버[100]와 [27a] 요왕[101]과 비리버[102]와 발도로메오[103]와 도마[104]와 마두[105]와 알페[106]의
두 아ᄃᆞᆯ 야고버[107]와 유다 다두[108]유다는 다두의 다른 일홈이라[109]와 가나 디방 사

89　마태복음 4:18-22, 5:2-4, 16:18; 마가복음 1:16-20; 누가복음 5:1-11, 마태복음 10:2-4; 마가복음 6:7-13; 누
　　가복음 9:1-6.
90　갈닐네아: 加理肋亞, 갈릴리.
91　예네사렛: 慹納撒肋, 게네사렛.
92　갈희다: 가리다. 고르다.
93　문도: 門徒, 제자.
94　세베데: 色白, 세베대.
95　그 줌에 마두ㅣ 잇ᄉ니: 內有一更顯, 名瑪竇(그 안에 또 명성이 높은 한 사람이 있으니, 이름은 마태인데).
96　구실: 征稅, 온갖 세납(稅納)을 통틀어 이르던 말. 세금
97　졉종: 接踵, 사물이나 사건이 잇따라 생김을 이르는 말.
98　시몬 베드루: 西滿 伯多祿, 시몬 베드로.
99　안드리아: 安德肋, 안드레.
100　야고버: 雅各伯, 야고보.
101　요왕: 若望, 요한.
102　비리버: 斐理伯, 빌립.
103　발도로메오: 巴爾多祿茂, 바돌로매.
104　도마: 多默, 도마.
105　마두: 瑪竇, 마태.
106　알페: 亞爾弗, 알패오.
107　야고버: 雅各伯, 야고보.
108　유다 다두: 如大 達陡, 유다 다대오.
109　유다는 다두의 다른 이홈이라: 소자 쌍행으로 주를 달았다.

제11장은 예수께서 열두 사도를 택하심을 의론함이라.

강생 후 31년이라.

    예수께서 마귀의 유혹을 물리치신 후에, 도리 강론함을 시작하려 하실 새 갈릴리 땅에 이르러 게네사렛 호숫가에 머무사 먼저 어부 두 집 형제 네 사람을 [26b] 가려서 문도(門徒)를 삼으시니, 이 안드레와 그 아우 시몬이요, 또 세베대의 두 아들 야고보와 요한이라. 이어 다른 문도를 거두시매, 그중에 마태가 있으니, 일찍 나라 세금 받는 사람이라. 이에 접종(接踵)하여 이르러 제자가 되매, 뜻을 오롯이 하여 주를 스승으로 모시고, 거룩한 도를 본받는지라.

    예수께서 모든 제자 가운데 특별히 열두 사람을 간선(揀選)하여, 사도 삼으사 모든 문도 위에 올리시니, 첫째 이름은 시몬 베드로요, 버금은 안드레와 야고보와 [27a] 요한과 빌립과 바돌로매와 도마와 마태와 알패오의 두 아들 야고보와 유다 다대와, 유다는 다대오의 다른 이름이라, 가나 지방 사람 시몬이요, 또 가롯 사람 유다이니, 이는 우리 주 예수를 판 자이니라. 예수께서 시몬의 별명을 베드로라 주어 가라사대, "네 이름 베드로는 돌이나, 이 돌 위에 장차 내 교회를 일으키리라." 하시니라.

문: 사도 두 글자는 무슨 뜻입니까?

답: 문도 중 으뜸이라는 뜻이요, 또한 라틴 말로 이르면 보낸 사신입니[27b] 다.

문: 어찌하여 보내신 자라 이름하였습니까?

답: 마치 제왕(帝王)이 관원을 보내어 백성을 다스림과 같아서, 우리 주께서 사도를 보내어 봉교(奉敎)하는 사람을 다스리실 것입니다.

문: 어찌하여 예수께서 고기 잡는 질박한 사람을 택하여 사도를 삼으셨습니까?

룸 시몬¹¹⁰이오 또 이스까리옷 사룸 유다스¹¹¹ | 니 이는 오 쥬 예수룰 푼 쟈 | 니라
예수 | 시몬의 별명을 베드루 | 라 주어 글ᄋ샤ᄃᆡ 네 일홈 베드루는 돌이니
나 | 이 돌 우희 쟝ᄎᆞ 내 교회룰 니ᄅ키리라 ᄒ시니라¹¹²

문: 종도 두 글ᄌᆞ는 무슴 뜻이뇨

답: 문도 즁 웃듬이라 뜻이오 또한 라딘 말노 닐ᄋ면 보낸 스신이니[27b]라¹¹³

문: 엇지ᄒᆞ야 보내신 쟈 | 라 일홈ᄒᆞ엿ᄂᆞ뇨

답: 맛치 데왕이 관원을 보내여 빅셩을 다스림과 굿ᄒᆞ야 오 쥬 | 종도룰 보내
　여 봉교¹¹⁴ᄒᆞ는 사룸을 다스리시니라

문: 엇지ᄒᆞ야 예수 | 고기 잡는 질박흔 사룸을 ᄲᅡ 종도룰 삼으시뇨

답: 우리 사룸의 젼교¹¹⁵ᄒᆞ는 공이 도모지 텬쥬의 젼능ᄒᆞ신 공부되는 줄을 뵈심
　이니라

[28a] 문: 종도 | 도모지 몃치시뇨

답: 열두 종도 | 시니라

문: 열두 종도는 뉘시뇨

답: 베드루와 안드릐아와 쟝 야고버¹¹⁶와 요왕과 도마와 ᄎᆞ 야고버¹¹⁷와 비리버와
　발도로메오와 마두와 시몬과 다두와 마디아¹¹⁸ | 니 마디아는 예수 | 승텬ᄒᆞ
　신 후에 열흔 종도 | 공번되이¹¹⁹ 간션ᄒᆞ야 유다스의 위룰 ᄃᆡ신흔 쟈 | 니라

110　가나 시몬: 加納 西滿: 가나나인 시몬.

111　이스까리옷 사룸 유다스: 夷斯加略大 茹答斯. 가룻 유다.

112　[1866] 열두 사도 중에 본문에는 도마(多默)가 빠져 있으나, 문답에는 있다. 문답에는 사도행전 1장에 기록
　된 가룻 유다를 대신해 뽑힌 맛디아가 들어가 있다.

113　문도 즁 웃듬이라 뜻이오 또한 라딘 말노 닐ᄋ면 보낸 스신이니[27b]라: [1866] 遣使之意(파견된 사자(使
　者)라는 뜻입니다).

114　봉교: 奉敎, 교를 믿고 그 교리를 좇아 행하는 일.

115　젼교: 傳敎,

116　안드레의 형제 야고보.

117　알패오의 아들 야고보. [1866]에는 없는 '쟝'(長)과 '차'(次)로 야고보 두 사람을 구분하였다.

118　마디아: 瑪弟亞, 맛디아.

119　공번되다: 공정하다, 공평하다.

답: 우리 사람의 전교(傳敎)하는 공이 도무지 천주의 전능하신 공부(工夫)되는 줄을 보이심입니다.

[28a] 문: 사도가 도무지 몇이십니까?

답: 열두 사도이십니다.

문: 열두 사도는 누구이십니까?

답: 베드로와 안드레와 장(長) 야고보와 요한과 도마와 차(次) 야고보와 빌립과 바돌로매와 마태와 시몬과 다대오와 맛디아니, 맛디아는 예수께서 승천하신 후에 열한 사도가 공변되게 간선하여, 유다의 뒤를 대신한 자입니다.

데십이쟝은 예수ㅣ 도리롤 강론ᄒ심과 권[28b]화ᄒ심을 의론홈이라[120]
강셩 후 삼십이 년이라

이때에 예수ㅣ 모든 종도롤 보내샤 각 부 읍ᄂᆡ와 향촌 등 쳐에 가셔 텬국 아룸다온 소ᄅᆡ롤 강론ᄒ야 젼ᄒ되 이 셰샹은 통회 긔과ᄒ고 쥬롤 알아 령혼 구홀 땐 줄을 볽이 알게 ᄒ시고 또 예수는 고셩[121] 데왕[122]의 오래 기ᄃ린 바ㅣ오 션지 모든 셩인의 미리 말ᄉᆞᆷ ᄒᆞᆫ 바 그리스도 구셰쟈ㅣ 신 줄을 볽이 증거ᄒ샤 므릇 능히 그 거룩ᄒ신 도리롤 밋어 통회긔과ᄒᄂᆞᆫ 쟈ᄂᆞᆫ 반ᄃᆞ시 죄샤흠을 닙어 샹셩[123]을 누[29a]리리라 ᄒ시고 이에 령젹을 만히 나타내샤 ᄡᅥ ᄌᆞ긔가 텬쥬의 참 아ᄃᆞᆯ이심[124]을 알게 ᄒ실 ᄉᆡ 물을 명ᄒ야 술이 되게 ᄒ시고 바람을 긋쳐 물결을 고요케 ᄒ시고 죽은 쟈롤 부활케 ᄒ시고 샤마롤 몰아 쫏ᄎ시고 또 쇼경으로 ᄒ여곰 보고 귀막은[125] 쟈로 듯고 벙어리로 말ᄒ고 안즌방이로 ᄒᆡᆼᄒ고 ᄉᆞ지 느러진 쟈로 니러나고 나창[126] 쟈로 조츨케 ᄒ신[127] 죵죵[128]ᄒᆞᆫ 령능을 다 긔록ᄒ기 어려온지라 오 쥬 예수의 일거일동[129]이 모든 덕의 표양이 되시니 ᄉᆞ방 인[29b]민이 다 와셔 그 ᄀᆞ루치심을 밧더라

문: 오 쥬의 젼ᄒ신 거룩ᄒᆞᆫ 도롤 엇지ᄒ야 아룸다온 소ᄅᆡ라 닐콧ᄂᆞ뇨
답: 우리 사룸이 그 도롤 드르면 령신[130] 병의 나흠을 엇고 그 교롤 좃ᄎ면 령혼의 구흠을 엇ᄂᆞᆫ 고로 아룸다온 소ᄅᆡ라 ᄒ니라

---

120 공생애 사역 전체를 요약하고 있다.
121 고셩: 古聖, 옛 성인.
122 데왕: 諸王, 모든 왕.
123 샹셩: 常生, 영생.
124 ᄌᆞ긔가 텬쥬의 참 아ᄃᆞᆯ이심: 眞爲天主所遣者(자기가 진실로 천주께서 보내신 자이심을).
125 귀막다: 귀먹다.
126 나창(癩瘡): 癩. 나병.
127 조츨하다: 깨끗하다.
128 죵죵: 種種, 명사] 갖가지, 부사] 시간적·공간적 간격이 얼마쯤씩 있게.
129 일거일동: 一擧一動.
130 영신(靈神): 神, 영혼, 정신.

제12장은 예수께서 도리를 강론하심과 권화하심을 의론함이라.

강생 후 32년이라.

　　이때 예수께서 모든 사도를 보내사, 각 부(府) 읍내와 향촌 등 처(處)에 가서 천국 아름다운 소리를 강론하여 전하되, 이 세상은 통회와 개과하고 주를 알아 영혼 구할 때인 줄을 밝히 알게 하시고, 또 예수는 옛 성인과 모든 왕의 오래 기다린 바요, 선지 모든 성인의 미리 말씀 한 바 그리스도 구세자이신 줄을 밝히 증거 하사, 무릇 능히 그 거룩하신 도리를 믿어 통회와 개과하는 자는 반드시 죄사함을 입어 영생(永生)을 누[29a]리리라 하시고, 이에 영적을 많이 나타내사 이로써 자기가 천주의 참 아들이심을 알게 하실 새, 물을 명하여 술이 되게 하시고, 바람을 그쳐 물결을 고요하게 하시고, 죽은 자를 부활하게 하시고, 사마를 몰아 쫓으시고, 또 소경으로 하여금 보고, 귀먹은 자로 듣고, 벙어리로 말하고, 앉은뱅이로 걷게 하고, 사지 늘어진 자로 일어나고, 나병 환자로 깨끗하게 하신 갖가지 능력을 다 기록하기 어려운지라. 우리 주 예수의 일거수일투족이 모든 덕의 표양이 되시니, 사방 인[29b]민이 다 와서 그 가르치심을 받더라.

문: 우리 주의 전하신 거룩한 도를 어찌하여, 아름다운 소리라 일컫습니까?

답: 우리 사람이 그 도를 들으면 영신(靈神) 병이 나음을 입고, 그 교를 쫓으면 영혼(靈魂)의 구함을 얻는 고로 아름다운 소리라 합니다.

문: 예수께서 어떻게 자기 전하신 바, 도리가 이 참됨을 밝히 나타내십니까?

답: 기이한 능과 큰 성적(聖蹟)을 무수히 행하심으로 하십니다.

문: 성적은 무엇입니까?

답: 사람과 마귀의 역량(力量) 재능[30a]으로 행치 못할 일을 천주의 재능으로 하심이니, 마치 명하여 죽은 사람이 다시 살아나고, 소경이 보고, 귀먹은 이 듣고, 벙어리 말하고, 앉은뱅이를 걷게 하신 그런 일입니다.

문: 예수ㅣ 엇더케 ᄌᆞ긔 젼ᄒᆞ신 바 도리가 이 춤됨을 붉이 나타내시뇨

답: 긔이ᄒᆞᆫ 능과 큰 셩젹[131]을 무수히 ᄒᆡᆼᄒᆞ심으로 ᄒᆞ시니라

문: 셩젹은 무어시뇨

답: 사ᄅᆞᆷ과 마귀의 력량 지능[30a]으로 ᄒᆡᆼ치 못ᄒᆞᆯ 일을 텬쥬의 젼능으로 ᄒᆞ심 이니 맛치 명ᄒᆞ야 죽은 사ᄅᆞᆷ이 다시 살아나고 소경이 보고 귀막은 이 듯 고 벙어리 말ᄒᆞ고 안즌방이ᄅᆞᆯ ᄒᆡᆼ케 ᄒᆞ신 그런 일이니라

문: 엇더케 예수ㅣ 셰샹에 계셔 무수ᄒᆞᆫ 셩젹을 ᄒᆡᆼᄒᆞ신 줄을 아ᄂᆞ뇨

답: 다만 셩교 경뎐에 긔록ᄒᆞᆷ이 잇슬 뿐 아니라 또 <u>유더아</u>와 <u>로마국</u> 스긔[132]에 붉이 오 쥬의 교ᄅᆞᆯ 젼ᄒᆞ야 ᄇᆡᆨ셩을 화ᄒᆞ심과[133] 긔이ᄒᆞᆫ 령젹을 ᄒᆡᆼᄒᆞ심과 난 을 밧으샤 못 박혀 죽으심과 부[30b]활ᄒᆞ실 그런 일을 긔록ᄒᆞᆫ 거ᄉᆞᆯ 인ᄒᆞ 야 앎이니라

---

131 셩젹: 聖迹, 성스러운 사적이나 고적.

132 스긔(史記): 鑑.

133 화ᄒᆞ다: 化, 교화(敎化)하다.

문: 어떻게 예수께서 세상에 계셔 무수한 성적을 행하신 줄을 압니까?

답: 다만 성교 경전(輕典)에 기록함이 있을 뿐 아니라 또 유대아와 로마국 사기(史記)에 밝히 우리 주의 교를 전하여 백성을 교화(教化)하심과 기이한 영적을 행하심과 난(難)을 받으사 못 박혀 죽으심과 부[30b]활하실 그런 일을 기록한 것을 인하여 압니다.

데십삼쟝은 예수 ㅣ 베드루를 빠샤 슈종도[134]룰 삼으심을 의론홈이라
강성 후 삼십삼 년이라

　　예수 ㅣ 교룰 전ᄒ시고 령적을 나타내신 지 임의 두 ᄒ가 지난지라 쟝ᄎᆺ 슈난ᄒ실 때 갓가오매 성교의 권과 위룰 니을 사룸을 세우고져 ᄒ시더니 ᄒ로는 갈닐네아 디경에 드러가실 ᄉᆡ 길희셔 모든 문도ᄃᆞ려 무러 ᄀᆞᆯᄋᆞ샤ᄃᆡ 세샹 사룸이 나룰 ᄀᆞᄅ쳐 뉘라 ᄒᄂᆞ냐 ᄃᆡ답ᄒ야 ᄀᆞᆯᄋᆞᄃᆡ 혹 요안 셰쟈[31a] ㅣ 라 ᄒ고 혹 엘니아[135] ㅣ 라 ᄒ고 혹 예레미아[136] ㅣ 라 ᄒ고 혹 ᄒᆫ 션지쟈 ㅣ 라 ᄒᄂᆞ이다 예수 ㅣ 다시 무러 ᄀᆞᆯᄋᆞ샤ᄃᆡ 너희 무리는 나룰 뉘라 ᄒᄂᆞ뇨 베드루 ㅣ 무리룰 거ᄂᆞ려 ᄃᆡ답ᄒ야 ᄀᆞᆯᄋᆞᄃᆡ 너 ㅣ 실노 영원이 성활ᄒ신 텬쥬의 ᄎᆞᆷ 아ᄃᆞᆯ이시니이다 예수 ㅣ ᄀᆞᆯᄋᆞ샤ᄃᆡ 시몬 발요나[137]야 너는 실노 진복의 사룸인뎌 홀노 하놀에 계신 내 부 ㅣ 네 지혜룰 ᄆᆞᆨ계ᄒ심이로다 나 ㅣ 확실이 네게 닐ᄋᆞᄂᆞ니 네 일홈 베드루는 돌이라 쟝ᄎᆺ 내 성교의 신묘ᄒᆫ [31b] 궁궐을 네 돌 우희 셰울지니 디옥[138]문이 비록 힘써 칠지라도 너룰 기리 이긔지 못홀 거시오 나 ㅣ 쟝ᄎᆺ 텬문[139] 열쇠룰 네게 붓칠지니 너 ㅣ ᄯᅡ희 잇서 사룸의 죄룰 풀면 나 ㅣ 하놀에 잇서 ᄯᅩᄒᆫ 풀 거시오 너 ㅣ 풀지 아닌 죄는 나 ㅣ ᄯᅩᄒᆫ 풀지 아니ᄒ리라 ᄒ시더라

문: 뉘 종도의 웃듬이 되ᄂᆞ뇨
답: 베드루 ㅣ 니라
문: 베드루 세 글ᄌ는 무어슬 ᄀᆞᄅ치ᄂᆞ뇨
답: 풀어 닐ᄋᆞ면 돌이니라

134　슈종도: 首宗徒, 사도들의 으뜸.
135　엘니아: 厄里亞, 엘리야.
136　예레미아: 熱肋彌亞, 예레미야.
137　시몬 발요나: [1866] 시몬 바요나(西滿, 巴爾若納)로 구분해서 밑줄을 그었다. [1883] 시몬 발요나, [개역개정] 바요나 시몬. [NA28] Σίμων Βαριωνᾶ, [VUL] Simon Bar Jona.
138　디옥: 地獄, 지옥.
139　텬문: 天門, 천문, 천국의 문.

제13장은 예수께서 베드로 선택하사 수종도(首宗徒)를 삼으심을 의론함이라. 강생 후 33년이라.

　　예수께서 교를 전하시고, 영조을 나타내신 지 이미 두 해가 지난지라. 장차 수난(受難)하실 때 가까워지자 성교의 권과 위를 이을 사람을 세우고자 하시더니, 하루는 갈릴리 지경에 들어가실 새, 길에서 모든 문도에게 물어 가로되, "세상 사람이 나를 가리켜 누구라 하느냐?" 대답하여 가로되, "혹 세례자 요한[31a]이라 하고, 혹 엘리야라 하고, 혹 예레미야라고 하고, 혹 선지자라 하나이다." 예수께서 다시 물어 가라사대, "너희 무리는 나를 누구라 하느냐?" 베드로가 무리를 거느려 대답하여 가로되, "너는 실로 영원히 생활(生活)하신 천주의 참 아들이십니다." 예수께서 가라사대, "시몬 바요나야, 너는 실로 진복(眞福)의 사람인데, 홀로 하늘에 계신 내 부(父)께서 네 지혜를 계시하심이로다. 내가 확실히 네게 이르나니, '네 이름은 비드로는 돌이라. 장차 내 성교의 신묘한 [31b] 궁궐을 네 돌 위에 세울지니, 지옥문이 비록 힘써 칠지라도 너를 길이 이기지 못할 것이요. 내가 장차 천문(天門) 열쇠를 네게 붙일지니, 네가 땅에 있어 사람의 죄를 풀면 내가 하늘에 있어 또한 풀 것이요, 네가 풀지 않은 죄는 내가 또한 풀지 아니하리라.'" 하시니라.

문: 누가 사도의 으뜸이 됩니까?
답: 베드로입니다.
문: 베드로 세 글자는 무엇을 가리킵니까?
답: 풀어 이르면 돌입니다.
[32a] 문: 베드로의 전(前) 이름은 무엇입니까?
답: 시몬이라 이름합니다.
문: 어찌하여 우리 주께서 그 이름을 고쳐, 베드로라 하셨습니까?
답: 저가 성교의 근기(根基)되니, 이 돌 위에 성교 궁궐을 일으켜, 길이 무너

[32a] 문: 베드루의 젼 일홈은 무어시뇨

답: 시몬이라 일홈ᄒ니라

문: 엇지ᄒ야 오 쥬ㅣ 그 일홈을 곳쳐 베드루ㅣ라 ᄒ시뇨

답: 뎌ㅣ 셩교의 근긔[140]되니 이 돌 우희 셩교 궁궐을 니르켜 기리 문허지지 아
니ᄆ을 붉이 나타내고져 ᄒ심이니라

문: 엇더케 베드루ㅣ 셩교의 읏듬이 되ᄂᆫ 줄을 아ᄂ뇨

답: 오 쥬 예수ㅣ 텬국[141] 열쇠ᄅ를 뎌의게 붓쳐 주셧시니 맛치 셩문 열쇠ᄅ를 ᄎ지
ᄒᆫ 쟈ㅣ 반두시 그 [32b] 셩즁에 읏듬이 됨과 ᄀᆺᄒ니라

문: 베드루ㅣ 슈죵도 되심을 무ᄉᆷ 빙거[142]로 가히 증거ᄒ리오

답: 셩교 경뎐에 미양 베드루ᄅ를 닐ᄏ라 모든 죵도의 읏듬 위로 긔록ᄒᆷ을 보고
후에 셩도ㅣ 셩신이 강림ᄒ심을 령ᄒᄂᆫ 날에 읏듬으로 도리ᄅ를 강론ᄒ야
삼쳔 사ᄅᆷ이 귀화ᄒᆷ도 베드루의 공이오 또 쳣 번으로 셩젹을 나타내샤 안
즌방이ᄅ를 명ᄒ야 니러나게 ᄒ심도 베드루ㅣ니 그 외에 죵죵이 ᄀᆺᄒᆫ 류ᄅ를
다 긔록ᄒ기 어려오니라

---

140 근긔: 根基, 근간, 기초.
141 텬국: 天國, 천국.
142 빙거(憑據): 憑, 증거.

지지 않음을 밝히 나타내고자 하심입니다.

문: 어떻게 베드로가 성교의 으뜸이 되는 줄 압니까?

답: 우리 주 예수께서 천국 열쇠를 저에게 붙여 주셨으니, 마치 열쇠를 차지한 자가 반드시 그 [32b] 성중(城中)에 으뜸이 됨과 같습니다.

문: 베드로가 수종도 되심을 무슨 빙거(憑據)로 가히 증거합니까?

답: 성교 경전에 매양 베드로를 일컬어 모든 사도의 으뜸 위(位)로 기록함을 보고, 후에 성도가 성령이 강림하심을 영(領)하는 날에 으뜸으로 도리를 강론하여 삼천 사람이 귀화함도 베드로의 공이요. 또 첫 번으로 성적을 나타내사, 앉은뱅이를 명하여 일어나게 하심도 베드로이니, 그 외에 갖가지 같은 유를 다 기록하기 어렵습니다.

[33a] 뎨십ᄉ쟝은 예수ㅣ 거륵ᄒ신 얼골을 나타내심을 의론ᄒᆞᆷ이라[143]

강성 후 삼십삼 년이라

오 쥬ㅣ 세샹에 계셔 종도의 신덕을 견고케 코져 ᄒᆞ샤 ᄒᆞ로ᄂᆞᆫ 베드루와 야고버와 요왕 세 종도ᄅᆞᆯ 거ᄂᆞ리시고 갈닐네아 ᄯᅡ희 니ᄅᆞ샤 다볼[144] 놉흔 산에 올나 젹이[145] 텬쥬의 위엄을 나타내실 시 예수ㅣ 몸에 닙으신 옷시 홀연이 결ᄇᆡᆨ[146]ᄒ기 눈에서 더ᄒ고 얼골 빗치 태양 ᄀᆞᆺᄒ시더니 때에 모이스와 엘니아 두 위 고성이 나타나 뵈여 예수로 더부러 [33b] 슈난 구속ᄒ실 일을 강론ᄒ시니 세 종도ㅣ 업듸여 감히 우러러보지 못ᄒᄂᆞᆫ지라

베드루ㅣ 스스로 ᄆᆞᆷ이 만죡ᄒ고 령신이 즐거움을 ᄭᅵᄃᆞ라 이에 예수 압흘 향ᄒᆞ야 글ᄋᆞ듸 쥬 스승이 우리 무리 여긔 잇서 심히 됴ᄒ니 원컨대 세 쳐소ᄅᆞᆯ 셰워 ᄒᆞ나흔 쥬ㅣ 거ᄒ시고 ᄒᆞ나흔 모이스ᄅᆞᆯ 위ᄒ고 ᄒᆞ나흔 엘니아ᄅᆞᆯ 위ᄒᄉᆞ이다 말ᄉᆞᆷ 홀 때에 빗난 구름이 산곡닥이ᄅᆞᆯ 덥흐며 공즁에 소리 들녀 닐ᄋᆞ시듸 이ᄂᆞᆫ 실노 내 아들이니 너희 무리ᄂᆞᆫ [34a] 그 훈계ᄅᆞᆯ 드르라 ᄒᆞ시더니 잠간 ᄉᆞ이에 예수ㅣ 산에 ᄂᆞ리시며 세 종도의게 부탁ᄒᆞ시듸 오늘날 본 바 일은 인ᄌᆞㅣ 죽은 가온대로조차 부활흔 후ᄅᆞᆯ 기ᄃᆞ려 사ᄅᆞᆷ으로 더부러 말ᄒᆞ여라 ᄒᆞ시더라

문: 엇지ᄒᆞ야 오 쥬ㅣ 셩용[147]을 발현ᄒ시뇨

답: 종도의 신덕을 견고케 코져 ᄒᆞ심이니라

문: 몃 위 종도ㅣ 오 쥬의 셩용 나타내심을 보아 증거ᄒᆞ엿ᄂᆞ뇨

답: 베드루와 야고버와 요왕 삼위 종도ㅣ 시니라

---

143 마태복음 17:1-13.
144 다볼: 예수께서 세 명의 제자들 데리고 가서서 변화된 모습을 보이신 산 이름이 성경에는 기록되어 있지 않지만, 저자는 '다볼산'(Mount Thabor)으로 보았다. 일명 '변화산'이라고도 불린다.
145 젹이: 稍. 점점, 갑자기.
146 결백: 潔白, 깨끗하고 흼.
147 셩용: 聖容, 거룩한 얼굴.

[33a] 제14장은 예수께서 거룩하신 얼굴을 나타내심을 의론함이라.
강생 후 33년이라.

　우리 주께서 세상에 계셔 사도의 신덕(信德)을 견고하게 하고자 하사, 하루는 베드로와 야고보와 요한 세 사도를 거느리시고 갈릴리 땅에 이르사, 다볼 높은 산에 올라 문득 천주의 위엄을 나타내실 새, 예수께서 몸에 입으신 옷이 홀연히 결백(潔白)하기가 눈에서 더하고, 얼굴빛이 태양 같으시더니, 때에 모세와 엘리야 두 위(位) 옛 성인이 나타나 보여, 예수로 더불어 [33b] 수난, 구속하실 일을 강론하시니, 세 사도가 엎드려 감히 우러러보지 못하는지라.

　베드로가 스스로 마음이 만족하고 영신(靈神)이 즐거움을 깨달아, 이에 예수 앞을 향하여 가로되, "주 스승이 우리 무리 여기 있어 심히 좋으니, 원컨대 세 처소를 세워, 하나는 주께서 거하시고, 하나는 모세를 위하고, 하나는 엘리야를 위해서 합시다." 말씀할 때 빛난 구름이 산꼭대기를 덮으며 공중에 소리 들려 이르시되, "이는 실로 내 아들이니, 너희 무리는 [34a] 그 훈계를 들으라." 하시더니, 잠깐 사이에 예수께서 산에 내리시며 세 사도에게 부탁하시되, "오늘날 본 바 일은 인자가 죽은 가운데로부터 부활한 후를 기다려 사람으로 더불어 말하여라." 하시더라.

문: 어찌하여 우리 주께서 거룩한 얼굴을 발현(發顯)하셨습니까?
답: 사도들의 신덕을 견고하게 하고자 하심입니다.
문: 몇 위(位) 사도가 우리 주의 거룩한 얼굴 나타내심을 보아 증거하였습니까?
답: 베드로와 야고보와 요한, 삼위 사도이십니다.
[34b] 문: 어찌하여 우리 주께서 세 사도를 쓰셨습니까?
답: 온갖 일에 세 사람이 있어 증거가 됨이 가합니다.

[34b] 문: 엇지ᄒ야 오 쥬ㅣ 세 종도롤 쓰시뇨

답: 온갓 일에 세 사ᄅᆷ이 잇서 증거ㅣ 됨이 가ᄒ니라

문: 오 쥬ㅣ 어나 곳에 계셔 셩용을 나타내시뇨

답: 다볼산 우희셔 ᄒ시니라

문: 무어ᄉᆞᆯ 위ᄒ야 모이스와 엘니아 두 위 고셩인이 나타나 뵈시뇨

답: 종도로 ᄒ여곰 예수ㅣ 참 고셩 션지의 미리 말ᄉᆞᆷᄒᆫ 바 그리스도 구셰
쟈ㅣ신 줄을 알게 코져 ᄒ심이니라

문: 엇지ᄒ야 오 쥬ㅣ 세 종도롤 명ᄒ샤 현셩용ᄒ[35a]신 일을 숨겨 좀좀이 잇
다가 저ㅣ 부활ᄒ신 후롤 기드려 비로소 사ᄅᆷ의게 말ᄒ라 ᄒ시뇨

답: 유더아 사ᄅᆷ이 예수ㅣ 텬쥬의 참 아돌이신 줄을 분명이 알앗시면 감히 고
난을 드려 죽이지 아니ᄒᆯ가 저허ᄒ심이니라[148]

---

148 저허ᄒ다: 염려하다. [1866]의 則吾人何時受救耶(우리 사람이 언제인가 구원받을 것을 본보기로 삼으셨습
니다)를 [1883]은 생략했다.

문: 우리 주께서 어느 곳에 계셔 거룩한 얼굴을 나타내셨습니까?

답: 다볼산 위에서 하셨습니다.

문: 무엇을 위하여 모세와 엘리야 두 위 옛 성인이 나타나 보이셨습니까?

답: 사도로 하여금 예수께서 참 옛 성인 선지의 미리 말씀한 바, 그리스도 구
　　세자이신 줄을 알게 하고자 하심입니다.

문: 어찌하여 우리 주께서 세 사도를 명하사 거룩한 얼굴을 나타내[35a]신 일
　　을 숨겨 잠잠히 있다가, 저가 부활하신 후를 기다려 비로소 사람에게 말
　　하라 하셨습니까?

답: 유대아 사람이 예수께서 천주의 참 아들이신 줄을 분명히 알았으면, 감히
　　고난을 들여 죽이지 아니할까 염려하심입니다.

뎨십오쟝은 예수ㅣ 나귀롤 타고 예루사름으로 나아가심을 의론홈이라[149]

강싱 후 삼십삼 년이라

예수ㅣ 바스과 쳠례 젼 륙일에 예리고[150]로좃차 베다니아[151]로 가실 시 슈난 ᄒ실 때가 임의 림박홈을 [35b] 알으시고 예루사름 경셩으로 나아가고져 ᄒ샤 몬져 두 죵도를 명ᄒ야 니웃 마을에 가셔 민 바 나귀 어이[152]와 삭기[153]를 풀어오라 ᄒ신대 두 죵도ㅣ 명과 굿치 ᄭ으러오고 것옷슬 나귀 등에 펴고 쥬ᄭᅴ 쳥ᄒ야 나귀를 타시고 경셩으로 드러가시더라 수일 젼에 오 쥬ㅣ 큰 셩젹을 힝ᄒ샤 라자로[154]ㅣ 죽은 지 나흘 만에 무덤을 열고 뎌롤 명ᄒ야 다시 살게 ᄒ시니 이에 명셩이 젼파ᄒ야 원근 빅셩이 다 와셔 구경코져 ᄒᄂᆞᆫ지라

예수ㅣ 나귀 타고 오심[36a]을 보고 동힝ᄒᄂᆞᆫ 뭇사룸이 혹 옷슬 버셔 따희 펴며 혹 나무가지를 ᄭᅥ거 길흘 메우고 혹 몬져 힝ᄒ며 후에 ᄯᅡ라 옹위ᄒ야 뫼실 시 즐기는 소리로 찬숑ᄒ야 굴ᄋᆞ디 텬쥬ㅣ 영복을 다위 아들의게 ᄂᆞ리우시니 쥬의 일홈을 인ᄒ야 오시는 쟈ㅣ 맛당이 찬미홈을 밧암즉ᄒ시도다 ᄒ더라 그 후에 예수ㅣ 셩을 향ᄒ야 눈물을 흘녀 통곡ᄒ야 굴ᄋᆞ샤디 너ㅣ 오늘날에 텬쥬ㅣ 너롤 도라보시는 아룸다온 때롤 아지 못홈을 인ᄒ야 쟝ᄎᆞᆺ 큰 현벌[155]을 [36b] 밧으리니 뎍국이 ᄉᆞ면으로 너롤 에워 너의 ᄌᆞ손과 빅셩을 진멸홀 거시오 셩과 집이 문허지고 돌이 다 흣허져 서로 합홈이 업스리라 ᄒ시더라

문: 유더아 빅셩이 오 쥬롤 깃거 영졉ᄒ야 찬양ᄒᄂᆞᆫ 쟈는 이 엇던 사룸을 모샹 홈이뇨

---

149 마태복음 21:1-11, 23:37-39; 누가복음 19:28-44; 요한복음 12:12-19.

150 예리고: 熱里各, 여리고.

151 베다니아: 白大尼亞, 베다니.

152 어이: 母, 어미.

153 삭기: 子, 새끼.

154 라자로: 納匝祿, 나사로.

155 현벌: 顯罰, 나타나는 벌.

제15장은 예수께서 나귀를 타고, 예루살렘으로 나아가심을 의론함이라.
강생 후 33년이라.

　　예수께서 파스카 첨례(瞻禮) 전 육일에 여리고로부터, 베다니로 가실 새 수난하실 때가 이미 임박함을 [35b] 아시고 예루살렘 경성으로 나아가고자 하사, 먼저 두 사도를 명하여 '이웃 마을에 가서 맨 바 나귀 어미와 새끼를 풀어오라' 하신대, 두 사도가 명과 같이 끌어오고 겉옷을 나귀 등에 펴고 주께 청하여, 나귀를 타시고 경성으로 들어가시더라. 수일 전에 우리 주께서 큰 성적을 행하사, 나사로가 죽은 지 나흘 만에 무덤을 열고 저를 명하여 다시 살게 하시니, 이에 명성이 전파하여 원근 백성이 다 와서 구경하고자 하는지라.

　　예수께서 나귀 타고 오심[36a]을 보고 동행하는 뭇사람이 혹 옷을 벗어 땅에 펴며, 혹 나뭇가지를 꺾어 길을 메우고, 혹 먼저 행하며 후에 따라 옹위하여 모실 새, 즐기는 소리로 찬송하여 가로되, "천주께서 영복을 다윗 아들에게 내리시니, 주의 이름을 인하여 오시는 자는 마땅히 찬미함을 받음직하시도다." 하더라. 그 후에 예수께서 성을 향하여 눈물을 흘려 통고하여 가라사대, "네가 오늘날에 천주께서 너를 돌아보시는 아름다운 때를 알지 못함을 인하여 창자 큰 현 벌(顯罰)을 [36b] 받으리니, 적국이 사면으로 너를 에워 너의 자손과 백성을 진멸할 것이요. 성과 집이 무너지고 돌이 다 흩어져 서로 합함이 없으리라." 하시더라.

문: 유대아 백성이 우리 주를 기뻐 영접하여, 찬양하는 자는 어떤 사람을 도상합니까?
답: 이제 어떤 교우가 순한 때에는 천주를 기뻐 섬기고, 어려운 때에는 천주를 버리는 그런 사람을 모상합니다.
문: 예수께서 도성에 나가시매 무슨 일을 미리 말[37a]씀하셨습니까?

답: 이제 엇던 교우ㅣ 슌ᄒᆞᆫ 때에는 텬쥬를 깃거 셤기고 어려온 때에는 텬쥬를
　　부리는 그런 사ᄅᆞᆷ을 모샹홈이니라

문: 예수ㅣ 도셩에 나아가시매 무ᄉᆞᆷ 일을 미리 말[37a]ᄉᆞᆷᄒᆞ시뇨

답: 경셩이 쟝ᄎᆞᆺ 훼파홈을 말ᄉᆞᆷᄒᆞ시니라

문: 예수의 미리 ᄒᆞ신 말ᄉᆞᆷ이 과연 마잣ᄂᆞ냐

답: 말ᄉᆞᆷ대로 되엿시니 예수ㅣ 승텬ᄒᆞ신 후 ᄉᆞ십 년에 **로마** 총왕 **웨쓰바시아
　　노**[156]ㅣ 대쟝군 **듸듀쓰**[157]를 보낼 시 대병을 거ᄂᆞ려 **예루사름** 셩을 진멸ᄒᆞ야
　　도모지 보존ᄒᆞᆫ 거시 업ᄂᆞ니라[158]

156　웨쓰바시아노: 物斯巴西亞諾, 베스파시아누스(Titus Flavius Vespasianus, 재위: AD 69-79).
157　듸듀쓰: 티투스(Titus Caesar Vespasianus, 재위: AD 79-81)는 베스파시아누스(Titus Flavius Vespa-
　　　sianus)의 아들.
158　총왕 웨쓰바시아노ㅣ 대쟝군 듸듀쓰를 보낼 시: 羅瑪総王奈祿遣大將軍物斯巴西亞諾(로마의 황제 네로가
　　　대장군 베스파시아누스를 보내서). [1883]은 이후의 상황을 고려하여 해석한 것으로 보인다.

답: 경성이 장차 훼파(毁破)됨을 말씀하십니다.

문: 예수의 미리 하신 말씀이 과연 맞았습니까?

답: 말씀대로 되었으니, 예수께서 승천하신 후 40년에 로마 황제 베스파시아
누스가 대장군 티투스를 보낼 새, 대병을 거느려 예루살렘 성을 진멸하
여 도무지 보존한 것이 없었습니다.

데십륙쟝은 악인이 예수를 모해홈을 의론홈이라[159]

[37b] 오 쥬ㅣ 젼교ᄒ신 지 임의 삼 년이라 그 힝ᄒ신 바와 말ᄉᆞᆷᄒ신 바ㅣ 다 크고 긔이ᄒ샤 갓가온 쟈ㅣ 깃거ᄒ고 먼 ᄃᆡ 잇ᄂᆞᆫ 쟈ㅣ 나아와 그 거륵ᄒ신 도를 드르며 그 긔이ᄒ신 령젹을 놀나이 보아 다 찬양ᄒᄃᆡ 오직 스그리바[160]들과 바리셔이[161]들과 또 교를 ᄀᆞ음아ᄂᆞᆫ[162] 관쟝들이 다 예수를 깁히 흔ᄒ고[163] 투긔ᄒ니 뎌 무리 악을 힝ᄒ야 자조 쥬의 칙ᄒ심을 밧은 연고ㅣ라

대개 스그리바들은 <u>유더아</u> 일홈잇는 박ᄉㅣ니 예수ㅣ 그 흐려 경 ᄯᅳᆺ을 판단치 못[38a]홈과 ᄆᆞ음에 거즛 신[164]이 잇ᅀᆞᆷ을 붉이 말ᄉᆞᆷᄒ시고 바리셔이들은 고교 규계를 엄히 직희ᄂᆞᆫ 션븨라 닐컷거ᄂᆞᆯ 그 거즛 슈계ᄒᄂᆞᆫ 일홈을 빌어 븩셩을 속이고 그 ᄆᆞ음에 교오와 간린[165]과 질투[166] 그런 악졍이 ᄀᆞᆷ초임을 예수ㅣ 칙ᄒ시고 또 교를 ᄀᆞ음아ᄂᆞᆫ 관쟝은 일즉 오 쥬ㅣ <u>예루사름</u>이 쟝ᄎᆞᆺ 훼파홈을 밧으리라 말ᄉᆞᆷᄒ심을 드를 뿐 아니라 예수의 강론ᄒ야 훈계ᄒ신 바 셰물[167]과 복락과 영화를 가븨야이 넉이라 ᄒ심이 다 뎌의 ᄉᆞᄉ ᄯᅳᆺ에 합지 아닌[38b]고로 흥샹 오 쥬를 혹 훼방ᄒ며 혹 돌노 쳐 죽이고져 ᄒ나 쥬의 슈난ᄒ실 ᄯᆡ가 니르지 아니ᄒ매 악인이 능히 해홈을 더ᄒ지 못ᄒ더니 예수ㅣ 나귀를 타고 도셩으로 나아가실 ᄯᆡ에 뭇 븩셩이 깃거 마자 칭찬ᄒᄂᆞᆫ 일을 보고 더옥 투ᄒᆫᄒ야[168] ᄆᆞ춤내 온 셩에 잇는 쟝로와 학ᄉ로 더부러 의론ᄒ야 예수 죽이기를 꾀홀

---

159 마태복음 26:1-5, 26:14-16; 마가복음 14:1-2, 14:10-11; 누가복음 22:1-6.
160 스그리바: 斯基巴, 사두개인.
161 바리셔이: 法利色義, 바리새인.
162 교를 ᄀᆞ음아: 司敎. 사교(司敎)는 '한 교구(敎區)를 관할(管轄)하는 교직(敎職), 또는 그 직(職)에 있는 사람'을 의미하나, 여기서는 '대제사장'에 해당한다.
163 흔ᄒ다: 恨, 미워하다.
164 거즛 신: 歹信.
165 간린: 慳吝, 인색, 칠죄종의 하나.
166 질투: 嫉妬, 칠죄종의 하나.
167 셰물: 世財, 세상 재물.
168 투한: 妬恨, 질투하고 미워하다.

제16장은 악인이 예수를 모해(謀害)함을 의론함이라.

[37b] 우리 주께서 전교하신 지 이미 3년이라. 그 행하신 바와 말씀하신 바가 다 크고 기이하사 가까운 자가 기뻐하고, 먼 데 있는 자가 나아와 그 거룩하신 도를 들으며 그 기이하신 영적을 놀랍게 보아 다 찬양하되, 오직 사두개인들과 바리새인들과 교를 관리하는 관장(官長)들이 다 예수를 깊이 미워하고 투기하니, 저 무리 악을 행하여 자주 주의 책하심을 받은 연고라.

대개 사두개인들은 유대아 이름있는 박사이니, 예수께서 그 흐려 경(經) 뜻을 판단치 못[38a]함과 마음에 거짓 신(信)이 있음을 밝히 말씀하시고, 바리새인들은 옛 교회 규계를 엄히 지키는 선비라 일컫거늘 그 거짓 수계(守誡)하는 이름을 빌어 백성을 속이고, 그 마음에 교오(驕傲)와 간린(慳吝)과 질투(嫉妬) 그런 악정의 감춤을 예수께서 책하시고, 또 교를 곤리하는 관장은 일찍 우리 주께서 '예루살렘이 장차 훼파함을 받으리라' 말씀하심을 들을 뿐 아니라, 예수의 강론하여 훈계하신 바 '세상 재물과 복락과 영화를 가볍게 여기라' 하심이 다 저의 사사로운 뜻에 합하지 않은[38b]고로 항상 우리 주를 혹 훼방하며, 혹 돌로 쳐 죽이고자 하나, 주의 수난하실 때가 이르지 아니하매 악인이 능히 해함을 더하지 못하더니, 예수께서 나귀를 타고 도성으로 나아가실 때 뭇 백성이 기뻐 맞아 칭찬하는 일을 보고 더욱 투기하고 미워하여, 마침내 온 성에 있는 장로와 학사로 더불어 의논하여 예수 죽이기를 꾀할 새 악한 사도 유다에게 은 30으로 돈 주기를 언약하고 기회를 기다리더라.

문: 어찌하여 사두개인과 바리새인들이 한가지로 [39a] 예수를 미워하였습니까?

답: 우리 주께서 저희 무리의 악을 자주 책하심을 인함입니다.

문: 어찌하여 사교자(司敎者)와 모든 관장이 또한 예수를 깊이 미워하였습니

시 악도[169] 유다스의게 삼십 은로 젼 주기롤 언약ᄒ고 긔회롤 기ᄃ리더라

문: 엇지ᄒ야 스그리바와 바리서이들이 ᄒᆫ 가지[39a] 예수롤 ᄒ하엿ᄂ뇨

답: 오 쥬ㅣ 뎌희 무리의 악을 자조 칙ᄒ심을 인홈이니라

문: 엇지ᄒ야 스교쟈와 모든 관쟝이 또한 예수롤 깁히 ᄒ하엿ᄂ뇨

답: 일쯕 오 쥬 예수ㅣ 예루사름이 반ᄃ시 훼파ᄒ리라 말ᄉᆷᄒ심을 듯고 또 오
　　쥬ㅣ 강론ᄒ신 바 셰복[170]과 셰영[171]과 지물을 경히 넉이라 ᄒ시ᄂ 훈계롤
　　드ᄅ매 다 저의 ᄉ욕에 합지 아님을 인홈이니라

문: 악당이 무ᄉᆷ 법으로 오 쥬롤 모해ᄒ엿ᄂ뇨

답: [39b] 악도 유다스로 ᄒ여곰 예수롤 ᄑᆞ라 붓치게 ᄒ니라

문: 뎌의게 무어ᄉᆯ 허급[172]ᄒ뇨

답: 삼십 은젼이니라

문: 예수ㅣ ᄑᆞᆯ니실 일을 미리 말ᄉᆷᄒ심이 잇ᄂ냐[173]

답: 자가리아 션지쟈ㅣ 일쯕 말ᄉᆷᄒ시니라

---

169 악도: 惡徒, 악한 사도.
170 셰복: 世福, 이 세상의 복.
171 셰영: 榮, 이 세상의 영예.
172 허급(許給): 許, 허락.
173 예수ㅣ ᄑᆞᆯ니실 일을 미리 말ᄉᆷᄒ심이 잇ᄂ냐: 此事先知有預言否(이 일을 선지자가 예언하신 것이 있습니까?).

까?

답: 일찍 우리 주 예수께서 '예루살렘이 반드시 훼파하리라' 말씀하심을 듣고 또 우리 주께서 강론하신 바 '세상의 복과 세상의 영화와 재물을 경히 여기라' 하시는 훈계를 들으매, 다 저의 사욕에 합하지 않음을 인함입니다.

문: 악당이 무슨 법으로 우리 주를 모해했습니까?

답: [39b] 악한 사도 유다로 하여금 예수를 팔아 붙이게 하였습니다.

문: 저에게 무엇을 허급(許給)하였습니까?

답: 30은전입니다.

문: 예수께서 팔리실 일을 미리 말씀하심이 있습니까?

답: 스가랴 선지자가 이미 예언하였습니다.

뎨십칠쟝은 바스과 먹는 례룰 의론홈이라[174]
강셩 후 삼십삼 년이라

　구셰쥬ㅣ 난을 밧으샤 만민을 구쇽ᄒᆞ려 ᄒᆞ실 시 고경에 **다니엘** 션지쟈ㅣ 미리 말솜흔 바 긔약이 [40a] 임의 니르매 악도 **유다스**ㅣ 악당으로 더부러 스승 풀기룰 언약한 줄 예수ㅣ 붉이 알으신지라 이에 **베드루**와 **요왕** 두 종도롤 명ᄒᆞ샤 몬져 혼 부쟈 집에 가 바스과 먹는 례룰 지내게 ᄒᆞ라 ᄒᆞ시니라 일즉 도리 강론ᄒᆞ실 때에 종도의게 셩활[175]혼 떡과 술을 주어 먹이기룰 여러 번 허락ᄒᆞ신지라

　이 밤에 열두 종도와 혼가지로 바스과 먹는 례룰 뭇ᄎᆞ시매[176] 몸을 니르혀 자리룰 떠나샤 것옷슬 버스시고 븍포룰 허리에 두루시고 꿀어 모든 종도의 발 [40b]을 씻기신 후에 면병[177]과 포도쥬로써 셩톄[178] 셩혈[179]의 오묘혼 례룰 셰우시니 면쥬[180] 형샹 안희 실노 오 쥬의 춤 몸과 보븨로온 피룰 금초아 계신지라 종도룰 주며 명ᄒᆞ야 각각 령ᄒᆞ게 ᄒᆞ시고 이에 예수ㅣ 붉이 말솜ᄒᆞ시ᄃᆡ 열두 종도 즁에 스승을 풀 사름 ᄒᆞ나히 잇스리라 ᄒᆞ시고 또 닐ᄋᆞ시ᄃᆡ 너희들이 오늘 밤에 쟝ᄎᆞᆺ 나룰 ᄇᆞ리고 도망ᄒᆞ리로다 이때에 **베드루**ㅣ 말ᄒᆞᄃᆡ[181] 모든 이 비록 비반홀지라도 나는 뭇ᄎᆞᆷ내 비반치 아니리이다 ᄒᆞ거눌 오 쥬ㅣ [41a] 미리 고ᄒᆞ야 굴ᄋᆞ샤ᄃᆡ **베드루**야 오늘밤 ᄃᆞᆰ 울기 젼에 너ㅣ 셰 번 나룰 비반ᄒᆞ리라 ᄒᆞ시더라

174　마태복음 26:17-35; 마가복음 14:12-26; 누가복음 22:7-23; 요한복음 13:21-30, 요 13:1-38.
175　셩활(生活): 누룩이 들어간.
176　이 밤에 열두 종도와 한가지로 바스과 먹는 예를 뭇ᄎᆞ시매: 是夜偕十二宗徒晚飱畢(이 밤에 열두 사도와 함께 만찬을 마치시고).
177　면병(麫餠): 麥餠, 미사 때, 성체를 이루기 위하여 쓰는 밀떡.
178　셩톄: 體聖, 예수의 몸.
179　셩혈: 聖血, 예수의 피.
180　면쥬: 麫酒, 미사를 위한 면병과 술, [1866] 문장에 없는 단어이다.
181　이때에 베드루ㅣ 말ᄒᆞᄃᆡ: 又因伯多祿過擧(또 이로 인해 베드로가 꾸짖어 일어나 말하되).

제17장 파스카 먹는 예를 의론함이라.
강생 후 33년이라.

구세주께서 난(難)을 받으사 만민을 구속하려 하실 새, 구약 성경에 다니엘 선지자가 미리 말씀한 바 기약이 [40a] 이미 이르매, 악한 사도 유다가 악당으로 더불어 스승 팔기를 언약한 줄 예수께서 밝히 아신지라. 이에 베드로와 요한 두 사도를 명하사 먼저 한 부잣집에 가 유월절 먹는 예를 지내게 하라 하시니라. 일찍 도리를 강론하실 때 사도에게 누룩이 들어간 떡과 술을 주어 먹이기를 여러 번 허락하신지라.

이 밤에 열두 사도와 한가지로 유월절 먹는 예를 마치시매, 몸을 일으켜 자리를 떠나사 겉옷을 벗으시고, 백포(白布)를 허리에 두르시고 꿇어 모든 사도의 발[40b]을 씻기신 후에 면병(麵餠)과 포도주로써 성체, 성혈의 오묘한 예를 세우시니, 면주(麵酒) 형상 안에 실로 우리 주의 참 몸과 보배로운 피를 감추어 계신지라. 사도를 주며 명하여 각각 받게 하시고 이에 예수께서 밝히 말씀하시되, "열두 사도 중에 스승을 팔 사람 하나가 있으리라." 하시고 또 이르시되, "너희들이 오늘 밤에 장차 나를 버리고 도망하리로다." 이때 베드로가 말하되, "모든 이 비록 배반할지라도 나는 마침내 배반하지 아니리이다." 하거늘, 우리 주께서 [41a] 미리 고하여 가라사대, "베드로야 오늘밤 닭 울기 전에 네가 세 번 나를 배반하리라." 하시더라.

문: 저녁에 유월절 먹는 예는 무엇입니까?
답: 이는 첨례 전날 저녁에 유대다 사람이 집마다 각각 어린양을 천주께 제헌(祭獻)하고 먹는 예입니다.
문: 무엇을 위하여 이 양을 드립니까?
답: 천주께서 옛적에 저들의 조상을 이집트 나라에서 구하여 내신 은혜를 감사함입니다.

문: 져녁에 바스과 먹는 례는 무어시뇨

답: 이는 쳠례 젼날 져녁에 <u>유더아</u> 사롬이 집마다 각각 고양을 텬쥬끠 제헌ᄒ고 먹는 례니라

문: 무어슬 위ᄒ야 이 양을 드리ᄂ뇨

답: 텬쥬ㅣ 녯젹에 뎌들의 조샹을 <u>에집도국</u>에셔 구ᄒ야 내신 은혜롤 감샤ᄒᆷ이니라

문: 오 쥬ㅣ 이 져녁 례롤 힝ᄒ신 후에 무어슬 ᄒ시[41b]뇨

답: 셩톄 셩혈의 오묘ᄒᆫ 례롤 셰워 뎡ᄒ시니라

문: 무어슬 위ᄒ야 오 쥬ㅣ 이 져녁에 셩톄 셩혈 대례롤 셰우시뇨

답: 바스과 먹는 례는 예수ㅣ 십ᄌᆞ가 샹에셔 제헌ᄒ실 형샹이오 또ᄒᆫ 그 셩톄 셩혈 대례롤 일우심은 십ᄌᆞ가 샹에셔 제헌ᄒ심을 영원이 긔억ᄒᄂᆫ 례니라

문: 바스과에 고양으로 제헌ᄒᆷ이 예수의 셩톄 셩혈노 더부러 무슴 분별이 잇ᄂ뇨

답: 바스과 고양은 다만 그림ᄌᆞ 형샹이오 셩톄 셩혈은 실노 이 [42a] 예수ㅣ 텬쥬끠 제헌ᄒ시ᄂᆫ 련고로 이제 미양 미사¹⁸²롤 거힝ᄒᆷ이 또ᄒᆫ 예수ㅣ 십ᄌᆞ가 샹에 돌녀 텬쥬끠 제헌ᄒ신 근본 례롤 니음이니라

---

182 미사: 彌撒.

문: 우리 주께서 이 저녁 예를 행하신 후에 무엇을 하셨[41b]습니까?

답: 성체 성혈의 오묘한 예를 세워 정하셨습니다.

문: 무엇을 위하여 우리 주께서, 이 저녁에 성체 성혈 대례(大禮)를 세우셨습니까?

답: 유월절 먹는 예는 예수께서 십자가 위에서 제헌하실 형상이요, 또한 성체 성혈 대례를 이루심은 십자가 위에서 제헌하심을 영원히 기억하는 예입니다.

문: 유월절에 어린양으로 제헌함이, 예수의 성체 성혈로 더불어 무슨 분별이 있습니까?

답: 유월절 어린양은 다만 그림자 형상이요, 성체 성혈은 실로 이 [42a] 예수께서 천주께 제헌하시는 연고로 이제 매양 미사를 거행함이 또한 예수께서 십자가 상에 달려 천주께 제헌하신 근본 예를 이음입니다.

뎨십팔쟝은 <u>유다스</u> ㅣ 예수를 풀믈 의론홈이라[183]

강싱 후 삼십삼 년이라

바스과 쳠례 져녁 잔치 후에 예수 ㅣ 말솜ㅎ기를 믓ㅊ시매 <u>유다스</u> ㅣ 몬져
나아가고 예수 ㅣ 열흔 종도와 흔가지로 <u>오리와</u>[184] 산 <u>옛세마니</u>[185] 동산에 가셔 모
든 종도를 명ㅎ샤 긔도ㅎ야 유감에 빠짐을 [42b] 면ㅎ라 ㅎ시고 곳 <u>베드루</u>와
<u>야고버</u>와 <u>요왕</u> 세 종도를 드리고 압흐로 나아가 긋치 빌고져 홀 시 오 쥬ㅣ 떠
나 젹이 나아가샤 모음이 지극히 근심되고 민망ㅎ야 온몸의 피똠을 따희 흘니
시며 세 번 꿀어 업듸여 셩부끠 고로온 잔 마시기를 면ㅎ야 주심을 구ㅎ시되
다만 부의 원의대로 ㅎ쇼셔 ㅎ시고 세 종도를 도라와 보시니 다 곤히 자거늘
끼여 빌나 명ㅎ시더니 때에 <u>유다스</u> ㅣ 병긔와 등쵹[186]가진 병졸을 거느리고 와
악당의게 언약흔 말대[43a]로 거줏 인스ㅎ며 쥬 스승을 붓쳐 잡히게 ㅎ더라

예수 ㅣ 압흐로 가샤 무러 글ㅇ샤듸 너희 무리 뉘를 찻느냐 듸답ㅎ듸 예수
<u>나자릐노</u> ㅣ 니라 쥬ㅣ 글ㅇ샤듸 이 내로라 ㅎ시니 이 내로라 ㅎ시는 말솜이 부
야흐로 쥬의 입에 나시매 악당이 다 것구러지는지라 두 번 무르시듸 뉘를
찻느냐 글ㅇ듸 예수 <u>나자릐노</u> ㅣ 니라 예수 ㅣ 악당을 듸ㅎ야 닐ㅇ시듸 내가 미
일 셩뎐에셔 도를 강론ㅎ고 너희 가온대 돈니며 교를 젼ㅎ듸 잡지 아니ㅎ엿다
마[43b]는 이 밤은 너희들의 때로다 이 모든 뎨즈는 임의로 가게 ㅎ야 련루치
말나 ㅎ시니 악당이 노[187]흐로써 예수를 결박ㅎ야 끄을고 <u>가이파</u>[188] 스교의 집에
니르러 만히 망증[189]ㅎ야 맛당이 예수를 죽이기로 판단ㅎ고 또 그 얼골에 춤 밧
흐며 뺨치며 릉욕ㅎ야 꾸짓기를 무수히 ㅎ니 종도들은 도망ㅎ야 흣허지고 오

---

183 마태복음 26:36-75; 마가복음 14:32-75; 누가복음 22:39-62; 요한복음 18:3-27.
184 오리와: 阿里瓦, 감람.
185 옛세마니: 熱色瑪倪, 겟세마네.
186 등쵹(燈燭): 燈炬(등거), 등불과 촛불.
187 노: 繩, 노끈.
188 가이파: 蓋法斯, 가야바.
189 망증: 虛證, 망령된 증언.

제18장은 유다가 예수를 팖을 의론함이라.
강생 후 33년이라.

파스카 첨례 저녁 잔치 후에, 예수께서 말씀하기를 마치시개, 유다가 먼저 나가고 예수께서 열한 사도와 한가지로 감람산 겟세마네 동산에 가서 모든 사도를 명하여 '기도하여 유혹에 빠짐을 [42b] 면하라.' 하시고, 곧 베드로와 야고보와 요한 세 사도를 데리고 앞으로 나가 같이 빌고자 할 새, 우리 주께서 떠나 조금 나아가사 마음이 지극히 근심되고 민망하여 온몸의 피땀을 땅에 흘리시며, 세 번 꿇어 엎드려 성부께 괴로운 잔 마시기를 면하여 주심을 구하시되, '다만 부(父)의 원의(願意)대로 하소서.' 하시고, 세 사도를 돌아와 보시니, 다 곤히 자거늘 깨여 빌라 명하시더니, 때에 유다 병기와 등촉 가진 병졸을 거느리고 와 악당에게 언약한 말대[43a]로 거짓 인사하며 주 스승을 붙여 잡히게 하더라.

예수께서 앞으로 가사 물어 가라사대, "너희 무리 누구를 찾느냐?" 대답하되, "나사렛 예수니라." 주께서 가라사대, "이 내로라" 하시니, '이 내로라' 하시는 말씀이 바야흐로 주의 입에서 나시매 악당이 다 거꾸러지는지라. 두 번 물으시되, "누구를 찾느냐?" 가로되, "나사렛 예수이니라." 예수께서 악당을 대하여 이르시되, "내가 매일 성전에서 도를 강론하고 너희 가운데 다니교를 전하되, 잡지 아니하였다 마[43b]는 이 밤은 너희들의 떠로다. 이 모든 제자는 임의로 가게 하여 연루치 말라." 하시니, 악당이 노끈으로 예수를 결박하여, 끌고 가야바 대제사장의 집에 이르러 많이 망증(妄證)하여 마땅히 예수를 죽이기로 판단하고 또 그 얼굴에 침 뱉으며 뺨치며 능욕하여 꾸짖기를 무수히 하니, 사도들은 도망하여 흩어지고, 오직 베드로가 멀리 따라왔더니, 문 지키는 계집에게 힐문함을 입어 마침내 예수를 세 번 배반하니, 우리 주께서 미리 말씀하신 바와 같으니라.

직 **베드루** ㅣ 멀니 쭐아왓더니 문 직희는 계집의게 힐문홈을 닙어 못춤내 예수
룰 세 번 비반ᄒ니 오 쥬ㅣ 미리 말ᄉᆞᆷᄒ신 바와 굿ᄒ니라

[44a] 문: 예수ㅣ 져녁 잔치 후에 어듸로 가시뇨

답: **옛세마니** 동산으로 가시니라

문: 뎌긔 가 무엇ᄒ시뇨

답: 텬쥬 셩부ᄭᅴ 긔도ᄒ시고 ᄌᆞ긔 잡히심을 예비ᄒ시니라

문: 뉘 예수룰 잡으뇨

답: **유다스**의 거ᄂᆞ린 바 악당과 병졸이니라

문: 즉시 잡아 결박ᄒ엿ᄂᆞ냐

답: 그러치 아니ᄒ니 이 내로라 ᄒ시는 말ᄉᆞᆷ이 쥬의 입에 나시매 악당이 다 것
   구러지니라

[44b] 문: 이 밤에 병졸이 예수룰 잡아 어듸로 갓ᄂᆞ뇨

답: **가이파** ᄉᆞ교의 집에 가셔 만흔 죄로 망증ᄒ고 또 예수 얼골에 춤 밧흠과 뺨
   침과 릉욕과 죠롱과 ᄭᅮ지좀을 무수히 더ᄒ니라

문: **베드루**ㅣ 엇더케 오 쥬룰 비반ᄒ뇨

답: 문 직희는 계집의게 힐문홈을 밧고 겁남을 인ᄒᆞ야 비반ᄒ니라

문: 몃 번 비반ᄒ엿ᄂᆞ뇨

답: 오 쥬ㅣ 젼에 말ᄉᆞᆷᄒ신 바와 굿치 세 번이니라

[44a] 문: 예수께서 저녁 잔치 후에 어디로 가셨습니까?

답: 겟세마네 동산으로 가셨습니다.

문: 거기 가서 무엇하셨습니까?

답: 천주 성부께 기도하시고, 자기 잡히심을 예비하셨습니다.

문: 누가 예수를 잡았습니까?

답: 유다의 거느린 바 악당과 병졸입니다.

문: 즉시 잡아 결박하였습니까?

답: 그렇지 아니하니, '이 내로라'하시는 말씀이 주의 입에 나시매 악당이 다 거꾸러졌습니다.

[44b] 문: 이 밤에 병졸이 예수를 잡아 어디로 갔습니까?

답: 가야바 대제사장의 집에 가서 많은 죄로 망증(妄證)하고, 또 예수 얼굴에 침 뱉음과 뺨침과 능욕과 조롱과 꾸짖음을 무수히 더했습니다.

문: 베드로는 어떻게 우리 주를 배반하였습니까?

답: 문 지키는 계집에게 힐문함을 받고, 겁남을 인하여 배반하였습니다.

문: 몇 번 배반하였습니까?

답: 우리 주께서 전에 말씀하신 바와 같이 세 번입니다.

[45a] 데십구쟝은 예수ㅣ 못 박혀 죽으심을 의론흠이라[190]

강성 후 삼십삼 년[191]이라

날이 붉으매 악당이 예수를 비라도[192] 아문[193]으로 압송흐니 때에 유다스ㅣ
오 쥬를 임의 죽일 문안[194]으로 결단흠을 알고 저ㅣ 잘못흠을 뮈워흐야 삼십 은
젼을 가져 악당 괴슈의게 돌녀보내고 스스로 목미여 비 터져 죽으니라

비라도ㅣ 예수를 사힉[195]흐야 그 무죄흐심을 알고 헤로더의 권에 쇽흠이라
흐야 그 아문으로 보내여 국문[196]케 흐니 헤로더[45b]ㅣ 예수의 일홈[197]을 일즉
드른지라 이목[198]에 쾌흔 일을 힝흠을 보고져 흐더니 이에 예수를 보고 깃거흐
야 만흔 말노써 무르되 오 쥬ㅣ 믁믁히 흔 말솜도 되답흠이 업스시니 헤로더ㅣ
업수이넉여 흰옷슬 닙혀 도로 비라도의게 보내니 비라도ㅣ 예수를 노하 보내
고져 흐되 악당들이 들네여[199] 결단흐기를 쳥흐니 비라도ㅣ 악당의 요란흠을
어려이 넉여 나약흔 므음으로 겁흐야 예수를 머믈너 무수흔 편틱[200]를 밧게 흐
고 머리에 쥬관[201]을 씌우[46a]되 오히려 악당의 강박흠을 이긔지 못흐야 못춤
내 예수를 못 박아 죽이기를 허락흐니 때에 십쟈가의 형벌이 나라 법에 ㄱ장
흉흐고 즁흔 거시라

악당이 크고 무거온 십쟈가를 가져 예수 엇긔에 지우거놀 오 쥬ㅣ 감심으
로 힘써 지고 가실 시 길에서 셩모와 여러 셩녀ㅣ 통곡흐며 똘옴을 보시고 이

---

190 마태복음 27:1-56; 마가복음 15:2-41; 누가복음 23:1-49; 요한복음 19:1-30.
191 삼십삼 년: 三十四年. [1866]의 오기로 보인다.
192 비라도: 比辣多, 빌라도.
193 아문(衙門): 衙內, 관원들이 정무를 보는 곳을 통틀어 이르는 말.
194 문안(文案): 案.
195 사힉(査覈): 見, 실제 사정을 자세히 조사하여 밝힘.
196 국문(鞠問): 訊, 국청(鞠廳)에서 형장(刑杖)을 가하여 중죄인을 신문하던 일.
197 예수의 일홈: 大名.
198 이목(耳目): 異, 귀와 눈, 타인의 시선.
199 들네여: 들레어, 야단스럽게 떠들어.
200 편틱: 鞭笞, 채찍.
201 쥬관(刺冠): 茨圈(자권), 가시관

제19장은 예수께서 못 박혀 죽으심을 의론함이라.
강생 후 33년이라.

날이 밝으매 악당이 예수를 빌라도 관아로 압송하니, 때에 유다가 우리 주를 이미 죽일 문안(文案)으로 결단함을 알고 자기가 잘못함을 미워하여 은 전 30을 가져 악당 괴수에게 돌려보내고 스스로 목매어 배 터져 죽으니라.

빌라도가 예수를 사핵(査覈)하여 그 무죄하심을 알고, 헤롯의 권에 속함 이라 하여, 그 관아로 보내어 국문하게 하니, 헤롯[45b]이 예수의 이름을 일찍 들은지라. 이목에 쾌(快)한 일을 행함을 보고자 하더니, 이에 예수를 보고 기뻐하여 많은 말로써 묻되, 우리 주께서 묵묵히 한 말씀도 대답함이 없으시니, 헤롯이 업신여겨 흰옷을 입혀 도로 빌라도에게 보내니, 빌라도가 예수를 놓아 보내고자 하되, 악당들이 들레어 결단하기를 청하니, 빌라도가 악당의 요란함을 어렵게 여겨 나약한 마음으로 겁먹고 예수를 머물러 무수한 채찍을 받게 하고, 머리에 가시관을 씌우[46a]되 오히려 악당의 강박함을 이기지 못하여 마침내 예수를 못 박아 죽이기를 허락하니, 때에 십자가의 형벌이 나라 법에 가장 흉하고 중한 것이라.

악당이 크고 무거운 십자가를 가져 예수 어깨에 지우거늘, 우리 주께서 감심(甘心)으로 힘써 지고 가실 새, 길에서 성모와 여러 성녀가 통곡하며 따라옴을 보시고 이에 힘이 핍진(乏盡)하여 수차 엎어지시며 갈보리산에 이르사, 두 도적 가운데 못 박히시니, 병졸이 제비를 뽑아 그 옷을 나누니라.

성모께서 성 요한[46b]과 및 두어 성녀들과 한가지로 십자가 곁에 서서 지극히 통고(痛苦)하신지라. 우리 주께서 성모를 가리키시며 요한에게 부탁하시고, 또 십자가 위에 계셔 성브께 원수의 죄 사함을 우러러 구하고, 은혜로 오른편 강도의 승천함을 허락하사, 구약 성경에 기록한 바와 같이 모든 일을 완전히 마치시매 크게 소리하여 가라사대, "마쳤다." 하시고, 기운이 끊어져 죽으시니, 때에 태양이 빛을 잃고 땅이 진동하고 산이 흔들리고, 돌이에 힘이 핍진²⁰²ᄒ야 수ᄎ 업더디시며 <u>갈와리아²⁰³</u>산에 니ᄅ샤 두 도적 가온대 못 박히시니 병졸이 져비ᄅᆞᆯ 뽑아 그 옷ᄉᆞᆯ 눈호ᄂᆞ니라²⁰⁴

성모ㅣ 셩 <u>요왕</u>[46b]과 밋 두어 셩녀들과 ᄒᆞᆫ가지로 십ᄌᆞ가 겻히 셔샤 지극히 통고ᄒᆞ신지라 오 쥬ㅣ 셩모ᄅᆞᆯ ᄀᆞᄅᆞ치시며 <u>요왕</u>의게 부탁ᄒᆞ시고 또 십ᄌᆞ가 샹에 계셔 셩부ᄭᅴ 원슈의 죄 샤ᄒᆞ심을 우러러 구ᄒᆞ고²⁰⁵ 은혜로 우도²⁰⁶의 승텬ᄒᆞᆷ을 허락ᄒᆞ샤 고경에 긔록ᄒᆞᆫ 바와 ᄀᆞᆺ치 모든 일을 완젼이 ᄆᆞᆺᄎ시매 크게 소ᄅᆡᄒᆞ야 ᄀᆞᄅᆞ샤ᄃᆡ ᄆᆞᆺ찻다 ᄒᆞ시고 긔운이 ᄭᅳᆫ허져 죽으시니 때에 태양이 빗츨 일코 ᄯᅡ히 진동ᄒᆞ고 산이 흔들니고 돌이 서로 부딋쳐 부서지고 무덤이 스[47a]ᄉᆞ로 열녀 고셩들이 부활ᄒᆞ니 ᄆᆞᆺ사ᄅᆞᆷ이 다 이 긔이ᄒᆞᆫ 변을 보고 가ᄉᆞᆷ을 치며 도라갈 ᄉᆡ ᄒᆞᆫ 빅부쟝²⁰⁷이 놀나 예수ᄅᆞᆯ ᄀᆞᄅᆞ쳐 ᄀᆞᄅᆞᄃᆡ 이 사ᄅᆞᆷ이 텬쥬의 참 아ᄃᆞᆯ이라 ᄒᆞ더라

이 날은 ᄆᆞᆺᄎᆷ 바스과 고양 드리는 날이니 예수ㅣ 십ᄌᆞ가에 죽으심이 임의 고양을 ᄃᆡ신ᄒᆞ야 홀노 진실ᄒᆞᆫ 희셩이 되샤 고교 졔헌ᄒᆞ던 모든 례ᄅᆞᆯ 치움이 되시고²⁰⁸ 또 보셰²⁰⁹ 사ᄅᆞᆷ의 죄ᄅᆞᆯ 위ᄒᆞ야 텬쥬의 공의ᄅᆞᆯ 기우시고²¹⁰ 우리 무리ᄅᆞᆯ 마귀 손에 구ᄒᆞ야 내샤 텬당에 오ᄅᆞ게 ᄒᆞ시는 [47b] 졔헌ᄒᆞᆷ이 되ᄂᆞ니라

문: 날이 붉으매 악당이 예수ᄅᆞᆯ 압송ᄒᆞ야 어ᄃᆡ로 가뇨

---

202 핍진(乏盡): ᄌᆞ. 죄다 없어짐.

203 갈와리아: 加爾瓦略, 갈보리.

204 병졸이 져비ᄅᆞᆯ 뽑아 그 옷ᄉᆞᆯ 눈호ᄂᆞ니라. [1866]과 놓인 위치가 달라짐. 兵卒拈鬮, 分得其衣, 時如德亞國, 十字架, 是爲極克極重犯人之刑具(병졸들은 제비뽑기하여 그 옷을 나누었는데, 그때 유대 나라에서 십자가는 가장 흉악하고 가장 중대한 범인의 형벌 도구였다).

205 또 십ᄌᆞ가 샹에 계셔 셩부ᄭᅴ 원슈의 죄 샤ᄒᆞ심을 우러러 구ᄒᆞ고. 吾主爲贖衆罪, 甘心受釘, 又於十字架上, 仰求聖父赦仇(우리 주께서 무리의 죄를 대속하기 위해서 기꺼이 못 박히시고 또 십자가 위에서 셩부께 원수를 사하기 위해 우러러 구하시고). "오 쥬ㅣ 감심으로 힘써 지고"가 위에 있어서 겹친다고 생각하여 해석을 생략한 것으로 보임.

206 우도: 右盜, 오른편 강도.

207 빅부쟝: 百夫長. 백부장.

208 예수ㅣ 십ᄌᆞ가에 죽으심이 임의 고양을 ᄃᆡ신ᄒᆞ야 홀노 진실ᄒᆞᆫ 희셩이 되샤 고교 졔헌ᄒᆞ던 모든 례ᄅᆞᆯ 치움이 되시고益耶穌十字架之死, 乃爲眞實祭獻, 別諸祀奠, 統是影像, (예수께서 십자가에서 죽으심은 진실로 제헌하심이 되고, 특히 모든 제사는 전부 이것의 그림자와 표상이 되고).

209 보셰: 普世, 온 세상.

210 기우다: 補償.

서로 부딪혀 부서지고, 무덤이 스[47a]스로 열려 옛 성인들이 부활하니, 뭇
사람이 다 이 기이한 변을 보고 가슴을 치며 돌아갈 새, 한 백부장이 놀라 예
수를 가리켜 가로되, "이 사람이 천주의 참 아들이라." 하더라.

　　이날은 마침 유월절 어린양 드리는 날이니, 예수께서 십자가에 죽으심
이 이미 어린양을 대신하여 홀로 진실한 희생이 되사 옛 교회 저헌하던 모든
예를 채움이 되시고, 또 온 세상 사람의 죄를 위하여 천주의 곧의를 기우시
고, 우리 무리를 마귀 손에서 구하여 내사, 천당에 오르게 하시는 [47b] 제헌
함이 되느니라.

문: 날이 밝으매 악당이 예수를 압송하여 어디로 갔습니까?

답: 빌라도 관아로 갔습니다.

문: 빌라도가 예수의 무죄함을 알았습니까?

답: 알았으나 담력이 적어, 감히 힘써 구하지 못하고 악당에게 맡겨 못 박아
　　죽이게 하였습니다.

문: 담이 작아 감히 신덕을 밝히 증거하지 못하는 교유는 누구 모상입니까?

답: 빌라도의 모상입니다.

문: 유다는 어떻게 죽었습니까?

답: 저가 잘못함을 [48a] 싫어하여 은전을 돌려보내고 실망하여 스스로 목매
　　어 죽으니, 천주께서 그 재물을 탐함으로 영혼 잃음을 보이시는 벌입니
　　다.

문: 우리 주께서 어느 곳에서 못 박히셨습니까?

답: 갈보리 산 위에서 못 박혀 죽으시니, 예루살렘 경성에서 멀지 않습니다.
　　예로부터 전하되, '원조 아담의 육신이 이 산 위에 장사하였다.' 하였습니
　　다.

문: 우리 주께서 죽으실 때 무슨 기이한 변이 있었습니까?

답: 태양이 빛을 잃고 땅이 진동하여, 돌이 부서[48b]지고 죽은 몇 사람이 브

답: 비라도 아문으로 가니라

문: 비라도ㅣ 예수의 무죄ᄒᆞ심을 알앗ᄂᆞ냐

답: 알앗시나 담력이 젹어 감히 힘써 구ᄒᆞ지 못ᄒᆞ고 악당을 맛겨 못 박아 죽이게 ᄒᆞ니라

문: 담이 젹어 감히 신덕을 붉이 증거치 못ᄒᆞᄂᆞ 교우ᄂᆞ 이 뉘 모샹이뇨

답: 비라도의 모샹이니라

문: 유다스ㅣ 엇더게 죽엇ᄂᆞ뇨

답: 저ㅣ 잘못ᄒᆞᆷ을 [48a] 슬희여ᄒᆞ야²¹¹ 은젼을 돌녀 보내고 실망ᄒᆞ야 스스로 목 미여 죽으니 텬쥬ㅣ 그 지물을 탐ᄒᆞᆷ으로 령혼 일홈을 현벌²¹²ᄒᆞ심이니라

문: 오 쥬ㅣ 어ᄂᆞ 곳에셔 못 박히시뇨

답: 갈와리아 산 우희셔 못 박혀 죽으시니 예루사름 경셩에셔 멀지 아니ᄒᆞᆫ지라 녜로브터 젼ᄒᆞ되 원조 아담의 육신을 이 산 우희 장ᄉᆞᄒᆞ엿다 ᄒᆞ니라

문: 오 쥬ㅣ 죽으실 때에 무ᄉᆞᆷ 긔이ᄒᆞᆫ 변이 잇섯ᄂᆞ뇨

답: 태양이 빗츨 일코 ᄯᅡ히 진동ᄒᆞ야 돌이 부셔[48b]지고 죽은 몃 사름이 부활ᄒᆞ니라

문: 이 모든 놀나온 변이 무ᄉᆞᆷ 일을 붉이 나타냄이뇨

답: 못 박히신 예수ㅣ 이 텬디만물의 진쥬ㅣ심을 붉이 나타냄이니라

문: 무어슬 위ᄒᆞ야 오 쥬ㅣ 십ᄌᆞ가 우희 죽으시뇨

답: 마귀 일즉 션악슈를 가져 아담 원조를 패ᄒᆞ게 ᄒᆞ엿시니 이제 오쥬ㅣ 십ᄌᆞ가 ᄒᆞᆫ 나무로써 마귀를 이긔샤²¹³ 고금 만민을 구쇽ᄒᆞ심이니라

---

211 슬희여ᄒᆞ다: 厭, 싫어하다.

212 현벌: 顯罰.

213 이제 오쥬ㅣ 십ᄌᆞ가 ᄒᆞᆫ 나무로써 마귀를 이긔샤: 今吾主要用十字一木得勝(이제 우리 주께서 십자가 한 나무를 사용해 승리하여).

활하였습니다.

문: 이 모든 놀라운 변이 무슨 일을 밝히 나타냅니까?

답: 못 박히신 예수께서 천지만물의 진주이심을 밝히 나타냄입니다.

문: 무엇을 위하여 우리 주께서 십자가 위에서 죽으셨습니까?

답: 마귀 일찍 선악수(善惡樹)를 가져 아담 원조를 패하게 하였으니, 이제 우리 주께서 십자가 한 나무로써 마귀를 이기사, 고금 만민을 구속하심입니다.

뎨이십쟝은 예수ㅣ 부활[214]ᄒ심을 의론ᄒᆞᆷ이[49a]라[215]

　예수ㅣ 십ᄌᆞ가 우희 죽으신 후 한 병졸이 창으로 그 륵방[216]을 찌ᄅᆞ니 피와
물이 다 흐르시니라 이때에 부귀ᄒᆞᆫ 한 뎨ᄌᆞ 요셉이 잇서 의연이 비라도를 가
보고 쥬의 셩시[217] 쟝ᄉᆞᄒᆞ기를 쳥ᄒᆞ야 허락을 밧은 후에 한 셩도로 더부러 거륵
ᄒᆞ신 시톄를 십ᄌᆞ가에셔 ᄂᆞ리워[218] 향익[219]을 바르고 요셉이 ᄌᆞ긔를 위ᄒᆞ야 예비
ᄒᆞ엿던 셕튱[220]에 쟝ᄉᆞᄒᆞ야 큰 돌노써 덥흐니 악당들이 오 쥬ㅣ 젼에 말ᄉᆞᆷᄒᆞ신
바 나ㅣ 죽[49b]은 지 수흘 만에 부활ᄒᆞ리라 ᄒᆞ신 말ᄉᆞᆷ을 싱각ᄒᆞ고 이에 비라
도의게 쳥ᄒᆞ야 군병으로써 그 무덤을 직희자 ᄒᆞ니 이는 그 문도ㅣ 밤에 와셔
시톄를 도적ᄒᆞ고 거즛 부활ᄒᆞᆷ을 보홀가 져허ᄒᆞᆷ이라 비라도ㅣ 허락ᄒᆞ고 관가 인
으로써 무덤을 봉ᄒᆞ나 사름의 뷘 싱각과 헛된 꾀 엇지 텬쥬의 젼능을 막으리오
　뎨삼 일 새벽에[221] 예수ㅣ 부활ᄒᆞ샤 무덤으로 조차 나오시는지라 이에 디
동[222]이 크게 되고 번기빗 ᄀᆞᆺ치 얼골이 황홀ᄒᆞᆫ 텬신이 나타나 뵈거[50a]ᄂᆞᆯ 무
덤 직희던 병졸이 놀나 ᄯᅡ희 업더젓다가 경셩으로 밧비 다ᄅᆞ나 보ᄒᆞ더라 오
쥬 예수ㅣ 부활ᄒᆞ시매 몬져 셩모ᄭᅴ 가 안위ᄒᆞ시고 다음에 셩녀 막다리나[223]의
게 뵈시고 니어 종도와 모든 밋는 벗의게 뵈샤 ᄒᆞᆫ가지로 잡수시며 ᄒᆞᆫ가지로
말ᄉᆞᆷᄒᆞ시고 오샹[224]을 드러내여 뵈시고 ᄉᆞ십 일 안희 종도와 ᄒᆞᆫ가지로 텬국[225]
오묘ᄒᆞᆫ 도리를 강론ᄒᆞ샤 셩ᄉᆞ칠젹[226]과 다못 셩교 규계 모든 일을 뎡ᄒᆞ야 셰우

214　부활: 復活.
215　마 27:57-28:15; 막 15:42-16:18; 눅 23:50-행 1:5; 요 19:31-21:29.
216　륵방: 胸肋, 옆구리.
217　셩시(聖屍): 屍, 성스러운 시체, 즉 예수의 시체를 의미한다.
218　셩도로 더부러 거륵ᄒᆞ신 시톄를 십ᄌᆞ가에서 ᄂᆞ리워: 借數聖徒卸下聖軀(여러 성도와 함께 거룩한 시체를 내려).
219　향익: 香液, 향품과 향유(눅 23:56).
220　셕튱(石冢): 石槨, 돌로 만든 무덤.
221　뎨삼 일 새벽에: 第三日早曙, 乃今之主日, 五更淸早(제삼 일 이른 새벽에, 이에 이제는 주일, 오경(五更) 새벽에).
222　디동: 地動, 지진.
223　막다리나: 瑪大肋納. 막달라 (마리아).
224　오샹: 五傷, 예수께서 죽을 때 입은 양손, 양발 및 옆구리의 다섯 상처.
225　텬국: 天國, 천국.
226　셩ᄉᆞ칠젹: 聖事七蹟, 성세(聖洗)성사, 견진(堅振)성사, 성체(聖體)성사, 고해(告解)성사, 혼배(婚配)성사,

제20장은 예수께서 부활하심을 의론함이[49a]**라.**

　　예수께서 십자가 위에 죽으신 후, 한 병졸이 창으로 그 옆구리를 찌르니 피와 물이 다 흐르시니라. 이때 부귀한 한 제자 요셉이 있어, 의연히 빌라도를 가 보고 주의 성시(聖屍) 장사하기를 청하여 허락받은 후에 한 성도와 더불어 거룩한 시체를 십자가에서 내려 향액(香液)을 바르고, 요셉이 자기를 위하여 예비하였던 석총(石塚)에 장사하여 큰 돌로 덮으니, 악당들이 우리 주께서 전에 말씀하신 바 '내가 죽[49b]은 지 사흘 만에 부활하리라' 하신 말씀을 생각하고, 이에 빌라도에게 청하여 군병으로서 그 무덤을 지키자 하니, 이는 그 문도가 밤에 와서 시체를 도적하고 거짓 부활함을 보(報)할까 두려워함이라. 빌라도가 허락하고 관가 인으로써 무덤을 봉하나, 사람의 빈 생각과 헛된 꾀, 어찌 천주의 전능을 막으리오.

　　제삼 일 새벽에 예수께서 부활하사 무덤으로부터 나오시는지라. 이에 지진 크게 되고, 번개 빛같이 얼굴이 황홀한 천사가 나타나 보이[50a]거늘 무덤 지키던 병졸이 놀라 땅에 엎드렸다가 경성(京城)으로 바삐 달아나 보하더라. 우리 주 예수께서 부활하시매 먼저 성모께 가 안위하시고, 다음에 성녀 막달라에게 보이시고, 이어 사도와 및 믿는 벗에게 보이사, 한가지로 잡수시며, 한가지로 말씀하시고, 오상(五傷)을 드러내 보이시고, 40일 안에 사도와 한가지로 천국 오묘한 도리를 강론하사 성사칠적(聖事七蹟)과 및 성교 규계 모든 일을 정하여 세우시고, 자기 진실로 부활하심을 밝히 나타내사 모든 [50b] 이로 하여금 마음 가운데 조금도 의심이 없게 하시니라.

문: 누가 예수의 거룩하신 시체를 장사하였습니까?
답: 아리마데아 사람 요셉과 다른 문도 니고데모로 더불어 성시(聖屍)를 십자가에서 내려, 향액을 발라 석총에 장사하였습니다.
문: 그때 악당들이 무슨 흉계를 행하였습니까?

시고 ᄌᆞ긔 진실노 부활ᄒᆞ심을 붉이 나타내샤 모든 [50b] 이로 ᄒᆞ여곰 ᄆᆞᆷ 가온대 조곰도 의심이 업게 ᄒᆞ시니라

문: 뉘 예수의 거륵ᄒᆞ신 시톄를 장ᄉᆞᄒᆞ엿ᄂᆞ냐

답: 아리마데아²²⁷ 사ᄅᆞᆷ 요셉과 다른 문도 늬고데모로 더부러²²⁸ 셩시를 십ᄌᆞ가에셔 ᄂᆞ리워 향익을 발나 셕츙에 장ᄉᆞᄒᆞ니라

문: 그때에 악당들이 무슴 흉계를 ᄒᆡᆼᄒᆞ엿ᄂᆞ뇨

답: 예수의 말ᄉᆞᆷ을 의심ᄒᆞ야 군ᄉᆞ로 ᄒᆞ여곰 무덤을 직희니라²²⁹

[51a] 문: 예수의 육신이 무덤에 몃 날이나 잇섯ᄂᆞ냐

답: 삼 일이라 말ᄒᆞ나 실은 ᄒᆞ로낫과 두 밤이니 부활ᄒᆞ신 날은 즉금 쥬일²³⁰이니라²³¹

문: 엇더케 능히 부활ᄒᆞ시뇨

답: 텬쥬의 젼능으로 ᄒᆞ시니라

문: 무슴 진실ᄒᆞᆫ 빙거로 오 쥬의 참 부활ᄒᆞ심을 붉이 나타내시뇨

답: ᄒᆞᆫ 텬신이 ᄂᆞ려와 큰 디동을 일워 무덤의 돌판을 여니 무덤 직희던 병졸이 놀나 다라나 ᄉᆞ교쟈의게 보ᄒᆞ니라 예수ㅣ 부활ᄒᆞ샤 [51b] 몬져 셩모끠 뵈시고 또 셩녀 막다릐나의게 뵈시고 니어 종도와 모든 신우의게 뵈샤 ᄒᆞᆫ가지로 잡수시고 ᄒᆞᆫ가지로 강론ᄒᆞ시고 오샹을 만지게 ᄒᆞ셧시니 그 후에 모든 종도들이 예수의 부활ᄒᆞ심을 다 증거ᄒᆞ기를 위ᄒᆞ야 치명ᄭᆞ지 ᄒᆞ엿ᄂᆞ니라

종부(終傅)성사, 신품(神品)성사의 일곱 가지 성사, 칠성사(七聖事)라고도 한다.

227 아리마데아: 亞利瑪德, 아리마대.

228 다른 문도 늬고데모로 더부러: 同數聖徒(수명의 성도와 함께).

229 예수의 말ᄉᆞᆷ을 의심ᄒᆞ야 군ᄉᆞ로 ᄒᆞ여곰 무덤을 직희니라: 放兵看守墳墓(군사를 놓아 분묘를 지키게 하였습니다).

230 쥬일: 主日, 주일.

231 [51a] 문: 예수의 육신이 무덤에 몃 날이나 잇섯ᄂᆞ냐 답: 삼 일이라 말ᄒᆞ나 실은 ᄒᆞ로 낫과 두 밤이니 부활ᄒᆞ신 날은 즉금 쥬일이니라. [1883]은 [1866]의 두 개의 문답을 하나로 합했다. 問 耶穌肉身在墓幾天. 答 稱 [26b]名三天, 實只一天両夜. 問 第幾日復活. 答 第三日復活, 乃今之主日是也.(문: 예수의 육신은 며칠을 무덤에 있었습니까? 답: 삼 일이라 칭하지만, 실제로 단지 하루 낮과 이틀 밤입니다. 문: 며칠에 부활하셨습니까? 답: 삼 일에 부활하셨는데. 지금의 주일입니다).

답: 예수의 말씀을 의심하여 군사로 하여금 무덤을 지켰습니다.

[51a] 문: 예수의 육신이 무덤에 몇 날 있었습니까?

답: 3일이라 말하나, 실은 하룻낮과 두 밤이니, 부활하신 날은 지금 주일(主日)입니다.

문: 어떻게 능히 부활하셨습니까?

답: 천주의 전능으로 하셨습니다.

문: 무슨 진실한 빙거(憑據)로 우리 주의 참 부활하심을 밝히 나타내십니까?

답: 한 천사가 내려와 큰 지동(地動)을 일으켜 무덤의 돌판을 여니, 무덤 지키던 병졸이 놀라 달아나, 사교(司敎)자에게 보하니라. 예수께서 부활하사 [51b] 먼저 성모께 보이시고, 또 성녀 막달라에게 보이시고, 이어 사도와 모든 신우(信友)에게 보이사, 한가지로 잡수시고, 한가지로 강론하시고, 오상을 만지게 하셨으니, 그후에 모든 사도들이 예수의 부활하심을 다 증거하기를 위하여 순교까지 하였습니다.

뎨이십일쟝은 예수ㅣ 승텬[232]ᄒᆞ심을 의론홈이라[233]

예수ㅣ 부활ᄒᆞ신 후 뎨ᄉᆞ십 일에 모든 죵도들과 밋ᄂᆞᆫ 벗들이 일졔히 <u>예루사름</u>에 모혓더니 오 쥬[52a]ㅣ ᄆᆞᆽ막 나타나 뵈시고 효유ᄒᆞ야[234] ᄀᆞᆯ ᄋᆞ샤ᄃᆡ 나ㅣ 임의 텬디 권병[235]을 온젼이 밧앗시니 너희 무리ᄂᆞᆫ 가셔 온 셰샹 만민을 ᄀᆞᄅᆞ치고 셩셰[236]를 붓치ᄃᆡ 셩부와 셩ᄌᆞ와 셩신의 일홈을 인ᄒᆞ야 ᄒᆞ라 사름이 밋고 셩셰를 령ᄒᆞᄂᆞᆫ 쟈ᄂᆞᆫ 반ᄃᆞ시 텬당에 오를 거시오 밋지 아닛ᄂᆞᆫ 쟈ᄂᆞᆫ 반ᄃᆞ시 디옥에 떠러지리라 ᄒᆞ시고 또 ᄌᆞ긔 흥샹 셩교회 가온대 계셔 셰계 궁진[237]토록 기리 떠나지 아니시기를 말ᄉᆞᆷᄒᆞ시고 아오로 셩신을 보내여 강림ᄒᆞ샤 모든 문도를 [52b] 훈계ᄒᆞ고 안위ᄒᆞ시기를 허락ᄒᆞ신 후에 또 명ᄒᆞ샤 <u>예루사름</u>에 거ᄒᆞ야 고요히 기ᄃᆞ려 텬쥬의 모든 덕과 은혜를 령ᄒᆞ라 ᄒᆞ시고 예수ㅣ 말ᄉᆞᆷ을 ᄆᆞᆾ츠시매 모든 문도를 거ᄂᆞ리시고 <u>베다니아</u>로 가샤 <u>오리와</u>산에 니ᄅᆞ러 손을 드러 강복ᄒᆞ시고 구름에 소사 멀니 오ᄅᆞ시니 텬신이 호죵[238]ᄒᆞ야 텬쥬 셩부 올흔편에 좌뎡ᄒᆞ시니라

그때에 모든 사름이 쳠앙[239]ᄒᆞ야 가지 아니ᄒᆞ거늘 쥬ㅣ 두 텬신을 보내샤 ᄂᆞ려와 안위ᄒᆞ야 ᄀᆞᆯ ᄋᆞ샤ᄃᆡ <u>갈닐네아</u> 무리[53a]들아 엇지ᄒᆞ야 오래 쳠앙ᄒᆞᄂᆞ냐 예수ㅣ 이졔 너희 무리를 떠나 우ᄒᆞ로 오르셧시니 끗날에 흔번 뎌리로 조차[240] ᄂᆞ려 오샤 셰샹 사름을 심판ᄒᆞ시리라 모든 사름이 명을 듯고 다 셩으로 도라가니라 오 쥬의 승텬ᄒᆞ신 발자최 이졔 니ᄅᆞ도록 잇ᄉᆞ니 <u>자가리아</u> 션지쟈ㅣ 미리 말ᄉᆞᆷᄒᆞ시ᄃᆡ 구셰쟈ㅣ 이날에 그 발이 <u>오리와</u> 산에 셔리라 ᄒᆞ니라

---

232 승텬: 昇天, 승천.
233 사도행전 1:1-11.
234 효유(曉諭): 諭, 깨달아 알아듣도록 타이름.
235 권병(權柄): 權, 권력으로써 사람을 마음대로 좌우할 수 있는 힘, 권세.
236 셩셰(聖洗): 영세(領洗), 세례(洗禮).
237 궁진: 窮盡, 다하여 없어짐.
238 호죵(護從): 護送, 보호하며 따라가다.
239 쳠앙(瞻仰): 瞻, 우러러 봄.
240 뎌리로 조차: 從此, 이로부터.

제21장은 예수께서 승천하심을 의론함이라.

예수께서 부활하신 후 제40일에 모든 사도들과 믿는 벗들이 일제히 예루살렘에 모였더니, 우리 주께서 [52a] 마지막 나타나 보이시고 효유(曉諭)하여 가라사대, "내가 이미 천지 권병(權柄)을 온전히 받았으니, 너희 무리는 가서 온 세상 만민을 가르치고 세례(洗禮)를 부치되, 성부와 성자와 성령의 이름을 인하여 하라. 사람이 믿고 세례를 받는 자는 반드시 천당에 오를 것이요, 믿지 않는 자는 반드시 지옥에 떨어지리라." 하시고, 또 '자기 항상 성교회 가운데 계셔 세계 궁진(窮盡)토록 길이 떠나지 않으시기'를 말씀하시고, 아울러 '성령을 보내어 강림하사, 모든 문도를 [52b] 훈계하고 안위하시기를 허락하신' 후에 또 명하사 '예루살렘에 거하여 고요히 기다려 천주의 모든 덕과 은혜를 받으라.' 하시고, 예수께서 말씀을 마치시매 모든 문도를 거느리시고 베다니로 가사 감람산에 이르러 손을 들어 강복하시고, 구름에 솟아 멀리 오르시니, 천사가 호종(護從)하여 천주 성부 오른편에 좌정하시니라.

그때 모든 사람이 첨앙(瞻仰)하여 가지 아니하거늘, 주께서 두 천사를 보내서 내려와 안위하여 가라사대, "갈릴리 무리[53a]들아 어찌하여 오래 우러러 보느냐? 예수께서 이제 너희 무리를 떠나 위로 오르셨으니, 끝날에 한번 이로부터 내려오사 세상 사람을 심판하시리라." 모든 사람이 명을 듣고 다 성으로 돌아가니라. 우리 주의 승천하신 발자취 이제 이르도록 있으니, 스가랴 선지자가 미리 말씀하시되, "구세자께서 이날에 그 발이 감람산에 서리라." 하니라.

문: 예수께서 어느 때에 승천하셨습니까?

답: 부활하신 후 제40일 오시(午時)에 승천하셨습니다.

[53b] 문: 사도에게 무슨 일을 명하셨습니까?

문: 예수ㅣ 어느 때에 승텬ᄒᆞ시뇨

답: 부활ᄒᆞ신 후 데ᄉᆞ십 일 오시²⁴¹에 승텬ᄒᆞ시니라

[53b] 문: 종도의게 무슴 일을 명ᄒᆞ시뇨

답: 온 셰샹에 젼교ᄒᆞ라 ᄒᆞ시니라

문: 예수ㅣ 무슴 은혜롤 허락ᄒᆞ시뇨

답: 당신이 영원이 셩교회롤 떠나지 아니키롤 말ᄉᆞᆷᄒᆞ시고 또 셩신을 보내여
강림ᄒᆞ샤 모든 무리롤 ᄀᆞᄅᆞ쳐 위로케 ᄒᆞ시니라

문: 예수ㅣ 어느 곳에셔 승텬ᄒᆞ시뇨

답: <u>오리와</u>산에셔 ᄒᆞ시니라

문: 무어ᄉᆞᆯ 위ᄒᆞ야 이 산에셔 승텬ᄒᆞ시뇨

답: 오 쥬[54a]ㅣ 이 산에 계셔 악인의게 잡힘을 닙으신 연고ㅣ니라

문: 이제 <u>오리와</u>산에 오히려 오 쥬의 승텬ᄒᆞ신 자최 잇ᄂᆞ냐

답: 예수ㅣ 승텬ᄒᆞ신 ᄯᅡ희 죠비ᄒᆞᆫ 모든 교우ㅣ 다 닐ᄋᆞ되 거룩ᄒᆞ신 발자최 오
히려 잇다 ᄒᆞ니라

문: 예수ㅣ 승텬ᄒᆞ야 가신 후에 또 무슴 일을 힝ᄒᆞ시뇨

답: 텬신을 보내샤 종도롤 안위ᄒᆞ야 ᄀᆞᆯᄋᆞ되 텬디 종궁²⁴² 때에 예수ㅣ 뎌리로
조차 ᄂᆞ려오샤 산 [54b] 이와 죽은 이롤 심판ᄒᆞ시리라 ᄒᆞ니라

문: 셰샹 사ᄅᆞᆷ이 맛당이 셩교롤 밋어 조차 셩셰 령ᄒᆞ기롤 구ᄒᆞ랴

답: 일뎡 의심이 업ᄉᆞ니 오 쥬ㅣ 말ᄉᆞᆷᄒᆞ시되 밋고 령셰ᄒᆞᄂᆞᆫ 쟈ᄂᆞᆫ 령혼 구ᄒᆞᆷ을
엇을 거시오 밋지 아닛ᄂᆞᆫ 쟈ᄂᆞᆫ 엄ᄒᆞᆫ 심판을 밧으리라 ᄒᆞ시니라

---

241 오시(午時): 오전 11시에서 낮 1시까지. [1866]에는 없다.
242 종궁: 終窮, 세상의 끝.

답: 온 세상에 전교(傳敎)하라 하셨습니다.

문: 예수께서 무슨 은혜를 허락하셨습니까?

답: 당신이 영원히 성교회를 떠나지 않으실 것을 말씀하시고, 또 성령을 보내어 강림하사 모든 무리를 가르쳐 위로하게 하셨습니다.

문: 예수께서 어느 곳에서 승천하셨습니까?

답: 감람산에서 하셨습니다.

문: 무엇을 위하여 이 산에서 승천하셨습니까?

답: 우리 주[54a]께서 이 산에 계셔, 악인에게 잡힘을 입으신 연고입니다.

문: 이제 감란산에 오히려 우리 주의 승천하신 자취가 있습니까?

답: 예수께서 승천하신 땅에 조배(朝拜)한 모든 교우가 다 이르되, "거룩하신 발자취 오히려 있다." 합니다.

문: 예수께서 승천하여 가신 후에 또 무슨 일을 행하셨습니까?

답: 천사를 보내서 사도를 안위하여 가로되, "천지 종궁(終窮) 때에 예수께서 이로부터 내려오사 산 [54b] 이와 죽은 이를 심판하시리라." 하였습니다.

문: 세상 사람이 마땅히 성교를 믿어 좇아 세례받기를 구하여야 합니까?

답: 일정 의심이 없으니, 우리 주께서 말씀하시되, "믿고 세례받는 자는 영혼 구함을 얻을 것이요, 믿지 않는 자는 엄한 심판을 받으리라." 하셨습니다

뎨이십이쟝은 셩신이 강림ᄒ심을 의론ᄒᆞᆷ이라[243]

　오 쥬ㅣ 승텬ᄒ신 후에 종도ㅣ 교즁[244]과 ᄒ가지로 [55a] 도라와 예루사름
셩에 니르러 ᄒ 당에 모혀 텬쥬ᄭᅴ 긔구[245]ᄒ더라 이곳치 ᄒ 지 열 날은 예수 부
활 후 뎨오십 일이니 이에 유더아 사름이 녯젹 시내산에셔 텬쥬ㅣ 주신 십계
밧음을 경하ᄒ야 긔억ᄒᄂᆞᆫ 날이라 셩모ㅣ 종도와 교즁 합 일ᄇᆨ이십 인으로 더
부러 당에 잇서 ᄒᆼ심으로 ᄀᆫ졀이 빌어 텬쥬ᄭᅴ 바라더니 진시[246]를 당ᄒ야 예수
의 허락ᄒ신 셩신이 강림ᄒ샤 바람 소ᄅᆡ ᄀᆞᆺ치 짓ᄂᆞᆫ 듯ᄒᄃᆡ 조곰도 겁ᄒᆷ과 놀
남이 업서 뭇사름의 ᄆᆞᄋᆞᆷ을 츙만케 [55b] ᄒ시고 이에 불 혀 형샹으로 나타나
빗치 잇ᄉᄃᆡ 살오지 아니ᄒ고 눈화 각 사름의 니마 우희 둘녓시니 이ᄂᆞᆫ 종도
와 문뎨 셩신 은툥을 밧은 후에[247] 만방에 젼교ᄒᆷ을 붉이 뵈심이러라

　이ᄯᆡ 경셩에 텬하 각방 사름이 다 잇ᄉᆞ니 긔이ᄒ다 종도ㅣ 거리에 나아가
도리를 강론ᄒ실 시 다만 유더아 본국 말을 쓰나 외방 각국 사름이 듯고 온젼
이 ᄭᅦ닷기를 각각 본향 말과 ᄀᆞᆺ치 알아 드르니 뭇 사름이 놀나 아혹[248]ᄒᆷ을 마
지아니ᄒ거ᄂᆞᆯ 베드루 슈종도ㅣ [56a] 셩젹의 연고를 풀어 붉히ᄃᆡ 고셩 션지의
말ᄉᆞᆷ을 인증ᄒ야 못 박혀 죽으신 구셰쥬 예수ㅣ 진실노 부활 승텬ᄒ심과 그
윤허ᄒ야 보내신 바 셩신이 오늘날 강림ᄒ샤 긔이ᄒ 은혜 퇴와주심[249]을 붉이
말ᄉᆞᆷᄒ시고 또 ᄀᆞᆯᄋᆞ샤ᄃᆡ 너희 무리ᄂᆞᆫ 맛당이 통회 긔과ᄒ야 죄샤ᄒ심을 구ᄒ
고 셩셰를 령ᄒ야 교에 들나 ᄒ시니 이날에 도를 드른 쟈ㅣ 삼쳔 인이 귀화ᄒ
지라 셩교ㅣ 일노 조차 처음 흥긔[250]ᄒ더라

243　사도행전 1:12-2:47.

244　교즁: 教衆, 교우 무리.

245　긔구: 祈求. 기도.

246　진시: 辰時, 오전 7-9시.

247　이ᄂᆞᆫ 종도와 문뎨 셩신 은툥을 밧은 후에: 此是顯明宗徒教衆, 領受聖神恩寵(이는 사도들과 신자들이 성령
　　의 은총을 받았음을 보이는 것이며), '문뎨'는 '문도'(徒)와 '제자'(教衆)의 약자로 보인다.

248　아혹: 驚訝(경아, 놀랄 만큼 의아하게 여김), 괴이하고 의심스러움.

249　퇴와주다: 賦賜, 베풀다.

250　흥긔(興起): 興, 세력이 왕성해짐.

제22장은 성령이 강림하심을 의론함이라.

우리 주께서 승천하신 후에 사도가 교인들과 한가지로 [55a] 돌아와 예루살렘 성에 이르러 한 당(堂)에 모여 기도하더라. 이같이 한 지 열 날은 예수 부활 후 제50일이니, 이에 유대아 사람이 옛적 시내산에서 천주께서 주신 십계 받음을 경하(慶賀)하여 기억하는 날이라. 성모께서 사도와 교인 합 120인으로 더불어 당에 있어 항심(恒心)으로 간절히 빌어 천주께 바라더니, 진시(辰時)를 당하여 예수의 허락하신 성령이 강림하사 바람 소리같이 짓는 듯하되, 조금도 겁남과 놀람이 없어 뭇사람의 마음을 충만케 [55b] 하시고, 이에 불의 혀 형상으로 나타나 빛이 있으되, 사르지 아니하고 나눠 각 사람의 이마 위에 달렸으니, 이는 사도와 문도와 제자가 성신의 은총을 받은 후에 만방에 전교함을 밝히 보이심이라.

이때 경성에 천하 각방 사람이 다 있으니, 기이하다 사도가 거리에 나아가 도리를 강론하실 새, 다만 유대아 본국 말을 쓰나 외방 각국 사람이 듣고 온전히 깨닫기를 각각 본향 말과 같이 알아들으니, 뭇사람이 놀라 괴이하고 의심함을 마지아니하거늘, 베드로 수종도가 [56a] 성적의 연고를 풀어 밝히되, 고성 선지의 말씀을 인증하여 못 박혀 죽이신 구세주 예수께서 진실로 부활, 승천하심과 그 윤허하여 보내신 바 성령이 오늘날 강림하사 기이한 은혜 베풀어 주심을 밝히 말씀하시고, 또 가라사대, "너희 무리는 마땅히 통회와 개과하여 죄사하심을 구하고 세례를 받아 교에 들라." 하시니, 이날에 도를 들은 자가 3천 인이나 귀화한지라. 성교가 이로부터 처음 흥기(興起)하더라.

[56b] 문: 성령이 어느 날에 강림하셨습니까?
답: 유월절 첨례 후 제50일입니다.
문: 어찌하여 성령이 이날에 강림하셨습니까?

[56b] 문: 셩신이 어느 날에 강림ᄒ시뇨

답: 바스과 쳠례 후 뎨오십 일이니라

문: 엇지ᄒ야 셩신이 이날에 강림ᄒ시뇨

답: 대개 고교 때 십계ᄅᆞᆯ 시내산에셔 이날에 주신 연고ㅣ니라

문: 셩신이 강림ᄒ실 제 엇지ᄒ야 불 혀 형샹으로 나타나시뇨

답: 불은 종도와 교즁의 열이²⁵¹ᄅᆞᆯ 표ᄒᆷ이오 혀 형샹은 능히 만국 방언²⁵²을 통ᄒ고 셩교ᄅᆞᆯ 젼ᄒ야 ᄀᆞᄅᆞ침을 표ᄒᆷ이니라

[57a] 문: 이 두 가지 일을 종도들이 힝ᄒ셧ᄂᆞ냐

답: 당일에 징험ᄒ야 힝ᄒ셧시니 때에 예루사름 셩에 각 방 사름이 다 잇ᄂᆞᆫ지라 종도의 도리 강론ᄒ심을 다 알아듯고 또 종도들이 조곰도 두려움이 업셔 날마다 거리와 져ᄌᆞ에 니ᄅᆞ러 열졀이²⁵³ 강론ᄒ야 못 박혀 죽으신 예수ㅣ 실노 이 구셰쥬ㅣ시오 부활ᄒ야 승텬ᄒ셧시니 셰샹 사름이 맛당이 밋고 밧드러 통회 기과ᄒ야 셩셰ᄅᆞᆯ 령ᄒ여야 ᄌᆞ긔 령혼 구ᄒᄂᆞᆫ 줄을 붉이 알게 ᄒ시니라

---

251 열이: 熱愛, 열렬히 사랑함, 또는 그 사랑.

252 방언: 方言.

253 열졀(熱切)이: 열정적으로.

답: 대개 옛 교회 때 십계를 시내산에서, 이날에 주신 연고입니다.

문: 성령이 강림하실 때 어찌하여 불의 혀 형상으로 나타나셨습니까?

답: 불은 사도와 교인들의 열애(熱愛)를 표함이요, 혀 형상은 능히 만국 방언을 통하고 성교를 전하여 가르침을 표함입니다.

[57a] 문: 이 두 가지 일은 사도들이 행하셨습니까?

답: 당일에 징험(徵驗)하여 행하셨으니, 때에 예루살렘 성에 각 방 사람이 다 있는지라. 사도의 도리를 강론하심을 다 알아듣고, 또 사도들이 조금도 두려움이 없어 날마다 거리와 저자에 이르러 열정적으로 강론하여 못 박혀 죽으신 예수가 실로 이 구세주이시오, 부활하여 승천하셨으니, 세상 사람이 마땅히 믿고 받들어 통회와 개과하여 세례를 받아야 자기 영혼 구하는 줄을 밝히 알게 하셨습니다.

[57b] 데이십삼쟝은 예루사름에 셩교ㅣ 니러나 시작홈을 의론홈이라[254]

　다른 날에 베드루 슈종도ㅣ 모든 종도롤 거느리고 거리에 나아가 도리롤 강론ᄒᆞ시니 셩셰 령ᄒᆞ기롤 구ᄒᆞᄂᆞᆫ 쟈ㅣ 오쳔 사ᄅᆞᆷ이라 이ᄀᆞᆺ치 ᄒᆞᆫ 지 수 일 닉에 새로이 교에 나아온 쟈ㅣ 도모지 팔쳔 사ᄅᆞᆷ이니 이ᄯᆡ에 봉교[255]ᄒᆞᄂᆞᆫ 사ᄅᆞᆷ의 열심이 비샹ᄒᆞ야 서로 ᄉᆞ랑ᄒᆞ고 또 ᄆᆞ음과 뜻이 ᄒᆞᆫᄀᆞᆯ ᄀᆞᆺᄒᆞ야 긔도ᄒᆞ기롤 간단[256]치 아니ᄒᆞ니 어진 덕과 바른 법이 [58a] 서로 감동ᄒᆞ야 흥긔ᄒᆞᄂᆞᆫ지라 산업을 풀아 시샤[257]ᄒᆞ고 셰속을 ᄯᅥ나 슈도ᄒᆞᄂᆞᆫ 쟈ㅣ 만히 잇ᄉᆞ니 ᄇᆡᆨ셩들이 거룩ᄒᆞᆫ 표양을 보고 교에 나아오기롤 구ᄒᆞᄂᆞᆫ 쟈ㅣ 젹지 아니ᄒᆞ더라 모든 종도ㅣ 오롯이 강권ᄒᆞ고 셩젹을 만히 힝ᄒᆞ야 병을 낫게 ᄒᆞ고 마귀롤 몰며 벙어리 말ᄒᆞ고 귀 막은 이 듯고 안즌방이 것고 죽은 이롤 살게 홈이 만터라

　때에 빈궁ᄒᆞᆫ ᄒᆞᆫ 걸인이 잇ᄉᆞ니 틱에 나매 ᄉᆞ지롤 쓰지 못ᄒᆞᄂᆞᆫ 병신[258]이라 친쇽이 미일에 ᄭᅳ으러 셩뎐 문 압희 두[58b]고 뎐에 드러가ᄂᆞᆫ 모든 사ᄅᆞᆷ을 향ᄒᆞ야 시샤롤 구ᄒᆞ더니 베드루ㅣ 요왕과 ᄒᆞᆫ가지로 뎐에 나아가 긔도ᄒᆞ려 ᄒᆞ다가 병인ᄃᆞ려 닐너 ᄀᆞᆯᄋᆞ샤ᄃᆡ 나ㅣ 네게 시샤ᄒᆞᆯ 거시 업ᄉᆞ니 오직 나자릐노 예수의 일홈을 의지ᄒᆞ야 니러나 힝케ᄒᆞ노라 병인이 명을 응ᄒᆞ야 니러나 용약ᄒᆞ고[259] ᄲᆞᆯ니 거러 뎐에 드러가 칭양ᄒᆞ야[260] 쥬ᄭᅴ 감샤ᄒᆞ니 모든 사ᄅᆞᆷ이 이 긔이ᄒᆞᆫ 령젹을 보고 모다 베드루와 요왕 종도 압희 와셔 놀나 아혹[261]홈을 마지아니ᄒᆞ거늘 베드루ㅣ 다[59a]시 강론ᄒᆞ야 예수 셩명의 큰 능이 계신 연고롤 붉이 말ᄉᆞᆷᄒᆞ시니 만흔 사ᄅᆞᆷ이 즉시 다 통회 긔과ᄒᆞ고 교에 나아오니라

254　사도행전 3:1-4:4.
255　봉교: 奉敎, 가톨릭교를 믿고 그 교리를 좇아 행하는 일.
256　간단(間斷): 間, 잠시 그치거나 끊어짐.
257　시샤(施舍): 施濟(시제, 구제를 베풂), 은덕을 베풂.
258　병신(病身): 신체의 어느 부분이 제 기능을 하지 못하는 사람을 얕잡아 이르는 말.
259　용약(踴躍)ᄒᆞ다: 좋아서 뛰다.
260　칭양(稱揚)ᄒᆞ다: 칭찬하다.
261　아혹: 驚訝(경아, 놀랄 만큼 의아하게 여김), 괴이하고 의심스러움.

제23장은 예루살렘에 성교가 일어나 시작함을 의론함이라.

　　다른 날에 베드로 수종도가 모든 사도를 거느리고, 거리에 나가 도리를 강론하시니, 세례받기를 구하는 자가 5천 사람이라. 이같이 한 지 수 일 내에 새로이 교에 나아온 자가 도무지 3천 사람이니, 이때 봉교(奉敎)하는 사람의 열심이 비상하여 서로 사랑하고 또 마음과 뜻이 한결같아서 기도하기를 간단(間斷)치 아니하니, 어진 덕과 바른 법이 [58a] 서로 감동하여 흥기(興起)하는지라. 산업을 팔아 시사(施舍)하고 세속을 떠나 수도하는 자가 많이 있으니, 백성들이 거룩한 표양을 보고 교(敎)에 나아오기를 구하는 자가 적지 아니하더라. 모든 사도가 오롯이 강권하고 성적을 많이 행하여 병을 낫게 하고, 마귀를 몰며, 벙어리 말하고, 귀먹은 이 듣고, 앉은뱅이 걷고, 죽은 이를 살게 함이 많더라.

　　때에 빈궁한 한 걸인이 있으니, 태에 나매 사지를 쓰지 못하는 병신(病身)이라. 친속(親屬)이 매일 끌어 성전 문 앞에 두[58b]고 전에 들어가는 모든 사람을 향하여 시사를 구하더니, 베드로가 요한과 한가지로 전에 나아가 기도하려 하다가 병인(病人)에게 일러 가라사대. "내가 네게 시사할 것이 없으니, 오직 나사렛 예수의 이름을 의지하여 일어나 행케 하노라." 병인이 명을 응하여 일어나 좋아서 뛰며, 빨리 걸어 전에 들어가 칭양(稱揚)하여 주께 감사하니 모든 사람이 이 기이한 영적을 보고 모두 베드로와 요한 사도 앞에 와서 놀라 괴이하고 의심스러워 마지아니하거늘, 베드로가 다[59a]시 강론하여, 예수 성명의 큰 능이 계신 연고를 밝히 말씀하시니, 많은 사람이 즉시 다 통회와 개과하고 교에 나아오니라.

문: 누가 처음 봉교한 사람이 됩니까?

답: 유대아 사람이니, 혹 먼저 예수께서 도리 강론하심을 들으며, 혹 후에 사도의 강론하여 권함을 듣고 귀화한 자입니다.

문: 뉘 처음 봉교훈 사롬이 되느뇨

답: <u>유더아</u> 사롬이니 혹 몬져 예수ㅣ 도리 강론호심을 드르며 혹 후에 종도의 강론호야 권홈을 듯고 귀화혼 쟈ㅣ니라

문: 이 봉교인이 다 열심이 잇섯느냐

답: 열심이 비샹호니 빅셩들이 새로 봉교호는 이의 서로 소랑[59b]호는 됴흔 표양을 보고 감동호야 교에 나아오기롤 구호는 쟈ㅣ만흐니라

문: <u>베드루</u>ㅣ 첫 번 강론호매 몃 사롬이 셩셰롤 령호엿느뇨

답: 삼쳔 명이니라

문: 데이츠 도리 강론호매 또 몃 쳔 사롬이 교에 나아왓느뇨

답: 오쳔 명이니라

문: 종도들이 무솜 령젹을 힝호시뇨

답: 병을 낫게 호고 마귀롤 몰며 죽은 사롬을 부활케 호고 능히 만국 방언을 통호시니라

[60a] 문: 엇지호야 이런 셩젹이 이제는 나타남이 젹으뇨

답: 즉금도 또한 셩젹이 잇스나 다만 녯 때에 만흠과 굿지 아니호니 이제 셩교ㅣ 보텬하²⁶²에 젼호매 셩젹이 심히 요긴치 아니호니 마치 우리 사롬이 나무롤 새로 심으매 부즈런이 물 주어 붓도두다가 뿔희 깁고 굿음을 기드려는 물 붓기와 붓도두기롤 똘아 굿침과 굿호니 셩교ㅣ 처음 니러나매 춤 어린나무롤 새로이 심음과 굿혼 고로 텬쥬ㅣ 만히 셩젹을 나타내샤 써 물 붓기와 붓도두기[60b]롤 부즈런이 호시고 셩교ㅣ 텬하에 널니 젼홈을 기드려는 뿔희 깁고 줄기 견고호매 셩젹을 또한 굿치시나 맛당이 이제 우리들이 셩교ㅣ 실노 종도의 젼훈 바와 조곰도 다롬이 업슴을 알지니라

262　보텬하(普天下): 普地, 온 쳔하, 온 세상.

문: 이 봉교인이 다 열심이 있었습니까?

답: 열심이 비상하니, 백성들이 새로 봉교하는 이의 서로 사랑[59b]하는 좋은 표양을 보고, 감동하여 교에 나아오기를 구하는 자가 많았습니다.

문: 베드로가 첫 번 강론하매, 몇 사람이 세례를 받았습니까?

답: 3천 명입니다.

문: 제2차 도리 강론하매, 또 몇천 사람이 교에 나왔습니까?

답: 5천 명입니다.

문: 사도들이 무슨 영적을 행하셨습니까?

답: 병을 낫게 하고 마귀를 몰며 죽은 사람을 부활케 하고 능히 만국 방언을 통하셨습니다.

[60a] 문: 어찌하여 이런 성적이 이제는 나타남이 적습니까?

답: 지금도 또한 성적이 있으나, 다만 옛 때에 많음과 같지 아니하니, 이제 성교가 온 천하에 전하매, 성적기 심히 요긴치 아니하니, 마치 우리 사람이 나무를 새로 심으매 부지런히 물 주어 북돋우다가 뿌리 깊고, 굳음을 기다려서는 물 붓기와 북돋우기를 따라 그침과 같으니, 성교가 처음 일어나매, 참 어린나무를 새로 심음과 같은 고로, 천주께서 많은 성적을 나타내서 이로써 물 붓기와 북돋우기[60b]를 부지런히 하시고, 성교가 천하에 널리 전함을 기다려서는 뿌리 깊고 줄기 견고하매, 성적을 또한 그치시나 마땅히 이제 우리가 성교가 실로 사도의 전한 바와 조금도 다름이 없음을 알 수 있습니다.

뎨이십스쟝은 예루사롬 셩교ㅣ 처음으로 간난[263] 풍파 밧음을 의론홈이라[264]
강싱 후 삼십스 년이라

바리서이들이 관쟝과 혼가지로 빅셩을 불너 부동ᄒᆞ야 종도들을 해ᄒᆞ려
홀 시 때에 **베드루**ㅣ 잡힘을 닙어 옥에 잇더니 이 밤에 텬신이 구ᄒᆞ야 내[61a]
여 보낸지라 날이 붉으매 직흰 군스ㅣ 옥문이 열니지 아님을 보고 **베드루**ㅣ 어
듸로 조차 나간 줄을 아지 못ᄒᆞ더니 밧그로셔 와 보ᄒᆞ는 쟈ㅣ 잇서 글ᄋᆞ듸 너
희들이 가도앗던 사롬이 이제 거리에서 도리롤 강론혼다 ᄒᆞ니 관쟝이 사롬을
보내여 잡아다가 무러 글ᄋᆞ듸 일젼에 우리가 임의 너희 무리 예수의 일홈 젼
ᄒᆞ기롤 금ᄒᆞ엿거늘 엇지 좃지 아니ᄒᆞᄂᆞ냐 **베드루**ㅣ 듸답ᄒᆞ야 글ᄋᆞ샤듸 우리
무리 혼가지로 보고 드른 바 모든 일을 능히 강[61b]론치 아닐 수 업스니 쥬의
명을 맛당이 몬져 조츨 거시오 사롬의 령은 뒤희 잇ᄂᆞ니라 관쟝이 듸답홈을
듯고 또혼 엇지홀 수 업서 감히 해롤 더ᄒᆞ야 가도지 못ᄒᆞ니 이에 교에 나아오
는 사롬이 날노 더ᄒᆞ는지라

종도들이 날마다 나아가 권화홀 시 셩교회의 다른 일을 겸ᄒᆞ야 도라볼 겨
롤이 업ᄂᆞ지라 인ᄒᆞ야 명망과 지덕이 잇는 닐곱 션비롤 ᄲᅡ 츅셩ᄒᆞ야 륙품부
제[265]롤 삼아 셩교 남은 일을 돕게 ᄒᆞ니 그즁에 **스더왕**[266]이라 ᄒᆞ는 이 잇서 본
직을 힘[62a]쓰고 또혼 밧긔 나아가 열졀이[267] 강론홈을 펴고 허물을 칙ᄒᆞ는 고
로 뭇사롬이 노ᄒᆞ야 돌노 쳐 죽이니 이는 오 쥬 예수ㅣ 승텬ᄒᆞ신 후 처음으로
쥬롤 위ᄒᆞ야 치명혼 쟈ㅣ라 림죵 젼에 텬쥬ᄭᅴ 원슈의 죄 관셔ᄒᆞ심을[268] 구ᄒᆞ니

---

263 간난: 艱難, 몹시 힘들고 고생스러움, 가난, 고생.
264 사도행전 4:5-7:60.
265 륙품부제: 六品副祭, 성경에서는 사도들의 직분을 돕는 집사의 직분으로 보이는 사람들을 선택한 것으로
말하고 있는데, 셩교감략은 성직의 품위 중에서 여섯 번째에 해당하는 '부제(Deacon)'로 해석했다. 가톨릭
성직의 품위는 교황(Pope), 추기경(Cardinal), 대주교(Archbishop), 주교(Bishop), 사제(Priest), 부제
(Deacon) 순이다.
266 스더왕: 斯德望, 스데반.
267 열졀(熱切)이: 열정적으로.
268 관셔ᄒᆞ다: 寬恕, 용서하다.

제24장은 예루살렘 성교(聖敎)가 처음으로 간난(艱難) 풍파 받음을
의론함이라.
강생 후 34년이라.

바리새인들이 관장과 한가지로 백성을 불러 부동하여 사도들을 해하려
할 새, 때에 베드로가 잡힘을 입어 옥에 있더니, 이 밤에 천사가 구하여 나
[61a]어 보낸지라. 날이 밝으매, 지킨 군사가 옥문이 열리지 않음을 보고 베
드로가 어디로 좇아 나간 줄을 알지 못하더니, 밖으로부터 와 보호는 자가
있어 가로되, "너희들이 가두었던 사람이 이제 거리에서 도리를 강론한다."
하니, 관장이 사람을 보내어 잡아다가 물어 가로되, "일전에 우리가 이미 너
희 무리 예수의 이름 전하기를 금하였거늘 어찌 좇지 아니하느냐?" 베드로
가 대답하여 가라사대, "우리 무리 한가지로 보고 들은 바 모든 일을 능히 강
[61b]론치 않을 수 없으니, 주의 명을 마땅히 먼저 좇을 것이요. 사람의 영은
뒤에 있느니라." 관장이 괴답함을 듣고 또한 어찌할 수 없어 감히 해를 더하
여 가두지 못하니, 이에 교에 나오는 사람이 날로 더하는지라.

사도들이 날마다 나아가 권화(勸化)할 새, 성교회의 다른 일을 겸하여 돌
아볼 겨를이 없는지라. 인하여 명망과 재덕이 있는 일곱 선비를 택하고, 축
성하여 육품부제(六品副祭)를 삼아 성교의 남은 일을 돕게 하니, 그중에 스
데반이라 하는 이 있어, 본직을 힘[62a]쓰고 또한 밖에 나아가 열정적으로
강론함을 펴고, 허물을 책하는 고로, 뭇사람이 노하여 돌로 쳐 죽이니, 이는
우리 주 예수께서 승천하신 후 처음으로 주를 위하여 순교한 자라. 임종 전
에 천주께 원수의 죄 용서하심을 구하니라.

문: 어느 때에 성교가 처음으로 간난 풍파를 받았습니까?
답: 사도들이 도리를 강론하신 후에, 오래지 아니하여 풍파가 일어났습
니다.

라

문: 어느 때에 셩교ㅣ 처음으로 간난 풍파룰 밧으뇨

답: 죵도들이 도리룰 강론ᄒ신 후에 오래지 아니ᄒ야 풍파ㅣ 니러나니라

문: 뉘 풍파룰 니러나게 ᄒ엿ᄂ뇨

답: 바리서이와 [62b] 모든 관쟝들이니라

문: 베드루ㅣ 무슴 일이 잇섯ᄂ뇨

답: 잡힘을 닙어 옥에 계시매 텬신이 구ᄒ야 내시니라

문: 뉘 셩교룰 위ᄒ야 예수ㅣ 승텬ᄒ신 후에 몬져 치명ᄒ엿ᄂ뇨²⁶⁹

답: 륙픔부졔 셩 스더왕이니라

문: 엇지ᄒ면 치명쟈ㅣ 라 닐콧ᄂ뇨

답: 므릇 셩교룰 위ᄒ야 목숨을 ᄇ려 죽는 쟈ㅣ 니라

문: 치명쟈의 죽음이 죡히 셩교의 진실ᄒ믈 증거ᄒ랴

답: 일뎡 증거ㅣ 되ᄂ니 어느 사름이 거즛 일[63a]을 위ᄒ야 감심으로 목숨을
　　ᄇ려 죽으랴

269　뉘 셩교룰 위ᄒ야 예수ㅣ 승텬ᄒ신 후에 몬져 치명ᄒ엿ᄂ뇨: 誰爲聖敎首先致命(누가 셩교룰 위하여 먼저
　　순교했습니까?).

문: 누가 풍파를 일어나게 하였습니까?

답: 바리새인과 [62b] 모든 관장들입니다.

문: 베드로는 무슨 일이 있었습니까?

답: 잡힘을 입어 옥에 계시매 천사가 구하여 내셨습니다.

문: 누가 성교를 위하여 예수께서 승천하신 후에, 먼저 순교하였습니까?

답: 육품부제 성 스데반입니다.

문: 어찌하면 순교자라 일컫습니까?

답: 무릇 성교를 위하여 목숨을 버려 죽는 자입니다.

문: 순교자의 죽음이 족히 성교의 진실함을 증거합니까?

답: 일정 증거가 되나니, 어느 사람이 거짓 일[63a]을 위하여 감심으로 목숨
   을 버려 죽겠습니까?

데이십오쟝은 반로 종도ㅣ 귀화ᄒ심을 의론홈이라[270]

　　때에 셩교를 모해ᄒᄂ는 원슈 즁에 츌등ᄒᆞᆫ 쇼년 사오로[271]ㅣ라 ᄒᄂ는 이 잇스니 각 쳐에 권셰로 힝ᄒ고 위엄으로 저혀[272] 셩교를 밋ᄂ는 벗들을 죽이려 ᄒ더라 ᄒ로는 다마스고[273] 셩에 가셔 봉교ᄒᄂ는 사ᄅᆞᆷ을 ᄎᆞ자 잡으려 ᄒ더니 길희셔 홀연이 혁혁[274]ᄒᆞᆫ 위엄 빗치 하ᄂ놀노셔 조차 ᄂᆞ려와 그 몸을 에우고[275] 소[63b]리 잇서 그 일홈을 불너 칙ᄒ야 ᄀᆞᄅᆞ샤ᄃᆡ 사오로 사오로야 엇지ᄒ야 나를 모해ᄒᄂ냐 ᄒ시니 뎌ㅣ ᄯᅡ희 업더져 황공히 뭇자와 ᄀᆞᄅᆞᄃᆡ 쥬여 너는 이 뉘시뇨 ᄃᆡ답ᄒ야 ᄀᆞᄅᆞ샤ᄃᆡ 나는 이 네가 모해ᄒ고져 ᄒᄂ는 예수ㅣ로라 ᄶᅵ롬을 네가 거스리니[276] 엇지 어렵지 아니리오 ᄒ시니 이때에 사오로ㅣ ᄆᆞᄋᆞᆷ이 놀납고 몸이 ᄯᅥᆯ녀 ᄀᆞᄅᆞᄃᆡ 쥬여 나를 명ᄒ야 무ᄉᆞᆷ 일을 힝ᄒ라 ᄒ시ᄂ는잇가 오 쥬ㅣ 위로ᄒ야 ᄀᆞᄅᆞ샤ᄃᆡ 셩에 드러가면 너ㅣ 맛당이 힝홀 거[64a]슬 뵈이리라 ᄒ시거ᄂ놀 사오로ㅣ 이에 눈을 ᄯᅥ 보지 못ᄒᄂ는지라

　　동힝ᄒ던 무리 붓드러 다마스고 셩에 나아가 삼일을 능히 보지 못ᄒ며 음식을 먹지 못ᄒ고 열졀이 쥬ᄭᅴ 구ᄒ더니 이때 셩즁에 셩도 아나니아ㅣ 잇서 쥬의 나타내신 명을 밧드러 사오로 잇ᄂ는 곳에 가 손으로써 그 몸을 붓들고 닐너 ᄀᆞᄅᆞᄃᆡ 사오로 우리 벗아 길 가온대셔 네게 발현ᄒ신 예수ㅣ 나를 명ᄒ샤 너를 도아 ᄒ여곰 보게 ᄒ고 셩신 은춍을 밧게 ᄒ라 ᄒ시니라 사오로 [64b]ㅣ 그 말ᄉᆞᆷ을 듯고 눈이 홀연이 다시 붉으매 공경ᄒ야 셩셰를 령ᄒ고 다마스고 셩 즁에셔 즉시 열졀ᄒᆫ ᄆᆞᄋᆞᆷ으로 예수의 거륵ᄒ신 도리를 펴 강론ᄒ더니 그 후에 외

270　사도행전 8:1-9:22, 22:6-16, 26:12-18.
271　사오로: 掃祿, 사울.
272　저혀: 嚇, 협박함.
273　다마스고: 大瑪斯哥, 다메섹.
274　혁혁: 赫赫, 빛 따위가 밝게 빛남.
275　에우다: 사방을 빙 둘러싸다.
276　ᄶᅵ롬을 네가 거스리니: 汝想蹈錐鋒白刃而過(네가 바늘 끝과 날카로운 칼날을 밟고 가려 생각하니).

제25장은 바울 사도가 귀화하심을 의론함이라.

　때에 성교를 모해(謀害)하는 원수 중에 출중한 소년 사울이라 하는 이 있으니, 각 처에 권세로 행하고 위엄으로 협박하여, 성교를 믿는 벗들을 죽이려 하더라. 하루는 다메섹 성에 가서 봉교하는 사람을 찾아 잡으려 하더니, 길에서 홀연히 혁혁(赫赫)한 위엄 빛이 하늘로서 좇아 내려와 그 몸을 에우고 소[63b]리 있어 그 이름을 불러 책하여 가라사대, "사울아, 사울아, 어찌하여 나를 모해하느냐?" 하시니, 저가 땅에 엎드려 황공히 묻자와 가로되, "주여, 당신은 누구십니까?" 대답하여 가라사대, "나는 네가 모해하고자 하는 예수로라, 찌름을 네가 거스르니 어찌 어렵지 않으리오." 하시니, 이때 사울이 마음이 놀랍고 몸이 떨려 가로되, "주여, 나를 명하여 무슨 일을 행하라 하시나이까?" 우리 주께서 위로하여 가라사대, "성에 들어가면 네가 마땅히 행할 것[64a]을 보이리라." 하시거늘, 사울이 이에 눈을 떠 보지 못하는지라.

　동행하던 무리 붙들어 다메섹 성에 나아가 삼일을 능히 보지 못하며, 음식을 먹지 못하고, 열정적으로 주께 구하더니, 이때 성중에 성도 아나니아 있어 주의 나타내신 명을 받들어 사울이 있는 곳에 가 손으로써 그 몸을 붙들고 일러 가라사대, "사울 우리 벗아, 길 가운데서 네게 발현하신 예수께서 나를 명하사 너를 도와 하여금 보게 하고 성령의 은총을 받게 하라." 하시니라. 사울[64b]이 그 말씀을 듣고 눈이 홀연히 다시 밝으매 공경하여 세례를 받고 다메섹 성 중에서 즉시 열렬한 마음으로 예수의 거룩한 도리를 펴 강론하니, 그 후에 외방(外方)에 전교하신 큰 사도의 이름이 나타난 자 바울 사도이시니라.

문: 바울은 어떤 사람입니까?
답: 소년 박사로서 옛 교회 규계를 열정적으로 지키어, 성교를 모해하던 사람입니다.

방²⁷⁷에 젼교ᄒ신 큰 종도의 일홈이 나타난 쟈 <u>반로</u>²⁷⁸ 종도ㅣ시니라

문: <u>반로</u>는 이 엇던 사ᄅᆞᆷ이뇨

답: 쇼년 박ᄉᆞ로셔 고교 규계를 열졀이 직희여 셩교를 모해ᄒ던 사ᄅᆞᆷ이니라

문: 엇더케 귀화ᄒ셧ᄂᆞ뇨

답: 다마스고 셩에 봉교[65a]ᄒᄂᆞᆫ 사ᄅᆞᆷ을 잡으려 가다가 즁로에셔 쥬의 나타
나 뵈샤 칙ᄒᆞ심을 닙어 귀화ᄒ니라

문: 귀화ᄒᆞᆫ 후에 무ᄉᆞᆷ 공덕이 잇섯ᄂᆞ뇨

답: 외방에 젼교ᄒ야 일홈이 크게 나타나 박학ᄒᆞᆫ 대 종도ㅣ 되시니라

---

277 외방: 外方, 자기가 사는 곳 밖의 다른 고장, 외지.
278 반로: 保祿, 바울.

문: 어떻게 귀화하셨습니까?

답: 다메섹 성에 봉교[65a]하는 사람을 잡으러 가다가 중로(中路)에서 주의 나타나 보이사, 책하심을 입어 귀화하였습니다.

문: 귀화한 후에 무슨 공덕이 있었습니까?

답: 외방에 전교하여 이름이 크게 나타나, 박학한 대 사도가 되셨습니다.

뎨이십륙쟝은 사마리아[279] 빅셩과 밋 외교인이 귀화홈을 의론홈이라[280]

   예루사름에 셩교ㅣ 간난 풍파롤 처음 닙을 때에 교즁 사름이 해롤 피ᄒᆞ야 사마리아 디방으로 두[65b]라나 흣허져 간 곳마다 셩교 도리롤 강론ᄒᆞ야 젼ᄒᆞ니 사마리아 빅셩이 밋고 좃는 쟈ㅣ 심히 만흔지라 그 후에 타국 외교인이 또ᄒᆞᆫ 와 봉교ᄒᆞ는 쟈ㅣ 잇스니 뎨일은 로마국 사름 빅부쟝이니 일홈은 고르넬니오[281]ㅣ라 일즉 텬쥬롤 공경ᄒᆞ야 긔도ᄒᆞ기롤 간단치 아니코 ᄒᆞᆼ샹 시샤ᄒᆞ는 션공을 힝ᄒᆞ더니 텬신이 나타나 뵈고 뎌롤 명ᄒᆞ샤 사름을 보내여 베드루롤 쳥ᄒᆞ야 제 집에 와 도리롤 강론홀 ᄉᆡ 긔이ᄒᆞ다 그 집의 도리롤 듯는 친우 모든 사[66a]름이 일시에 다 셩신 은춍을 ᄀᆞ득히 닙어 교즁 사름으로 더부러 다름이 업는지라 베드루와 동힝ᄒᆞᆫ 두어 벗이 보고 다 놀나 심히 깃거ᄒᆞ더라 그 온 집과 밋 친우 모든 사름의게 셩셰와 견진[282]을 붓쳐 주니 이는 타국 외교인이 처음으로 교에 나아옴이오 그 후에 봉교ᄒᆞ는 쟈ㅣ 졈졈 날노 만흐니라

문: 타디방 빅셩 즁에 뉘가 처음으로 봉교ᄒᆞ엿ᄂᆞ뇨
답: 사마리아 빅셩이니라
문: 사마리아 빅셩은 무ᄉᆞᆷ 교롤 ᄒᆞ던 사름이뇨
답: [66b] 반은 고교롤 직희고 반은 이단[283]을 힝ᄒᆞ니 녜브터 렬교[284]ㅣ라 닐ᄏᆞᆺ던 쟈ㅣ니라
문: 외교인 즁에 또 뉘가 처음으로 셩교에 나아오뇨
답: 고르넬니오ㅣ니라

---

279 사마리아: 撒瑪利亞.
280 사도행전 9:26-10:48.
281 고르넬니오: 郭爾奈略, 고넬료.
282 견진: 堅振, 견진 성사, 성세 성사를 받은 신자에게 성령과 그 선물을 주어 신앙을 성숙하게 하는 성사.
283 이단: 異端.
284 렬교: 裂教, 열교. 분열되어 나간 교회라는 뜻으로, 구약 시대에는 유대교에서 나간 사마리아를 의미하고, 교회 시대에는 가톨릭에서 나간 '개신교'를 의미한다.

제26장은 사마리아 백성과 및 외교인이 귀화함을 의론함이라.

　　예루살렘에 성교가 간난 풍파를 처음 입을 때에, 교중 사람이 해를 피하여 사마리아 지방으로 달[65b]아나 흩어져 간 곳마다 성교 도리를 강론하여 전하니, 사마리아 백성이 믿고 좇는 자가 심히 많은지라. 그 후에 타국 외교인이 또한 와 봉교하는 자가 있으니, 제일은 로마국 사람 백부장이니, 이름은 고넬료라. 일찍 천주를 공경하고 기도하기를 간단치 않고 항상 시사하는 선공을 행하더니, 천사가 나타나 뵈고 저를 명하사 사람을 보내어 베드로를 청하여 자기 집에 와 도리를 강론할 새, 기이하다, 그 집의 도리를 듣는 친우 모든 사[66a]람이 일시에 다 성령 은총을 가득히 입어, 교중 사람으로 더불어 다름이 없는지라. 베드로와 동행한 두어 벗이 보고 다 놀라 심히 기뻐하더라. 그 온 집과 및 친우 모든 사람에게 성세(聖洗)와 견진(堅振)을 붙여 주니, 이는 타국 외교인이 처음으로 교에 나옴이요. 그 후에 봉교하는 자가 점점 날로 많으니라.

문: 타지방 백성 중에 누가 처음으로 봉교하였습니까?

답: 사마리아 백성입니다.

문: 사마리아 백성은 무슨 교를 하던 사람입니까?

답: [66b] 반은 옛 교회를 지키고 반은 이단을 행하니, 예부터 열교(裂敎)라 일컫던 자입니다.

문: 외교인 중에 또 누가 처음으로 성교에 나왔습니까?

답: 고넬료입니다.

문: 저는 어느 나라 사람입니까?

답: 로마국 사람 백부장이니, 시사를 많이 행하던 자입니다.

문: 저가 어떻게 교에 나왔습니까?

답: 천사의 가르침을 좇아 베드로 사도를 청하여 집에 이르러 도리를 강론함

문: 뎌ㅣ 어느 나라 사룸이뇨

답: <u>로마</u>국 사룸 빅부쟝이니 시샤롤 만히 힝ᄒᆞ던 쟈ㅣ 니라

문: 뎌ㅣ 엇더케 교에 나아왓ᄂᆞ뇨

답: 텬신의 ᄀᆞᄅ침을 조차 <u>베드루</u> 종도롤 쳥ᄒᆞ야 집에 니ᄅᆞ러 도리 강론홈을
듯고 온 집과 친우 모든 사룸이 ᄒᆞᆫ 날[67a]에 셩셰롤 령ᄒᆞ야 교에 나아오
니라

을 듣고, 온 집과 친우 모든 사람이 한 날[67a]에 세례를 받아서 교에 나왔습니다.

데이십칠쟝은 종도들이 텬하에 눈화 힝ᄒᆞ야 교ᄅᆞᆯ 젼ᄒᆞᆷ을 의론ᄒᆞᆷ이라

강셩 후 오십ᄉᆞ 년이니 ᄢᅢ는 동한 광무[285] 뎨삼십 년이라

　　종도들이 쥬의 거륵ᄒᆞ신 명을 인ᄒᆞ야 눈화 보텬하에 힝ᄒᆞ야 교ᄅᆞᆯ 젼ᄒᆞ시
려 홀 시 ᄯᅥ나시기 젼에 ᄒᆞᆫ 곳에 모히샤 신덕 규구를 공번되이 의론ᄒᆞ야 수쥬
구령[286]ᄒᆞᄂᆞᆫ 요리[287] 열두 ᄭᅩᆺ츨 뎡ᄒᆞ야 진실이 밋ᄂᆞᆫ 봉교인의 긔호ᄅᆞᆯ 삼고 일홈
ᄒᆞ야 ᄀᆞᆯ으ᄃᆡ 종도[67b]신경이라 ᄒᆞ니 이ᄂᆞᆫ 우리 사ᄅᆞᆷ의 ᄆᆡ일 념ᄒᆞᄂᆞᆫ 바 나ㅣ
텬디롤 조셩ᄒᆞ신 젼능 텬쥬 셩부ᄅᆞᆯ 밋으며, 운운. 종도들이 눈화 힝ᄒᆞ야 교ᄅᆞᆯ
젼ᄒᆞᆫ 후에 갓가온 ᄃᆡ로브터 먼 ᄃᆡᄭᅥ지 니ᄅᆞ히 각국에 교우ㅣ 졈졈 만흔지라
그런고로 경셩과 각 고올에 쥬교 ᄒᆞᆫ 위와 아오로 모든 탁덕[288]을 츅셩ᄒᆞ야 셰
워 륙품부졔로 더브러 교우들을 거ᄂᆞ려 다ᄉᆞ리고 또 외교인을 권화ᄒᆞ야 봉교
케 ᄒᆞ니 대략 이ᄢᅢ에 셩모ㅣ 공이 ᄀᆞ득ᄒᆞ고 덕이 온젼ᄒᆞ샤 셰샹을 ᄇᆞ리고 승
[68a]텬ᄒᆞ시니라

　　베드루 종도ㅣ 예루사름에 계시다가 니어 안듸오기아[289] 경셩에 가 셩교회
ᄅᆞᆯ 안뎡케 ᄒᆞ셧더니 로마ㅣ 셔양 모든 나라 춍왕의 셔울이 된 고로 인ᄒᆞ야 텬
쥬의 ᄆᆞᆨ계ᄒᆞ심을 밧아 보텬하 셩교회 읏듬 좌위ᄅᆞᆯ 로마에 옴겨 뎡ᄒᆞᆫ지라 ᄆᆞᆺ참
네로[290] 황뎨 ᄢᅢ에 봐로 종도ㅣ 로마에 니ᄅᆞ러 셩교 도리ᄅᆞᆯ 강론ᄒᆞ다가 베드루
와 ᄒᆞᆫ가지로 ᄒᆞᆫ날 ᄒᆞᆫ곳에셔 치명 승텬ᄒᆞ시니라 베드루ㅣ 쥬의 명을 밧아 종도
의 읏듬이 되야 셰샹에셔 쥬의 위ᄅᆞᆯ ᄃᆡ[68b]신혼 교종[291]이니 당초브터 이날ᄭᅡ
지 니ᄅᆞ히 ᄃᆡᄃᆡ로 베드루의 위ᄅᆞᆯ 닛ᄂᆞᆫ 교화황[292]이 다 로마 셔울에 잇서 보텬하

285　광무(光武): 동한(東漢)의 건국자 광무제(光武帝, BC 5-AD 57)이다.
286　수쥬구령(事主救靈): 敬主救靈, 주를 섬기며 영혼을 구원하는 일.
287　요리: 要理, 교리(敎理).
288　탁덕: 鐸德, 신부(神父).
289　안듸오기아: 安弟阿基亞, 안디옥.
290　네로: 奈祿.
291　교종: 敎宗, 교황.
292　교화황: 敎化皇, 교황.

제27장은 사도들이 천하에 나뉘어, 행하여 교를 전하심을 의론함이라.

강생 후 54년이니, 때는 동한(東漢) 광무(光武) 제30년이라.

사도들이 주의 거룩하신 명을 인하여 나뉘어 온 천하에 행하여 교를 전하시려 할 새, 떠나시기 전에 한 곳에 모이사 신덕(信德) 규구를 공변되게 의논하여 사주구령(事主救靈)하는 요리(要理) 열두 끝을 정하여 진실히 믿는 봉교인의 기호(記號)를 삼고 이름하여 가로되, "사도[67b]신경"이라 하니, 이는 우리 사람의 매일 염하는 바, "내가 천지를 조성하신 전능 천주 성부를 믿으며", 운운(云云). 사도들이 나눠 행하여 교를 전한 후에 가까운 데로부터 먼 데까지 이르러 각국에 교우가 점점 많은지라. 그런고로 경성과 각 고을에 주교 한 위(位)와 아울러 모든 탁덕(鐸德)을 축성하여 세워, 육품부제로 더불어 교우들을 거느려 다스리고 또 외교인을 권화하여 봉교하게 하니, 대략 이때 성모께서 공이 가득하고 덕이 온전하사 세상을 버리고 승[68a]천하시니라.

베드로 종도가 예루살렘에 계시다가 이어 안디옥 경성에 가 성교회를 안정케 하였더니, 로마가 서양 모든 나라 황제의 서울이 된고로 인하여 천주의 계시하심을 받아 온 천하 성고회 으뜸 좌위를 로마에 옮겨 정한지라. 마침 네로 황제 때에 바울 사도가 로마에 이르러 성교 도리를 강론하다가, 베드로와 한가지로 한날 한곳에서 순교하고 승천하시니라. 베드로가 주의 뜻을 받아 사도의 으뜸이 되어, 세상에서 주의 위를 대[68b]신한 교종(敎宗)이니 다 로마 서울에 있어 온 천하 성교회 모든 일을 다스리시니, 무릇 교황의 명을 듣지 않는 자가 있으면, 이에 열교와 이교가 되나니, 반드시 주의 버리시는 바가 되어 그 영혼을 잃을 사람이니라.

문: 사도들이 오직 유대아 본국에만 전교하였습니까?

답: 그렇지 아니하니, 주의 명을 인하여 온 천하에 나누어 전교하셨습니다.

성교회 모든 일을 다스리시니 므릇 교화황의 명을 듯지 아닛는 쟈ㅣ 잇스면 이에 렬교와 이교²⁹³ㅣ 되느니 반ᄃ시 쥬의 부리시는 바ㅣ 되야 그 령혼을 일흘 사ᄅᆷ이니라

문: 종도들이 오직 <u>유더아</u> 본국에만 전교ᄒᆞ셧느냐

답: 그러치 아니ᄒᆞ니 쥬명을 인ᄒᆞ야 보텬하에 눈호여 전교ᄒᆞ시니라

[69a] 문: 종도들이 눈호여 힝ᄒᆞ시기 전에 무슴 일을 ᄒᆞ시뇨

답: 혼곳에 모혀 공번된 신덕 도리 열두 ᄭᅩᆺ츨 뎡ᄒᆞ셧시니 이는 ᄉᆞ쥬구령ᄒᆞ는 요긴ᄒᆞᆫ 뜻을 포함ᄒᆞ니라

문: 이 열두 ᄭᅩᆺ 요리를 무어시라 닐콧느뇨

답: 신덕 긔호ㅣ라 닐ᄏᆞ르니 일홈ᄒᆞ야 글ᄋᆞ디 종도신경이니라

문: 이 신경이 이제 우리 사ᄅᆷ의 념ᄒᆞ는 신경으로 더부러 다룸이 잇느냐

답: 혼갈ᄀᆞᆺᄒᆞ야 조곰도 다[69b]룸이 업느니라

문: 무어슬 위ᄒᆞ야 예수ㅣ 승텬ᄒᆞ신 후에 셩모를 머믈너 셰상에 여러 히 두시뇨

답: 종도들을 안위ᄒᆞ샤 셩교 모든 일을 ᄀᆞᄅᆞ치시고 아오로 새로 나아오는 봉교인의 신덕을 뎨셩²⁹⁴ᄒᆞ야 견고케 홈을 위ᄒᆞ심이니라

문: 모든 종도ㅣ 엇더케 셰샹을 ᄇᆞ리시뇨

답: <u>요왕</u> 종도 외에는 다 오 쥬를 위ᄒᆞ야 치명ᄒᆞ시니라

문: 엇지ᄒᆞ야 <u>요왕</u> 종도는 위쥬²⁹⁵ 치명ᄒᆞ야 죽지 아[70a]니ᄒᆞ시뇨

답: 쥬를 위ᄒᆞ야 여러 번 악형을 밧아 맛당이 죽으실 거시로디 다만 쥬ㅣ 뎌를 머믈너 셰샹에 두어 오래 셩교회를 도라보게 코져 ᄒᆞ심이니 연고로 보존ᄒᆞ시는 특은을 밧아 형벌 아래 죽지 아니ᄒᆞ시니라

---

293 이교: 異教, 이단(異端).

294 뎨셩: 提醒, 잊어버렸던 것을 생각하여 깨우치게 함.

295 위쥬: 爲主, 주를 위하여.

문: 사도들이 나누어 행하시기 전에 무슨 일을 하셨습니까?

답: 한곳에 모여 공변된 신덕 도리 열두 끝을 정하셨으니, 이는 사주구령하는 요긴한 뜻을 포함하였습니다.

문: 이 열두 끝 요리를 무엇이라 일컫습니까?

답: 신덕 기호라 일컬으니, 이름하여 가로되, "사도신경"입니다.

문: 이 신경이 이제 우리 사람의 염하는 신경으로 더불어 다름이 있습니까?

답: 한결같아서 조금도 다[69b]름이 없습니다.

문: 무엇을 위하여 예수께서 승천하신 후에, 성모를 머물러 세상에 여러 해 두셨습니까?

답: 사도들을 안위하사, 성교 모든 일을 가르치시고 아울러 새르 나오는 봉교인의 신덕을 제성(提醒)하여 견고케 함을 위하심입니다.

문: 모든 사도가 어떻게 세상을 버리셨습니까?

답: 요한 사도 외에는 다 우리 주를 위하여 순교하셨습니다.

문: 어찌하여 요한 사도는 주를 위하여 순교하여 죽지 아[70a]니하셨습니까?

답: 주를 위하여 여러 번 악형을 받아 마땅히 죽으실 것이로되, 다만 주께서 저를 머물러 세상에 두어 오래 성교회를 돌아보게 하고자 하심이니, 연고로 보존하시는 특을 받아 형벌 아래 죽지 아니하셨습니다.

문: 베드로가 로마에 계신 지 몇 해 만에 순교하셨습니까?

답: 성교 일을 다스린 지 25년에 로마에서 순교하셨습니다.

문: 누가 그 위를 이으셨습니까?

답: 로마 경성 본 주교 리노 [70b] 성인입니다.

문: 처음부터 이날에 이르기까지 강생 후, 1883년 동안 도무지 몇 위 교황이 있습니까?

답: 258위이십니다.

문: 베드루ㅣ 로마에 계신 지 몃 히 만에 치명ᄒ시뇨

답: 셩교 일을 다ᄉ린 지 이십오 년에 로마에셔 치명ᄒ시니라

문: 뉘 그 위ᄅᆞᆯ 니으시뇨

답: 로마 경셩 본 쥬교 리노²⁹⁶ [70b] 셩인이니라

문: 처음으로브터 이날에 니ᄅᆞ히 강ᄉᆡᆼ 후 일쳔팔ᄇᆡᆨ팔십삼 년 동안에 도모지 몃 위 교화황이시뇨

답: 이ᄇᆡᆨ오십팔위시니라²⁹⁷

---

296 리노: 理諾, (Linus, C. AD 10-76), 두 번째 교황.

297 [1866] 問 從當初到今日, 降生後一千八百六十六年七月之時, 共有了幾位教化皇. 答 二百六十二位(문: 처음부터 오늘, 강생 후 1866년 7월까지 총 몇 분의 교황이 계셨습니까? 답: 262분입니다.) [1866](262명): 기준 255 + 스테파노 + 펠릭스 II + 크리스토포루스 + 실베스테르 3세 + 요한 XIV 이중 계산 + 피사 계열(2명) = 262명, [1883](258명): 기준 255 + 스테파노 + 펠릭스 II + 실베스테르 3세 = 258명. 현재 가톨릭의 기준으로 1866년 교황은 비오 9세(Pius IX, 1846-1878)는 255위이고, 1883년 교황은 교황 레오 13세(Leo XIII, 1810-1903) 256위이다. 참고. 전달수 엮음, 『교황사』(서울:가톨릭출판사, 1996).

데이십팔쟝은 <u>공스당딩</u>[298] 황뎨 봉교홈을 의론홈이라[299]

강성 후 삼뷕십삼 년이니 째는 진나라 <u>회뎨</u>[300] 뎨칠 년이라

　　종도들이 쥬룰 위ᄒᆞ야 치명 승텬ᄒᆞ신 후에 교화황과 쥬교 신부ㅣ 각각 그 직분을 힘써 각 쳐에 젼교ᄒᆞᄂᆞᆫ 고로 교에 나아와 쥬룰 셤기ᄂᆞᆫ 사ᄅᆞᆷ이 곳[71a]곳이 다 잇ᄉᆞ니 <u>로마</u> 죠뎡으로브터 대신[301] 관원[302]과 병쟝[303] ᄉᆞ민[304] 모든 사ᄅᆞᆷ 즁에 엇지 봉교ᄒᆞᄂᆞᆫ 이 업스리오 마ᄂᆞᆫ 홀노 총왕[305]이 오히려 ᄭᅵᆺᄒᆞᆺ지 못ᄒᆞ고 각 쳐에 령을 ᄂᆞ려 텬쥬교[306]ᄒᆞᄂᆞᆫ 사ᄅᆞᆷ을 잡아 즁히 다스리ᄂᆞᆫ지라 때에 샤슐ᄒᆞᄂᆞᆫ 남녀 승과 패악ᄒᆞᆫ 무리 셩교ㅣ 널니 젼ᄒᆞ매 각 디방 졀이 링락ᄒᆞ야[307] ᄇᆞ림을 보고 인ᄒᆞ야 깁히 투흔을[308] 품어 뷕셩을 부동ᄒᆞ야 관가에 나아가 고ᄒᆞ니 이에 모든 고올과 향쵼 ᄉᆞ이에 남녀로쇼 교우들이 자조 잡힘을 닙어 [71b] 관가에 니ᄅᆞᆫ 쟈ㅣ 엇지 쳔만 인ᄲᅮᆫ이리오

　　혹 가산을 젹물[309]ᄒᆞ야 불을 노ᄒᆞ며 혹 사ᄅᆞᆷ을 기름에 ᄭᅳ리며 물과 깁흔 굴형에 더지며 혹 뷔얌과 사ᄌᆞ와 호랑이 우리에 던지며 혹 편틱[310]ᄒᆞ며 혹 목민며 칼노 죽이며 혹 슈죡을 ᄭᅳᆫᄒᆞ며 혹 귀와 코와 혀룰 버히며 혹 가족을 벗기며 살을 오려내고 ᄶᆞᆺᄂᆞᆫ 참혹ᄒᆞᆫ 형벌이 죵죵 무수ᄒᆞ나 오직 교즁에 잡힘을 닙은 사ᄅᆞᆷ이 다 깃분 ᄆᆞ음과 즐거온 빗ᄎᆞ로 쥬룰 위ᄒᆞ야 압흘 다토아 고로옴을 밧고 죽음에 나아가 치[72a]명ᄒᆞᄂᆞᆫ 고로 관원과 포교와 군민들이 봉교인의 이ᄀᆞᆺ치

298　공스당딩: 公斯當定, 콘스탄티누스 1세(Flavius Valerius Aurelius Constantinus, 272-337).
299　로마에서 기독교가 공인된 313년 밀라노 칙령(Edict of Milan)에 대한 이야기다.
300　회뎨: 懷帝, 서진 회황제 사마치(西晉 懷皇帝 司馬熾, 284-313)는 서진 황조의 제3대 황제.
301　대신(大臣): 首臣.
302　관원: 官員.
303　병쟝: 兵將.
304　ᄉᆞ민(士民): 士庶.
305　총왕: 総王, 황제(皇帝).
306　텬쥬교: 天主教.
307　링락(冷落): 冷, 서로의 사이가 멀어져 정답지 않고 쌀쌀함.
308　투흔: 妬恨, 질투와 원한.
309　젹물: 籍没(적몰), 중죄인의 재산을 몰수하고 가족까지 벌하던 일.
310　편틱: 鞭笞, 채찍, 회초리.

제28장은 콘스탄티누스 황제 봉교함을 의론함이라.

강생 후 313년이니, 때는 진나라 회제(懷帝) 제7년이라.

    사도들이 주를 위하여 순교하고, 승천하신 후에 교황과 주교 신부가 각
각 그 직분을 힘써 각 처에 전교하는 고로, 교에 나와 주를 섬기는 사람이 곳
[71a]곳에 다 있으니, 로마 조정으로부터 대신(大臣), 관원(官員)과 병장(兵
將), 사민(士民) 모든 사람 중에 어찌 봉교하는 이 없으리오 마는, 홀로 황제
가 오히려 깨닫지 못하고, 각 처에 영을 내려 천주교 하는 사람을 잡아 중히
다스리는지라. 때에 사술하는 남녀 승(僧)과 패악한 무리가 성교가 널리 전
하매 각 지방 절이 냉락(冷落)하여 버림을 보고, 인하여 깊이 질투와 원한을
품어 백성을 부동하여 관가에 나아가 고하니, 이에 모든 고을과 향촌 사이에
남녀노소 교우들이 자주 잡힘을 입어 [71b] 관가에 이른 자가 어찌 천만 인
뿐이리오.

    혹 가산을 적몰(籍沒)하여 불을 놓으며, 혹 사람을 기름에 끓이며, 물과
깊은 구렁에 던지며, 혹 뱀과 사자와 호랑이 우리에 던지며, 혹 편태(鞭笞)하
며, 혹 목메며, 칼로 죽이며, 혹 수족을 끊으며, 혹 귀와 코와 혀를 베며, 혹
가죽을 벗기며 살을 오려내고 찢는 참혹한 형벌이 종종 무수하나, 오직 교중
에 잡힘을 입은 사람이 다 기쁜 마음과 즐거운 빛으로 주를 위하여 앞을 다
투어 괴로움을 받고 죽음에 나아가 순[72a]교하는 고로 관원과 포교와 군민
들이 봉교인의 이같이 감심(甘心)과 정원(情願)으로 주를 위하여 갖가지 고
난 받음을 눈으로 보고 또 순교 성인이 자주 영적을 행하여 물과 불과 짐승
에게 상치 아니하며, 혹 지진과 우레 침을 보고 스스로 사교를 버리고 정도
에 돌아오는 자가 많으니, 이상하고 기이하다. 봉교인이 풍파를 만나 잡힘을
입어 죽음을 받는 자가 더욱 많을수록 새로 나아와 봉교하는 자가 더욱 많으
니, 과연 이른바 '순교 성인의 피가 성교 대행(大行)[72b]하는 씨가 된다.' 하
는 말이 증거가 되느니라.

감심 졍원[311]으로 위쥬ᄒᆞ야 갓가지 고난 밧음을 눈으로 보고 또 치명 셩인이 자조 령젹을 ᄒᆡᆼᄒᆞ야 물과 불과 즘승의게 샹치 아니ᄒᆞ며 혹 디진과 우레홈을 보고 스스로 샤교를 ᄇᆞ리고 졍도에 도라오ᄂᆞ 쟤 만흐니 이샹ᄒᆞ고 긔이ᄒᆞ다 봉교인이 풍파를 맛나 잡힘을 닙어 죽음을 밧ᄂᆞ 쟤 더옥 만흘스록 새로 나아와 봉교ᄒᆞᄂᆞ 쟤 더옥 만흐니 과연 닐온바 치명 셩인의 피가 셩교 대ᄒᆡᆼ[312][72b]ᄒᆞᄂᆞ 씨가 된다 ᄒᆞᄂᆞ 말이 증거ㅣ 되ᄂᆞ니라

이러ᄐᆞ시 삼ᄇᆡᆨ 년 ᄉᆞ이에 각 쳐 교우ㅣ 위쥬ᄒᆞ야 잡힘을 닙어 치명훈 쟈의 수가 대략 오ᄇᆡᆨ죠[313]ㅣ 남ᄂᆞᆫ지라 삼ᄇᆡᆨ 년 후에 니ᄅᆞ러 텬쥬ㅣ 비로소 은혜를 베프샤 공스당딩 데왕의게 봉교홈을 주시니 때에 덕국으로 더부러 싸호다가 진 즁에셔 왕의 ᄆᆞ음이 민망ᄒᆞ야 근심됨이 ᄌᆞ긔 군ᄉᆡ 젹어 능히 이긔지 못ᄒᆞᆯ가 념녀ᄒᆞ야 머리를 우러러 하놀을 보니 홀연이 공즁에 십ᄌᆞ가[314]ㅣ 나타나 돌니고 두 겻[73a]ᄒᆞ셔 글ᄌᆞ를 외와 닐ᄋᆞᄃᆡ 일노써 능히 이긔리라 ᄒᆞ나 왕이 그 뜻을 ᄭᆡ듯지 못ᄒᆞ더니 이 밤에 오 쥬ㅣ 나타나샤 십ᄌᆞ가를 가져 뵈시ᄃᆡ 각진에 이 십ᄌᆞ 긔를 셰우면 일뎡 반ᄃᆞ시 이긔리라 ᄒᆞ시니 왕이 명대로 ᄒᆡᆼᄒᆞ야 과연 온젼이 이킴을 엇어 원슈를 쇼멸ᄒᆞ고 데위에 오른지라[315]

젼에 텬쥬교 ᄒᆞᄂᆞ 사ᄅᆞᆷ 엄금ᄒᆞ던 령을 즉시 혁파ᄒᆞ고 온 나라에 샤묘와 졀을 모다 훼멸ᄒᆞ고 각 쳐에 큰 셩당[316]을 셰우고 쥬교[317]와 신부[318]를 쳥ᄒᆞ야 교를 젼ᄒᆞ고 강론을 펴[73b]게 ᄒᆞ더니 오래지 아니ᄒᆞ야 님금이 령셰ᄒᆞ고 셩교에 드니 이에 통국[319] 관원과 군민이 다 샤교를 ᄇᆞ리고 졍도에 도라오ᄂᆞᆫ지라 일

---

311 졍원: 情願, 진정으로 바람.
312 대ᄒᆡᆼ: 大行, 큰 덕행, 중대한 일을 행함.
313 오ᄇᆡᆨ죠: 五百兆.
314 십ᄌᆞ가: 十字架.
315 콘스탄티누스 황제가 밀비우스 다리 전투(Battle of Milvian Bridge, 312년 10월 28일) 전날 십자가 환시를 경험한 이야기이다.
316 셩당(聖堂): 堂.
317 쥬교: 主教.
318 신부: 神父.
319 통국: 通國, 모든 왕국.

이렇듯이 300년 사이에 각 처 교우가 주를 위하여 잡힘을 입어 순교한 자의 수가 대략 500조가 넘는지라. 300년 후에 이르러 천주께 비로소 은혜를 베푸사, 콘스탄티누스 대왕에게 봉교함을 주시는 때에 적국으로 더불어 싸우다가 진중에서 왕의 마음이 민망하여 근심됨이 자기 군사가 적어 능히 이기지 못할까 염려하여 머리를 우러러 하늘을 보니 홀연히 공중에 십자가가 나타나 달리고 두 곁[73a]에서 글자를 외워 이르되, "이로써 능히 이기리라" 하나, 왕이 깨닫지 못하더니, 이 밤에 우리 주께서 나타나사, 십자가를 가져다 보이시되, "각 진(陣)에 이 십자가기(旗) 세우면 일정 반드시 이기리라." 하시니, 왕이 명대로 행하여 과연 온전히 이김을 얻어 원수를 소명하고 제위에 오른지라.

전에 천주교 하는 사람 엄금하던 영을 즉시 혁파하고 온 나라에 사묘오절을 모두 훼멸하고, 각 처에 큰 성당을 세우고, 주교(主教)와 신부(神父)를 청하여 교를 전하고 강론을 펴[73b]게 하더니, 오래지 아니하여 임금이 세례를 받고 성교에 드니, 이에 모든 왕국 관원과 군민이 다 사교를 버리고 정도에 돌아오는지라. 이로부터 서양 각국에 성교가 바야흐로 크게 광양(廣揚)도다 일컬으니라.

문: 서양에 성교가 어느 때에 비로소 크게 광양이 되었습니까?
답: 강생 후 313년이니, 콘스탄티누스 황제 봉교한 때입니다.
문: 어찌하여 300년이 오래도록, 천주께서 성교회 군난(窘難)과 풍파(風波)의 해 받기를 준허(準許)하셨습니까?
답: 성교가 진[74a]실로 천주를 좇아옴을 나타내고자 하심입니다.
문: 어떻게 간난(艱難)과 풍파 당함을 인하여 성교의 진도(眞道)가 진주로부터 좇아옴을 알 수 있습니까?
답: 만일 천주의 특은으로 보우하심이 아니면 성교가 어찌 능히 오래 있어 온 세상에 널리 전하며, 봉교인이 또 어찌 혹독한 형벌을 즐겨 받아 능히 주

노조차 셔양[320] 각국에 셩교ㅣ 부야흐로 크게 광양[321]되다 닐ᄏ르니라

문: 셔양에 셩교ㅣ 어ᄂ 때에 비로소 크게 광양이 되엿ᄂ뇨

답: 강셩 후 삼ᄇᆡ십삼 년이니 **공스당딩** 황뎨 봉교ᄒᆞᆫ 때니라

문: 엇지ᄒᆞ야 삼ᄇᆡ 년이 오래도록 텬쥬ㅣ 셩교회 군난[322] 풍파의 해 밧기ᄅᆞᆯ 쥰 허ᄒᆞ시뇨

답: 셩교ㅣ 진[74a]실노 텬쥬로 조차옴을 나타내고져 ᄒᆞ심이니라

문: 엇더케 간난 풍파 당ᄒᆞᆷ을 인ᄒᆞ야 셩교 진도[323]ㅣ 텬쥬로 조차옴을 알니오

답: 만일 텬쥬의 특은으로 보우ᄒᆞ심이 아니면 셩교ㅣ 엇지 능히 오래 잇서 온 셰상에 널니 젼ᄒᆞ며 봉교인이 또 엇지 혹독ᄒᆞᆫ 형벌을 즐겨 밧아 능히 쥬ᄅᆞᆯ 위ᄒᆞ야 목숨을 ᄇᆞ려 죽으리오

문: **공스당딩** 황뎨 엇더케 처음으로 교에 나아오뇨

답: 오 쥬의 나타나 뵈심을 인ᄒᆞ야 각 진에 십ᄌ[74b]긔호ᄅᆞᆯ 셰워 승젼ᄒᆞ고 죠뎡에 도라와 황뎨 위에 오르니라

문: 뎌ㅣ 엇더케 텬쥬 셩교ᄅᆞᆯ 광양케 ᄒᆞ엿ᄂ뇨

답: 텬쥬교 엄금ᄒᆞᄂᆞᆫ 령을 혁파ᄒᆞ고 온 나라 각 쳐에 샤모ᄅᆞᆯ 헐어 셩당을 셰우고 관원과 군민 모든 사ᄅᆞᆷ을 권면ᄒᆞ야 다 맛당이 진쥬ᄅᆞᆯ 흠슝[324]ᄒᆞ라 ᄒᆞᆫ 고로 셔양에 셩교ㅣ 크게 광양되니라

---

320 셔양: 西洋.
321 광양: 廣揚, 널리 날리다.
322 군난: 窘難, 곤란하고 어려운 처지, 위급한 상황.
323 진도: 眞道, 참된 교리.
324 흠슝: 欽崇, 흠모하고 공경함.

를 위하여 목숨을 버려 죽겠습니까?

문: 콘스탄티누스 황제 어떻게 처음으로 교에 나옵니까?

답: 우리 주의 나타나 보이심을 인하여 각 진에 십자가 기호를 세워, 승전하고 조정에 돌아와 황제 위에 을랐습니다.

문: 저가 어떻게 천주 성교를 광양케 하였습니까?

답: 천주교 엄금하는 영을 혁파하고, 온 나라 각 처에 사묘를 헐어 성당을 세우고, 관원과 군민 모든 사람을 권면하여 다 마땅히 진주를 흠숭(欽崇)하라 한 고로 서양에 성교가 크게 광양되었습니다.

뎨이십구쟝은 셩교ㅣ 처음으로 당나라에 젼홈을 의론홈이라[325]

강싱 후 륙빅삼십오 년이니 째는 태종 졍관[326] 뎨[75a]구 년이라

종도들이 텬하에는 화힝[327]홀 시 셩 도마[328]ㅣ 인두[329] 모든 나라에 젼교ㅎ실
시 또혼 즁원[330]에 니ᄅ셧다 말이 잇시나 가히 빙고홀 춤 증거ㅣ 업더라

강싱 후 륙빅삼십오 년은 즁국 당 태종 졍관 구 년이라 때에 태셔[331] 젼교
스[332]ㅣ 잇서 경셩에 들어가 황뎨를 보고 윤허홈을 엇어 교를 젼ㅎ엿시니 경교
비[333]를 보면 가히 증거홀지라 이 돌비가 강싱 후 일쳔륙빅이십오 년에 셥셔 셔
안부 따에서 파내여 이제 셔[75b]문 밧 나라 집에 셰웟시니 이 비문에 닐넛시
듸 도ㅣ 거륵지 아니면 넓지 못ㅎ고 거륵홈이 도ㅣ 아니면 크지 못홀지니 도
와 거륵홈이 합ㅎ매 텬하ㅣ 문명[334]혼지라

태종 문황뎨[335] 빗남으로 써 나라흘 열고 명쳘홈으로 써 사름을 림ᄒ니[336]
태셔에 덕이 놉흔 젼교스 오로벤[337]이 잇서 푸른 구름을 보아 셩경[338]을 싯고 바
람을 투 간험[339]을 격거 졍관 구 년에 경셩에 니ᄅ니 황뎨 대신 방현령[340]으로
ᄒ여곰 문밧긔 나아가 빈례[341]로 마자 드려 네 뎐에셔 경문을 [76a] 번역ᄒ고

---

325 당나라 때의 기독교사 기록은 '대진경교유행중국비'(大秦景敎流行中國碑)의 내용을 몇 군데 빼고 발췌한
    것이다.
326 졍관: 貞觀, 중국 당나라 태종 때의 연호(627-649).
327 화힝(化行): 分行, 승려가 인가를 찾아다니며 화주승 노릇을 함.
328 도마: 多黙, 도마.
329 인두: 印度, 인도.
330 즁원(中原): 中華, 중국.
331 태셔(泰西): 大秦國(로마), '서양'을 예스럽게 이르는 말.
332 젼교스: 傳敎士, 전교사.
333 경교비: 景敎碑. 원명(原名)은 '대진경교유행중국비'이다.
334 문명: 文明, 인류가 이룩한 물질적, 기술적, 사회 구조적인 발전.
335 태종 문황뎨: 太宗 文皇帝, 본명은 이세민(李世民, 598-649)으로 중국 당나라의 제2대 황제.
336 림ᄒ다: 臨, 다스리다.
337 오로벤: 阿羅本, 알로펜(Alopen).
338 셩경(聖經): 眞經. 성경.
339 간험: 艱險, 지세(地勢)가 다니기에 위험하고 어려움.
340 방현령(房玄齡): 房公玄齡(579-648).
341 빈례(賓禮): 賓迎, 예의를 갖춰 손님으로 대접함.

제29장은 성교가 처음으로 당(唐)나라에 전함을 의론함이라.

강생 후 635년이니 때는 태종(太宗) 정관(貞觀) 제[75a]9년이라.

사도들이 천하에 나눠 행(行)할 새 성 도마가 인도 모든 나라에 전교하실 새, 또한 중원(中原)에 이르렀다는 말이 있으나, 가히 빙고(憑考)할 참 증거가 없더라.

강생 후 635년은 중국 당 태종 정관 9년이라. 때에 태서(泰西) 전교사가 있어 경성에 들어가 황지를 보고 윤허함을 얻어 교를 전하였으니, 경교비를 보면 가히 증거할지라. 이 돌비가 강생 후 1625년에 섬서성(陝西省) 서안부(西安府) 땅에서 파내어 이제 서[75b]문 밖 나라 집에 세웠으니, 이 비문에 일렀으되, 도가 거룩하지 않으면 넓지 못하고 거룩한 도가 아니면 크지 못할지니, 도와 거룩함이 합하매 천하가 문명(文明)한지라.

테종 문황제(文皇帝)가 빛남으로 이로써 나라를 열고, 명철함으로 이로써 사람을 다스리니, 태서에 덕이 높은 전교사 알로펜이 있어, 푸른 구름을 보아 성경을 싣고 바람을 타 간험(艱險)을 겪어, 정관 9년에 경성에 이르러 황제 대신 방현령(房玄齡)으로 하여금 문밖에 나아가 빈례(賓禮)로 맞아들여 네 전(殿)에서 경문을 [76a] 번역하고 대궐에서 도리를 물어 깊이 참되고 바른 줄을 알기로 특별히 허락하여 전교케 할 새 정관 12년 가을 7월에 조서하여 가로되, 도는 떳떳한 이름이 없고 거룩함은 떳떳한 체(體) 없으니, 지방을 따라 교를 베풀어 은밀히 뭇 백성을 건지는지라.

태서 대덕(大德)인 알로펜이 멀리 경문과 상본(像本)을 가져와 경성에 바치매, 그 교에 도리를 살피니 현묘함이 형상(刑象)할 길 없고, 그 원시(元始)를 보니, 생성(生成)의 이치를 세운지라. 말에 번설(繁說)함이 없고, 이어 참 근원에 있[76b]어 만물을 건지고 사람을 이롭게 하니, 마땅히 천하에 형할 것이라 하고, 이에 경성에 분부하여 큰 전을 짓고 또 고종 황제 능히 조업을 이어, 교를 천하에 전하게 하여 성당이 백 고을에 찼으니, 나라는 상서로

대궐에셔 도리롤 무러 깁히 춤되고 바른 줄을 알기로 특별이 허락ᄒ야 젼교케
홀 시 졍관 십이 년 츄 칠월에 죠셔ᄒ야 글ᄋᄃ 도는 덧덧혼³⁴² 일홈이 업고 거
륵홈은 덧덧혼 톄 업스니 디방을 ᄯᆞ라 교롤 베퍼 은밀이 뭇 빅셩을 건지ᄂ지
라

태셔 대덕³⁴³인 오로벤이 멀니 경문³⁴⁴과 샹본³⁴⁵을 가져와 경셩에 밧치매 그
교에 도리롤 슬피니 현묘홈이 형샹홀 길 업고 그 원시롤 보니 셩셩의 리치롤
셰운지라 말에 번셜³⁴⁶홈이 업고 리에 춤 근원이 잇[76b]셔 만물을 건지고 사
롭을 리롭게 ᄒ니 맛당이 텬하에 힝홀 거시라 ᄒ고 이에 경셩에 분부ᄒ야 큰
뎐을 짓고 또 고종³⁴⁷황뎨 능히 조업을 니어 교롤 텬하에 젼ᄒ게 ᄒ야 셩당이
빅고올에 ᄎᆞ시니 나라흔 샹셔로온 일을 보고 빅셩은 큰 복을 누리ᄂ지라

셩력³⁴⁸년 간에 즁놈 용쟝이 말을 동쥬³⁴⁹에셔 공동ᄒ고 태종 말년 무후 때에
쳔혼 션비 대희 셔경³⁵⁰에셔 훼방ᄒᄃ 다힝이 ᄉ교 로암³⁵¹과 놉흔 탁덕들이 혼
가지로 힘써 부지홈을 힘닙고 니어 젼교ᄒ야 [77a] 끈치지 아냣더니 현종 지도
³⁵² 황뎨 쇽혼 나라 왕으로 ᄒ여곰 친히 교당에 림ᄒ니 이에 셩교ㅣ 잠간 흔들
니다가 다시 슝샹ᄒ고 도의 뜻이 때로 기울다가 다시 바른지라

텬보³⁵³ 삼 년은 강성 후 칠빅ᄉ십ᄉ 년이라 태셔국 ᄉ교 기훠ㅣ 잇스니 별

---

342 덧덧ᄒ다: 常, 떳떳하다.

343 대덕: 大德.

344 경문(經文): 經, 성경 혹은 성경의 문구.

345 샹본(像本): 像, 하나님, 천신(天神) 또는 성인(聖人) 등의 각 모상을 그림이나 조각으로 나타낸 것, 성상(聖像).

346 번셜: 繁說, 번설.

347 고종: 高宗, 당 고종 이치(唐 高宗 李治, 628-683)는 중국 당나라의 제3대 황제로 당 태종(唐太宗) 이세민(李世民)의 9남.

348 셩력: 聖曆(측천 문자: 瞾曆, 698년-700년)은 무주(武周) 성신제(聖神帝) 측천무후(則天武后) 무조(武曌)의 열 번째 연호이며, 약 2년 6개월 동안 사용하였다.

349 동쥬: 東周, 낙양(洛陽).

350 셔경: 西鎬(서호), 서도(西都) 장안(長安).

351 로암: 羅含.

352 현종 지도: 玄宗 至道, 당 현종 이융기(唐玄宗 李隆基, 685-762)는 중국 당나라의 제6대 황제로 시호는 '지도대성대명효황제'(至道大聖大明孝皇帝).

353 텬보: 天寶, 당 현종 때의 연호는 선천(先天, 712-713), 개원(開元, 713-741), 천보(天寶, 742-756).

운 일을 보고 백성은 큰 복을 누리는지라.

성력년 사이에 중놈 용장(用壯)이 말을 동주에서 공동(恐動)하고 태종 말년 무후 때에 천한 선비 대희(大熹)가 서경에서 훼방하되, 다행히 사교(司敎) 라함(羅含)과 같은 높은 탁덕들이 한가지로 힘써 부지(扶持)함을 힘입고 이어 전교하여 [77a] 그치지 않았더니, 현종(玄宗) 지도(至道) 황제 속한 나라 왕으로 하여금 교당에 임하니, ○에 성교가 잠깐 흔들리다가 다시 숭상하고 도의 뜻이 때로 기울다가 다시 바른지라.

천보 3년은 강생 후 744년이라. 태서국 사교 길화(佶和)가 있으니, 별을 보아 경성에 오고 날을 향하여(別日) 황제께 조회하니, 황제 조서하여 흥경 당(興慶堂)에 거하여 공덕을 닦을 새, 이에 임금이 친히 성당 현판을 쓰니 특별히 공경하는 뜻을 표한지라.

숙종 문명 황제는 영무(靈武) 등 다섯 고[77b]을에 교당을 세우고, 대종 문황제(代宗文武皇帝) 대양 성탄(聖誕) 때 은혜로 향을 주어 이로써 성공함을 고하고, 어찬(御饌)을 사급(賜給)하여 이로써 교우를 빛내고, 우리 건중 문황제(建中文武皇帝) 여덟 가지 정사를 베풀어 이로써 어둡고 밝음을 출척 (黜陟)하고, 아홉 가지 법을 열어 천하를 밝혀 아름다운 명을 새롭게 하니, 덕화는 현묘한 이를 통하고 기도함은 부끄러운 마음이 없는지라.

중서령(中書令) 벼슬로 있는 분양왕 곽자의(郭子儀)가 나라에 손톱과 어금니가 되고, 군사의 귀와 눈이 되어 녹을 흩어 집에 쌓아두지 [78a] 아니하고, 혹 교당과 교전을 중수하여 넓힐 새, 낭우(廊宇)를 나는 듯이 높이 꾸미고, 또 성교 규구를 본받아 인의를 의지하여 이익을 베풀 새, 매년에 네 당고 사(堂敎士)를 모아 정성으로 섬기며 정비함으로 공양하되, 50일을 예비하여 주린 자가 오면 먹이고, 추운 자가 오면 입히고, 병든 자를 치료하고, 죽은 자를 장사하니, 백의 큰선비를 이제 가히 볼지라.

일곱 시에 예를 찬양하여 크게 산 이와 죽은 이를 도와 일곱 날에 하르 파공(罷工)하여 마음을 씻고 [78b] 주의 은혜를 감사하니, 참되고 떳떳한 드을 보아 경셩에 오고 날을 향ᄒᆞ야³⁵⁴ 황뎨ᄭᅴ 죠희ᄒᆞ니 황뎨 죠셔ᄒᆞ야 흥경당³⁵⁵에 거ᄒᆞ야 공덕을 닥글 ᄉᆡ 이에 님금이 친히 셩당 현판을 쓰니 특별이 공경ᄒᆞᄂᆞᆫ 뜻을 표ᄒᆞᆫ지라

  슉죵 문명³⁵⁶ 황뎨 령무 등 다ᄉᆞᆺ 고[77b]올에 교당을 다시 셰우고 대죵 문황뎨³⁵⁷ ᄆᆡ양 셩탄 때에 은혜로 향을 주어 써 셩공홈을 고ᄒᆞ며 어찬³⁵⁸을 ᄉᆞ급ᄒᆞ야 써 교우ᄅᆞᆯ 빗내고 우리 건즁 문황뎨³⁵⁹ 여듧 가지 졍ᄉᆞᄅᆞᆯ 베퍼 써 어둡고 붉음을 츌쳑³⁶⁰ᄒᆞ고 아홉 가지 법을 열어 텬하ᄅᆞᆯ 붉혀 아ᄅᆞᆷ다온 명을 새롭게 ᄒᆞ니 덕화ᄂᆞᆫ 현묘ᄒᆞᆫ 리ᄅᆞᆯ 통ᄒᆞ고 긔도홈은 붓그러온 ᄆᆞ음이 업ᄂᆞᆫ지라

  즁셔령³⁶¹ 벼슬노 잇ᄂᆞᆫ 분양왕 곽ᄌᆞ의³⁶² 나라에 손톱과 아금니³⁶³ 되고 군ᄉᆞ의 귀와 눈이 되야 록을 훗허 집에 ᄊᆞ하두지 [78a] 아니ᄒᆞ고 혹 구당과 교뎐을 즁슈ᄒᆞ야 넓힐ᄉᆡ 낭우³⁶⁴ᄅᆞᆯ 나ᄂᆞᆫ ᄃᆞ시 놉히 꿈이고 또 셩교 규구ᄅᆞᆯ 본밧아 인의ᄅᆞᆯ 의지ᄒᆞ야 리익을 베플ᄉᆡ ᄆᆡ년에 네 당교ᄉᆞᄅᆞᆯ 모화 졍셩으로 셤기며 졍비홈으로 공양ᄒᆞᄃᆡ 오십 일을 예비ᄒᆞ야 주린 쟈ㅣ 오면 먹이고 치운 쟈ㅣ 오면 닙히고 병든 쟈ᄅᆞᆯ 치료ᄒᆞ고 죽은 쟈ᄅᆞᆯ 장ᄉᆞᄒᆞ니 빅의 큰 션븨ᄅᆞᆯ 이제 가히 볼지라

  닐곱 시에 례로 찬양ᄒᆞ야 크게 산 이와 죽은 이ᄅᆞᆯ 도아주고 닐곱 날에 ᄒᆞ

---

354 날을 향ᄒᆞ야: 望日, 날을 향하여, '보름'으로도 해석 가능하다.

355 흥경당: 興慶堂.

356 슉죵 문명: 肅宗 文明, 당 숙종 이형(唐肅宗 李亨, 711-762)은 중국 당나라의 제7대 황제로 시호는 '문명무덕대성대선효황제'(文明武德大聖大宣孝皇帝).

357 대죵 문황뎨: 代宗 文武皇帝, 당 대종 이예(唐代宗 李豫, 726-779)는 중국 당나라의 제8대 황제로 시호는 '예문효무황제'(睿文孝武皇帝).

358 어찬: 御饌, 황제의 음식.

359 건즁 문황뎨: 建中 文武皇帝, 당 덕종 이괄(唐德宗 李适, 742-805)은 중국 당나라의 제9대 황제이며, 시호는 '신무효문황제'(神武孝文皇帝). '건중'(建中)은 덕종(德宗)의 연호(780-783).

360 츌쳑: 경교비에는 있는 '陟'(척)이 [1866]에 없고, '黜'(출)만 있는데 그 옆에 '陟'(척)이 부기(付記)되어 있다. 이것은 블랑이 한글로 번역하면서 넣은 것으로 보인다. [1883] 한글에는 '츌쳑ᄒᆞ고'로 되어 있다. '츌쳑'은 등용과 추출의 의미다. '츌쳑유명'(黜陟幽明)은 '성적(成績)이 좋은 관리(官吏)는 승진(昇進)시키고, 공적(功績)이 없는 관리(官吏)는 내쫓음을 이르는 말'이다.

361 즁셔령: 中書令, 중서령.

362 곽ᄌᆞ의: 郭子儀(697-781).

363 손톱과 아금니: 爪牙, '손톱과 어금니'는 '매우 쓸모가 있는 사람이나 물건(物件)'을 비유하는 말이다.

364 낭우: 廊宇, 사랑채와 집, 행랑(行廊)과 처마.

가 묘하여 이름하기 어려운지라.

　이에 큰 비(碑)에 새겨 이로써 그 아름다움을 찬양하더라. 기록한 일이 건중 2년이니, 강생 후 781년에 그치니, 성교가 당나라에 전한 연기(年紀) 도무지 146년이라. 후에 가히 상고흘 빙거가 없으니, 대개 황소의 난 이후에 다섯 대 서로 이어 어지러움을 인하여 성교가 드디어 전하는 길이 그치니라.

[79a] 문: 성교가 어느 때에 중국에 전하여 들어왔습니까?

답: 대략 사도 때에 즉시 중국에 전해졌습니다.

문: 어떻게 성교가 사도 때에 즉시 중국에 전한 줄을 알 수 있습니까?

답: 이때 성교가 인도 모든 나라에 전하매, 중원이 인도국으로 더불어 왕래하여 무역하는 자가 심히 많고, 하물며 로마국에서 이미 중국이 있는 줄을 아는 고로, 이제 우리 사람이 대략 헤아리건대, 그때 성교가 또한 따라 전하여 중원에 들어왔습니다.

[79b] 문: 이미 그때 성교가 중국에 전하였으면, 어찌하여 조금도 끼친 자취 있어 머무름이 없습니까?

답: 실로 끼친 자취 있으나, 세월이 오래고 멀어 온 나라가 이단을 숭상하고 또한 다섯 나라 때에 여러 해 난리를 인하여 전함을 그쳤습니다.

문: 어느 때에 일정 성교가 비로소 중원에 전하여졌습니까?

답: 강생 후 635년 당 태종 정관 9년에 가히 빙거할 경교비가 있습니다.

문: 이 돌비를 의거하건대 성교가 이미 당나라에 널리 전하였거늘 어찌하여 후에 들음이 없습니까?

답: 대략 중국이 서로 이어 난리한 연고를 인함입니다.

로 파공³⁶⁵ ᄒᆞ야 ᄆᆞ음을 씻고 [78b] 쥬은을 감샤ᄒᆞ니 춤되고 덧덧ᄒᆞᆫ 도ㅣ 묘ᄒᆞ야 일홈ᄒᆞ기 어려온지라

이에 큰 비에 삭여 써 그 아롬다옴을 찬양ᄒᆞ더라 긔록ᄒᆞᆫ 일이 건즁 이 년에 니르히 강싱 후 칠ᄇᆡᆨ팔십일 년에 긋치니 셩교ㅣ 당나라에 젼ᄒᆞᆫ 년긔 도모지 일ᄇᆡᆨ스십륙 년이라 후에 가히 샹고홀 빙거ㅣ 업스니 대개 **황소**난 리후에 다ᄉᆞᆺ 되 서로 니어 어즈러옴을 인ᄒᆞ야 셩교ㅣ 드듸여 젼ᄒᆞᄂᆞᆫ 길이 긋치니라

[79a] 문: 셩교ㅣ 어ᄂᆞ 때에 **듕**국에 젼ᄒᆞ야 드러오뇨

답: 대략 종도 때에 즉시 **듕**국에 젼ᄒᆞ니라

문: 엇더게 셩교ㅣ 종도 때에 즉시 **듕**국에 젼ᄒᆞᆫ 줄을 아ᄂᆞ뇨

답: 이때에 셩교ㅣ **인두** 모든 나라에 젼ᄒᆞ매 **듕원**이 **인두**국으로 더부러 왕ᄅᆡᄒᆞ야 무역ᄒᆞᄂᆞᆫ 쟈ㅣ 심히 만코 ᄒᆞ믈며 **로마**국에셔 임의 **듕**국이 잇ᄂᆞᆫ 줄을 아ᄂᆞᆫ 고로 이제 우리 사ᄅᆞᆷ이 대략 혜아리건대 그때에 셩교ㅣ 또ᄒᆞᆫ ᄯᅡᆯ아 젼ᄒᆞ야 **듕원**에 드러오니라

[79b] 문: 임의 그때에 셩교ㅣ **듕**국에 젼ᄒᆞ엿시면 엇지ᄒᆞ야 조곰도 ᄭᅵᆫ친 자최 잇서 머므롬이 업ᄂᆞ뇨

답: 실노 ᄭᅵᆫ친 자최 잇시나 셰월이 오래고 멀어 온 나라히 이단을 슝샹ᄒᆞ고 또ᄒᆞᆫ 다ᄉᆞᆺ 나라 때에 여러 히 난리를 인ᄒᆞ야 젼홈을 긋쳣ᄂᆞ니라

문: 어ᄂᆞ 때에 일뎡 셩교ㅣ 비로소 **듕원**에 젼ᄒᆞ엿ᄂᆞ뇨

답: 강싱 후 륙ᄇᆡᆨ삼십오 년 **당태종** 졍관 구 년에 가히 빙거홀 경교비 잇ᄂᆞ니라

문: 이 돌비를 의거ᄒᆞ건대 셩교ㅣ 임의 **당**나라에 널니 젼ᄒᆞ엿거ᄂᆞᆯ 엇지ᄒᆞ야 후에 드롬이 업ᄂᆞ뇨

답: 대략 **듕**국이 서로 니어 난리ᄒᆞᆫ 연고를 인홈이니라

---

365 파공: 罷工.

[82a] 뎨삼십쟝은 원나라 때 셩교롤 의론홈이라

강성 후 일쳔이빅ᄉ십칠 년이니 째는 송나라 리종³⁶⁶ 뎨이십삼 년이라

셔양 셩교 문젹에 ᄌ셰히 긔록ᄒ엿시ᄃ 송나라 리종 황뎨 때에 원나라 님금이 군병을 거ᄂ리고 몽고 륙로로 말믹암아 볼노니아³⁶⁷와 이다리아³⁶⁸ 셔양 모든 나라흘 침범ᄒ니 때는 강성 후 일쳔이빅ᄉ십칠 년이라 교종³⁶⁹ 뎨ᄉ 위 인노셩시오³⁷⁰ㅣ 셩 방지거회³⁷¹ 슈ᄉ와 셩 도밍고회³⁷² 신부롤 초뎡ᄒ야 원나라 군병 진즁에 가셔 교롤 강론ᄒ니 원나라 [83b] 두 대쟝이 잇서 텬쥬롤 밋어 봉교ᄒᄂ 고로 신부ㅣ 이때롤 ᄯ라 즁국에 니르러 셩교롤 널니 젼ᄒ니라

이때 원나라 님금이 오히려 흔편 디방에 웅거ᄒ야 비록 교롤 밧들지 아니나 로마 교종을 즁히 넉여 나라글과 관원을 보내여 서로 왕릭ᄒ더니 일쳔이빅칠십 년에 니르러 원나라 님금이 대신을 명ᄒ야 나라글을 밧드러 교종 그레고린³⁷³ 뎨십 위끠 뵈온 후에 슈ᄉ와 신부 일빅 위롤 쳥ᄒ야 즁국에 와 젼교ᄒ게 ᄒ고 그 후 아홉 히에 텬하ㅣ [83a] 통일ᄒ니 경셩과 외방 셩읍 가온ᄃ 다 셩당과 큰 뎐을 셰우고 미양 쳠례와 공번되이 경하ᄒᄂ 큰 날을 맛나면 황뎨 당에 나아가 셩교 례졀을 보고 미사 즁에 셩경을 친구³⁷⁴ᄒ니

때에 셩 방지거회 젼교 신부 즁에 요왕 몽데골³⁷⁵이 잇ᄉ니 강성 후 일쳔삼빅오 년 뎨일 졀 초팔일³⁷⁶에 글을 로마 교종의게 붓쳐 닐ᄋᄃ 나ㅣ 셔양으로브

---

366 리종: 理宗(1205-1264)은 남송의 제5대 황제(재위: 1224-1264년). 휘는 윤(昀).

367 볼노이아: 波羅尼亞, 폴란드.

368 이다리아: 依大理亞, 이탈리아.

369 교종: 教宗, 교황(敎皇).

370 뎨사 위 인노셩시오: 依諾生(Innocentius IV, ca.1195-1254), 인노첸시오 제4세.

371 방지거회: 方濟各會(Ordo Fratrum Minorum), 프란치스코회.

372 도밍고회: 多明我會(Ordo fratrum Praedicatorum, O.P.), 도미니코회.

373 그레고린 뎨십 위: 額我略(Gregory X, 1210-1276), 그레고리오 제10세.

374 친구: 親口.

375 요왕 몽데골: 若望 孟德哥(Giovanni da Montecorvino, 1247-1328, 이탈리아), 조반니 다 몬테코르비노.

376 뎨일 졀 초팔일: 第一節初八日, 제1월 초8일.

제30장은 원(元)나라 때 성교를 의론함이라.

강생 후 1247년이니, 때는 송(宋)나라 이종(理宗) 제23년이라.

서양 성교 문적에 자세히 기록하였으되, 송나라 이종 황제 때에 원나라 임금이 군병을 거느리고, 몽고 육로로 말미암아 폴란드와 이탈리아 서양 모든 나라를 침범하니, 때는 강생 후 1247년이라. 교황 인노첸시오 4세가 성 프란치스코회 수사와 성 도미니코회 신부를 차정(差定)하여 원나라 군병 진중에 가서 교를 강론하니, 원나라 [83b] 두 대장이 있어 천주를 믿어 봉교하는 고로 신부가 이때를 따라 중국에 이르러 성교를 널리 전하니라.

이때 원나라 임금이 오히려 한편 지방에 웅거하여 비록 교를 받들지 아니하나, 로마 교황을 중히 여겨 나랏글과 관원을 보내어 서로 왕래하더니 1270년이 이르러 원나라 임금이 대신을 명하여 나랏글을 받들어, 교황 그레고리오 제10위께 뵈온 후에 수사와 신부 100위를 청하여 중국에 와 전교하게 하고, 그 후 아홉 해에 천하가 [83a] 통일하니, 경성과 외방(外方) 성읍 가운데다 성당과 큰 전을 세우고 매양 첨례와 공변되게 경하하는 큰 날을 만나면 황제 당(堂)에 나아가, 성교 예절을 보고 미사 중에 성경을 친구(親口)하니라.

때에 성 프란치스코회 전교 신부 중에 조반니 다 몬테코르비노가 있으니, 강생 후 1305년 제1월 8일에 글을 로마 교황에게 붙여 이르되, "내가 서양으로부터 길을 떠나 페르시아와 인도국을 지나 비로소 중국 경성에 이르러 황제를 뵌 후에 교황의 글을 올리고, 내 힘을 [83b] 다하여 황제 봉교하기를 권하오니, 임금의 뜻이 믿기를 원하는 사마의 계교가 천백 가지로 그 영신을 얽는 고로, 정도에 돌아오기 어려우되, 오직 전교하는 신부를 심히 공경하여 돕는지라. 내가 이제 경도에 있는 지 열한 해에 세례를 받고 교에 나온 자가 불과 3,000여 인이나 이에 큰 성당을 세우고 문 앞에 큰 종 셋을 달아 첨례 주일을 만나면 종을 쳐 고우를 모아 당에 나오게 하고, 또 어린아이

터 길을 떠나 **벨시아**[377]와 인두국을 지나 비로소 **즁**국 경성에 니르러 황뎨롤 뵈온 후에 교화황[378]의 글을 올니고 내 힘을 [83b] 다호야 황뎨 봉교호기롤 권호오니 님금의 뜻이 밋기롤 원호나 샤마의 계교ㅣ 쳔빅 가지로 그 령신을 얽는 고로 졍도에 도라오기 어려오듸 오직 젼교호는 신부롤 심히 공경호야 돕는지라 나ㅣ 이제 경도에 잇슨 지 열흔 히에 셰롤 밧고 교에 나아온 쟈ㅣ 불과 삼쳔 여인이나 이에 큰 셩당을 셰우고 문 압희 큰 죵 셰흘 둘아 쳠례 쥬일을 맛나면 죵을 쳐 교우롤 모화 당에 나아오게 호고 또 영히 일빅오십명을 フ르쳐 **그레시아**[379]와 **라딘**[380] 글ㅈ롤 [84a] 대략 알고 일과[381]와 미사[382] 경을 다 숙습[383]호야 챵홀 줄을 아는지라 당금 황뎨 일즉 셩당에 니르러 우리 젹은 텬신의 읇허 챵홈을 보고 또 다른 니웃 나라 님금 **율에**[384] 령셰호고 교에 나아와 스품 위에 올나 왕의 옷슬 닙고 보 미사롤 호니 그 나라 션비와 빅셩이 님금을 조차 봉교호는 쟈ㅣ 심히 만흔지라 뎌ㅣ **로마**롤 심히 공경호야 즁히 넉이는 고로 셰운 바 새 셩당 일홈을 **로마당**[385]이라 호더니 가히 앗갑도다 이제 셰샹을 부린지라 아돌 아홉 셜 된 ♀[84b]히 위에 나아가매 부왕의 도롤 조차 곳치지 아니호니 가히 위롤 닛고 덕을 닛는 아돌이라 닐크롤지라 나ㅣ **몽고** 글ㅈ롤 대략 아는 고로 셩경 젼질을 이제 임의 번역호야 공부롤 흥긔호고 또 큰 셩당을 훈 곳에 셰우나 나ㅣ 능히 그 뭇춤을 보올는지 아지 못호느이다 내 나히 비록 오십오 셰오나 수염과 터럭이 다 희엿시니 내 긔력이 쇠로홈을 끼듯느이다 호엿더라

때에 **글네멘스** 교종 뎨오 위[386] 이 글을 밧아 보고 다시 안비호샤 셩 **방지거**

---

377 벨시아: 伯爾西亞, 페르시아.

378 교화황(敎化皇): 敎宗, 교황.

379 그레시아: 額肋西亞, 그리스.

380 라딘: 辣丁, 라틴.

381 일과: 日課.

382 미사: 彌撒.

383 숙습(熟習): 熟練(숙련)

384 율에: 若爾日, 야이일.

385 로마당: 羅瑪堂.

386 글네멘스 교종 뎨오 위: 格肋孟德(라틴어: Clemens PP. V, 이탈리아어: Papa Clemente V, 1264-1314), 교황 클레멘스 5세.

150명을 가르쳐 그리스와 라틴 글자를 [84a] 대략 알고 일과(日課)와 미사(彌撒), 경을 다 숙습(熟習)하여 창(昌)할 줄을 아는지라. 당금 황제 일찍 성당에 이르러 우리 작은 천사의 읊어 창함을 보고 또 다른 이웃 임금 야이일(若爾日)에게 세례를 받고 교에 나아와 4품 위에 올라 왕의 옷을 입고 미사를 도우니, 그 나라 선비와 백성이 임금을 좇아 봉교하는 자가 심히 많은지라. 저가 로마를 심히 공경하여 중이 여기는 고로, 세운 바 새 성당 이름을 로마당(羅瑪堂)이라 하더니, 가히 아깝도다! 이제 세상을 버린지라. 아들 아홉 살 된 아[84b]이 위에 나아가매, 부왕(父王)의 도를 좇아 고치지 아니하니 가히 위를 잇고 덕을 잇는 아들이라 일컬을지라. 내가 몽고 글자를 대략 아는 고로 성경 전질을 이제 이미 번역하여 공부를 일으키고 또 큰 성당을 한 곳에 세우나, 내가 능히 그 마침을 볼는지 알지 못하나이다. 내 나이 비록 55세이나 수염과 터럭이 다 희었으니, 내 기력이 쇠로함을 깨닫나이다.” 하더라.

때에 교황 클레멘스 제5세께서 이 글을 받아 보고, 다신 안배하사 성 프란치스코회 신부 일곱 위를 주교 품에 올려 중국에 보내어 성교 일을 돕게 하시고, 이에 조반니 다 몬테코르비노 주교로 하여금 동방 대주교를 삼으시니라. 모든 신부 중에 오도리코라 하는 신부가 있어 경성에 거한 지 3년에 흘상이 자주 불러 보고, 매양 첨례와 크게 경하하는 날을 만나면, 오도리코 신부가 반드시 조회에 나아가 복을 빌어 황상께 하례하더라. 저가 중국에 전교한 지 열여섯 해에 세례를 주어, 교에 나온 자가 도무지 2만여 인이라. 후에 로마에 돌아와 [85b] 교황에게 고하여 다시 신부 50위를 보내 중국에 와 서로 돕게 하고자 하더니, 뜻을 이루지 못하고 강생 1331년에 병들어 서양에서 목숨을 다하니, 때에 조반니 다 몬테코르비노 이미 나이 늙어 또한 세상을 버리신지라.

교황이 다시 프랑스 수도 파리에 있는 니콜라스 대덕(大德) 신부를 차정(差定)하사, 중국에 와 전교 사무를 이어 돌아보게 하시니, 때에 원나라 황제

회 [85a] 신부 닐곱 위를 쥬교픔에 올녀 듕국에 보내여 셩교 일을 돕게 ᄒ시고 이에 요왕 몽데골 쥬교로 ᄒ여곰 동방 대쥬교³⁸⁷를 삼으시니라 모든 신부 듕에 아도리³⁸⁸라 ᄒ는 신부ㅣ 잇서 경셩에 거ᄒᆫ 지 삼 년에 황샹이 자조 불너 보고 미양 쳠례와 크게 경하ᄒᆫ 날을 맛나면 아도리 신부ㅣ 반ᄃ시 죠회에 나아가 복을 빌어 황샹ᄭᅴ 하례ᄒ더라 뎌ㅣ 듕국에 젼교ᄒᆫ 지 열여ᄉ 히에 셩셰³⁸⁹를 주어 교에 나온 쟈ㅣ 도모지 이만여인이라 후에 로마에 도라와 [85b] 교죵의게 구ᄒ야 다시 신부 오십 위를 보내여 듕국에 와 서로 돕게 코져 ᄒ더니 ᄯᅳᆺ을 일우지 못ᄒ고 강성 일쳔삼븩삼십일 년에 병드러 셔양에셔 죵명³⁹⁰ᄒ니 ᄯᅢ에 요왕 몽데골 쥬교ㅣ 임의 나히 늙어 ᄯᅩ한 셰샹을 ᄇ리신지라

교죵이 다시 부랑시아³⁹¹ 바리³⁹² 경에 잇는 니고나오³⁹³ 대덕³⁹⁴ 신부를 ᄎ뎡³⁹⁵ᄒ샤 듕국에 와 젼교 스무를 니어 도라보게 ᄒ시니 ᄯᅢ에 원나라 황뎨 ᄯᅩ 대신을 보내여 례물을 가지고 로마에 가 뎨십이 위 분도³⁹⁶ 교죵ᄭᅴ 국셔를 올니 [86a]니 닐넛시디 젼능 텬쥬의 인ᄌᄒ신 특은을 닙어 듕국 황뎨 됨을 밧ᄌ온 지라 이제 안드릐아³⁹⁷ 등 열다ᄉ 신하를 ᄎ뎡ᄒ야 가 교화황의 덕을 깃거ᄒ고 평안ᄒ심을 경하ᄒ오니 듕원으로브터 로마 경도에 니르히 길이 멀고 험ᄒ니 평탄이 열어 량국 ᄉ신의 왕리를 편케 코져 ᄒᆫ이다 근졀이 구ᄒᄂ니 교화황 ᄉ랑ᄒ오신 부친은 당신 신ᄌ를 니져ᄇ리시지 말으시고 듕국 븩셩을 ᄉᆼ각ᄒ샤 우리 무리의게 강복ᄒ쇼셔 ᄒ엿거늘 교죵이 이[86b]에 글을 닥가 답례ᄒ

---

387 동방 대쥬교: 東方 大主教, 동방 대주교.
388 아도리: 阿多理, 오도리코 다 포르데노네(Odorico da Pordenone, 1286-1331).
389 셩셰: 聖洗, 세례(洗禮).
390 죵명(終命): 終, 목숨을 다함.
391 부랑시아: 拂郞西, 프랑스.
392 바리: 巴里, 파리.
393 니고나오: 尼各老, 니콜라스, 1333년에 교황 요한 22세는 프란체스코회 수도사인 니콜라스(Nicolas)를 베이징의 주교로 임명했다.
394 대덕: 大德.
395 ᄎ뎡: 差定, 사무(事務)를 맡김.
396 분도: 本篤, 교황 베네딕투스 12세(Benedictus PP. XII, 1280-1342)는 제197대 교황(재위: 1334-1342).
397 안드릐아: 安德肋, 1338년 제노바 선교사 안드레아(Andrea)는 원 제국의 사절로 유럽에 갔다가 교황 베네딕투스 12세를 만나기 위해 아비뇽으로 갔다.

또 대신을 보내어 예물을 가지고 로마에 가 제12위 베네딕토 교황께 국서를 올리[86a]니, 일렀으되, "전능 천주의 인자하신 특은(特恩)을 입어 중국 황제 됨을 받자온지라. 이제 안드레아 등 열다섯 신하를 차정하여 가 교황의 덕을 기뻐하고 평안하심을 경하하오니, 중원으로부터 로마 경도(京都)에 이르러 길이 멀고 험하니 평탄히 열어 양국 사신의 왕래를 편하게 하고자 하나이다. 간절히 구하노니, 교황 사랑하신 부친은 당신의 신자를 잊어버리지 마시고 중국 백성을 생각하사 우리 무리에게 강복하소서." 하였거늘, 교황이 여 [86b]에 글을 닦아 답례하시고, 원제(元帝)에게 청하되, 전교 신부와 무릇 교 중 사람을 돌아보아 두호(斗護)하라 하셨으니, 원나라 때에 성교가 어떻기 광양(廣揚)됨을 가히 알지라. 그러나 해가 오래되지 못하여 국가에 난리 많 아 북쪽 편 길이 통하지 못하는 고로, 명나라 처음에 성교가 다시 현양(顯揚) 치 못하니라.

문: 원나라 때 중국에 성교가 어떻게 전해졌습니까?
답: 원제(元帝) 군병을 거느려 서양 모든 나라 지역을 침범할 새 교황이 신부를 차정하사, 그 진중에 가 전[87a]교함을 인하여 따라 중국에 들어왔습니다.
문: 어떻게 원나라에 성교가 광양됨을 압니까?
답: 서양 성교 서적에 자세히 기록하였습니다.
문: 또 어떻게 원나라 황제가 로마 교종을 공경하여 중히 여긴 줄을 알 수 있습니까?
답: 때에 흠차(欽差) 대신이 국서와 예물을 받들어 왕래한 일이 있으니. 지금 로마 조정에 그 글이 있어 가히 상고(詳考)할 수 있습니다.
문: 그때 전교 신부 중에 몇 위 이름이 더욱 나타난 이 있습니까?
답: 조반니 다 몬테코르비노 주교와 오도리코 신부가 [87b] 있습니다.
문: 어찌하여 성교가 다시 민멸(泯滅)하였습니까?

시고 원데의게 청호디 젼교 신부와 므릇 교즁 사롬을 도라보아 두호호라 호셧
시니 원나라 때에 셩교ㅣ 엇더케 광양됨을 가히 알지라 그러나 히가 오래지
못호야 국가에 난리 만하 북편 길이 통치 못호는 고로 명나라 처음에 셩교ㅣ
다시 현양치 못호니라

문: 원나라 때 즁국에 셩교ㅣ 엇더케 젼호엿느뇨
답: 원데 군병을 거느려 셔양 모든 나라 디경을 침범홀 시 교종이 신부롤 초뎡
　　호샤 그 진즁에 가 젼[87a]교홈을 인호야 뚤아 즁국에 드러오니라
문: 엇더케 원나라에 셩교ㅣ 광양됨을 아느뇨
답: 셔양 셩교 문젹³⁹⁸에 주셰히 긔록호엿느니라
문: 또 엇더케 원나라 황데가 로마 교종을 공경호야 즁히 넉인 줄을 아느뇨
답: 때에 흠초 대신이 국셔와 례물을 밧드러 왕리혼 일이 잇스니 즉금도 로마
　　죠뎡에 그 글이 잇서 가히 샹고³⁹⁹홀지니라
문: 그때 젼교 신부 즁에 몃 위 일홈이 더욱 나타난 이 잇느뇨
답: 요왕 몽데골 쥬교와 아도리 신부ㅣ [87b]니라
문: 엇지호야 셩교ㅣ 다시 민멸⁴⁰⁰호엿느뇨
답: 원나라 말년에 국가ㅣ 어즈러워 북편 길이 통치 못혼 연고ㅣ 니라

398　문젹: 書籍, 서적.
399　샹고(詳考): 査, 상고.
400　민멸(泯滅): 没, 자취나 흔적이 아주 없어짐.

답: 원나라 말년에 국가가 어지러워 북쪽 편 길이 통하지 못한 연고입니다.

[87b] 뎨삼십일쟝은 명나라 셩교를 의론홈이라

강성 후 일쳔오빅팔십일 년이니 째는 명나라 신종 만력[401] 뎨구 년이라

원나라 말년과 명나라 처음에 몽고 북편길이 막혀 셔국과 즁국이 륙로로 왕릭홈이 서로 끈쳣시나 텬쥬 셩의[402] 안희 일즉 뎡ᄒ셧시니 륙로로는 임[88a]의 끈치고 바다에 빅 통ᄒ지라 때에 볼두알[403]국 사롬의 쟝ᄉᄒ는 빅 인두 나라에 가 무역ᄒ는 쟈ㅣ 잇ᄉ니 젼교 슈ᄉㅣ ᄯᆞ라 니ᄅ지라 처음으로 셩 방지거 사베리오[404] 예수회 ᄉㅣ 두루 인두와 일본[405] 모든 나라에 ᄃ니샤 젼교ᄒᆫ 지 십여 년에 셩셰를 붓쳐준 쟈ㅣ 도모지 삼십여만 인이라

그 후 강성 일쳔오빅오십이 년에 광동[406] 삼쥬도[407]에 니ᄅ러 다시 나아가 젼교ᄒ기롤 예비ᄒ더니 가히 앗갑도다 즁원이 불힝ᄒ야 셩인이 그 셤에셔 셰샹을 부[88b]리고 하ᄂᆞᆯ에 오ᄅ시니라 셩인이 일즉 여러 번 글을 셔양에 보내여 회우들의 열졍을 격동ᄒ엿더니 오래지 아냐 예수회ᄉㅣ 와 광동에 니ᄅ러 젼교홀 시 힘을 베퍼도 효험이 업고 셩 도밍고회 까스바[408] 신부ㅣ 또 니ᄅ러 닉디에 나아가 젼교ᄒ나 공연이 신력만 허비ᄒ야 일에 효험이 업고 도로혀 구축[409]홈을 닙어 머므지 못ᄒ니라

강성 후 일쳔오빅팔십일 년에 니ᄅ러 태셔 예수회 신부 리마두[410]ㅣ 즁원에 니ᄅ러 몬져 광동 모든 고올에 [89a] 젼교ᄒ고 또 강셔에 들어가 금릉에 머므더

---

401 신종 만력: 신종 만력제(神宗 萬曆帝, 1563-1620)는 명나라의 제13대 황제.
402 셩의: 聖意, 거룩한 뜻.
403 볼두알: 波爾多亞, 포르투갈.
404 방지거 사베리오: 方濟各 沙勿略, 성 프란시스코 하비에르(Francisco Javier, 1506-1552)는 나바라 왕국 (지금의 스페인 바스크) 하비에르 출신의 가톨릭 선교사이자 로마 가톨릭교회 소속인 예수회의 공동 창설자이다.
405 일본: 日本.
406 광동: 廣東.
407 삼쥬도: 山香島, 상촨도, 현재 중국명으로는 '上川島'.
408 까스바: 加斯巴, 가스파르, 가스파르 다 크루스(Gaspar da Cruz, 1520-1570).
409 구축: 驅逐, 몰아서 내쫓음.
410 리마두: 利瑪竇, 마테오 리치(Matteo Ricci, 1552-1610).

제31장은 명(明)나라 성교를 의론함이라.

강생 후 1581년이니, 때는 명나라 신종 만력(神宗 萬曆) 제9년이라.

원(元)나라 말년과 명(明)나라 초에 몽고 북편 쪽 길이 막혀 서국과 중국이 육로로 왕래함이 서로 끊어졌으나, 천주 거룩한 뜻 안에 일찍 정하셨으니, 육로로는 이[88a]미 그치고 배가 통한지라. 때에 포르투갈 나라 사람의 장사하는 배에 인도 나라에 가 무역하는 자가 있으니, 전교 수사가 따라 오른지라. 처음으로 성 프란시스코 하비에르 예수회 수사가 두루 인도와 일본 모든 나라에 다니사, 전교한 지 10여 년에 세례를 준 자가 도무지 30여만 인이라.

그 후 강생 1552년에 광동 상환도에 이르러 다시 나아가 전교하기를 여비하더니, 가히 아깝도다. 중원이 불행하여 성인이 그 섬에서 세상을 벼[88b]리고 하늘에 오르시니라. 성인이 일찍 여러 번 글을 서양에 보내어 회우들의 열정을 격동하였더니, 오래지 않아 예수회사가 와 광동에 이르러 전교할 새, 힘을 베풀어도 효험이 없고, 성 도미니코회 가스파르 신부가 또 이르러 내지에 나아가 전교하나, 공연히 신력(神力)만 허비하여 일에 효험이 없고, 도리어 구축(驅逐)함을 입어 머물지 못하니라.

강생 후 1581년에 이르러 태서(泰西) 예수회 신부 마테오 리치가 중원에 이르러 먼저 광동 모든 고을에 [89a] 전교하고 또 강서에 들어가 금릉에 더 물더니, 1600년에 이르러 비로소 회우 판토하와 한가지로 외국 지도(地圖)와 상본(像本)과 자명종(自鳴鐘) 시표(時表) 등 물건을 내오니, 신종(神宗) 황제 관대하고 명하여, 예수 성모 상본을 궁전에 모시고 조서하여 자명종 누각을 세우고, 은혜로 마테오 리치와 모든 수사를 경성에 머물러 벼슬을 주되 사양하여 받지 아니하니, 황제 덩하여 공궤(供饋) 범절을 광록부에서 진배하여 쓰게 하더라.

때에 경도 대신과 관원이며 학사와 백성이 많[89b]이 와 마테오 리치데

니 일천륙빅 년에 니루러 비로소 회우 방데워411와 흔가지로 외국 디도412와 샹본413과 즈명종414 시표 등 믈을 내오니 신종 황데 관티ᄒ고 명ᄒ야 예수 셩모 샹본을 궁뎐에 뫼시고 죠셔ᄒ야 즈명종 루각을 셰우고 은혜로 리마두와 모든 슈ᄉ를 경셩에 머믈너 벼슬을 주티 ᄉ양ᄒ야 밧지 아니ᄒ니 황데 명ᄒ야 공궤415 범졀을 광록부416에서 진비ᄒ야 쓰게 ᄒ더라

때에 경도 대신과 관원이며 학ᄉ와 빅셩이 만[89b]히 와 리마두의게 뵈이거늘 다 너그러이 례로 티졉ᄒ고 긔희롤 뚤아 거룩ᄒᆫ 도롤 널니 펴ᄂᆫ 고로 일시에 밋어 봉교ᄒᄂᆫ 쟈ㅣ 심히 만흔지라 대신 학ᄉ 즁에 령셰ᄒ고 교에 나아온 쟈ㅣ 강남417 숑강부418에 각로419 셔광계420와 졀강 항쥬부에 샹셔421 양긔원422과 호쥬부에 쥬죵원 희원423과 복건에 각신424 셥샹국425과 니즈조426 등이 잇서 각각 스스로 신부롤 쳥ᄒ야 마자 본향에 젼교ᄒ게 ᄒ니

때에 ᄀ쟝 아롭다온 표양을 셰울 쟈ᄂᆞᆫ 셔각로427의 손녀ㅣ니 본명은 [90a] 강디다428ㅣ라 오직 집에 거ᄒ매 뜻을 결단ᄒ야 슈졀홀 뿐 아니라 오히려 무수ᄒᆫ 시샤 션공을 힘ᄒ야 만히 셩당을 셰우며 셩셔롤 판긱429ᄒ며 가난ᄒᆫ 이와

---

411 방데워: 龐迪我, 판토하, 디에고 데 판토하(Diego de Pantoja, 1571-1618).

412 디도: 地圖, 지도.

413 샹본: 像本, 상본, 하나님, 천사 또는 성인 등의 각 모상을 그림이나 조각으로 나타낸 것.

414 자명종: 自鳴鐘, 자명종.

415 공궤: 供饋, 음식을 줌.

416 광록부(光祿部): 光祿寺, 국가의 제사가 있을 때 희생 및 제수 용품을 준비하거나 원단(元旦)·만수(萬壽)·동지(冬至) 및 국가의 혼례(婚禮)의 경우 연회를 준비하는 관청이었다.

417 강남: 江南.

418 송강부: 松江府, 송강부.

419 각로: 閣老, 내각(內閣)의 원로(元老)를 의미한다.

420 서광계: 徐光啟, 서광계(1562-1633).

421 샹셔: 尙書, 상서, 진한(秦漢)대에 설립된 중국의 관료직으로 수당(隋唐)대부터 육부의 장관직이 되었다.

422 양긔원: 楊淇園(楊廷筠, 1557-1627).

423 희원: 解元, 명청(明淸) 시대 과거(科擧) 향시(鄕試)의 수석 합격자를 일컫는다.

424 각신: 閣臣, 조선 후기에 둔 규장각(奎章閣)의 벼슬아치를 가리키나, 명나라의 '내각 대신' 정도로 볼 수 있다.

425 섭상국: 葉相國, 섭상국, 섭향고(葉向高, 1569-1624)일 가능성이 크다.

426 니즈조: 李子藻, 이자조, 이지조(李之藻, 1565-1630)일 가능성이 크다.

427 셔각로: 徐閣老, 서각로, 각로(閣老) 서광계(徐光啟)를 일컫는다.

428 강디다: 剛弟大, 강제대.

429 판긱(板刻): 刊印, 판각.

게 보이거늘 다 너그러이 예로 대접하고 기회를 따라 거룩한 도를 널리 펴는 고로 일시에 믿어 봉교하는 자가 심히 많은지라. 대신 학사 중에 세례를 받고 교에 나온 자가 강남 송강부(松江府)에 각로(閣老) 서광계(徐光啟)와 절강 항주부에 상서 양기원(楊淇園)과 호주부(湖州府)에 주종원(朱宗元) 해원(解元)과 복건(福建)에 각신(閣臣) 섭상국(葉相國)과 이자조(李子藻) 등이 있어 각각 스스로 신부를 청하여 맞아 본향에 전교하게 하더라.

때에 가장 아름다운 표양을 세울 자는 서각로의 손녀이니, 본명은 [90a] 강제대(剛弟大)라. 오직 집에 거하매 뜻을 결단하여 수절할 뿐 아니라 오히려 무수한 시사와 선공을 행하여 많은 성당을 세우며, 성서를 판각하며 가난한 이와 병든 이와 의탁 없는 어린아이를 구제하여 길러 자란 후에 사주구령하는 도리를 가르치니, 황상이 그 공과 행실이 아름답고 선함을 듣고 절부의 덕과 이름을 정문(旌門)하고 진브(珍寶)와 비단옷으로써 사급(賜給)하니, 강제대 현부가 공손히 받아 감사한 후에 즉시 그 보배로운 물건을 팔아 곤궁한 사람을 구[90b]제한지라. 서각로의 온 집안사람이 다 착실히 수계(守誡)하여 열심히 주를 공경하는 고우라.

그때 서양 수사가 전후에 이어 중원에 온 자가 심히 많으니, 혹 불러 경성에 머물러 천문감 아는 벼슬을 하며 혹 각 고을에 전교하며 혹 성교 경전을 저술하여 번역하니, 신종으로부터 광종, 희종, 회종 네 임금이 서양 수사를 믿어 중히 여기는 고로, 모든 신부가 다 각 지방에 전교하여 곳곳이 성당을 짓고 학당과 수원을 세우고 분묘와 토지를 [91a] 배치하고, 또 봉교하는 학사 대인을 얻어 신부를 도와 성서를 저술하고, 선비와 백성을 이끌어 서로 권하여 주를 알아 교에 나오게 하는 고로, 명말에 성교가 널리 전하여 선비와 백성이 큰 은혜 입음을 가히 축하함직하더라.

문: 명나라 때에 누가 먼저 중원에 이르러 성교를 전하였습니까?
답: 성 프란시스코 하비에르입니다.

병든 이와 의탁 업는 영ᄒᆡᄅᆞᆯ 구졔ᄒᆞ야 길너 쟈란 후에 ᄉᆔ[430] 구령ᄒᆞᄂᆞᆫ 도리ᄅᆞᆯ ᄀᆞᄅᆞ치니 황샹이 그 공과 힝실이 아룸답고 션홈을 듯고 졀부의 덕과 일홈을 졍문[431]ᄒᆞ고 진보와 비단옷스로써 ᄉᆞ급ᄒᆞ니 강다다 현부ㅣ 공손이 밧아 감샤ᄒᆞᆫ 후에 즉시 그 보비로 온 물건을 풀아 궁곤ᄒᆞᆫ 사름을 구[90b]졔ᄒᆞᆫ지라 셔각로의 온 집안 사름이 다 챡실이 슈계ᄒᆞ야 열심으로 쥬ᄅᆞᆯ 공경ᄒᆞᄂᆞᆫ 교우ㅣ라

그때에 셔양 슈ㅣ 젼후에 니어 즁원에 온 쟈ㅣ 심히 만ᄒᆞ니 혹 불너 경셩에 머믈너 텬문가음[432] 아ᄂᆞᆫ 벼ᄉᆞᆯ을 ᄒᆞ며 혹 작 고올[433]에 젼교ᄒᆞ며 혹 셩교 경뎐을 져슐ᄒᆞ야 번역ᄒᆞ니 신종 황뎨로브터 광종[434] 희종[435] 회종[436] 네 님금이 셔양 슈ᄉᆞᄅᆞᆯ 밋어 즁히 넉이ᄂᆞᆫ 고로 모든 신부ㅣ 다 각 디방에 젼교ᄒᆞ야 곳곳이 셩당을 짓고 학당과 슈원을 셰우고 분묘와 토디ᄅᆞᆯ [91a] 비치ᄒᆞ고 또 봉교ᄒᆞᄂᆞᆫ 학ᄉᆞ 대인을 엇어 신부ᄅᆞᆯ 도아 셩셔ᄅᆞᆯ 져슐ᄒᆞ고 션븨와 빅셩을 인동[437]ᄒᆞ야 서로 권ᄒᆞ야 쥬ᄅᆞᆯ 알아 교에 나아오게 ᄒᆞᄂᆞᆫ 고로 명말에 셩교ㅣ 널니 젼ᄒᆞ야 션븨와 빅셩이 큰 은혜 닙음을 가히 하례ᄒᆞ엽즉ᄒᆞ더라

문: 명나라 때에 뉘 몬져 즁원에 니르러 셩교ᄅᆞᆯ 젼ᄒᆞ엿ᄂᆞ뇨

답: 셩 방지거 사베리오ㅣ 니라

문: 뎌ㅣ 늬디에 나아가 젼교ᄒᆞ엿ᄂᆞ냐

답: 그러치 아니ᄒᆞ니 셩인이 처음으로 광동 삼쥬도에 니르[91b]러 예비ᄒᆞ야 나아가고져 ᄒᆞ더니 즁원이 불힝ᄒᆞ야 텬쥬ㅣ 그 령혼을 거두어 승텬케 ᄒᆞ시니라

---

430 ᄉᆔ(事主): 敬主, 주(하나님)를 섬김.

431 졍문(旌門): 旌, 충신이나 효자·열녀 등을 표창하기 위하여 그 집 앞이나 마을 앞에 세우던 붉은 문 작설(綽楔) 홍문(紅門)을 의미한다.

432 텬문가음: 欽天監(흠천감), 천문과 역법을 관장하던 기관.

433 작 고올: 各省, '각 고올'의 오기.

434 광종: 光宗, '태창제(泰昌帝, 1582-1620)로 중국 명나라의 14대 황제.

435 희종: 熹宗, '천계제'(天啓帝, 1605-1627)로 중국 명나라의 15대 황제.

436 회종: 懷宗, '의종 숭정제'(毅宗 崇禎帝, 1611-1644)로 중국 명나라의 제16대 황제이며, 청나라에서는 숭정제 사후에 명나라 황제의 예로 묘호를 '회종(懷宗)'으로 올렸다.

437 인동: 引動, 이끎.

문: 저가 내지에 나아가 전교하였습니까?

답: 그렇지 아니하니, 성인이 처음으로 광동(廣東) 상촨도(山香島)에 이르[91b]러 예비하여 나아가고자 하더니, 중원이 불행하여 천주께서 그 영혼을 거두어 승천하게 하셨습니다.

문: 태서 마테오 리치와 여러 신부가 어떻게 조정에 나아가 황제를 보았습니까?

답: 서양 지도와 상본과 자명종과 시표 등 물건을 내오고 황상의 후한 은혜를 입어 경성에 머물러 전교하였습니다.

문: 대신 학사 중에 봉교하는 자가 몇이 더욱 이름이 나타났습니까?

답: 강남 송강 땅의 서광계와 절강 항주 땅의 양기원과 호주 땅의 주종원과 복건 땅[92a]의 섭상국과 이ᄌ-조 등입니다.

문: 태서 마테오 리치와 모든 신부들이 어떻게 성교를 널리 전하였습니까?

답: 만력과 태창과 천계와 숭정 네 위 황제 다 서양 신부를 믿어 중히 여김을 인하여 천문 모든 일을 차지하게 하고, 겸하여 봉교하는 학사 대신이 서로 도와 성서를 저술하고 선비와 백성을 권하여 교에 나아오게 하였습니다.

문: 명나라 때 몇 위 신부가 경서 번역하기와 저술하기를 가장 많이 하였습니까?

답: 태서, 마테오 리치와 알레니와 바뇨니와 디아즈와 판토하와 및 자코모 로 모든 신부입니다.

문: 태셔 리마두와 여러 신부ㅣ 엇더케 죠뎡에 나아가 황뎨롤 보앗ᄂᆞ뇨

답: 셔양 디도와 샹본과 ᄌᆞ명종과 시표 등 믈을 내오고 황샹의 후흔 은혜롤 닙어 경셩에 머믈너 젼교ᄒᆞ니라

문: 대신 학ᄉᆞ 즁에 봉교ᄒᆞᄂᆞᆫ 쟈ㅣ 몃치 더옥 일홈이 나타낫ᄂᆞ뇨

답: 강남 숑강 ᄯᅡ희 셔광계와 졀강 항쥬 ᄯᅡ희 양긔원과 호쥬 ᄯᅡ희 쥬죵원과 복건 ᄯᅡ[92a]희 셥샹국과 니ᄌᆞ조 등이니라

문: 태셔 리마두와 모든 신부들이 엇더케 셩교롤 널니 젼ᄒᆞ엿ᄂᆞ뇨

답: 만력과 태챵과 텬계와 슝졍 네 위 황뎨 다 셔양 신부롤 밋어 즁히 넉임을 인ᄒᆞ야 텬문 모든 일을 ᄎᆞ지ᄒᆞ게 ᄒᆞ고 겸ᄒᆞ야 봉교ᄒᆞᄂᆞᆫ 학ᄉᆞ 대신이 서로 도아 셩셔롤 져슐ᄒᆞ고 션비와 빅셩을 권ᄒᆞ야 교에 나아오게 ᄒᆞ니라

문: 명나라 때에 몃 위 신부ㅣ 경셔 번역ᄒᆞ기와 져슐ᄒᆞ기롤 ᄀᆞ장 만히 ᄒᆞ엿ᄂᆞ뇨

답: 태셔 리마두와 [92b] 이위릭 [438]와 고일지[439]와 양마나오[440]와 방뎨워[441]와 다못 나야거[442] 모든 신부ㅣ 니라

---

438 이위릭: 艾儒略, 줄리오 알레니(Julius Aleni, 1582-1649).
439 고일지: 高一志, 알폰소 바뇨니(Alfonso Vagnoni, 王豊肅, 1568-1640).
440 양마나오: 陽瑪諾, 마뉴엘 디아즈(E. Manuel Diaz, 1574-1659).
441 방뎨워: 龐迪我, 디에고 데 판토하(Diego de Pantoja, 1571-1618).
442 나야거: 羅雅各, 자코모 로(Giacomo Rho, 1593-1638).

[92b] 뎨삼십이쟝은 쳥나라 셩교롤 의론홈이라

강싱 후 일쳔륙빅ᄉ십ᄉ 년이니 ᄯ때는 대쳥 슌치[443] **원년이라**

　　명나라 말년에 즁국이 크게 어즈러오니 젼교ᄒᆞᄂᆞᆫ 모든 슈ᄉᆡ 각 쳐에 ᄃᆞ니며 고로온 쟈롤 위로ᄒᆞ고 궁곤ᄒᆞᆫ 쟈롤 구졔ᄒᆞ며 아오로 죠관[444]과 병쟝[445]의게 근쳥ᄒᆞ야 죄 업ᄂᆞᆫ 빅셩을 이련이 넉이게 ᄒᆞ엿더니 슝졍[446] 황뎨 봉교ᄒᆞᄂᆞᆫ 두 관원을 밋어 맛기[93a]매 ᄒᆞ나흔 쥬도마ㅣ오 ᄒᆞ나흔 김누가ㅣ라 황후ㅣ 령셰ᄒᆞ야 교에 나아오니 본명은 엘네나ㅣ라 국가ㅣ 위틱홈을 보고 ᄆᆞᄋᆞᆷ에 근심ᄒᆞ나 오직 거륵ᄒᆞᆫ 도로써 스스로 안위ᄒᆞ고 ᄒᆞᆫ 태ᄌᆞㅣ 잇서 셩셰롤 령ᄒᆞ매 본명은 공스당딩이니 후에 다 국가로 더브러 ᄒᆞᆫ 가지로 죽으니라

　　대쳥 황뎨 나라흘 뎡ᄒᆞᆫ 후에 관원과 군민 모든 사롬의게 분부롤 ᄂᆞ려 셔양 젼교 슈ᄉᆞ롤 공경ᄒᆞ야 즁히 넉이라 ᄒᆞ고 탕요왕[447] 신부롤 명ᄒᆞ야 칙력[448]을 슈졍ᄒᆞ야 텬문 모[93b]든 일을 ᄀᆞ음 알게 ᄒᆞ고[449] 또 죠셔ᄒᆞ야 통미교ᄉᆞㅣ라 일홈을 주고 태ᄌᆞ ᄀᆞᄅ치기롤 위ᄒᆞ야 쇼부 벼슬노써 부탁ᄒᆞ엿더니 그 신부ㅣ 죵명 후에 명ᄒᆞ야 무덤 압희 셕인과 셕마롤 셰우니 이에 셩교ㅣ 녯 ᄯᆡ와 ᄀᆞᆺ치 널니 젼ᄒᆞ야 각 디방에 셩당을 만히 셰우고 거륵ᄒᆞᆫ 도리롤 강론ᄒᆞ니 강싱 일쳔륙빅오십 년으로브터 일쳔륙빅륙십ᄉ 년에 니르히 각 쳐에 새로이 셩셰롤 령ᄒᆞ야 교에 나아온 쟈ㅣ 도모지 십여만 인이니 광동에 ᄉᆞ쳔여 인이오 복[94a]건 졀강에 일만여 인이라

　　ᄯᆡ에 도밍고회 신부 벨낭더[450]ㅣ 잇스니 ᄀᆞ장 열졀이 사롬을 구ᄒᆞᄂᆞᆫ지라 쳐

443　슌치: 順治, 순치제(順治帝, 1638-1661)로 청나라의 3대 황제.
444　죠관: 朝官, 조관, 조정(朝廷)에서 벼슬살이를 하고 있는 신하.
445　병쟝: 兵將, 장수.
446　슝졍: 崇禎, 명 의종 숭정제(明 毅宗 崇禎帝, 1611-1644)로 명나라의 제16대 황제(재위: 1627-1644).
447　탕요왕: 湯若望, 요한 아담 샬 폰 벨(Johann Adam Schall von Bell, 1591-1666).
448　칙력: 時憲曆, 책력.
449　ᄀᆞ음 알게 ᄒᆞ고: 督管(감관).
450　벨낭더: 物爾南德, 페르난데스 데 카펠라스(Francis Ferdinand de Capillas, 1607-1648).

[92b] 제32장은 청(淸)나라 성교를 의론함이라.

강생 후 1644년이니, 때는 대청(大淸) 순치(順治) 원년이라.

　　명나라 말년에 중국이 크게 어지러우니 전교하는 모든 수사가 각 처에 다니며 괴로운 자를 위로하고, 곤궁한 자를 구제하며, 아울러 조관과 병장에게 간청하여 죄 없는 백성을 애련히 여기게 하였더니, 숭정(崇禎) 황제 봉교하는 두 관원을 믿어 맡기[93a]매 하나는 주도마요, 하나는 김누가라. 황후 세례를 받아 교에 나아오니, 본명은 엘레나라. 국가가 위태함을 보고 마음에 근심하나, 오직 거룩한 도로써 스스로 안위하고 한 태자가 있어 세례를 받으매, 본명은 콘스탄티누스이니, 후에 국가와 더불어 한가지로 죽으니라.

　　대청 황제 나라를 정한 후에 관원과 군민 모든 사람에게 분부를 내려 서양 전교 수사를 공경하여 중히 여기라 하고, 아담 샬 폰 벨 신부를 명하여 책력(冊曆)을 수정하여 천문 모[93b]든 일을 감독하여 알게 하고, 또 조서하여 통미교사(通微敎師)라는 이름을 주고 태자를 가르치기 위하여 소보(少保) 벼슬로써 부탁하였다. 그 신부가 죽은 후에 명하여 무덤 앞에 석인(石人)과 석마(石馬)를 세우니, 이에 성교가 옛 때와 같이 널리 전하여 각 지방에 성당을 많이 세우고, 거룩한 도리를 강론하고, 강생 1650년으로부터 1664년에 이르러 각처에 새로이 세례를 받고 교에 나아온 자가 도무지 10여만 인이고, 광동에 4천여 인이요, 복[94a]건(福建) 절강(浙江)에 1만여 인이라.

　　때에 도미니코회 페르난데스가 있으니, 가장 열절히 사람을 구하는지라. 처음으로 중국에 이르러 세상 영화를 가볍게 보고 인정을 돌아보지 아니하여 굵은 옷으로 몸을 가리우고, 행장 등 물을 하나도 가지지 아니하고, 돈에 일과경본(日課經本) 하나를 띠고 십자(十字) 성가(聖架)의 큰 능을 의지하여 향촌 각 처에 걸어다니며 도를 강론하니, 백성들이 그 큰 덕을 보고 많이 사교를 버리고 정도에 돌아오며, 배교(背敎)한 이와 냉담한 [94b] 자가 이왕에 잘못함을 통회(痛悔)와 정개(定改)하고 수신(修身), 수정(守貞)하는 자가음으로 즁국에 니르러 셰샹 영화를 가보야이 보고 인졍을 도라보지 아니ᄒᆞ야 굴근 옷스로 몸을 가리오고 힝장 등 물을 ᄒᆞ나토 가지지 아니ᄒᆞ고 몸에 오직 일과경본[451] ᄒᆞ나흘 ᄯᅴ고 십ᄌᆞ 셩가의 큰 능을 의지ᄒᆞ야 향촌 각 쳐에 걸어ᄃᆞ니며 도를 강론ᄒᆞ니 ᄇᆡᆨ셩들이 그 큰 덕을 보고 만히 샤교를 ᄇᆞ리고 졍도에 도라오며 비교ᄒᆞᆫ 이와 링담ᄒᆞᆫ [94b] 쟈ㅣ 이왕에 잘못ᄒᆞᆷ을 통회 뎡ᄀᆡ[452]ᄒᆞ고 슈신슈졍ᄒᆞᄂᆞᆫ 쟈ㅣ 열심을 더ᄒᆞ더니 그 후 일쳔륙ᄇᆡᆨᄉᆞ십칠 년에 뷀낭더ㅣ 악인의게 잡힘을 닙어 복안[453] 옥즁에 갓치인지라

ᄒᆞ로는 관원이 국문ᄒᆞ야 골ᄋᆞᄃᆡ 네게 음식을 주는 쟈ㅣ 누구며 너와 ᄒᆞᆫ가지로 거쳐ᄒᆞᄂᆞᆫ 쟈ㅣ 뉘뇨 ᄃᆡ답ᄒᆞ야 닐ᄋᆞᄃᆡ 온 셰샹이 이 내 집이오 큰 ᄯᅡ히 이 내 ᄌᆞ리오 일용 음식은 텬쥬ㅣ 주시는 바ㅣ니 텬쥬의 영광 나타내기를 위ᄒᆞ야 비에 목욕ᄒᆞ고 바람에 빗질ᄒᆞ며 별을 니[95a]고 ᄃᆞᆯ을 ᄯᅴ여 고로옴을 밧아 사ᄅᆞᆷ을 구ᄒᆞᆷ이 이 나의 본원이로라 ᄒᆞ더니 오래지 아냐 악관이 형벌노 엄치ᄒᆞ야 위쥬 치명ᄒᆞ니 알가라[454] 회우ㅣ 듯고 가셔 그 시톄를 거두어 장ᄉᆞᄒᆞ고 치명ᄒᆞᆫ 쟈의 머리털과 피 뭇은 옷슬 보ᄇᆡ로이 곰초니라

그 후에 알가라 신부ㅣ 승품ᄒᆞ야 졀강 쥬교ㅣ 되엿더니 강희[455] 나히 어려셔 황뎨 된지라 졍ᄉᆞ를 돕는 대신이 셔양 슈ᄉᆞ를 투ᄒᆞᆫᄒᆞ야 각 쳐에 텬쥬교 밧드는 사ᄅᆞᆷ을 잡아 관가에 니르러 형벌노 핍박ᄒᆞ야 엄[95b]치ᄒᆞᄂᆞᆫ 고로 일시에 각 회 신부ㅣ 잡힘을 닙은 쟈ㅣ 도모지 스믈다ᄉᆞᆺ 위라 악관이 다 ᄶᅩᆺ차 오문[456]으로 돌녀보내니 각 고올에 일ᄇᆡᆨ칠십 남은 셩당을 다ᄉᆞ리는 신목[457]이 업ᄂᆞᆫ지

451　일과경본(日課經本): 日課經一本, '일과경(日課經)'은 '셩무일도(聖務日禱)'의 옛 용어로 '매일 정해진 시간에 천주를 찬미하는, 교회의 공적이고 공통적인 기도'이며, 셩직자·수도자의 의무로서 8개의 졍시과(定時課)로 되어 있다.

452　뎡ᄀᆡ: 定改, 졍개, 다시 죄를 짓지 아니하기로 결심하는 일로 "통회(痛悔)-고백(告白)-보속(補贖)-사죄(赦罪)-만회(挽回)" 고해 성사의 다섯 요건 가운데 하나인 통회에 속한다.

453　복안: 福安.

454　알가라: 亞爾加辣, 알로우(羅文藻, 1616-1691)라는 중국인이며, 세례명은 그레고리 로페즈(Gregory Lopez, 額我略)로 최초의 중국인 천주교 주교가 되었다. 쉬쇼우훙(편), 오동일, 담안유, 향연(역) 『중국기독교사』(서울: 장로회신학대학교 출판부, 2023), 181, 199.

455　강희: 康熙, 康熙帝(1654-1722)로 청나라의 제3대 황제(재위: 1661-1722).

456　오문: 澳門, 마카오.

457　신목: 神牧.

열심을 더하더니, 그 후 1647년에 페르난데스가 악인에게 잡힘을 입어 복안(福安) 옥중에 갇힌지라.

하루는 관원이 국문하여 가로되, "네게 음식을 주는 자가 누구며, 너와 한가지로 거처하는 자가 누구인가?" 대답하여 이르되, "온 세상이 내 집이요, 큰 땅이 내 자리요, 일용할 음식은 천주께서 주시는 바이니, 천주의 영광을 나타내기를 위하여 비에 목욕하고 바람에 빗질하며 별을 이[95a]고 달을 띠어 괴로움을 받아 사람을 구함이 나의 본원이로다." 하더니, 악관이 형벌로 엄치(嚴治)하여 주를 위하여 순교하니, 알가라 회우가 듣고 가서 그 시체를 거두어 장사하고 순교한 자의 머리털과 피 묻은 옷을 보배롭게 감추니라.

그 후에 알가라 신부가 승품하여 절강 주교가 되었더니, 강희 나이 어려서 황제 된지라. 정사를 돕는 대신이 서양 수사를 투기하고 미워하여 각 처에 천주교를 받드는 사람을 잡아 관가에 이르러 형벌로 핍박하여 엄[95b]치하는 고로 일시에 각 회 신부가 잡힘을 입은 자가 도무지 스물다섯 위라. 악관이 다 쫓아 마카오로 돌려보내니, 각 고을에 170남은 성당을 다스리는 신목(神牧)이 없는지라. 구축함을 입은 모든 신부가 오직 손을 들어 하늘을 향하여 천주께 긍련(矜憐)히 여겨 돌아보심을 구할 따름이러라.

다행히 성 도미니코회 탁덕 나바레테 한 위 있어, 각 고을에 다니며 교중 사람을 돌아보아 2년 반 동안에 열 고을 교우의 영혼을 다스리니, 외교인이 그 예수 성명[96a]을 불러 많은 영적 행함을 보고 권화함을 입어 세례를 받아 교에 나아온 자가 2,500여 인이라. 로마 교황이 그 재덕이 비범함을 들으시고, 강생 1679년에 승탁(昇擢)하여 남경 주교를 삼았더니, 1687년에 선종하여 세상을 버리니, 교중인이 본국 신부 제1위 주교가 이같이 빨리 세상을 떠남을 보고 더욱 감창(感愴)하여 슬피 생각함을 마지아니하더라.

강희 황제 나이 장성하여 스스로 정사를 총집(總執)하매 성교 풍파가 적이 평정하[96b]여 각 처에 헐렸던 성당을 점점 회복하니, 페르디난트 페르비스트와 로도비코 불리오 같은 신부가 가장 강희 황제의 은혜로 사랑하고 믿

라 구축홈을 닙은 모든 신부ㅣ 오직 손을 들어 하늘을 향ᄒᆞ야 텬쥬ᄭᅴ 긍련이
넉여 도라보심을 구홀 ᄯᆞᄅᆞ미러라

다힝이 셩 도밍고회 탁덕 로베458 ᄒᆞᆫ 위 잇셔 각 고올에 ᄃᆞ니며 교즁 사름을
도라보아 이 년 반 동안에 열 고올 교우의 령혼을 다ᄉᆞ리니 외교인이 그 예수
셩명[96a]을 불너 만흔 령젹 힝홈을 보고 권화홈을 닙어 령셰ᄒᆞ야 교에 나아
온 쟤ㅣ 이쳔오빅여 인이라 로마 교종이 그 ᄌᆡ덕이 비범홈을 드ᄅᆞ시고 강셩 일
쳔륙빅칠십구 년에 승탁ᄒᆞ야 남경459 쥬교롤 삼앗더니 일쳔륙빅팔십칠 년에
션죵ᄒᆞ야 세샹을 ᄇᆞ리니 교즁인이 본국 신부 뎨일 위 쥬교ㅣ 이ᄀᆞᆺ치 ᄲᆞᆯ니 죵
명홈을 보고 더옥 감챵460ᄒᆞ야 슬피 싱각홈을 마지아니ᄒᆞ더라

강희 황뎨 나히 쟝셩ᄒᆞ야 스스로 졍ᄉᆞ롤 총집ᄒᆞ매 셩교 풍파ㅣ 젹이 평졍
ᄒᆞ[96b]야 각 쳐에 헐녓던 셩당을 졈졈 회복ᄒᆞ니 남회인461과 니누시462ᄀᆞᆺ혼 신
부ㅣ ᄀᆞ장 강희 황뎨의 은혜로 ᄉᆞ랑ᄒᆞ고 밋어 맛김을 밧은지라 벼슬을 주어 놉
히고 혹 명ᄒᆞ야 칙력을 슈졍ᄒᆞ며 군긔 화포롤 ᄆᆞᆫ돌고 ᄯᆡ로 황샹이 경이ᄒᆞᄂᆞᆫ
졍을 인ᄒᆞ야 ᄌᆞ긔 곤룡포롤 버셔 남회인을 닙히고 명ᄒᆞ야 곳 집의 은을 내여
경셩 안희 큰 당을 셰우며 신부ㅣ 병든 ᄯᆡ에 자조 시위463ᄒᆞᄂᆞᆫ 사름을 보내여
문후ᄒᆞ더니 죽은 후에 은량과 비단을 주고 관원을 ᄎᆞ뎡ᄒᆞ야 무[97a]덤에 니ᄅᆞ
러 츅문 지어 졔ᄉᆞᄒᆞ더라

ᄯᆡ에 졀강 무ᄃᆡ464에 오히려 셩교롤 잔해홈이 잇거놀 인도졔465와 밋 모든

---

458 로베: 羅伯, 나바레테, 도밍고 페르난데스 나바레테(Domingo Fernández Navarrete, 閔明我, 1618-
   1689).
459 남경: 南京.
460 감챵: 感愴, 감창.
461 남회인: 南懷仁, 페르디난트 페르비스트(Ferdinant Verbiest, 1623-1688), 벨기에의 예수회 선교사.
462 니누시: 利類思, 로도비코 불리오(Lodovico Buglio, 1606-1682), 이탈리아의 예수회 선교사.
463 시위: 侍衛, '임금이나 어떤 모임의 우두머리를 모시어 호위함, 또는 그런 사람'을 의미한다.
464 무ᄃᆡ: 撫臺, '무ᄃᆡ'에 하나의 밑줄이 그어져 있어, 지명으로 인식하여 번역하였으나, '무대'(撫臺)는 명청 시
   기에 지방을 순시하며 군정과 민정을 감찰하던 대신 '순무'(巡撫)의 존칭이다. 香港納匯助靜院印版(1903)
   본에는 지명 표시로 '浙江'에 밑줄 2개가 있고, '撫臺'에는 밑줄 없는 걸로 보아 지명이 아닌 관직으로 인식
   한 것으로 보인다.
465 인도졔: 殷鐸澤, 프로스페로 인토르체타(Prospero Intorcetta, 殷鐸澤, 1625-1696), 이탈리아의 예수회
   선교사.

어 맡김을 받은지라. 벼슬을 주어 높이고, 혹 명하여 책력을 수정하며, 군기와 화포를 만들고, 때로 황상이 경애하는 정을 인하여 자기 곤룡포를 벗어 페르디난트 페르비스트를 입히고 명하여, 곧 집의 은을 내어 경성 안에 큰 당을 세우며, 신부가 병든 때에 자주 시위하는 사람을 보내어 문후하더니, 죽은 후에 은량과 비단을 주고 관원을 차정하여 무[97a]덤에 이르러 축문 지어 제사하더라.

　때에 절강의 무대에 의해 오히려 성교를 잔해함이 있거늘, 인토르체타와 및 모든 신부가 글을 북경에 굴여 황제께 주청하여 은혜로 윤허하심을 입어 각 처에 천주당을 의구히 머물러 임의로 다니고 금지하지 말라 하니라. 1692년에 이르러 신부가 또 황상의 주신 조서를 받아 온 나라에 천주교를 통행하라 효유(曉諭)하니라. 전에 강희 황제 남도에 순행할 새 항주성에 다르매, 성중 천주당에 있는 신부 [97b] 인토르체타 나아가 보고 은혜로 대접함을 많이 입으니, 이에 성교가 널리 퍼져 황제의 친척과 관원이 교에 나아온 자가 적지 아니한지라. 온 나라 각 도에 다 주교가 계시고 성당이 도무지 300여 소이니, 모든 교유가 즐겨 경하(慶賀)하여 천주의 큰 은혜를 감사하더라.

　1705년에 제11위 클레멘스 교황이 좌전(座前)에 으뜸 추기경을 명하사 중국 조정에 이르러 사례할 새, 황상이 예로 맞아 공손히 대접하고 모셔 잔치하니, 예의 심히 융성하되, [98a] 관원으로 하여금 마카오에 돌려보내니라. 때에 러시아가 중원으로 더불어 불목(不睦)하여 군병을 일으켜 싸우거늘 서양 신부 필립 마리 그리말디가 황상의 명을 받들고 가 두 나라를 효유하여 길이 화목하게 하니, 황상이 더욱 서양 수사를 공경하여 믿는지라. 무릇 국가에 관계한 큰일이 있으면 반드시 청하여 한가지로 상의하는 고로 오직 성교를 위하여 구하는 바 모든 일을 준허지 않음이 없고, 어필(御筆)로 성교 경서와 성당 현판을 쓰고, 프랑스 황제로 더[98b]불어 서로 나라 글을 왕래함이 있더니, 아깝도다 강희 황제 몸이 평안한 때에는 세례를 받기를 생각하지 신부ㅣ 글을 북경에 붓쳐 황뎨끠 주청ㅎ야 은혜로 윤허ㅎ심을 닙어 각 쳐에 텬쥬당⁴⁶⁶을 의구히 머믈너 임의로 ᄃ니고 금지치 말나 ㅎ니라 일쳔륙빅구십 이 년에 니르러 빌빌룡⁴⁶⁷ 신부ㅣ 또 황샹의 주신 죠셔를 밧아 온 나라희 텬쥬교를 통힝ㅎ라 효유ㅎ니라 젼에 강희 황뎨 남도에 슌힝홀 시 항쥬⁴⁶⁸셩에 니르매 셩즁 텬쥬당에 잇는 신부 [97b] 인도졔 나아가 보고 은혜로 ᄃ접홈을 만히 닙으니 이에 셩교ㅣ 대힝⁴⁶⁹ㅎ야 황뎨의 친쳑과 관원이 교에 나아온 쟈ㅣ 젹지 아니ㅎᄂ지라 온 나라 각 도에 다 쥬교ㅣ 계시고 셩당이 도모지 삼빅여소ㅣ니 모든 교우ㅣ 즐겨 경하ㅎ야 텬쥬의 홍은⁴⁷⁰을 감샤ㅎ더라

일쳔칠빅오 년에 뎨십일위 글네멘스⁴⁷¹ 교죵이 좌젼⁴⁷²에 웃듬 홍의대쥬교 ⁴⁷³를 명ㅎ샤 즁국 죠뎡에 니르러 샤례홀 시 황샹이 례로 마자 공손이 ᄃ접ㅎ고 뫼셔 잔치ㅎ니 례의 심히 륭셩ㅎᄃ [98a] 관원으로 ㅎ여곰 오문에 돌녀보내니 라 때에 아리사⁴⁷⁴국이 즁원으로 더브러 불목ㅎ야 군병을 니르켜 싸호거늘 셔 양 신부 민밍고⁴⁷⁵ㅣ 황샹의 명을 밧들고 가 두 나라흘 효유ㅎ야 기리 화목게 ㅎ니 황샹이 더욱 셔양 슈ᄉ를 공경ㅎ야 밋는지라 므릇 국가에 관계ㅎᆫ 큰일이 잇스면 반ᄃ시 쳥ㅎ야 ᄒᆞ가지로 샹의ㅎᄂᆫ 고로 오직 셩교를 위ㅎ야 구ㅎᄂᆫ 바 모든 일을 쥰허치 아님이 업고 어필노 셩교 경셔와 셩당 현판을 쓰고 부랑시 아⁴⁷⁶ 황뎨로 더[98b]브러 셔로 나라 글을 왕뢰홈이 잇더니 앗갑도다 강희 황뎨

---

466 텬쥬당: 天主堂, 천주당.
467 빌빌룡: 熱爾彼龍, 장 프랑수아 제르비용(Jean-François Gerbillon, 1654-1707), 프랑스 예수회 선교사.
468 항쥬: 杭州, 항주.
469 대힝: 大行, 어떤 풍습이나 사조가 널리 퍼져 둠.
470 홍은: 洪恩, 큰 은혜.
471 글네멘스: 클레멘스. [1866]은 제10위(第十位依諾生教宗)로 기록했으나, 依諾生은 제4위 교황 인노첸시오 의 한문 이름이다. [1883]은 제11위(뎨십일위 글네멘스 교종)로 수정 번역했다. 교황 클레멘스 11세(Clem- ens PP. XI, Giovanni Francesco Albani, 1649-1721)는 제243대 교황(재위: 1700-1721)이다. 교황 클레 멘스 10세는 재위가 1670년 4월 29일-1676년 7월 22일로 시기상 11세가 맞다.
472 좌젼: 座前, 받들어 모시는 자리 아래.
473 홍의대쥬교: 紅衣大主教, 추기경.
474 아리사: 阿羅斯, 러시아.
475 민밍고: 閔明我, 필립 마리 그리말디(Philippe-Marie Grimaldi, 1639-1712), 이탈리아 예수회 선교사.
476 부랑시아: 拂郞西, 프랑스.

아니하고 미루어 오다가, 병이 중함에 이르러 서양 신부를 불러 조정에 나아와 세례를 받고자 하나, 때에 대궐 문을 막아 밖에 사람 들어오기를 준허지 아니하는지라.

1722년에 황상이 죽고, 옹정 황제 위를 이은 후에 각 고을에 반포하여 성교를 해하려 할 새, 서양 신부 67위를 일제히 쫓아 마카오에 돌려보내고, 황제의 친[99a]척 봉교하는 자 중에 소아마(蘇亞瑪)라 하는 이가 있으니, 한 집에 도무지 300여 인이 잡힘을 입어 옥에 내린지라. 핍박하여 배교(背敎)하라 하고 죽을 형벌로써 협박하되, 그 300여 인이 마음과 말을 한결같이 하여 천주를 배반하지 아니하고, 진정으로 바래서 죽음을 받으려 하더니, 마침내 옥중에서 죽으니라.

호광(湖廣) 땅에 군란을 피하는 교중 사람들이 무본(木本) 깊은 산에 도망하여 살 새, 사람의 자취 드물어 간신히 생명하더니, 1734년 프랑스 라비신[99b]부가 그 산에 가 전교할 새 세 십자가를 세워 표하고 그 산 이름을 고쳐 가로되, '교우곡'(敎友谷)이라 하더라.

건륭(乾隆) 연간에 이르러 풍파가 더욱 흉하니, 때에 전교 신부가 잡힘을 입어 죽은 죄 안으로 정하고 또 므든 교유가 주를 위하여 순교한 이 많고, 정배한 이도 적지 아니하니, 각 처 성당이 헐림을 입고, 혹 고쳐 사묘(祠廟)와 백성의 집을 삼더라. 이때 경성에 머무는 흠천감(欽天監)과 천문박사 두어 위(位) 신부가 성교 군란을 만나 견디기 어려움을 보고 구원할 힘이 없으니, [100a] 근심되고 민망하여 병도 나며, 혹 나이 쇠로하여 차례로 죽은지라. 후에 태서 여러 신부가 중국 경성에 이르러 성교 모든 일이 이어 다스릴 새, 외방 교우는 비록 풍파 간난을 받으나, 경성은 오히려 흠천감 신부의 보호함을 힘입어 적이 평안 무사하더라.

강생 후 1800년간에 북경 큰 성당에 오히려 각 처 전교 신부와 관원과 선비 있어 성체 첨례를 크게 경하하고 또 사천(四川) 주교가 본 지방 탁덕 섭여 위를 모아 성교 모든 일을 상의하더니, 후[100b]에 주교와 두어 위 신부 몸이 평안훈 때에는 렴셰ᄒᆞ기를 싱각지 아니ᄒᆞ고 밀위여 오다가 병이 즁흠에 니르러 셔양 신부를 불너 죠뎡에 나아와 셰를 밧고져 ᄒᆞ나 때에 대궐 문을 봉금⁴⁷⁷ᄒᆞ야 밧겻 사ᄅᆞᆷ 드러오기를 쥰허치 아니ᄒᆞ눈지라

　일쳔칠ᄇᆡᆨ이십이 년에 황샹이 죽고 옹졍⁴⁷⁸ 황뎨 위를 니은 후에 각 고올에 반포ᄒᆞ야 셩교를 해ᄒᆞ려 홀 시 셔양 신부 륙칠십위를 일졔히 쫏차 오문에 돌녀보내고 황뎨의 친[99a]쳑 봉교ᄒᆞᄂ 쟈 즁에 소아마ㅣ라 ᄒᆞᄂᆞᆫ 이 잇스니 ᄒᆞᆫ 집에 도모지 삼ᄇᆡᆨ여 인이 잡힘을 닙어 옥에 ᄂᆞ린지라 핍박ᄒᆞ야 비교ᄒᆞ라 ᄒᆞ고 죽을 형벌노써 져히디 그 삼ᄇᆡᆨ여 인이 ᄆᆞᄋᆞᆷ과 말을 ᄒᆞᆫ갈ᄀᆞᆺ치ᄒᆞ야 텬쥬를 비반치 아니ᄒᆞ고 졍원⁴⁷⁹으로 죽음을 밧으려 ᄒᆞ더니 ᄆᆞᆺ춤내 옥즁에셔 죽으니라

　호광 ᄯᅡ희 군난을 피ᄒᆞᄂ 교즁 사ᄅᆞᆷ들이 무본⁴⁸⁰ 깁흔 산에 도망ᄒᆞ야 살 시 사ᄅᆞᆷ의 조최 드므러 간신이 싱명ᄒᆞ더니 일쳔칠ᄇᆡᆨ삼십ᄉ 년에 부랑시아 나베⁴⁸¹ 신[99b]부ㅣ 그 산에 가 젼교홀 시 셰 십즈가를 셰워 표ᄒᆞ고 그 산 일홈을 곳쳐 굴ᄋᆞ디 교우곡⁴⁸²이라 ᄒᆞ더라

　건륭⁴⁸³ 년간에 니르러 풍파ㅣ 더옥 흉ᄒᆞ니 때에 젼교 신부ㅣ 잡힘을 닙어 죽을 죄 안으로 뎡ᄒᆞ고 또 모든 교우ㅣ 위쥬 치명ᄒᆞᆫ 이 만코 뎡비ᄒᆞᆫ 이도 젹지 아니ᄒᆞ니 각 쳐 셩당이 헐님을 닙고 혹 곳쳐 샤묘⁴⁸⁴와 ᄇᆡᆨ셩의 집을 삼더라 이 때에 경셩에 머므는 흠텬감⁴⁸⁵과 텬문박ᄉ 두어 위 신부ㅣ 셩교 군난을 맛나 견듸기 어려움을 보고 구원홀 힘이 업스니 [100a] 근심되고 민망ᄒᆞ야 병도 나며 혹 나히 쇠로ᄒᆞ야 ᄎᆞ례로 죽은지라 후에 태셔 여러 신부ㅣ 즁국 경셩에 니르러 셩교 모든 일을 니어 다ᄉᆞ릴 시 외방 교우는 비록 풍파 간난을 밧으나 경

477　봉금: 封禁, 일정한 지역(地域)에 들어가지 못하게 막음.

478　옹졍: 雍正, 옹정제(雍正帝, 1678-1735), 청나라의 제5대 황제(재위 1722-1735).

479　졍원: 情願, 진정(眞情)으로 바람.

480　무본: 木本.

481　나베: 辣伯, 조제프 라베(Joseph Labbe, 1677-1745).

482　교우곡: 教友谷.

483　건륭: 乾隆, 건륭제(乾隆帝, 1711-1799)로 청나라의 제6대 황제(재위 1735-1796).

484　샤묘(祠廟): 廟宇(묘우), 신위를 모신 집.

485　흠텬감: 欽天監, 흠천감, 1370년 이래 설치된 중국 명·청 때의 국립 천문대(天文臺)이다.

와 여러 교우가 한가지로 주를 위해 순교하니라.

가경(嘉慶) 황제 때에 북경 성교가 또한 군란을 만나 성당이 헐림을 입고 가경 18년에 이르러 일양(一樣)으로 성교를 엄금할 새, 전교 수사와 봉교하는 모든 사람을 잡아 다스려 의리(依理) 땅에 충군(充軍)하고, 도광(道光) 황제 즉위한 첫해에 성교가 옛날과 같이 군란을 받고 강생 후 1820년에 성 틴챈시오회(味增爵會) 전교하는 서양 신부 프랑수아 레지 클렛이 있고, 드 1840년 같은 회 서양 신부 장 가브리엘 페르부아[101a]가 다 호북(湖北) 므창부(武昌府)에서 전후로 주를 위하여 교하는 교형(絞刑)을 받아 순교하였더라.

도광 24년에 이르러서는 황상의 은혜를 입어 성교 금령 그친 고로, 각 처 성교가 적이 평안함을 얻고, 함풍(咸豐) 10년에 이르러 다시 황상의 은혜를 입어 서양 신부가 내지에 나아와 전교하여 성당을 세우고, 이전 각 지방에 적물한 바 천주당(天主堂)과 학방(學房)과 분묘(墳墓)와 전지(田地)를 다 브처(處) 신부와 봉교인에게 돌려보내기를 준허하고, 그 후 동치(同治) 원년에 황상이 은혜를 베풀어 가경 [101b] 18년에 정한 금령을 혁파하니, 이제 이르러 천주의 큰 은혜를 입어 각 처 성교가 비록 적은 풍파와 간난을 때로 받음이 있으나, 도처에 가히 광양되어 조당(阻擋)이 없다 일컬을지라.

우리 무리 오히려 마음을 같이 쓰고 힘을 합하여 열렬히 천주께 은혜를 기구하여 다행히 일후에 중원 황제 주를 믿어 교에 나아옴을 바라노니, 우리 성교가 장차 서양 모든 나라와 같이 일통 전하여 크게 광양이라 일컬음을 블지어다.

[102a] 문: 청나라 처음에 중국 성교가 어떠하였습니까?

답: 순치(順治)와 강희(康熙) 두 임금이 서양 수사를 가장 공경하고 사랑하여 믿는 고로, 성교가 옛날과 같이 널리 전하여 각 지방에 성당을 세워 300여 소에 이르렀습니다.

성은 오히려 흠텬감 신부의 보호흠을 힘닙어 젹이 평안 무ᄉᆞᄒᆞ더라

강성 후 일쳔팔ᄇᆡᆨ 년간에 <u>북경</u> 큰 셩당에 오히려 각 쳐 젼교 신부와 관원과 션ᄇᆡ 잇서 셩톄 쳠례[486]롤 크게 경하ᄒᆞ고 또 <u>ᄉᆞ쳔</u>[487] 쥬교ㅣ 본 디방 탁덕 십여 위롤 모화 셩교 모든 일을 샹의ᄒᆞ더니 후[100b]에 쥬교와 두어 위 신부와 여러 교우ㅣ ᄒᆞᆫ가지로 위쥬 치명ᄒᆞ니라

<u>가경</u>[488] 황뎨 때에 <u>북경</u> 셩교ㅣ 또흔 군난을 맛나 셩당이 헐님을 닙고 가경 십팔 년에 니ᄅᆞ러 일양으로 셩교롤 엄금ᄒᆞᆯ ᄉᆡ 젼교 슈ᄉᆞ와 봉교ᄒᆞᄂᆞᆫ 모든 사ᄅᆞᆷ을 잡아 다ᄉᆞ려 <u>의리</u> 따희 <u>츙군</u>[489]ᄒᆞ고 <u>도광</u>[490] 황뎨 즉위흔 쳣ᄒᆡ에 셩교ㅣ 녜와 곳치 군난을 밧고 강성 후 일쳔팔ᄇᆡᆨ이십 년에 셩 <u>원션시오회</u>[491] 젼교ᄒᆞᄂᆞᆫ 셔양 신부 <u>류방지거</u>[492]ㅣ 잇고 또 일쳔팔ᄇᆡᆨᄉᆞ십 년에 동회 셔양 신부 <u>동갑열</u>[493][101a]이 다 <u>호북</u>[494] <u>무챵</u>[495]부에셔 젼후로 위쥬ᄒᆞ야 교ᄒᆞᄂᆞᆫ 형벌을 밧아 치명ᄒᆞ엿더니

도광 이십ᄉᆞ 년에 니ᄅᆞ러ᄂᆞᆫ 황샹의 은혜롤 닙어 셩교 금령을 긋친 고로 각 쳐 셩교ㅣ 젹이 평안흠을 엇고 <u>함풍</u>[496] 십년에 니ᄅᆞ러 다시 황샹의 은혜롤 닙어 셔양 신부ㅣ ᄂᆡ디에 나아와 젼교ᄒᆞ야 셩당을 셰우고 이젼 각 디방에 젹몰흔 바 텬쥬당과 학방과 분묘와 뎐디롤 다 본 쳐 신부와 봉교인의게 돌녀보ᄂᆡ기롤 쥰허ᄒᆞ고 그 후 <u>동치</u>[497] 원년에 황샹이 은혜롤 베퍼 가경 [101b] 십팔 년에 뎡흔 금령을 혁파ᄒᆞ니 이제 니ᄅᆞ히 텬쥬의 큰 은혜롤 닙어 각 쳐 셩교ㅣ

---

486 셩톄 쳠례: 聖體 瞻禮, 성체 첨례, 성체 성혈 대축일(Feast of Corpus Christi).

487 ᄉᆞ쳔: 四川, 쓰촨.

488 가경: 嘉慶, 가경제(嘉慶帝, 1760-1820)로 청나라의 제7대 황제(재위 1796-1820).

489 츙군: 充軍, 죄를 지은 벼슬아치를 군역(軍役)에 복무시키거나 죄를 지은 평민을 천역군(賤役軍)에 편입시키던 형벌의 한 가지이다.

490 도광: 道光, 도광제(道光帝, 1782-1850), 청나라의 제8대 황제(재위 1820-1850).

491 원션시오회: 味增爵會, '빈첸시오회', '선교수도회', '라자로회'.

492 류방지거: 劉方濟各, 프랑수아 레지 클렛(François-Régis Clet, 劉格來/劉方濟, 1748-1820).

493 동갑열: 董加俾陃爾, 장 가브리엘 페르부아(Jean-Gabriel Perboyre, 董文學, 1802-1840).

494 호북: 湖北.

495 무챵: 武昌, 무창.

496 함풍: 咸豐, 함풍제(咸豐帝, 1831-1861), 청나라의 제9대 황제(재위 1850-1861) 문종(文宗).

497 동치: 同治, 동치제(同治帝, 1856-1875), 청나라의 제10대 황제(재위 1861-1875) 목종(穆宗).

문: 몇 위 신부가 가장 순치와 강희 두 황제의 사랑함과 미쁨을 얻었습니까?

답: 요한 아담 샬 폰 벨(湯若望)과 페르디난트 페르비스트(南懷仁)와 로도티코 불리오(利類思)와 필립 마리 그리말디(閔明我)와 장 프랑수아 제르티용(熱爾彼龍) 신부이니, 혹 명하여 시헌력(時憲曆)과 영정력(永定曆) 법을 닦으며 군기, 화포를 만들고, 혹 차정하여 러시아에 가 효유하여 두 나라[102b]가 서로 화평(和平)하고 사이가 좋아 평안케 하니, 조서하여 통미교사라 일컫고, 윤음(綸音)을 반포하여 전교하게 하고, 어고(御庫)의 은을 발(發)하여 경성에 큰 당을 짓고, 신부가 병든 때에 시위(侍衛)를 보내어 문후하고, 죽은 후에 은량과 비단을 주고, 관원을 보내어 축문을 지어 제사하고, 무덤 앞에 돌사람과 돌말을 세웠습니다.

문: 청나라 때에 성서를 저술함을 몇 위 신부가 가장 많이 하였습니까?

답: 로도비코 불리오와 요한 아담 샬 폰 벨과 페르디난트 페르비스트와 니콜로 롱고바르도과 앙드레 장 루벨리와 프란체스코 브란카티 등 모든 신부(神父)입니다.

[103a] 문: 어느 때에 성교가 간난 풍파를 받았습니까?

답: 옹정(雍正)과 건륭(乾隆)과 가경(嘉慶) 연간에 잡힘을 입은 서양 신부가 혹 쫓겨 마카오에 돌아가며, 혹 형벌을 받아 순교하고, 잡힘을 입은 남녀 교우가 혹 심한 형벌을 받아 순교하며 혹, 옥에 갇혀 죽기에 이르며, 혹 지경 밖에 보내어 충군하고, 각 지방 성당이 헐림을 입고 혹 사묘와 백성의 집이 되었습니다.

문: 어느 때에 각 처 성교가 은혜를 입어 평안함을 얻었습니까?

답: 도광(道光) 24년에 처음으로 금령을 그[103b]치고, 함풍(咸豊) 10년에 다시 은혜을 입어 서양 신부가 내지에 나아와 전교하여 성당을 짓게 하고, 전에 적몰한 바 천주당과 신부의 집과 분묘, 전지를 본처(處) 봉교인에게 돌려보내기를 준허하고, 또 동치(同治) 원년에 은혜로 가경(嘉慶) 18년에 정한 바 금령 조목을 혁파하였습니다.

비록 젹은 풍파와 간난을 때로 밧음이 잇스나 도쳐에 가히 광양되야 조당이
업다 닐크롤지라

　우리 무리 오히려 ᄆᆞᆷ을 긋치 쓰고 힘을 합ᄒᆞ야 열졀이⁴⁹⁸ 텬쥬ᄭᅴ 은혜롤
긔구ᄒᆞ야 다힝이 일후에 **즁원** 황뎨 쥬롤 밋어 교에 나아옴을 ᄇᆞ라ᄂᆞ니 우리
셩교ㅣ 쟝찻 셔양 모든 나라와 긋치 일통 젼ᄒᆞ야 크게 광양이라 닐크롬을 볼
지어다

[102a] 문: **청**나라 처음에 **즁국** 셩교ㅣ 엇더ᄒᆞ뇨

답: **슌치**와 **강희** 두 님금이 셔양 슈ᄉᆞ롤 ᄀᆞ장 공경ᄒᆞ고 ᄉᆞ랑ᄒᆞ야 밋ᄂᆞᆫ 고로 셩
　　교ㅣ 녜와 긋치 널니 젼ᄒᆞ야 각 디방에 셩당을 셰워 삼ᄇᆞᆨ여소에 니르니라

문: 몃 위 신부ㅣ ᄀᆞ장 **슌치**와 **강희** 두 황뎨의 ᄉᆞ랑홈과 밋붐을 엇엇ᄂᆞ뇨

답: **탕요왕**과 **남회인**과 **니누시**와 **민밍고**와 **빌빌룡** 신부ㅣ니 혹 명ᄒᆞ야 시헌칙
　　력⁴⁹⁹과 영뎡칙력⁵⁰⁰ 법을 닥그며 군긔 화포롤 ᄆᆞᆫ돌고 혹 초뎡ᄒᆞ야 **아라사**
　　에 가 효유ᄒᆞ야 두 나[102b]라히 서로 화호⁵⁰¹ᄒᆞ야 평안케 ᄒᆞ니 죠셔ᄒᆞ야
　　통미교ᄉᆞㅣ라 닐ᄏᆞᆺ고 륜음을 반포ᄒᆞ야 젼교케 ᄒᆞ고 어고의 은을 발ᄒᆞ야
　　경셩에 큰 당을 짓고 신부ㅣ 병든 때에 시위롤 보내여 문후ᄒᆞ고 죽은 후에
　　은량과 비단을 주고 관원을 보내여 츅문 지어 졔ᄉᆞᄒᆞ고 무덤 압희 돌사롬
　　과 돌물을 셰우니라

문: **청**나라 때에 셩셔롤 져슐홈을 몃 위 신부ㅣ ᄀᆞ장 만히 ᄒᆞ엿ᄂᆞ뇨

답: **니누시**와 **탕요왕**과 **남회인**과 **룡화민**⁵⁰²과 **륙안데**⁵⁰³와 **반국광**⁵⁰⁴ 모든 신
　　부ㅣ니라

498　열졀이: 熱切, 열렬히.

499　시헌칙력: 時憲曆.

500　영뎡칙력: 永定曆, 강희 55년(1716)에 완성된 새 역법으로, 시헌력을 보완·개정한 것.

501　화호: 和好, 화평(和平)하고 사이가 좋음.

502　룡화민: 龍華民, 니콜로 롱고바르도(Nicolò Longobardo, 1559-1654).

503　륙안데: 陸安德, 앙드레 장 루벨리(Andre-Jean Lubelli, 1610-1683).

504　반국광: 潘國光, 프란체스코 브란카티(Francesco Brancati, 1607-1671).

문: 이제 중원 각 처에 성교가 가히 광양하다 일컬을 수 있습니까?

답: 비록 악인의 잔해함을 받음이 때로 있으나, 도처에 천주의 특별한 은혜를 입어 중국 성교가 [104a] 가히 널리 전하여 조당(阻擋)이 없다 일컬을지니, 다시 바라건대 모든 교우가 마음을 같이하여 힘을 합하여 천주께 기구하여 지금 황제 성교 도리를 믿어 흠숭(欽崇) 가히 중국이 일통(一通) 대광양(大廣揚)이라 할 것입니다.

[103a] 문: 여느 때에 셩교ㅣ 간난 풍파를 밧으뇨

답: 옹졍과 건륭과 가경 년간에 잡힘을 닙은 셔양 신부ㅣ 혹 쫏겨 오문에 도라
　　가며 혹 형벌을 밧아 치명ㅎ고 잡힘을 닙은 남녀 교우ㅣ 혹 심흔 형벌을
　　밧아 치명ㅎ며 혹 옥에 갓치여 죽기에 니르며 혹 디경 밧긔 보내여 츙군
　　ㅎ고 각 디방 셩당이 헐님을 닙고 혹 샤묘와 빅셩의 집이 되니라

문: 어느 때에 각 쳐 셩교ㅣ 은혜를 닙어 평안홈을 엇으뇨

답: 도광 이십ᄉ 년에 처음으로 금령을 긋[103b]치고 함풍 십 년에 다시 은혜
　　를 닙어 셔양 신부ㅣ 뉘디에 나아와 젼교ㅎ야 셩당을 짓게 ㅎ고 젼에 젹물
　　흔 바 텬쥬당과 신부의 집과 분묘 던디를 본 쳐 봉교인의게 돌녀보내기를
　　쥰허ㅎ고 또 동치 원년에 은혜로 가경 십팔 년에 뎡흔 바 금령됴목을 혁
　　파ㅎ니라

문: 이제 쥼원 각 쳐에 셩교ㅣ 가히 광양이라 닐ᄏ르랴

답: 비록 악인의 잔해홈을 밧음이 때로 잇ᄉ나 도쳐에 텬쥬의 격외 지은을 닙
　　어 쥼국 셩교ㅣ [104a] 가히 널니 젼ᄒ야 조당이 업다 닐ᄏ를지니 다시 ᄇ
　　라건대 모든 교우ㅣ ᄆ움을 긋치ᄒ고 힘을 합ᄒ야 텬쥬끠 긔구ᄒ야 당금
　　황뎨 셩교 도리를 밋어 흠슝505ᄒ면 가히 쥼국이 일통 대광양이라 ᄒ리로
　　다

─────────

505　흠슝: 欽崇, 흠숭, 흠모하고 공경함.

찾아보기

언해	한문	번역 [개역개정, 공동]	쪽
가경	嘉慶	가경/청나라 왕	442, 444, 448
가나	加納	가나	332
가나안	加南盎	가나안/인명	124
가나안	加南盎	가나안/지명	154, 166, 188, 192, 196, 198, 200, 308
가벨노	加白六	가바엘	226
가스발		가스파르(Caspar)	310
가이난	葢南	게난	118
가이파	葢法斯	가야바	360, 362
가인	加音	가인	82, 106, 108, 110, 112
간난	艱難	간난	116, 140, 286, 318, 386, 388, 394, 408, 442, 444, 448
간린	慳吝	간린	352
간왕	簡王	간왕/주나라 왕	230
갈닐네아	加理肋亞	갈릴리	290, 332, 340, 344, 374
갈와리아	加爾瓦略	갈보리	136, 138, 366, 368
갑열	加伸阨爾	가브리엘	254, 290
강남	江南	강남	428, 432
강디다	剛弟大	강제대	428, 430
강복	降福	강복	120, 124, 140, 142, 144, 166, 226, 374, 422

강싱	降生	강생	76, 78, 94, 98, 102, 106, 110, 114, 120, 124, 128, 132, 136, 140, 146, 148, 150, 152, 154, 166, 170, 176, 188, 192, 196, 204, 208, 212, 216, 220, 224, 230, 234, 238, 244, 248, 254, 260, 264, 268, 272, 276, 280, 290, 292, 294, 296, 298, 304, 308, 312, 316, 320, 324, 328, 332, 336, 340, 344, 348, 350, 364, 336, 398, 402, 404, 408, 410, 412, 416, 418, 422, 426, 434, 438, 444
강왕	康王	강왕/주나라 왕	208
강탄	降誕	강탄	308
강희	康熙	강희/청나라 왕	436, 438, 440, 446
건륭	乾隆	건륭/청나라 왕	440, 442, 448, 574
건중	建中	건중/당나라 이괄의 연호	414, 416
격외	格外	격외	192, 448
견진	堅振	견진 성사	394
결약	結約	결약/언약(言約)	190, 196, 212, 214, 232
경	局	경/하나라 왕	132
경교비	景教碑	대진경교유행중국비	410, 416
경뎐	經典	경전	338, 342, 430
경문	經	경문(經文)	410, 412
경셔	經	경서(經書)/성경	262, 432, 440
경왕	景王	경왕/주나라 왕	260
고경	古經	구약성경	76, 238, 264, 272, 274, 276, 280, 282, 292, 308, 310, 324, 356, 366
고계	古誡	고계/구약의 계명	222
고교	古教	고교/구약 교회	182, 274, 352, 366, 380, 392, 394
고르넬니오	郭爾奈略	고넬료	394
고셩	古聖	옛 성인	76, 84, 184, 336, 344, 346, 366, 378

고양	羊羔	어린 양	84, 180, 182, 314, 434, 358, 366
고일지	高一志	알폰소 바뇨니	432
고종	高宗	고종/당나라 이치	410
골니앗	戈立亞	골리앗	204, 206
공갑	孔甲	공갑/하나라 왕	136, 140
공부즈	孔夫子	공자(孔子)	254
공스당딩	公斯當定	콘스탄티누스 (Constantinus)	288, 404, 406, 408, 434
곽즈의	郭公子儀	곽자의(郭子儀)	414
광동	廣東	광동	426, 430, 434
광무	光武	광무/동한의 왕	324, 398
광종	光宗	광종/명나라 왕	430
교오	驕傲	교오	330, 352
교종	教宗	교종/교황	398, 418, 420, 422, 424, 438, 440
교즁	教衆	교중/교인	274, 278, 302, 378, 380, 394, 404, 424, 438, 442
교화황	教化皇	교황	398, 4400, 402, 404, 420, 422
구령	救靈	구령	76, 266
구셰쥬	救世者, 救世主	구세주	84, 104, 132, 142, 168, 210, 254, 260, 262, 274, 276, 280, 290, 298, 300, 308, 310, 316, 318, 356, 374, 378, 380
구쇽	救贖	구속	78, 80, 164, 280, 294, 304, 312, 314, 324, 344, 356, 368
구적	仇敵	구적/원수	200, 204
궁고	窮苦	궁고/ 더 할 수 없이 괴로움	140, 300
그레고린	額我略	그레고리오	418
그레시아	額肋西亞	그리스	240, 264, 278, 420
그리스도	基利斯督	그리스도	206, 254, 281, 324, 326, 336, 346

글네멘스	格肋孟德	클레멘스	420, 440
긔구	祈禱	기구	170, 180, 200, 226, 230, 250, 254, 262, 272, 378, 446, 448
긔함	記含	기함	88
기훠	佶和	길화	412
김누가	金路加	김누가	434
ᄀᆞᆷ아논 관쟝	司敎官長	대제사장	352
긔과	改過	개과	178, 220, 324, 326, 336, 378, 380, 382
까스바	加斯巴	가스파르 다 크루스	426
나단	拿膽/拿胆	나단	208
나라히 논호여됨	裂國	열국/나라가 나뉨	84, 216
나베	辣伯	조제프 라베	442
나뷔고도노솔	拿布哥多諾佐	느브갓네살	230, 234, 238, 244, 248
나야거	羅雅各	자코모 로	432
나자릐노	納匝勒諾	나사렛	432
나자릣	納匝肋	나사렛	290, 316
남경	南京	남경	438
남회인	南懷仁	페르디난트 페르비스트	438, 446
너흘다	嚙	물다	222
네로	奈祿	네로	398
네헤미아	熱赫彌亞	느헤미아	276
넵후달니	聶弗大林	납달리	224
노에	諾厄	노아	82, 110, 112, 114, 116, 118, 120, 122, 124, 128, 130, 132
늬고데모		니고데모	372
니고나오	尼各老	니콜라스	424
니누시	利類思	로도비코 불리오	442
니니베	尼尼物	니느웨	224

니즈조	李子藻	이자조/이지조(李之藻)?	428, 432
다니엘	達尼阨爾	다니엘	100, 234, 236, 238, 240, 242, 248, 250, 252, 254, 256, 260, 278, 280, 298
다두	達陡	다대오	332, 334
다리워쓰	大利於斯	다리오	248, 250
다마스고	大瑪斯哥	다메섹	390, 392
다못	與	및	230, 272, 294, 370, 432
다볼	大博爾	다볼	344, 346
다위	達未	다윗	84, 234, 236, 238, 240, 244, 248, 250, 254, 256, 260, 276, 278, 298, 356
당나라	唐朝	당나라	288, 410, 412, 414, 416
대종	代宗	대종/당나라 이예	414
대쥬교	大主教	대주교	422
대지	大齋	대재	328
대쳠례	大慶	대쳠례(大瞻禮)	320
뎨즈	徒	제자	332, 360, 370
도광	道光	도광/청나라 왕	442, 444, 448
도로혀	反	도리어	148, 158, 194, 220, 238, 244, 250, 268, 426
도마	多黙	도마	332, 334, 410
도밍고회	多明我會	도미니코회	418, 426, 434, 438
도비아	多俾亞	토비트	84, 224, 226, 228
동갑열	董加俾阨爾	장 가브리엘 페르부아(董文學)	444
동방	東方	동방	184, 278, 308, 310, 422
동신	童身	동신	290, 292
동의	盆	동이	114
동정	童貞	동정	154, 280, 290, 292
동쥬	東周	동장/낙양(洛陽)	412
동치	同治	동치/청나라 왕	444, 448

듸듸쓰		티투스(Titus)	350
듸베릐	弟白略	티베리우스	324
듸스베	色弗	티스베	224
디당	地堂	에덴동산	82, 94, 96, 98, 100, 102, 104, 106
디도	地圖	지도	428, 432
디옥	地獄	지옥	100, 104, 304, 340, 374
라게	辣日	라게스	226
라귀엘	辣貴	라구엘	226
라딘	辣丁	라틴	334, 420
라믹	辣黙格	라멕	118
라자로	納匝祿	나사로	348, 444
라파엘	辣法厄爾	라파엘	228
레벡가	勒比嘉	리브가	140
레위	肋位	레위	144, 172, 174
렬교	裂敎	열교	84, 220, 222, 394, 400
령명	靈明	영명	94
령무	靈武	영무	414
령보	領報	영보	286, 290, 306
령왕	靈王	영왕/주나라 왕	248, 254
령젹	驚事, 靈迹	영적(靈蹟)	76, 182, 190, 196, 198, 236, 256, 282, 300, 326, 336, 338, 340, 352, 382, 384, 406, 438
령혼	靈魂	영혼	78, 80, 88, 90, 94, 110, 116, 164, 192, 214, 270 272, 294, 304, 312, 336, 368, 376, 380, 400, 430, 438
로마	羅瑪	로마	240, 256, 274, 276, 278, 298, 324, 338, 350, 394, 396, 398, 402, 404, 410, 416, 418, 420, 422, 424, 426, 438
로베	羅伯	도밍고 페르난데스 나바레테	438

로보암	羅不盎	르호보암	216, 218, 220
로암	羅含	로암	412
룡화민	龍華民	니콜로 롱고바르도	446
루벤	露崩	르우벤	146
루지뿔	路濟弗爾	루시퍼, Lucifer(루치페르)	100
류방지거	劉方濟各	프랑수아 레지 클렛	444
륙안데	陸安德	앙드레 장 루벨리	446
륙품부제	六品副祭	육품부제	386, 388, 398
리노	理諾	리누스(Linus)	402
리마두	利瑪竇	마테오 리치	426, 428, 432
리종	理宗	이종/송나라 왕	418
릭죠	來朝	내조	286, 308
마가베	瑪加伯依	마카베오	86, 272, 274, 276, 278
마귀	魔鬼, 魔	마귀	98, 100, 104, 182, 184, 220, 226, 242, 280, 282, 286, 328, 330, 338, 366, 368, 382, 384
마다디아	瑪大弟亞	마따디아	86, 272, 274
마두	瑪竇	마태	332, 334
마두살넴	瑪都撒辣	므두셀라	118
마듸안	瑪弟央	미디안	176
마디아	瑪弟亞	맛디아	334
마리아	瑪利亞	마리아	290, 292, 294, 296, 298
마상	魔像	마상/우상	200
막다릐나	瑪大肋納	막달라	370, 372
만물	萬物	만물	76, 80, 82, 88, 90, 94, 110, 114, 200, 244, 268, 368, 412
말나긔	瑪辣基亞	말라기	280
말나네엘	瑪辣肋爾	마할랄렐	118
말나살	瑪辣撒	말라살	234

맛나	瑪納	만나	78, 166, 172, 188, 190, 318, 330, 406, 418, 420, 422, 442, 444
머구리	蝦蟆	개구리/'개구리'의 방언	176
멜콜		멜키오르(Melchior)	310
면병	麥餅	면병/보리떡	356
면쥬		면주/포도주	356
명나라	明朝	명나라	288, 424, 426, 428, 430, 432, 434
명오	明悟	명오	88, 212
모긔	蚊虻	모기	178
모샹	肖像, 像似, 表像, 影像	모상	88, 90, 96, 114, 116, 162, 182, 240, 242, 326, 348, 350, 368
모아빗	莫亞比	모압	192, 194
모이스	每瑟	모세	84, 170, 172, 174, 176, 178, 180, 182, 184, 188, 196, 198, 344, 346
모해	謀害	모해	286, 352, 354, 390, 392
목왕	穆王	목왕/주나라 왕	216
몰약	沒藥	몰약	308, 310
몽고	蒙古	몽고	418, 420, 426
문뎨	文帝	문제/한나라 왕	264, 378
문도	門徒	문도/제자	332, 334, 340, 370, 372, 374, 378
문황뎨	文皇帝	문황제/당나라 이세민	410, 414
믁계	啟, 默啟	묵계/계시	150, 166, 192, 194, 210, 280, 294, 312, 324, 340, 398
믁시	啟示	묵시/계시	152, 192, 204, 282
미게아스	彌格爾	미가	280
미사	彌撒	미사	234, 244, 280, 356, 358, 418, 420
미사엘	彌撒阨爾	미사엘	234, 244
민밍고	閔明我	딜립 마리 그리말디	440, 446

바리	巴里	파리	422
바리서이	法利色義	바리새인	352, 354, 386, 388
바벨	罷伯爾	바벨	82, 128, 130, 132, 260
바빌논	巴彼隆	바벨론	232, 234, 248, 254, 256, 260
바스과	巴斯卦	파스카/유월절	84, 180, 182, 286, 348, 356, 358, 360, 366, 380
반국광	潘國光	프란체스코 브란카티	446
발나암	巴辣盎	발람	84, 192, 194, 308
발낙	巴辣格	발락	192
발다살	巴爾大撒	벨사살, 발타사르(Balthazar)	248, 250, 310
발도로메오	巴爾多祿茂	바돌로매	332, 334
발요나	巴爾若納	바요나	340
밥디스다	保弟斯大	세례자	296
방뎨워	龐迪我	판토하 (Diego de Pantoja)	432
방지거 사베리오	方濟各 沙勿略	프란시스코 하비에르	426, 430
방지거회	方濟各會	프란치스코회	418
방현령	房公玄齡	방현령	410
봐로	保祿	바울	288, 390, 392, 398
버금	次	버금/둘째	332
베다니아	白大尼亞	베다니	348, 374
베두루	伯多祿	베드로	242, 286, 332, 334, 340, 342, 344, 356, 360, 362, 378, 382, 384, 386, 388, 394, 396, 398, 402
벤사민	崩亞明	베냐민	144, 158, 204
벨	白兒	벨	256, 434
벨낭더	物爾南德	페르난데스 데 카펠라스	434, 436
벨시아	伯爾西亞	페르시아/바사	240, 250, 420
벳드름	白冷	베들레헴	210, 280, 298, 300, 308, 310, 316

변빅	辭辯	변백(辨白)	160
보비로온 피	寶血	보혈	182, 356
보세	普世	보세/온 세상	366
보쇽	補贖	보속	104, 208, 262
보텬하	普地	보천하/온 세상	106, 108, 114, 116, 126, 130, 132, 164, 194, 256, 280, 384, 398, 400
복디	福地	복지	190, 192, 196, 198, 308
볼노니아	波羅尼亞	폴란드	418
볼두알	波爾多亞	포르투갈	426
봉교	奉教	봉교	288, 334, 382, 384, 390, 392, 394, 398, 404, 406, 408, 418, 420, 428, 430, 432, 434, 442, 444, 448
봉베위스	崩百約	폼페이우스	276
부랑시아	拂郎西	프랑스	130, 422, 440, 442
부활	復活	부활	76, 164, 210, 280, 286, 336, 344, 346, 366, 368, 370, 372, 374, 376, 378, 380, 384
분도	本篤	버네딕투스	422
븨듸팔	普弟法勒	보디발	148
비라도	比辣多	빌라도	364, 368, 370
비리버	斐理伯	빌립	332, 334
비회	情動	비회(悲懷)	162
빙거	憑	빙거(憑據)	120, 122, 134, 166, 188, 342, 372, 416
비얌	蛇	뱀	98, 102, 104, 404
빅부쟝	百夫長	백부장	366, 394, 396
빅요왕		마리 장 귀스타브 블랑	76
빅톄	各肢體	백체(百體)	90
빠샤	揀選	빼다/선택	82, 132, 204, 286, 340
사단	撒殫	사탄	328
사라	撒辣	사라	226

사로몬	撒落滿	솔로몬	84, 212, 214, 216, 218, 220
사마리아	撒瑪利亞	사마리아	84, 216, 218, 220, 222, 224, 260, 288, 394
사뮈엘	撒牧耳	사무엘	200, 202, 204, 206
사오로	掃祿	사울	390
사월	撒烏爾	사울	84, 204, 206
삼손	三算	삼손	202
삼ᄉ	三司	삼사	88, 90
삼왕	三王	삼왕/동방박사	286, 308, 310, 316
삼위일톄	三位一體	삼위일체	88, 90
삼쥬도	山香島	상천도(上川島)	426, 430
샤마	邪魔	사마	184, 200, 222, 230, 232, 304, 336, 420
샹본	像, 像本	상본(像本)/성상(聖像)	412, 428, 432
세데시아	塞德西亞	시드기야	232
세베데	色白	세베대	332
세살	責撒爾, 責撒肋	가이사르/가이사	278, 298, 300, 324
셋	色德	셋	110, 112, 116
셔경	西鎬	서역(西京)	412
셔광계	徐光啓	서광계	428, 432
셔력	西曆	서력	298
셔안부	西安府	시안부	410
셔양	西洋	서양	256, 278, 298, 398, 408, 418, 422, 424, 426, 430, 432, 434, 436, 440, 442, 444, 446, 448
셔울	京都	경도/서울	84, 214, 230, 398
션뎨	宣帝	선제/한나라 왕	276
션비	士	선비	192, 262, 264, 320, 322, 352, 386, 412, 414, 420, 430, 432, 444
션악수	善惡樹	선악수	94, 96, 98, 368

션악수 실과	善惡樹菓	선악과	96, 98
션죵	善終	선종	324, 438
셥셔	陝西	산시	410
셥상국	葉相國	섭향고(葉向高)	428, 432
셩경	聖經	성경	108, 222, 264, 304, 308, 318, 320, 322, 418, 420
셩교	聖敎	성교	76, 78, 116, 122, 214, 242, 256, 282, 286, 288, 338, 340, 342, 370, 376, 378, 380, 382, 384, 386, 388, 390, 392, 394, 398, 400, 402, 404, 406, 408, 410, 412, 414, 416, 418, 422, 424, 426, 430, 432, 434, 438, 440, 442, 444, 446, 448
셩교감략	聖敎鑑畧	성교감략	76
셩교회	聖敎會	성교회	96, 114, 122, 240, 376, 386, 398, 400, 408
셩당	聖殿	성당(聖堂)	84, 212, 214, 224, 230, 232, 248, 250, 254, 256, 260, 262, 264, 274, 406, 408, 412, 414, 418, 420, 428, 430, 434, 436, 438, 440, 442, 444, 446, 448
셩뎐	聖殿	성전	208, 214, 220, 230, 260, 262, 264, 302, 312, 320, 322, 328, 360, 382
셩도	聖徒	성도	342, 370, 390
셩동	聖童	성동/거룩한 아이	84, 244, 246
셩력	聖曆	성력	412
셩명	聖名	성명/거룩한 이름	234, 304, 382, 438
셩모	聖母	성모	286, 290, 294, 298, 304, 306, 312, 314, 316, 320, 364, 366, 370, 372, 378, 398, 400, 428
셩물	聖物	성물	232
셩부	聖父, 父, 罷德肋	성부	138, 286, 292, 294, 312, 326, 360, 362, 366, 374, 398

셩셰	領洗	성세/영세(領洗), 세례(洗禮)	116, 374, 376, 378, 380, 382, 384, 390, 394, 396, 422, 426, 434
셩셰 셩ᄉ	聖洗 聖事	세례 성사	116
셩신	聖神	성신/성령(聖靈)	286, 290, 292, 294, 324, 326, 342, 374, 376, 378, 380, 390, 394
셩ᄉ칠젹	聖事七蹟	성사칠적/칠성사(七聖事)	370
셩영	聖詠	성영/시편	210
셩왕	成王	성왕/주나라 왕	204
셩왕	聖王	성왕	84, 208, 210, 212, 280, 290, 292
셩인	聖人	성인	76, 84, 86, 132, 186, 194, 200, 202, 204, 220, 224, 230, 232, 244, 250, 254, 256, 260, 262, 270, 276, 280, 282, 296, 336, 346, 402, 406, 426, 430
셩젹	聖迹	성적	84, 176, 178, 196, 198, 220, 232, 280, 318, 338, 342, 348, 378, 382, 384
셩조	聖祖	성조	82, 132, 142, 170, 206, 232, 276, 280, 292
셩ᄌ	聖子, 真子,子	성자	290, 304, 312, 314, 320, 326, 374
셩춍	聖寵	성총	206, 290, 294
셩탄	聖誕, 降誕	성탄	194, 280, 304, 308, 414
셩톄	聖體	성체/예수님의 몸	78, 190, 356, 358, 444
셩혈	聖血	성혈	356, 358
소왕	昭王	소왕/주나라 왕	212
송	宋	송나라	418
쇼로바벨	左羅巴伯爾	스룹바벨	260
쇼비	小輩	소배/소인	154
송강부	松江府	송강부	428
쉬파리	蒼蠅	쉬파리	178
슈계	守誡	수계	224, 232, 236, 262, 264, 274, 320, 352, 430

슈종도	宗徒首長	스종도	286, 340, 342, 378, 382
숙종	肅宗	슥종/당나라 이형	414
슌량	善良	슨량	106, 108, 110, 132, 140, 146
슌치	順治	슨치/청나라 왕	434, 446
슝졍	崇禎	승정/명나라 왕	432, 434
스그리바	斯基巴	사두개인	352, 354
스더왕	斯德望	스데반	386, 388
승샹	主, 相君	승상	158, 160
승샹부	相府	승상부(丞相府)	158
승텬	昇天	승천	76, 96, 266, 280, 286, 334, 350, 366, 374, 376, 378, 380, 386, 388, 398, 400, 404, 430
시겜	西澗	세겜	216
시내산	錫乃山	시내산	188, 190, 196, 378, 380
시루	西禄	그레스	84, 260
시리아	西利亞	시리아	264
시메온	西黙盎	시므온/시몬	156, 312, 314
시몬	西滿	시몬	242, 274, 276, 332, 334, 340, 342
시우쇠	鉄	시우쇠	238, 240
신덕	信德	신덕/믿음	78, 80, 136, 138, 140, 246, 270, 344, 368, 398, 400
신인	神人	천신(天神)과 인간	82, 88
신종	神宗	신종/명나라 왕	426, 428, 430
심관	審官	심관/판관(判官), 사사(士師)	84, 200
십계	十誡	십계	84, 188, 190, 378, 380
십조가	十字架	십자가	96, 210, 358, 364, 366, 368, 370, 372, 406, 442
스졔	司祭	사제	272, 274
스쥬구령	敬主救靈	사주구령(事主救靈)	398, 400

ᄉ쳔	四川	사천/쓰촨	94, 98, 102, 290, 300, 434, 444
심	生	셈	124, 126, 128, 130, 132
아나니아	亞納尼亞	하나냐/스룹바벨의 아들	234, 244, 246
아나니아	亞納尼亞	아나니아/신약의 인물	390
아담	亞當	아담	88, 94, 96, 98, 102, 106, 116, 368, 434
아도리	阿多理	오도리코	422, 424
아라비아	亞辣比亞	아라비아	190
아라사		러시아	130, 446
아리마데아	亞利瑪德	아리마대	372
아리사	阿羅斯	러시아	440
아리스도불	亞利思多不魯	아리스토불로스	276
아모산		아모리산	136
아바람	亞巴郎	아브람	82, 132, 136, 138, 140, 170, 198, 232, 304
아벨	亞伯爾	아벨	82, 106, 108, 110
아사리아	亞撒利亞	아사랴	234
아시리아	亞西利亞	앗수르	220, 222, 230, 240
아시아	亞西亞	아시아	120, 128, 130
아쓰페내쓰	亞弗納	아스부나스	234
아아론	亞亞龍	아론	176, 196
아프리가	亞弗利加	아프리카	130, 278
악도	惡徒	악도	354, 356
악세오	亞格日雨	학개	260
악왕	惡王	악왕	86, 170, 172, 180, 220, 224, 230, 232, 242, 264, 268, 270, 272, 308, 316, 318
안나	亞納	안나	224, 312
안남		안남(安南)/베트남	128
안드릐아	安德肋	안드레	332, 334, 422

안듸바델	安弟巴得	안티파트로스	276
안듸오귀스	安弟阿哥	안디오쿠스	86, 264, 272
알가라	亞爾加辣	알로우(羅文藻)	436
알메니아	亞爾黙尼亞	아라랏/ 아르메니아	120
알페	亞爾弗	알패오	332
암으람		아므람	172
앙글리아	英咭利	영국	130, 298
야고버	雅各伯	야고보	332, 334, 344, 360
야곱	雅各伯	야곱	82, 84, 140, 142, 144, 146, 155, 158, 166, 170, 194, 206, 276, 280, 292, 308
야렛	亞肋德	야렛	118
야펫	亞弗德	야벳	124, 125, 130
양긔원	楊淇園	양정균(楊廷筠)	428, 432
양마나오	陽瑪諾	마뉴엘 디아즈	432
언약을 믿다	結納	언약을 맺다	120, 132
엄지	嚴齋	금식	188, 286, 328, 330
에노스	厄諾色	에노스	116
에녹	厄諾格	에녹	118
에사오	額撒烏	에서	82, 140, 144
에세기아	厄色基亞	히스기아	230
에와	厄娃	하와	94, 96, 98, 102, 106
에집도	厄日多	디집트	82, 84, 130, 146, 148, 152, 154, 156, 158, 166, 172, 175, 178, 180, 182, 188, 264, 286, 312, 315, 318, 358
에프라임	厄拂拉因	에브라임	216
엘네나	厄肋納	엘레나	434
엘네아살	厄肋亞匝禄	엘르아살	264, 266
엘니사벳	依撒伯爾	엘리사벳	286, 290, 294, 296
엘니수	厄利叟	엘리사	220

엘니아	厄利亞, 厄里亞	엘리야	220, 340, 344, 346
여로보암	若羅白昻	여로보암	216, 218, 220
열마니아		게르마니아/독일	130
영고디옥	永苦地獄	영원한 고통이 있는 지옥	100
예네사렛	慹納撒肋	게네사렛	332
예레미아	熱肋彌亞	예레미야	232, 260, 340
예루사름	日路撒稜	예루살렘	214, 220, 224, 230, 232, 248, 254, 258, 260, 274, 276, 280, 286, 288, 308, 310, 316, 320, 348, 350, 352, 354, 368, 374, 378, 380, 382, 386, 394, 398
예리고	熱里戈, 熱里各	여리고	196, 198, 348
예수	耶穌	예수	78, 96, 108, 138, 162, 164, 182, 194, 256, 262, 280, 286, 290, 292, 296, 298, 300, 304, 308, 310, 312, 314, 316, 318, 320, 322, 324, 326, 328, 330, 332, 334, 336, 338, 340, 342, 344, 346, 348, 350, 352, 354, 356, 358, 360, 362, 364, 366, 368, 370, 372, 374, 376, 378, 380, 382, 384, 386, 388, 390, 400, 428, 438
예수 그리스도	耶穌基利斯督	예수 그리스도	104, 162, 194
예수회			426
옛세마니	熱色瑪倪	겟세마네	360, 362
오귀스뒤스	奧吾斯多	아우구스투스	278, 298, 300
오로벤	阿羅本	알로펜	410, 412
오리와	阿里瓦	올리브/감람	360, 374, 376
오문	澳門	마카오	436, 440, 442, 448
오샹	五傷	오상	370, 372
옥갑	沃甲	옥갑/상나라 왕	176
옥뎡	沃丁	옥정/상나라 왕	150, 154
옹졍	雍正	옹정/청나라 왕	442, 448

왕망	王莽	왕망/한나라 왕	320
외교	外敎	의교	84, 192, 194, 214, 232
외교인	外敎人	의교인/이방인	110, 134, 232, 288, 394, 398, 438
외방	外方	의방/외지	378, 392, 418, 442
외아둘	一獨子	의아들	136, 226
요나다	若那大	요나단	274
요리	要理	요리	78, 398, 400
요버	若伯	욥	84, 184, 186
요셉	若瑟	요셉	82, 84, 144, 146, 148, 150, 152, 154, 156, 158, 160, 162, 164, 166, 170, 172, 290, 292, 298, 304, 316, 320, 324, 370, 372
요슈에	若雪	여호수아	84, 196, 198, 200
요안	若翰, 若望	요한	286, 294, 296, 324, 326, 340
요왕몽데골	若望孟德哥	즈반니 다 몬테코르비노	418, 422, 424
욜당	若爾當	요단	196, 198, 324
욜에	若爾日	댜이일	420
용쟝	用壯	용장	412
원나라	元朝	원나라	288, 418, 422, 424, 426
원션시오회	味增爵會	빈첸시오회/선교수도회	444
원죄	原罪	원죄	98, 294, 296
웨쓰바시아노	物斯巴西亞諾	베스파시아누스	350
유감	誘感	유감/유혹	98, 100, 148, 184, 286 328, 330, 360
유다	如達	유다	84, 144, 160, 162, 166, 168, 204, 206, 210, 215, 218, 220, 230, 232, 234, 248, 260, 272, 276, 280, 286, 292, 332
유다	如大	유다/마따디아의 아들	274, 276
유다스	茹答斯	유다	286, 334, 354, 356, 360, 362, 364, 368

유더아	如德亞	유대아/유대	84, 108, 128, 142, 144, 162, 180, 182, 188, 190, 192, 194, 198, 200, 204, 206, 220, 232, 254, 260, 262, 264, 272, 274, 276, 278, 300, 308, 310, 312, 316, 338, 346, 348, 352, 358, 378, 384, 400
유향	乳香	유향	308, 310
으로바	甌羅巴	구라파/유럽	130
은춍	恩寵	은총	212, 234, 378, 390, 394
음식을 탐흠	貪饕	음식을 탐함	140
웃듬조샹	元祖	으뜸조상	88, 90, 96
의노	義怒	의노	110, 178, 214, 272
이교	異教	이단(異端)	110, 400
이다리아	依大理亞	이탈리아	130, 418
이단	異端	이단	222, 242, 280, 394, 400, 416
이두메아	依都默亞	이두매	276
이사악	依撒亞格	이삭	82, 132, 136, 140, 144, 170
이사이	依撒依	이새	210
이사이아	依撒依亞	이사야	230, 280, 292, 324
이스까리옷	夷斯加略大	가룟	334
이스라엘	依臘阤爾	이스라엘	170, 172, 174, 176, 180, 182, 188, 192, 194, 196, 198, 200, 202, 218, 220, 222, 230, 232, 294, 308
이스바니아		에스파냐/스페인	130
인노셩시오	依諾生	인노첸시오	418
인도졔	殷鐸澤	프로스페로 인토르체타	438, 440
인두	印度	인도	128, 298, 410, 416, 420, 426
일과경본	日課經本	일과경본/일과경	436
일병강	水	나일강	170
일본	日本	일본	128, 426

일픔텬신	大天神	일품천신, 대천사	100
이뎨	哀帝	대재/한나라 왕	290, 298, 300
이욕	愛欲	대욕	88
이위른	艾儒略	줄리오 알레니	432
자가리아	匝加利亞, 匝加里亞	스가랴	260, 280, 294, 354, 374
자명종	自鳴鐘	자명종	428
제헌	祭献	제헌	366
전교	傳教	전교/선교	280, 334, 352, 376, 378, 392, 400, 404, 410, 412, 418, 420, 422, 424, 426, 428, 430, 432, 434, 442, 444, 446, 448
전교ᄉᆞ	傳教士	전교사/선교사	410
졀후	時節	절후(節候)	88
정승	陞相	정승	82, 152, 154, 156
제ᄉᆞ드림	祭献	제사드림	136
졔픔	祭品	제품	312
조뎡	祖丁	즈정/상나라 왕	192
조출ᄒᆞᆫ 덕	潔	조찰한/정결한	82
종도	聖徒, 宗徒	성도/사도(使徒)	210, 242, 280, 286, 288, 332, 334, 336, 344, 346, 348, 356, 360, 370, 372, 374, 376, 378, 380, 382, 384, 386, 388, 390, 392, 396, 398, 400, 404, 410, 416
종도신경	宗徒信經	사도신경	400
죵궁	終窮	종궁/끝나다	118, 376
쥬년	週年	주년	120
쥬당	主堂	주당/성전	286, 312
쥬도마	周多黙	주도마	434
쥬은	主恩	주은/주의 은혜	188, 208, 232, 416
쥬일	主日	주일	78, 254, 256, 372, 420
즁뎡	仲丁	중정/상나라 왕	170

즁셔령	中書令	중서령	414
지파	支派	지파	144, 210, 218, 224, 292
진교	教宗	진교(眞教)	222
진쥬	眞主	진주	94, 132, 184, 192, 200, 214, 222, 294, 308, 368, 408
집힝이	手杖	지팡이	176, 178, 180, 182, 188, 190, 196
ㅈ쥬쟝	自主	자주장(自主張)	88
찬양	讚揚	찬양	192, 194, 210, 228, 300, 312, 348, 352, 414, 416
쳠례	瞻禮	쳠례	78, 220, 320, 348, 358, 360, 380, 418, 420, 422, 444
총리	總理	총리	200, 202, 204
총왕	総王	황제(皇帝)	298, 350, 404
치명	致命	순교(殉教)	86, 244, 264, 268, 270, 272, 372, 386, 388, 398, 400, 402, 404, 406, 436, 442, 444, 448
춤 텬쥬	眞主	참 천주	88, 246, 310, 328
큰 ᄉ교	大司教	대사교	274
탁덕	鐸德	탁덕/신부(神父)	398, 412, 438, 444
탐도	貪饕	탐도	330
탕요왕	湯若望	요한 아담 샬 폰 벨	434, 446
태갑	太甲	태갑/상나라 왕	146
태경	太庚	태경/상나라 왕	166
태셔	大秦國	태서(泰西)/서양, 로마	276, 410, 412, 426, 432, 442
태종	太宗	태종	410, 412, 416
텬국	天國	천국	336, 342, 370
텬당	天堂	천당	80, 140, 214, 270, 366, 374
텬디	天地	천지	76, 82, 88, 90, 94, 118, 192, 214, 240, 268, 280, 300, 368, 374, 376, 398

텬문	天門	천문/천국의 문	212, 308, 310, 324, 340, 432, 434
텬문가음	欽天監	흠천감/천문감	430
텬신	天神	천신(天神)/천사(天使)	88, 100, 136, 180, 226, 228, 230, 244, 246, 254, 272, 290, 294, 298, 300, 304, 306, 308, 316, 328, 370, 372, 374, 376, 386, 388, 394, 396, 420
텬쥬	天主, 眞主	천주	76, 78, 80, 82, 84, 88, 90, 94, 96, 98, 100, 114, 106, 108, 110, 112, 114, 116, 118, 120, 122, 124, 128, 130, 132, 134, 136, 138, 140, 148, 150, 152, 162, 164, 166, 170, 174, 176, 178, 180, 182, 184, 186, 188, 190, 192, 194, 196, 198, 200, 202, 204, 206, 208, 210, 212, 214, 218, 220, 222, 226, 228, 230, 232, 234, 236, 240, 244, 246, 248, 250, 252, 254, 256, 260, 262, 264, 268, 270, 272, 274, 280, 282, 290, 292, 294, 296, 298, 304, 310, 312, 314, 316, 318, 320, 322, 324, 326, 328, 334, 336, 338, 340, 344, 346, 348, 350, 358, 362, 366, 368, 370, 372, 374, 378, 384, 386, 394, 398, 406, 408, 418, 422, 426, 430, 436, 438, 440, 442, 444, 446, 448
텬쥬 뎨이위	天主第二位	천주 제2위	290
텬쥬 삼위	天主 聖三	천주 삼위	326
텬쥬교	天主教	천주교	404, 406, 408, 436
통고	痛苦	통고	186, 230, 304, 366
통회	痛悔	통회	178, 200, 208, 210, 262, 324, 326, 336, 378, 380, 382, 436
파공	罷工	안식	78, 188, 416
파라온	法辣阿	다라오/바로	152
포도쥬	葡萄酒	프도주	356

학왕	虐王	학왕	172, 176, 246
할손례	割損之禮, 割損古禮	할례	132, 134, 264, 286, 304
함	剛	함	124, 130
함풍	咸豐	함풍/청나라 왕	444, 448
항쥬	杭州	항주	428, 432, 440
헤로더	黑落德	헤롯	168, 276, 278, 308, 316, 318, 364
현종	玄宗	현종/당나라 이융기	412
홍의대쥬교	紅衣大主教	추기경	440
홍히	紅海	홍해	180, 182, 190
환왕	桓王	환왕/주나라 왕	220, 224
환쟈	一宦	환자/환관	148
황금	黃金	황금	308, 310
황츙	蝗蟲	황충	178
회뎨	懷帝	회제/진나라 왕	404
회종	懷宗	회종/명나라 왕	430
흑인	黑人	흑인	130, 278
흠슝	欽崇	흠숭	132, 222, 246, 308, 328, 408, 448
흠텬감	欽天監	흠천감	442, 444
흥경당	興慶堂	흥경당	414
희종	熹宗	희종/명나라 왕	430
힐가노	依爾加諾	히르카노스	276